TECHNIQUES TERTIAIRES

Philippe Monnier – Sandrine Mahier-Lefrançois

TECHNIQUES BANCAIRES 2023

Les marchés financiers – Les crédits – La fiscalité
L'environnement bancaire – Les produits d'épargne et d'assurance – Le compte et les moyens de paiement – La relation bancaire en mutation

13e édition

DUNOD

Compléments en ligne

Comment utiliser les compléments en ligne de ce livre ?

1. Téléchargez un lecteur de QR code gratuit et photographiez le QR code avec votre mobile
2. Ou allez directement sur www.techniquesbancaires.fr
3. Téléchargez les mises à jour et les contenus complémentaires

Direction artistique : Élisabeth Hébert
Conception graphique : Pierre-André Gualino

11 rue Paul Bert, 92240 Malakoff
www.dunod.com

ISBN 978-2-10-084883-6

Avant-propos

Le système bancaire vit actuellement de profondes mutations et c'est en conséquence l'ensemble du modèle économique qui est à repenser, en particulier pour affronter de nouvelles formes de concurrence. Ces changements s'accompagnent également d'évolutions réglementaires fortes que l'on retrouve dans les différents codes de référence (Code monétaire et financier, Code des assurances, Code de la consommation, Code pénal, Code civil).

L'ouvrage propose des QCM d'entraînement à la certification AMF. Cette certification a évolué en 2020. Désormais, l'examen de certification comprend 120 questions dont 87 de niveau C (connaissance) et 33 de niveau A (approfondissement). Ces QCM sont extraits d'une base nationale de plus de 2 000 questions. Ainsi, le nombre de questions sur la finance durable passe de 4 à 15. Pour réussir cette épreuve, le candidat devra avoir 80 % de bonnes réponses aux questions de type C et de Type A.

Table des matières

L'ENVIRONNEMENT BANCAIRE

LE COMPTE ET LES MOYENS (SERVICES) DE PAIEMENT

LA FISCALITÉ DU PARTICULIER

L'ÉPARGNE BANCAIRE ET FINANCIÈRE

LES CRÉDITS

LES MARCHÉS FINANCIERS

LES PRODUITS D'ASSURANCE

LA RELATION BANCAIRE EN MUTATION

Partie 1

L'ENVIRONNEMENT BANCAIRE

1 L'organisation du système bancaire

Avant toute chose, il est indispensable de se référer au Code monétaire et financier pour bien comprendre qui sont les acteurs du système bancaire français et leurs prérogatives.

Extrait de l'article L. 511-1

« Les établissements de crédit sont les entreprises dont l'activité consiste, pour leur propre compte et à titre de profession habituelle, à recevoir des fonds remboursables du public mentionnés à l'article L. 312-2 et à octroyer des crédits mentionnés à l'article L. 313-1.

Les sociétés de financement sont des personnes morales autres que des établissements de crédit, qui effectuent à titre de profession habituelle et pour leur propre compte des opérations de crédit dans les conditions et limites définies par leur agrément. Elles sont des établissements financiers au sens du 4 de l'article L. 511-21 ».

Les opérations de banque comprennent la réception de fonds remboursables du public, les opérations de crédit, ainsi que les services bancaires de paiement. (Article L. 311-1).

Par ailleurs, un établissement de crédit peut réaliser des opérations connexes au sens de l'article L. 311-2 :

Extrait de l'article L. 311-2

1. Les opérations de change ;
2. Les opérations sur or, métaux précieux et pièces ;
3. Le placement, la souscription, l'achat, la gestion, la garde et la vente de valeurs mobilières et de tout produit financier ;
4. Le conseil et l'assistance en matière de gestion de patrimoine ;
5. Le conseil et l'assistance en matière de gestion financière, l'ingénierie financière et d'une manière générale tous les services destinés à faciliter la création et le développement des entreprises, sous réserve des dispositions législatives relatives à l'exercice illégal de certaines professions ;
6. Les opérations de location simple de biens mobiliers ou immobiliers pour les établissements habilités à effectuer des opérations de crédit-bail ;
7. Les services de paiement mentionnés au II de l'article L. 314-1 ;
8. L'émission et la gestion de monnaie électronique.

Lorsqu'il constitue la fourniture de services d'investissement au sens de l'article L. 321-1, l'exercice des opérations connexes et de l'activité de conservation est subordonné à l'agrément préalable prévu à l'article L. 532-1.

L'activité bancaire (mesurée par le Produit Net Bancaire) représente 1,9 % de l'emploi salarié privé avec 362 800 emplois en 2018 (dont 42 300 recrutements).

1 Les différentes catégories d'établissements

Le livre V du code monétaire et financier distingue :

- les prestataires de services bancaires ;
- les prestataires de services de paiements, les changeurs et les émetteurs de monnaie électronique ;
- les prestataires de service d'investissement (PSI) ;

- les autres prestataires (les conseillers en investissement financier, les conseillers en investissement participatif, les intermédiaires en investissement participatif, les sociétés de gestion de placements collectifs).

A Les prestataires de services bancaires

Catégories d'établissement	Caractéristiques
Banques commerciales	Banque de détail traditionnelle, banque de marché, banques d'affaires, banques universelles. Ces banques sont des sociétés de capitaux (BNP Paribas, Société Générale, LCL).
Banques coopératives ou mutualistes	Les clients de ces réseaux sont porteurs de parts sociales. C'est la différence essentielle avec les banques commerciales (Crédit Mutuel, Caisse d'Épargne, Crédit Agricole).
Caisses de crédit municipal	Établissement public de crédit et d'aide sociale. Octroi des crédits, collecte des dépôts et offre des services bancaires. Ces caisses ont un droit exclusif pour les prêts sur gage corporels confirmé par la loi du 15 juin 1992.
Établissement de crédit Spécialisés (ECS)[1]	Elles ne peuvent pas réaliser toutes les opérations de banques. Amundi et société de financement de l'habitat. Crédit aux entreprises, affacturage.
Sociétés de financement	Société de cautionnement, société de crédit-bail (mobilier, immobilier).

[1] La directive CRD4 a modifié la définition des établissements de crédit. L'ordonnance du 27 juin 2013 a supprimé le statut des sociétés financières et des institutions financières spécialisées, remplacées ainsi par les établissements de crédit spécialisés et les sociétés de financement.

Aujourd'hui, le marché français est dominé par 6 grands réseaux (Crédit Agricole-LCL, BNP-Paribas, le groupe Caisse d'Epargne-Banque Populaire, le groupe Crédit Mutuel-CIC, la Société Générale et la Banque Postale). Le système bancaire gère 73 millions de comptes à vue et 150 millions de comptes à terme et comptes d'épargne à régime spécial (Livret A, livret bleu, CEL, PEL, LEP, livret Jeune, livret de développement durable et solidaire).

Des banques en ligne ont été créées par des groupes bancaires pour compléter leur réseau d'agences bancaires physiques dites « de proximité ».

Quelques exemples de banques en ligne : Boursorama Banque (filiale de la Société Générale, positionnement visé : banque universelle), Fortuneo (filiale du Crédit Mutuel Arkea) ; B for Bank (émanation des caisses régionales du Crédit Agricole hors Ile-de-France, positionnement visé : banque en ligne haut de gamme), Cortal Consors (filiale de BNP-Paribas) ; ING Direct (filiale du groupe néerlandais ING, positionnement visé : banque universelle).

Le paysage bancaire a considérablement changé ces dernières années avec l'apparition de nouveaux acteurs (les FinTech) et l'accélération de la digitalisation des processus. Ces évolutions ont conduit à une révision de la directive des services des paiements (DSP). Ainsi, la DSP2 (octobre 2015) est entrée en vigueur en France le 13 janvier 2018. En effet, l'article 70 de la loi Sapin 2 autorise sa transposition en droit français par voie d'ordonnances.

Les FinTech proposent des services financiers (plateforme de financement participatif, conseil en investissement financier…), des services de gestion avec les agrégateurs (les services d'agrégation d'informations permettent aux clients multibancarisés de bénéficier d'une vision consolidée de l'ensemble de leurs comptes sur une seule interface), des services de paiement (qui permettent au client de demander à un tiers de présenter et d'exécuter des opérations de paiements aux banques en son nom)[1].

Afin de mieux suivre ces évolutions, l'AMF a créé une division « Fin Tech, Innovation et Compétitivité » en juin 2016.

B Zoom sur la part sociale de la banque mutualiste

Cette banque émet des parts sociales. Une part sociale peut être vue comme « mi-action et mi-obligation » dans le patrimoine de la banque mutualiste. Un client qui a souscrit une part sociale devient sociétaire de la banque. L'argent des clients sociétaires investi en parts sociales renforce les capitaux propres de la banque. À titre d'exemple, l'assurance-vie mobilise des fonds propres.

Le sociétariat permet de fidéliser la clientèle et de faire participer celle-ci à la gouvernance du groupe. Le sociétaire devient alors membre d'un mouvement mutualiste fortement enraciné dans la vie locale. Il participe alors à l'assemblée générale de la caisse (communication des résultats…), élit des administrateurs, peut être candidat à l'élection des membres du conseil de la caisse et ainsi participer à l'orientation, à la mise en œuvre, à l'animation et au contrôle de l'activité de la caisse. Des produits et services peuvent même lui être exclusivement réservés. Une part sociale s'échange à sa valeur nominale et n'est pas soumise aux fluctuations du marché. Le risque de perte en capital est faible. Mais en cas de défaillance de la banque, la valeur de la part sociale peut être réduite à 0. Le rendement de la part sociale se nomme « l'intérêt statutaire » (plafonné au taux moyen des obligations privées). Les parts sociales ne se cèdent pas rapidement (existence d'un préavis). La demande de remboursement est soumise à l'autorisation du conseil d'administration afin de respecter les ratios réglementaires de fonds propres. En pratique, une demande de remboursement n'est jamais refusée à condition qu'il y ait un acheteur en face. Les nouvelles normes réglementaires sur les capitaux propres des banques (Bâle III) peuvent entraîner un allongement des délais de remboursement des parts sociales. Une part sociale est donc moins liquide qu'un livret.

La fiscalité des actions s'applique aux parts sociales. Depuis le 1er janvier 2018, les dividendes sont imposés au prélèvement forfaitaire unique (PFU) de 30 % (sauf option IR qui vaut pour l'ensemble des revenus de capitaux mobiliers). Les plus-values des parts acquises après le 1er janvier 2018 sont également soumises au PFU sans abattement. Si les parts sociales sont placées dans un PEA détenu dans l'établissement concerné, les prélèvements sociaux ne seront acquittés qu'à la clôture de plan.

2 La réglementation bancaire

A Les principaux textes sur l'activité bancaire

Textes	Contenu
Loi bancaire de1984	Elle impose le principe d'universalité. La loi distingue : ▸ les banques ; ▸ les établissements coopératifs, les caisses d'épargne et de prévoyance et les caisses de crédit municipal ; ▸ les sociétés financières et les institutions financières spécialisées.

1. Source : Fédération Bancaire Française (FBF).

Textes	Contenu
Loi du 2 juillet 1996 : modernisation des activités financières	Cette loi concerne les services d'investissement (passage des ordres de bourse, compte titre). Les établissements de crédit ne sont alors plus seuls à proposer ces services puisqu'une nouvelle catégorie (les entreprises d'investissement) est créée.
Loi de juin 1999 sur l'épargne et la sécurité financière	Modification de statuts des caisses d'épargne qui deviennent des établissements de crédit coopératifs. Création également d'un fond de garantie des dépôts auquel doivent obligatoirement adhérer les établissements de crédit qui collectent des dépôts.
Loi MURCEF (mesure d'urgence à caractère économique et financier) en 2001	Loi qui prévoit un certain nombre de dispositions visant à améliorer la relation entre la banque et son client. Elle instaure en particulier la création d'un service de base bancaire, met en place un dispositif de médiation, généralise le recours aux conventions de compte et clarifie la communication sur les tarifs bancaires.
Loi du 2 août 2003 sur la sécurité financière	Création de l'autorité des marchés financiers par la fusion de la COB (Commission des opérations de bourse) et du CMF (Conseil des marchés financiers).
Ordonnance du 12 avril 2007	Transposition de la directive européenne sur les Marchés d'Instruments financiers (MIF).
Ordonnance du 30 janvier 2009	Transposition de la 3e directive européenne sur la lutte contre le blanchiment des capitaux et le financement du terrorisme.
1er novembre 2009	Entrée en vigueur de la directive des services de paiement (voir fiche 16).
Loi du 1er juillet 2010	Loi Lagarde réformant le crédit à la consommation.
Loi du 26 juillet 2013	Loi de séparation et de régulation des activités bancaires.
Janvier 2018	Entrée en vigueur de la DSP 2 (Directive des Services de Paiement). Nouvelle directive européenne sur les marchés d'instruments financiers dite MIF2. Réglementation PRIIPs : renforcer l'information et la protection de l'épargnant lors de la souscription de produits d'investissement packagés de détail et d'assurance. Sont concernés les OPCVM, les FIA, les obligations, les produits de titrisation et l'assurance-vie. L'épargnant devra se voir remettre un DIC (document d'information clé).

B Les acteurs du système bancaire

Le système bancaire français est supervisé par le gouverneur de la Banque de France et le ministre de l'Économie et des Finances.

Les établissements de crédits visés par la loi bancaire de 1984 doivent adhérer, soit à un organisme professionnel, soit à des organes centraux.

- Organismes professionnels :
  - La Fédération Bancaire Française (FBF) ;
  - L'Association française des Sociétés Financières (ASF), l'Association Française des Marchés Financiers (AMAFI), L'Association Française de la Gestion financière (AFG) ;
  - La Conférence permanente des caisses de crédit municipal (CPCCM).
- Organes centraux :
  - Crédit Agricole SA ;
  - La Confédération nationale du Crédit Mutuel ;
  - L'organe central des Caisses d'Épargne et des Banques Populaires (BPCE) créé par la loi du 18 juin 2009.

Enfin, l'ensemble de ces organismes professionnels est affilié à l'Association française des établissements de crédit et des entreprises d'investissement.

ZOOM SUR LA BANQUE PUBLIQUE D'INVESTISSEMENT (BPI)

Cette institution est chargée de soutenir les PME. Elle doit améliorer le financement public des entreprises, venir en aide aux PME, soutenir en priorité les « filières d'avenir ». La BPI regroupe les moyens de la banque publique OSEO, du fonds stratégique d'investissement (FSI) et de CDC Entreprises (filiale de la Caisse des dépôts). La BPI est détenue à parts égales par l'État et la Caisse des dépôts. Cette banque diffère des autres de par sa vocation à être un « *investisseur de long terme, patient, responsable, n'attendant pas des taux de rentabilité comparables aux autres acteurs financiers* ».

C Contrôle et supervision du système

Organe	Missions
Le Comité consultatif de la législation et de la réglementation financière	Assiste le ministre de l'Économie dans l'exercice du pouvoir réglementaire. Ce comité a pour mission de donner un avis sur tous les projets de texte relatifs à la règlementation bancaire et financière.
Autorité de contrôle prudentiel et de résolution (ACPR)	Cet organisme : ▸ délivre les agréments ; ▸ s'assure que les établissements de crédit et entreprises d'assurance remplissent leurs missions dans le respect des textes législatifs et réglementaires ; ▸ valide les plans préventifs de rétablissement des établissements de crédit dans le cadre de sa mission de prévention et de résolution des crises bancaires ; ▸ détient des pouvoirs de sanction.
Autorité des marchés financiers (AMF)	Elle délivre les agréments, contrôle les activités de services d'investissement (voir fiche 43).
Comité consultatif du secteur financier (CCSF)	Organisme chargé de la question des relations entre les clients et les établissements de crédit. Peut être à l'origine de propositions sur ces questions.

D Gestion des risques et contrôle prudentiel

De par sa nature, l'activité bancaire est une activité où le risque est permanent. Les banques doivent en effet faire face aux risques de crédit (risque d'immobilisation, de non-remboursement et de taux), aux risques opérationnels et aux risques de marché. La crise financière qui a débuté en 2007 avec la crise des *subprimes* s'est manifestée par une crise de liquidité sans précédent et la nécessité de recapitaliser de nombreuses banques. C'est pour cette raison que les règles prudentielles permettant d'éviter une crise systémique ont été renforcées avec les accords de Bâle III signés le 16 décembre 2010.

Les accords de Bâle III prévoient la création de deux nouveaux ratios de liquidité totalement opérationnels en 2019.

- Ratio de liquidité à court terme : le ratio de liquidité à court terme (*Liquidity Coverage Ratio*, **LCR**) impose aux banques de détenir suffisamment d'actifs liquides de haute qualité pour résister à une pénurie de financement de 30 jours, sur la base d'un scénario défini par les responsables prudentiels.
- Ratio de liquidité à long terme : le ratio de liquidité à long terme (*Net Stable Funding Ratio*, **NSFR**) est un indicateur structurel conçu pour corriger les asymétries de liquidité. Il couvre la totalité du bilan et incite les banques à recourir à des sources de financement stables.

Source : Banque des règlements internationaux

ZOOM SUR LE RATIO DE SOLVABILITÉ ET LA FINALISATION DES ACCORDS BÂLE 3

Le ratio de solvabilité :

$$\textit{Ratio} = \frac{\text{Fonds propres réglementaires}}{\text{Risques de crédit} + \text{risques de marché} + \text{risques opérationannels}} = 10{,}5\ \%$$

Les réformes successives ont permis de travailler sur le numérateur et le dénominateur.
Au numérateur, il s'est agi de renforcer le montant et la qualité des fonds propres. Le travail sur le dénominateur consiste à mieux appréhender les risques que les banques supportent.
Pour mémoire, le risque de crédit est un risque de non-remboursement de l'emprunteur. Le risque de marché est celui d'une perte de valeur des actifs détenus par la banque. Enfin, le risque opérationnel est caractérisé par les conséquences du non-respect de procédures : il peut s'agir d'une défaillance humaine, matérielle qui occasionne une non-conformité.
Les actifs pondérés du risque peuvent être évalués en utilisant :

- un modèle d'évaluation interne : il s'agit d'une autoévaluation des risques par la banque elle-même
- un modèle standard : toutes les banques doivent utiliser le même pourcentage de risque selon la classe d'actifs.

Afin d'éviter une sous-évaluation des besoins en capitaux des banques qui recourent aux méthodes internes, la finalisation des accords Bâle 3 prévoit un plancher de capital qui, à l'horizon 2027, sera de 72,5 % des actifs pondérés sur la base de la méthode standard.

Ainsi, le principal ratio de solvabilité (CORE TIER 1) sera porté de 2 % à 7 % (4,5 % + 2,5 % de coussin de conservation constitué en période haute du cycle économique et destiné à absorber les pertes dans un environnement conjoncturel dégradé).

Un coussin de fonds propres contra-cyclique (de 0 à 2,5 %) pourra être instauré afin de ralentir la croissance des crédits à l'économie en cas de besoin.

3 Les fichiers de la Banque de France

En qualité de banque centrale, c'est à la Banque de France qu'il revient de centraliser sous forme de fichiers les incidents et les évènements qu'enregistrent les différents acteurs du système bancaire. Ces fichiers sont consultables par les banques et vont être un outil supplémentaire d'appréciation du niveau de risque que représente tel client ou telle opération. Cependant, l'absence de fichiers positifs (fichiers recensant à la fois les incidents mais également permettant de garder une trace des encours de crédit par exemple) en France laisse la place à des zones d'incertitudes.

Les différents fichiers

Fichiers	Contenu et fonctionnement
Fichier central des chèques (FCC)	Ce fichier enregistre : ▸ les incidents de paiement (l'émission de chèques sans provision) ; ▸ l'interdiction judicaire d'émettre des chèques : l'inscription est conservée tant qu'un incident n'a pas été régularisé (avec un maximum de 5 ans) ; ▸ les retraits de carte pour usage abusif. Dans ce cas, l'inscription est faite par la banque pour 2 ans et seule cette dernière peut demander l'annulation de l'inscription. Cette mesure n'empêche pas d'émettre des chèques.
Fichier national des chèques irréguliers (FNCI)	Sont inscrites les coordonnées bancaires : ▸ des comptes clos ; ▸ des comptes pour lesquels une déclaration de perte ou de vol de chéquier a été enregistrée ; ▸ des comptes dont le titulaire est frappé d'interdiction. La Banque de France a externalisé la gestion des consultations de ce fichier par les commerçants à la société Mantis. Depuis le 1er janvier 2007 ce service de consultation s'appelle Verifiance-FNCI-Banque de France : le résultat d'une consultation du système est transmis sous la forme d'une couleur.

›››

Fichiers	Contenu et fonctionnement
Fichier national des incidents de remboursement des crédits au particulier (FICP)	Ce fichier a été mis en place en 1989 afin de lutter plus efficacement contre le surendettement. Deux cas se présentent. **Cas 1 : Les retards de remboursement** Les incidents de paiement caractérisés à l'occasion de l'octroi d'un crédit : un incident est caractérisé lorsque deux échéances consécutives restent impayées (cas de crédit amortissable mensuellement) ou lorsque le retard dépasse 60 jours pour d'autres formes de crédits. Sera considérée comme incident caractérisé la persistance d'une dette d'au moins 500 €, 60 jours après mise en demeure (découvert bancaire) ou enfin lorsque la banque engage une procédure judiciaire ou prononce la déchéance du terme. **Cas 2 : La saisine de la commission de surendettement** La levée de l'inscription sera effective si les incidents ont été régularisés (dettes remboursées). L'inscription demeure en cas d'effacement de la dette par le juge. La loi Lagarde a ramené à 5 ans la durée maximale d'inscription au FICP.

Le fichier des comptes bancaires et assimilés (FICOBA) recense l'ensemble des opérations d'ouverture, de modification et de clôture des comptes en France. Il renseigne sur la nature du compte, l'identité de son titulaire et sur l'établissement teneur du compte.

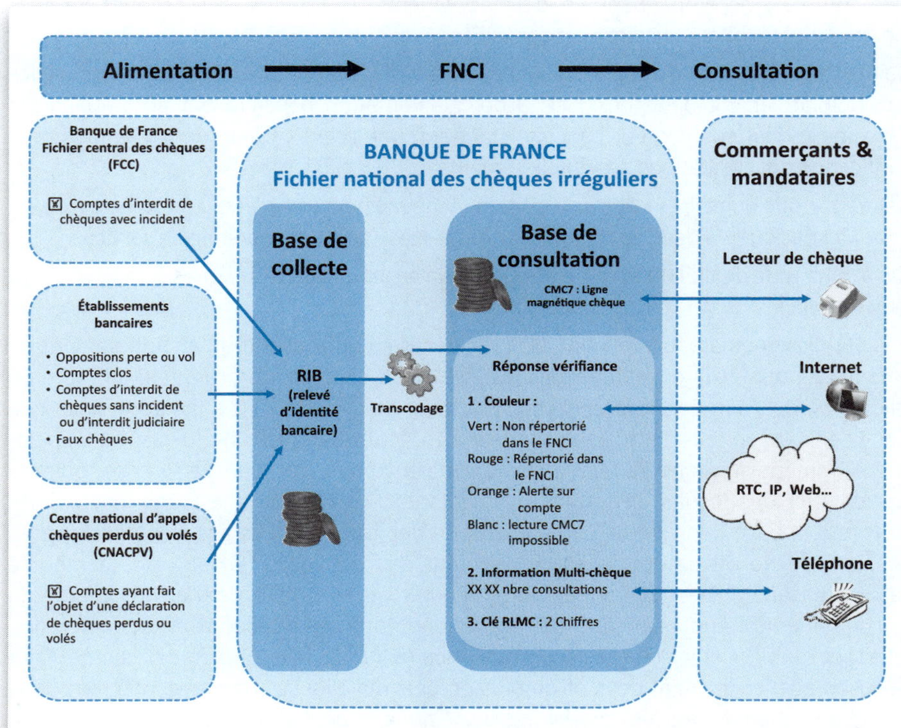

Source : d'après verifiance-fnci.fr

2 La mercatique bancaire

Les établissements de crédit ne se gèrent pas de la même manière que les autres commerces (intermédiaires financiers, secteur réglementé...). Presque toutes les banques proposent aujourd'hui les mêmes produits et services... d'où la difficulté pour les acteurs du marketing de trouver pour leur établissement des avantages concurrentiels...

Selon Michel Badoc (HEC), « *la mercatique bancaire est tout ce qui permet d'attirer, de conserver et de plaire aux clients des banques. Elle vise les clients bancarisés et les nouveaux clients, principalement des jeunes. Elle touche tous les segments : du particulier à l'entreprise en passant par le professionnel* ».

1 L'évolution de la mercatique bancaire

Après l'image du « banquier technicien » des années 1960 dans un réseau de distribution peu étendu où l'innovation produit était limitée, la banque a commencé à connaître de profondes mutations. Dans les années 1970, la bancarisation s'est élargie (multiplication des comptes) accompagnant un développement des réseaux. Les produits se sont démocratisés ; l'offre bancaire s'est diversifiée.

La mercatique bancaire des particuliers existe depuis les années 1970-1980. Les nouvelles technologies (carte bancaire...) et la déréglementation bancaire ont accompagné le lancement d'un équipement bancaire standard, une segmentation de la clientèle et la tarification des prestations des établissements.

La mercatique bancaire va donc du traitement de masse à une mercatique spécialisée, de produits packagés à des prestations individualisées. C'est un marketing de services.

On a l'habitude de dire que la mercatique est un ensemble de techniques... mais aussi un état d'esprit !

Les établissements bancaires ont été globalement confrontés à un affaiblissement de leur image depuis la crise financière de 2008. Le taux d'attrition clientèle (nombre de clients perdus/nombre de clients total au début de la période) a augmenté. 1 banque sur 4 constate un taux d'attrition supérieur à 10 %. Les banques ont dû ensuite rappeler régulièrement au grand public, qu'elles n'étaient pas à l'origine de la crise, qu'elles avaient tiré des leçons en termes de régulation. La confiance est une valeur forte devenue la base de la démarche mercatique des banques. Les agences développent le dialogue de proximité. Le développement des nouvelles technologies a modifié le comportement des consommateurs. Internet ou le mobile permet aux clients de consulter leurs comptes, réaliser des opérations, entrer en relation avec leur conseiller. « Le tout mobile » et les réseaux sociaux s'inscrivent dans le quotidien des clients. Faire venir en agence le client devient de plus en plus difficile. Les banques intègrent donc ces changements dans leur marketing stratégique : une relation 100 % digitale, la co-construction des solutions de services du client... Le conseiller devra ainsi être bien formé aux nouvelles technologies, aider à trier les informations obtenues par le client lui-même, démontrer en permanence de l'empathie et continuer à être autonome dans l'acquisition de connaissances bancaires.

Le contexte actuel réglementaire (exigences Bâle III, protection de la clientèle, lutte contre la fraude et le blanchiment, mécanisme de supervision unique = futur gendarme du secteur bancaire européen, loi Macron sur la mobilité bancaire…) change profondément le modèle bancaire de ces dernières décennies.

2 Les défis de la mercatique bancaire

A Une pression réglementaire accrue

Objectifs :

- prendre en compte les contraintes réglementaires dans le cycle de vie des produits bancaires ;
- former en permanence les salariés pour être en règle ;
- informer la clientèle sur ses droits et obligations.

B Une meilleure connaissance des clients

Objectifs :

- répondre à leurs besoins et projets ;
- favoriser l'expérience d'anticipation, de consommation et d'expérience du souvenir du client (*cf.* fiche 4 « *La connaissance du client bancaire* ») ;
- mieux les séduire ;
- mieux les fidéliser ;
- augmenter la rentabilité de l'établissement.

C La conquête de nouveaux clients avec des nouvelles attentes à satisfaire

Objectifs :

- assurer le renouvellement du fonds de commerce ;
- augmenter les parts de marché du réseau ;
- accroître la rentabilité du réseau (en élevant le PNB et en baissant les charges d'exploitation) ;
- répondre au besoin de transparence exprimé par le client (« *où va mon argent ? À quoi sert-il ?* »).

D La convivialité des agences physiques

Objectifs :

- repenser le modèle opérationnel de la banque de détail ;
- donner à l'agence une image de « banque nouvelle génération » ;
- doter de plus en plus l'agence de technologies accessibles à la clientèle ;
- respecter la confidentialité des relations commerciales ;
- optimiser les coûts du réseau physique de distribution.

E La gestion du multicanal

Objectifs :

- continuer à répondre au besoin de liberté dans le mode de consommation des produits et services bancaires, de confort (contact à partir du domicile sans déplacement vers l'agence, e-coffre, demande de crédit en ligne, signature électronique, simulateur en ligne...), de rapidité dans le traitement des opérations courantes (virement...) ;
- suivre les opérations réalisées à distance par la clientèle ;
- aider la clientèle à poursuivre sa transaction sur un autre canal (mobile, agence, téléphone fixe ou mobile, Internet, tablette, GAB) ;
- accompagner le client lors de sa recherche d'informations à distance pour éviter qu'il se tourne vers la concurrence notamment les banques en ligne multipliant les offres séduisantes ;
- gagner des parts de marché ;
- renforcer les actions de conquête et de fidélisation ;
- optimiser la personnalisation de la relation client ;
- provoquer des rendez-vous en agence plutôt que de les subir ;
- améliorer les gains de productivité du pilotage commercial.

F Une recherche d'éthique à l'activité bancaire

Objectifs :

- améliorer l'image du système bancaire après les scandales financiers médiatisés ;
- communiquer auprès du grand public sur l'ensemble des valeurs, la culture du groupe bancaire ;
- donner du sens à la gestion de la relation clientèle ;
- proposer à la clientèle des placements intégrant des critères sociaux et environnementaux ;
- monter des produits en renforçant la volonté de prise de responsabilité de l'épargnant ;
- développer les chartes éthiques avec les parties prenantes (salariés, fournisseurs, clients...).

G Les trois piliers forts de la mercatique bancaire du XXIe siècle

- La transparence.
- Le sur-mesure.
- Le multicanal.

Objectif principal : lutter contre l'attrition de la clientèle.

ZOOM SUR LES CAUSES D'ATTRITION DE LA CLIENTÈLE

Montant des frais facturés, contacts médiocres en agence, erreurs dans l'exécution d'opérations bancaires, manque de personnalisation des services, offre globale limitée, gestion insuffisante d'une réclamation, refus de demandes clients par la banque, offre d'un nouvel entrant bancaire non traditionnel (acteurs du monde Internet tels paypal...).

3 La clé de voûte de la mercatique bancaire : l'activité de conseil

Accueil, rapidité, sécurité et conseil caractérisent les concepts des agences bancaires actuelles. L'automatisation des opérations courantes offre un gain de temps aux clients et permet de recentrer les collaborateurs sur le cœur de leur métier : le conseil.

La gestion de la relation client (GRC) favorise le suivi des événements de la vie du client et ainsi de ses attentes, formalise la relation individualisée avec le client.

L'agence de proximité s'articule autour de plusieurs espaces :

- espace accueil pour réaliser les opérations courantes 7 jours sur 7 et 24 heures/24 ;
- espace technologique pour effectuer des opérations (Internet…) ;
- espace conseil pour assurer une relation personnalisée avec le client.

ZOOM SUR « L'AGENCE NOUVELLE GÉNÉRATION »

- Une façade plus ouverte sur l'extérieur. Le client peut voir tout ce qui passe à l'intérieur de l'agence. Le chargé d'accueil le fait patienter dans un salon confortable ou le dirige vers des automates en libre-service.
- Le mobilier de l'agence adapté au style du quartier et de la clientèle (table-bar avec tabouret haut dans un quartier étudiant, espace jeu dans un quartier familial jeune).
- Une table ronde dans le bureau du conseiller. Le client est invité à choisir l'endroit de son installation : face à face ou à côté de son conseiller. La sensation d'interrogatoire unilatéral s'estompe alors.
- Un service de visioconférence proposé au client désireux d'un échange avec un conseiller expert.
- Une agence plus numérique, plus digitale.
- Des espaces de plus en plus spécialisés pour des face-à-face experts (présence de pôles d'expertise par univers de compétence).

4 La mise en œuvre d'une politique mercatique

1. L'étude du marché et du comportement du client bancaire (attentes, projets, besoins…).
2. La segmentation de la clientèle (*cf.* fiche 3 « *La segmentation des clientèles* »).
3. La mise en place de la politique mercatique à travers la construction du plan de marchéage.
4. La commercialisation de nouveaux produits, la modification de produits actuels.

5 Un zoom sur le plan de marchéage (*marketing mix* en anglais)

La mercatique opérationnelle (traduction des orientations stratégiques de l'entreprise) s'appuie sur le plan de marchéage. Ce concept est bien souvent appelé les 4 P :

Product – **P**rice – **P**lace – **P**romotion, traduit en français par :

A L'action sur le produit : concevoir des produits pour satisfaire les besoins du marché

Constat sur les produits bancaires : produits immatériels (absence d'usure, absence de stockage, absence de protection par des brevets), produits réglementés (produits subis par les banques; seuls les non réglementés peuvent se distinguer de la concurrence), innovation financière limitée (souvent conditionnée à un changement de réglementation), déclin lent.

B L'action sur le prix : le prix est un facteur d'achat

Les banques se livrent à une concurrence sur le plan des taux d'intérêt, de la tarification des services bancaires et sur la rémunération des dépôts à vue. La stratégie de prix pratiquée par la banque n'est pas l'élément du plan de marchéage sur lequel la banque communique le plus.

C L'action sur la distribution : pour optimiser les ventes

Les canaux de distribution des produits doivent s'adapter aux habitudes des clients. Le client grâce à la banque multicanal choisit désormais le canal avec lequel il veut traiter (agence de proximité, plateforme téléphonique, agence en ligne, Internet.). Certains réseaux ont opté pour un mode exclusif de distribution : la vente en ligne. Développer ou non le réseau actuel des agences relève de la politique de la distribution bancaire.

D L'action sur la communication

Elle regroupe la communication interne (circulation de l'information – culture d'entreprise) et la communication externe (améliorer l'image de l'entreprise, la notoriété, l'information sur les produits.). Les moyens de communication : publicité, sponsoring, mécénat, marketing direct…

> ZOOM SUR UN PROGRAMME DE FIDELISATION : LE CASH BACK
>
> **C'est une technique mercatique fidélisant la clientèle bancarisée tout en permettant de développer le trafic client des partenaires marchands. Le client bancarisé choisit un site marchand référencé sur le site de sa banque pour faire des achats. Le site marchand rémunère alors la banque pour cet apport d'affaire. Et le client final perçoit sa remise via son compte bancaire. Le terme « cash back » peut désigner également un service de dépannage en espèces proposé par un commerçant de proximité.**

6 Les limites de la mercatique bancaire

Le siège met en place des stratégies qui sont à déployer en agence. Or, chaque agence subit un environnement externe différent. D'où la difficulté pour le réseau d'appliquer à 100 % la mercatique décidée par le siège. Une marge de manœuvre est nécessaire à chaque agence. Aussi pour pouvoir associer le meilleur de l'agence bancaire traditionnelle à la souplesse, la réactivité et la compétitivité du net, les agences sont organisées de plus en plus en lignes hiérarchiques courtes. La «transversalité métier» de l'activité bancaire s'en trouve renforcée.

APPLICATIONS

1 ÉNONCÉ

L'activité bancaire est en interaction avec son environnement.
1 Lister les menaces de l'environnement bancaire.
2 Trouver les solutions apportées par la mercatique bancaire pour déjouer ces menaces.

SOLUTION

1 Les menaces

Saturation et croissance lente du marché bancaire, concurrence vive, multiplication des canaux de contact, relation de plus en plus virtuelle entre le banquier et son client, multibancarisation des clients, autonomie accrue des clients dans leurs opérations bancaires, clientèle très informée et avisée, clientèle exigeante, infidèle et zappeuse, difficulté de faire venir la clientèle en agence, déplacement des lieux de vie de la clientèle.

2 Les solutions

- Les banques surfent sur les tendances de la société (prêt sur 30 ans pour les jeunes pour qu'ils accèdent à la propriété...) et adaptent leur offre à la demande.
- La segmentation de la clientèle parfait la connaissance du client et permet la mise en place d'une stratégie adaptée à chaque segment.
- La gestion de la relation client (GRC) favorise le suivi des événements de la vie du client et ainsi de ses attentes, formalise la relation individualisée avec le client.
- Le métier de banquier se recentre sur le conseil.
- Les canaux de contact (téléphone, mobile, Internet...) dont le but initial était de fidéliser la clientèle de l'agence et la clientèle distanciée sont tous devenus de véritables acteurs de la vente de produits bancaires : ouverture de guichets en ligne...
- Les banques recherchent la proximité géographique avec les clients d'où des déménagements d'agences pour suivre les mouvements de population.

2 ÉNONCÉ

Dans le cadre du suivi relationnel de la nouvelle clientèle, proposez un calendrier d'actions commerciales à mener auprès d'un client ouvrant à ce jour un compte de dépôt à vue.

SOLUTION

Calendrier possible

Jour J : remise de la convention de compte.

J + 10 : envoi d'un courrier de bienvenue.

J + 20 : présentation des canaux de communication pour dialoguer avec la banque.

J + 30 : proposition d'un diagnostic assurance IARD.

J + 40 : envoi d'un SMS pour rebondir sur la proposition du diagnostic assurance.

J + 60 : entretien téléphonique pour faire un point commercial.

J + 150 : questionnaire de satisfaction.

J + 350 : RDV agence « bilan premier anniversaire de la relation commerciale ».

3 La segmentation des clientèles

Une banque a en portefeuille des clients très différents les uns des autres : le particulier, la collectivité territoriale locale, l'association, l'exploitant agricole, la PME, l'entreprise multinationale… d'où la nécessité de segmenter la clientèle. La première segmentation bancaire sépare les particuliers et les professionnels-entreprises. Cependant, certains réseaux considèrent que les artisans, commerçants, agriculteurs, professions libérales constituent une clientèle intermédiaire. Et la gestion de ces clients intermédiaires diffère alors : ils sont soit rattachés à un portefeuille de particuliers avec la casquette de professionnel, soit mis dans un portefeuille de professionnels voire dans un portefeuille spécifique… ou confiés à une agence bancaire dédiée à la profession (agence « professions médicales »).

La segmentation est une technique qui permet de diviser une population hétérogène en groupes aussi homogènes que possibles (= segment) afin d'appliquer des stratégies spécifiques à chaque segment. Deux profils de client ne peuvent pas être identiques à 100 % mais peuvent former un groupe homogène. Chaque groupe doit donc se démarquer clairement des autres groupes.

Segmenter permet d'identifier des familles homogènes dont l'approche et le traitement répondent aux attentes et possibilités réelles des clients ainsi qu'aux impératifs de rentabilité de la banque.

Les buts de la segmentation sont :

- réussir la gestion de la relation clientèle (GRC) de l'établissement bancaire ;
- mettre au point une offre de produits et services adaptée à chaque segment de clients ;
- optimiser le dispositif commercial ;
- définir une politique commerciale appropriée ;
- détecter les opportunités et menaces plus rapidement sur un segment.

1 Critères usuels de segmentation

Un bon critère de segmentation doit être discriminant pour réussir une homogénéité optimale. Il doit être pertinent par rapport au marché et besoin observés. Plusieurs familles de critères de segmentation des particuliers sont possibles :

- segmentation sociodémographique (âge, tranches de revenus, activité professionnelle, PCS, situation familiale, zone d'habitat, niveau d'éducation, sexe…). Des corrélations existent entre l'âge, la tranche de revenus, la PCS et donc le comportement bancaire. Les segmentations les plus utilisées en mercatique bancaire sont basées sur les tranches de revenus ou le type d'activité professionnelle ;
- segmentation comportementale (étude du profil d'utilisation des produits bancaires, des besoins). Les banques nomment différemment ces segments (« les distanciés », « les patrimoniaux », « les viviers »…) ;

- segmentation événementielle (voir fiche 5 « *Le cycle de vie du client* »). Le repérage des événements de la vie du client (mariage, retraite...) permet à la banque de proposer un produit bancaire lié à cet événement;
- segmentation socioculturelle : influence des facteurs sociaux, culturels... sur le comportement de consommation de l'individu. Des styles de vie sont ainsi décrits et regroupés en familles (« client fourmi »...);
- segmentation par le risque : chaque client représente un risque différent pour la banque. Les types de risque peuvent donner lieu à des segments clients (« client en permanence débiteur »...).

APPLICATION

ÉNONCÉ

Retracez les segments possibles de la clientèle d'une agence bancaire en milieu rural.

Les critères de segmentation peuvent être :

- l'activité du compte (mouvements de flux);
- l'âge;
- le montant du chiffre d'affaires (CA) annuel du client (= montant annuel des flux entrants confiés à l'agence);
- le montant du stock épargne (= montant de l'épargne du client dans l'agence).

SOLUTION

Exemple de segmentation de la clientèle d'une agence bancaire en milieu rural :

Les particuliers

- Client inactif (pas de CA, pas de stock, pas d'engagement crédit).
- Nouveau client (segment transitoire de courte durée : client à revoir rapidement pour équiper).
- Jeune client (moins de 18 ans).
- Jeune client majeur (moins de 25 ans) sans revenu.
- Jeune client majeur (moins de 25 ans) avec revenu.
- Client à faible équipement (CA < 5 000 €, stock < 5 000 €).
- Client moyenne gamme (CA entre 5 001 € et 25 000 €, stock entre 5 001 € et 25 000 €).
- Client gamme intermédiaire (CA entre 25 001 € et 90 000 €, stock entre 25 001 € et 90 000 €).
- Clientèle haut de gamme avec potentiel de développement. (CA > 90 000 €, stock entre 90 001 et 500 000 €).
- Clientèle haut de gamme (dotée d'un fort patrimoine) : CA > 200 000 € ou stock > 500 000 €).

Les professionnels

- Professionnel inactif (pas de CA, pas de stock, pas d'engagement crédit).
- Commerçant traditionnel (CA entre 12 000 et 50 000 €).
- Commerçant dynamique (CA entre 50 001 et 250 000 €).

- Commerçant entrepreneur (CA > 250 000 €).
- Artisan traditionnel (CA entre 12 000 et 50 000 €).
- Artisan dynamique (CA entre 50 001 et 250 000 €).
- Artisan entrepreneur (CA > 250 000 €).
- Profession libérale traditionnelle (CA entre 12 000 et 50 000 €).
- Profession libérale dynamique (CA entre 50 001 et 250 000 €).
- Profession libérale entrepreneuse (CA > 250 000 €).

Les exploitants agricoles

- Exploitant inactif (pas de CA, pas de stock, pas d'engagement crédit).
- Exploitant débutant (moins de 30 ans).
- Exploitant traditionnel (CA entre 12 000 et 50 000 €).
- Exploitant dynamique (CA entre 50 001 et 125 000 €).
- Exploitant entrepreneur (CA entre 125 001 et 250 000 €).
- Exploitant bâtisseur (CA > 250 000 €).

Les collectivités territoriales

- Collectivités inactives (pas de CA, pas de stock, pas d'engagement crédit).
- Collectivités actives.

Les associations

- Association inactive (pas de CA, pas de stock, pas d'engagement crédit).
- Petite association (CA < 50 000 €).
- Grande association (CA > 50 001 €).

Les entreprises

- Petite entreprise (CA entre 1 200 000 et 2 500 000 €).
- Moyenne entreprise (CA entre 2 500 001 et 25 000 000 €).
- Grande entreprise (CA > 25 000 001 €).

4 La connaissance du client bancaire

Un client peut être une personne physique (particulier, professionnel) ou une personne morale (entreprise, association, collectivité locale...) *cf.* fiche 3 «*La segmentation des clientèles*».

Un client devient bancarisé à partir du moment où il a signé un contrat avec une banque (ouverture de compte, souscription d'un produit...).

1 Les comportements du client particulier

Le comportement des individus face à l'argent est souvent irrationnel. Le client n'explicite pas toujours clairement à son banquier son désir d'épargne ou d'emprunt.

Il surfe également sur des vagues successives de besoins : recherche de la performance puis recherche de la sécurité...

Le particulier est **opportuniste**. La **multibancarisation** laisse penser au client bancaire qu'il est libre de son choix d'établissement en fonction des opportunités commerciales. Les particuliers aiment mettre en concurrence les banques mais sont ravis que la leur l'emporte ! D'où l'existence d'un sentiment d'appartenance à une banque... *Il est à prévoir la disparition de ces comptes inactifs voire inutiles détenus à la concurrence lorsque les comptes bancaires seront facturés.*

Le **nomadisme** est un phénomène de société. Le client veut pouvoir gérer la relation avec son banquier à distance. Le développement des nouvelles technologies a bouleversé le comportement des clients bancaires qui utilisent de plus en plus les canaux directs (téléphone, Internet) pour la gestion de leurs comptes, leurs opérations bancaires ou pour la communication avec leur conseiller (augmentation du nombre d'e-mails reçus en agence). La **relation bancaire** est devenue «**multicanal** ou «le tout canal». Hier, la banque considérait que chaque canal était exclusif (les canaux s'opposaient les uns contre les autres). Aujourd'hui, la banque intègre le fait que tous les canaux vont œuvrer en même temps. Le site en ligne de la banque avait initialement un objectif cognitif (transmettre de l'information). Puis, un objectif conatif est apparu (faire réaliser au client des opérations bancaires à distance). Aujourd'hui, l'objectif affectif du site est même atteint dans certaines banques (« *ma banque, c'est moi !* ») où le consommateur compose lui-même ses services bancaires, fait le choix de ne pas avoir de contact avec un conseiller et accepte la tarification d'une prestation de conseil si le besoin est ressenti.

2 Les grandes tendances de comportement du client bancaire

A Le client consommateur

Gros besoins de consommation d'où des besoins de trésorerie, d'épargne, de constitution de patrimoine qui se multibancarise pour saisir le maximum d'opportunités commerciales. Son degré de fidélité à la banque principale est faible.

B Le client analyste

Gros besoins d'information sur les produits, le marché, le réseau bancaire pour se décider à consommer des produits bancaires. Son degré de fidélité à son établissement bancaire est plus fort.

C L'expérience de consommation du client bancarisé

L'expérience de consommation ou expérience client s'appuie sur l'ensemble des émotions qui accompagnent l'acte de souscription (avant : expérience d'anticipation, pendant : expérience d'achat et après : expérience de souvenir). Cette expérience client accroît la valeur perçue de l'offre bancaire et ainsi fidélise mieux le consommateur de plus en plus opportuniste.

Zoom sur la valeur perçue d'un service bancaire

Ensemble des bénéfices	**Valeur d'usage**	Fonctionnalités et performances du service
	Valeur d'image	Perception du réseau, du groupe bancaire, image de marque
	Valeur de la relation de service	Qualité de la relation avec le personnel de l'agence, émotions et sensations ressenties lors de l'expérience de consommation
	Valeur hédonique	Souvenirs agréables mémorisés lors d'un entretien avec le conseiller, envie de raconter son expérience et de la renouveler

Ensemble des coûts	**Coût monétaire**	Sacrifice financier consenti par le client
	Coût de transaction	Dépense de temps (prise de rendez-vous, déplacement, délai d'attente de la réponse du conseiller si crédit), efforts consentis pour vivre l'expérience
	Coût psychologique	Efforts réalisés pour réduire les freins (risque de se tromper…) et les contrariétés face à des imprévus plus ou moins imprévus

Valeur perçue = ensemble des bénéfices — ensemble des coûts

La valeur perçue correspond ainsi au prix maximal que le consommateur est prêt à payer pour obtenir le service bancaire. La valeur perçue résulte de la confrontation entre les avantages attendus et les coûts (ou sacrifices consentis) pour l'acquisition et la consommation du service. Ainsi, deux clients ne retireront pas la même valeur de la consommation d'un même service.

La satisfaction est la valeur globale de l'offre perçue par le client diminuée des coûts supportés par le client. La valeur économique correspond aux coûts engagés par le consommateur. Tandis que la valeur perçue est la satisfaction qu'il retire de son achat.

APPLICATIONS

1 ÉNONCÉ

Les besoins du client sont influencés par son âge, sa situation familiale, son mode de vie, son environnement technologique… (voir fiche 5 « *le cycle de vie du client* »).

Les attentes du client varient selon des facteurs quantitatifs (âge, revenus…) et qualitatifs (psychologie, sociologie de l'individu…).

1 **Citez les besoins liés à la bancarisation du particulier et les attentes de ce dernier envers sa banque.**

2 **Montrez en quoi le consommateur bancaire est en train de changer profondément.**

3 **Pour faire face à la mutation comportementale du client, quelles compétences le conseiller se doit de développer ?**

SOLUTION

1 Les besoins de bancarisation du particulier

- Commodité et sécurité du compte en banque.
- Argent au quotidien (moyens de paiement…).
- Épargne.
- Services.
- Financement des projets.
- Constitution de patrimoine.
- Valorisation de patrimoine.
- Prévoyance.
- Assurance de son patrimoine.
- Préparation de la retraite à travers la recherche de revenus complémentaires.
- Préparation de la succession.

Les attentes du particulier envers sa banque

- Des conseils.
- Une transparence des conditions tarifaires.
- Des services de banque à distance.
- Une grande disponibilité.
- Des crédits faciles.
- Un bon suivi.
- Des espaces en libre-service.
- Des frais réduits.
- Une valorisation de son épargne.
- Des produits d'épargne évolutifs.

2 Changement de comportement du consommateur

Pourquoi le consommateur change-t-il ?	Comment le consommateur change-t-il ?
– Les aléas de la vie (peur de l'avenir, sentiment d'insécurité). – Une médiatisation négative autour des banques (discours basé sur la tarification excessive…). – Le rythme de la vie qui s'accélère autour du client. – Les nouvelles technologies dans le quotidien du consommateur. – Une information de plus en plus accessible à un faible coût.	– Expression d'un besoin de protection, de prise en charge. – Profil plus opportuniste, plus zappeur. – Exigence accrue en termes de coût, de qualité et de transparence. – Profil plus impatient. – Profil plus individualiste, plus avide de personnalisation. – Sentiment d'être déjà bien informé entraînant un refus de se déplacer à l'agence pour faire un point. – Volonté d'obtenir une information ou une confirmation rapidement auprès de son conseiller (besoin d'immédiateté).

3 Le conseiller se doit de développer les compétences suivantes

La communication sous toutes ces formes, la pratique de l'écoute active, l'analyse, l'orientation client de son discours, la curiosité permanente, la transmission de la confiance, l'adaptation aux changements, la pratique des nouvelles technologies, l'expertise client « à la carte », la capacité à négocier et à conclure, la flexibilité « intellectuelle »…

2 ÉNONCÉ

L'expérience de consommation d'un produit/service bancaire d'un client

Le client demande en permanence à son conseiller d'adopter une approche particulière basée sur l'écoute, l'exactitude, la disponibilité, la sollicitude, le conseil.

À chaque phase de cette approche, quel message envoie le client à son conseiller ?

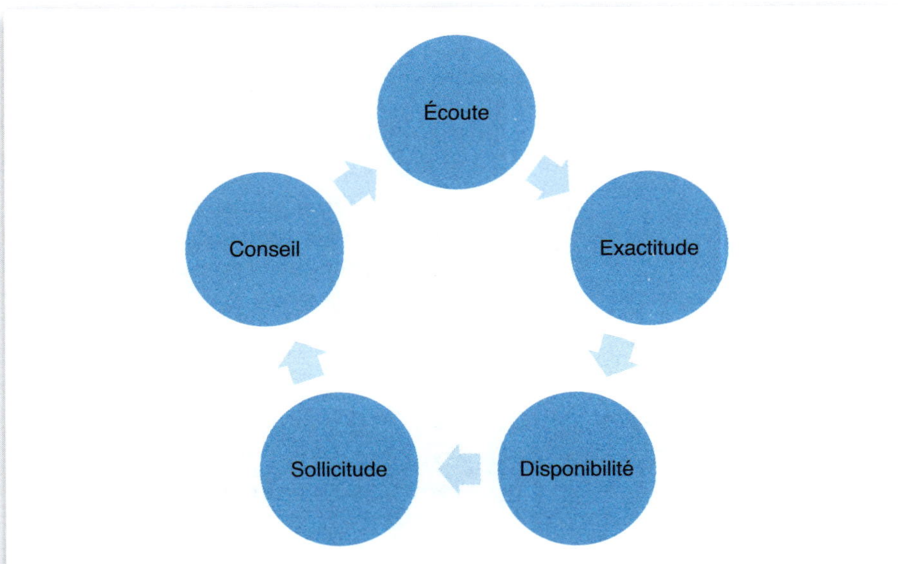

SOLUTION

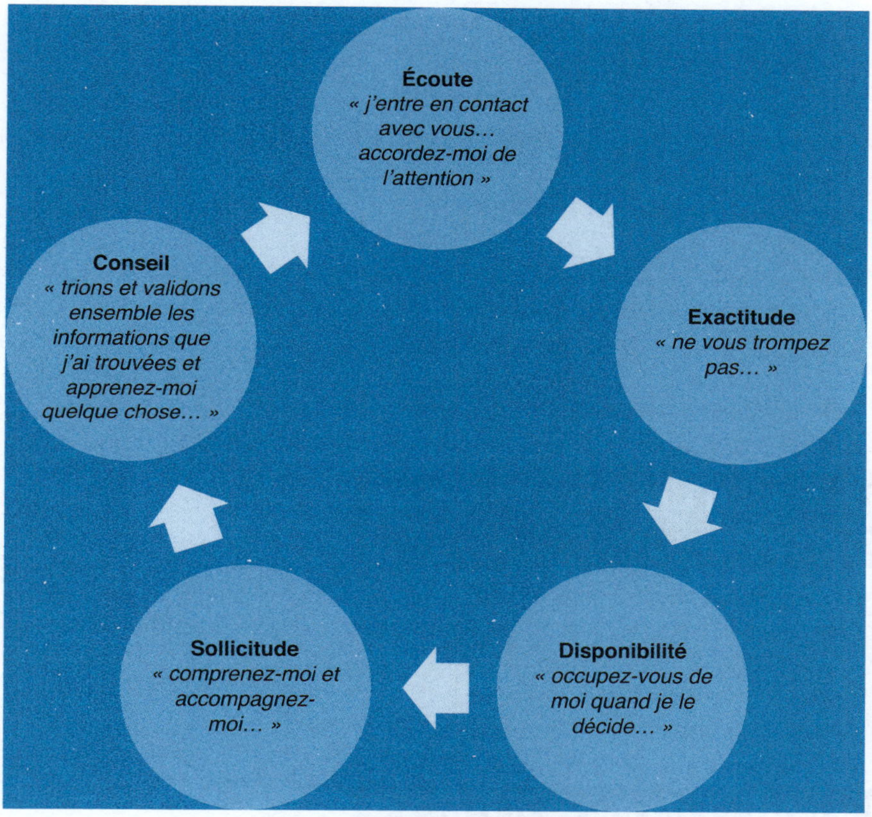
Écoute
« j'entre en contact avec vous... accordez-moi de l'attention »
Exactitude
« ne vous trompez pas... »
Disponibilité
« occupez-vous de moi quand je le décide... »
Sollicitude
« comprenez-moi et accompagnez-moi... »
Conseil
« trions et validons ensemble les informations que j'ai trouvées et apprenez-moi quelque chose... »

5 Le cycle de vie du client

Une des missions du conseiller est de développer son portefeuille clients. Pour cela, la relation avec sa clientèle doit s'inscrire dans la durée.

Le premier entretien mené avec un client a pour but de faire connaissance, de le découvrir et d'instaurer une relation de confiance.

Plus tard, le conseiller se doit de rester à l'écoute des évènements survenant dans la vie de son client (mariage, naissance, licenciement, promotion…) pour :

- être en phase avec les besoins et projets de ce dernier ;
- anticiper les incidences de ces évènements sur la composition du patrimoine du client ;
- gérer l'éventuel risque client de cette nouvelle situation.

1 La notion de cycle de vie en mercatique

Cette métaphore est utilisée en mercatique pour illustrer le parcours suivi par un produit. Comme l'être humain, un produit est amené après avoir été créé à disparaître. Son existence sera découpée en quatre phases : lancement, croissance, maturité et déclin. À chaque étape correspondent des caractéristiques, des problèmes spécifiques d'où la nécessité pour l'entreprise de mettre en place des stratégies.

2 La notion de cycle de vie en mercatique bancaire

L'expression « cycle de vie » est également utilisée dans le milieu bancaire pour situer le client dans un cycle de vie familial classique. Il est alors un **indicateur de prise de rendez-vous** par le conseiller avec le client. Le cycle de vie du client bancarisé s'appuie sur sa tranche d'âge, ses besoins liés à son âge. Il permet de proposer au client un service ou produit bancaire, financier ou d'assurance en minimisant le risque de refus du client.

Les tranches d'âge ne sont pas fixes ; la vie du client peut être segmentée selon des tranches d'âge qui diffèrent d'un réseau à l'autre.

APPLICATION

ÉNONCÉ

Dans un tableau, faites apparaître pour chaque tranche d'âge du client (0-11 ans/12-15 ans/16-17 ans/18-25 ans/26-40 ans/41-55 ans/56-65 ans/+65 ans) les besoins et projets du client ainsi que les produits proposés par la banque pour satisfaire le client.

SOLUTION

Tranche d'âge du client	Besoins et projets du client
0-11 ans	Le jeune a peu de besoin à cet âge. Néanmoins, son entourage familial exprime des besoins : ► constitution d'une épargne disponible, ► constitution d'une épargne bloquée pour les études…
12-15 ans	L'adolescent exprime un besoin d'autonomie et de constitution d'épargne. Il découvre la relation bancaire. L'entourage familial anticipe un besoin de financement futur (études, permis…).
16-17 ans	Le jeune gère son compte de dépôt à vue. Il recherche une autonomie bancaire. Il consomme, il épargne.
18-25 ans	Le jeune veut être considéré comme un client à part entière. Il est autonome. Il a des besoins de consommation (études, première installation, auto, préparation d'un achat immobilier futur…). Il a besoin d'être aidé dans ses projets et conseillé.
26-40 ans	Le client a toujours besoin d'être accompagné dans ses projets. Il éprouve plusieurs besoins : ► constituer une famille et la protéger, ► consommer, ► devenir propriétaire de sa résidence principale, ► assurer l'avenir de ses enfants, ► se constituer un capital (épargne disponible, retraite…).
41-55 ans	Le client a besoin de : ► se constituer un patrimoine, ► consommer, ► préparer ou continuer à préparer sa retraite, ► financer les études des enfants, ► se sentir protégé, ► défiscaliser selon ses revenus et son imposition.
56-65 ans	Le client éprouve le besoin de : ► profiter de sa retraite, ► compléter ses revenus, ► préparer la transmission de son patrimoine, ► aider ses proches dans leurs projets.

›››

Tranche d'âge du client	Besoins et projets du client
+ 65 ans	Le client souhaite : ▸ profiter et assurer « ses vieux jours », ▸ aider ses proches, ▸ transmettre son patrimoine.

Tranche d'âge du client	Produits réponse
0-11 ans	Livret bancaire, CEL, PEL, assurance-vie…
12-15 ans	Livret bancaire, livret jeune (12 à 25 ans), CEL, PEL, assurance-vie, première carte bancaire.
16-17 ans	Compte bancaire avec carte de retrait, livret jeune, livret bancaire (si plafond du livret jeune atteint), CEL, PEL e-relevé.
18-25 ans	Moyens de paiement, autorisation de découvert, package, service de banque à distance (SMS, Internet…), livret jeune, livret bancaire, épargne logement (CEL, PEL), LDDS, protection juridique, produits de prévoyance, crédit consommation (1re installation, permis…), prêt auto, prêt étudiant, assurance IARD (auto, habitation) e-relevé.
26-40 ans	Prêt immobilier, prêt consommation, prêt personnel, crédit permanent, LEP (si client éligible), livret bancaire, CEL, PEL, assurance-vie, actions, obligations, SICAV, assurance IARD, GAV, protection juridique, produits de prévoyance e-relevé…
41-55 ans	Supports d'épargne à long terme, assurance-vie, produits de défiscalisation, prévoyance, prêt consommation, immobilier, personnel e-relevé…
56-65 ans	Produits d'épargne distribuant des revenus (produits boursiers, assurance-vie…), produits dépendance, prévoyance, crédit consommation.
+ 65 ans	Produits d'épargne distribuant des revenus, produits de succession (assurance-vie), produits prévoyance…

6 L'analyse externe de l'agence

L'agence bancaire est au cœur de la stratégie bancaire d'où la nécessité pour un conseiller d'étudier son agence.

L'agence est en interaction avec son environnement. Afin de mieux cerner le potentiel réel de l'environnement de l'agence, une analyse externe s'impose...

Le marché est une composante essentielle de l'analyse. C'est la rencontre entre les offres et demandes de biens et services.

Trois composantes : l'offre + la demande + l'environnement.

1 Les objectifs de l'analyse externe

- Définir les limites de la zone de chalandise.
- Faire ressortir les caractéristiques déterminantes de cette zone.
- Analyser l'évolution de la population et de ses principales composantes.
- Dresser le tableau de l'activité économique du secteur.
- Identifier les spécificités locales sociales et culturelles.
- Anticiper les orientations futures.
- Déterminer les grandes masses du marché potentiel afin de reconnaître les parts de marché.
- Situer les concurrents, leur implantation et leur positionnement.

Le bilan de l'analyse externe de l'agence (ou du fonds de commerce) permet de :

- détecter les opportunités (ce qui évolue dans son environnement en faveur de l'agence) et les menaces (ce qui évolue dans son environnement en défaveur de l'agence) ;
- déterminer les cibles de la population à conquérir ;
- sélectionner les offres produit adaptées à la population.

2 L'étude de marché

Pour prendre des décisions, la banque a besoin de réunir des informations. L'étude de marché est une technique de collecte d'informations dont le but est de répondre à diverses interrogations portant sur les composantes du marché.

Toutes ces informations sont à collecter de manière évolutive et non ponctuellement (hormis dans le cadre d'une implantation d'une agence).

L'étude de marché est réalisée soit par un organisme extérieur spécialisé, soit par l'entreprise bancaire. Les informations sont alors recherchées auprès des services du siège (marketing stratégique, opérationnel...), de l'INSEE, de la Banque de France, mairie, communauté de communes, conseil général, conseil régional, direction départementale de l'équipement, office de tourisme, chambre d'agriculture, CCI, presse locale...

Les études de l'analyse externe sont quantitatives (objectif : obtenir des informations chiffrées permettant de répondre aux questions « *combien ? qui ? quand ?* ») ou qualitatives (objectif : étudier les comportements des clients et identifier les facteurs explicatifs de ces derniers permettant de répondre aux questions « *comment ? pourquoi ?* »).

3 Zoom sur la zone de chalandise

A Définition

La zone de chalandise est une zone d'attraction commerciale dans laquelle sont implantés les clients potentiels de l'agence. Dans le secteur bancaire, la proximité est le critère d'identification le plus utilisé de la zone d'attraction naturelle d'une agence.

B Composition

La zone de chalandise est constituée d'une zone primaire (proximité immédiate avec un taux de fréquentation élevé de l'agence) et d'une zone secondaire (proximité élargie avec une baisse du taux de fréquentation de l'agence en fonction de l'éloignement).

La zone de chalandise est déterminée par :

- **un contour** (délimité sur une carte géographique : quartier, communes...) ;
- **des sous-zones** délimitées par des courbes isochrones (en fonction du temps nécessaire pour se rendre à l'agence) ou isométriques (en fonction de la distance par rapport à l'agence) ;
- **une taille** (nombre de clients potentiels de plus de 15 ans par exemple...). Celle-ci dépend de la taille de l'agence, du type de marché (rural ou urbain), du degré de concurrence, des infrastructures favorables à l'activité commerciale (parking, transports en commun, pôles d'attraction...) ;
- **un profil** (voir indicateurs socio-économiques cités dans le tableau ci-dessous).

C Mise en application

La zone primaire constitue le **marché captif** de l'agence. C'est le territoire géographique sur lequel l'agence exerce un pouvoir d'attraction auprès des particuliers en raison de sa proximité.

Le siège de la banque décrit grâce à la géomercatique les différentes zones de chalandise du réseau en s'appuyant sur le potentiel des zones géographiques du territoire étudié.

En découle alors un maillage d'agences. Quand un réseau bancaire décide d'implanter une agence, le lieu géographique est choisi avec précision puisqu'en dépend le succès commercial. Le marché potentiel de l'agence est chiffré ainsi que le niveau de son activité bancaire attendue.

APPLICATION

ÉNONCÉ

Quand un réseau bancaire décide d'implanter une agence de proximité, quels sont les éléments d'information qu'elle va rechercher pour réaliser une analyse externe du fond de commerce ?

SOLUTION

Que cherche à connaître l'agence ?	
L'offre	Les concurrents directs et indirects (assureurs, sociétés de crédit…), leur politique commerciale, leur positionnement, leur part de marché, leur ancienneté dans la zone de chalandise, leurs atouts, les prescripteurs (agences immobilières, notaires…).
La demande Clients actuels et potentiels	Les revenus (aisés, modestes…) de la population résidente dans la zone de chalandise la répartition de la population par tranche d'âge (– 15 ans ; 15/24 ans ; 25/34 ans ; 35/54 ans ; 55/64 ans ; + 65 ans), l'évolution de la population (stable, en augmentation ou en déclin ?), la répartition de la population en PCS (agriculteurs, ouvriers, professions intermédiaires et employés, cadres supérieurs et professions indépendantes) la tendance de fréquentation des agences bancaires (faible ou forte), leurs attentes envers la banque, leur image sur l'établissement bancaire commanditaire de l'étude ?
Son environnement	▸ **Économique** : étude des indicateurs de richesse (nombre de foyers fiscaux, nombre de foyers assujettis à l'IFI…), de l'emploi (forte concentration de quelle PCS ?…), des taux (taux d'intérêt de crédit immobilier favorable à l'achat ?…), des commerces et industries implantés (création d'entreprises, tissu économique dynamique ?…), de l'immobilier (prix moyen des loyers, prix de vente du m^2…). ▸ **Juridique** : réglementation en vigueur (nouvelle mesure favorable à l'épargne…). ▸ **Démographique** : étude de la population (apparition d'une clientèle jeune…). ▸ **Concurrentiel** : étude des concurrents directs et indirects (maillage des réseaux concurrents…) (voir l'offre). ▸ **Culturel** : connaissance des communautés étrangères implantées dans la zone ? événements locaux culturels ?… ▸ **Social** : repérage des infrastructures communales (école, maison de retraite…), existence ou projet de logements sociaux ? tissu associatif développé ? ▸ **Géographique** : zone rurale profonde, rurale sous influence urbaine, urbaine ou semi-urbaine ? repérage du sens de circulation dans le quartier de l'agence, des voies de communication, des barrières naturelles, des pôles d'attraction. ▸ **Politique** : étude des familles politiques représentées, de l'influence sur la vie locale des personnalités politiques…

En conclusion d'une analyse externe d'un fonds de commerce bancaire, la réponse à la question suivante doit être apportée :

Le marché de l'agence est-il très porteur, moyennement porteur, saturé ou en déclin ?

7 L'analyse interne de l'agence

Le portefeuille clients est le centre névralgique de l'agence. Il permet de dégager une activité commerciale et une rentabilité.

Les objectifs de l'analyse interne sont :

- dresser un état de la clientèle ;
- apprécier les encours et leur évolution en fonction des caractéristiques du fonds de commerce ;
- évaluer la rentabilité de l'agence et ses composantes.

L'analyse interne donne une comparaison qualitative (positionnement) **et quantitative** (part de marché) entre les caractéristiques du marché et celles du fonds de commerce.

À l'issue de l'analyse interne de l'agence, une synthèse est rédigée en mettant en évidence ses points forts et ses points d'effort.

1 L'étude de la clientèle de l'agence

Elle permet de bien appréhender les caractéristiques de la clientèle :

PCS représentées, moyenne d'âge, segments de clientèle, (voir fiche 3 « *La segmentation des clientèles* »), appartenance à la zone primaire ou secondaire (voir fiche 6 « *L'analyse externe de l'agence* »).

Les besoins et motivations sont aussi mis en évidence (voir fiche 5 « *Le cycle de vie du client* »).

L'étude s'appuie sur des croisements de critères de segmentation (PCS/revenus, segment/âge...) pour affiner l'analyse.

2 L'étude du portefeuille de l'agence

Le portefeuille de l'agence est scindé bien souvent en plusieurs portefeuilles attribués pour chacun d'entre eux à un conseiller.

Les indicateurs de mesure suivants peuvent être utilisés : le stock des produits en portefeuille, l'évolution de ces stocks, les avoirs détenus (degré de risque, échéance), les encours (stocks d'épargne ou de crédit possédés par la banque), les flux enregistrés sur les comptes, les soldes moyens, les taux d'équipement, le niveau de satisfaction des clients (connu par les enquêtes de satisfaction, le traitement des réclamations), le niveau de risque de la clientèle (nombre de clients débiteurs, interdits bancaires...).

Ces informations sont transmises régulièrement aux collaborateurs de l'agence sous forme de tableau de bord.

3 L'analyse du tableau de bord de l'agence

Une partie de ce document indique le stock de produits détenus par le portefeuille de l'agence, son évolution depuis la dernière période d'analyse. Une comparaison avec les agences du groupement ou avec un autre groupement peut être établie. À partir de ce tableau de bord, les collaborateurs de l'agence mènent une réflexion sur plusieurs points :

- Quels segments de clients ont été sollicités ?
- Quels segments de clients ont été délaissés ?
- Quelles sont les marges de progression ?
- Quelles actions commerciales correctrices sont à mettre en place pour atteindre les objectifs ?
- Quelles sont les prochaines campagnes commerciales prévues par le réseau ou le siège pour aider à vendre ?

4 L'organisation de l'agence et ses moyens

Un état des moyens de l'agence est à dresser régulièrement : moyens humains (nombre de collaborateurs, leur profil et formation), moyens matériels (nombre de bureaux, étude de l'espace accueil, présence de DAB/GAB, matériels informatiques...). L'organisation est étudiée à travers un organigramme fonctionnel et décisionnel.

5 L'étude des forces et des faiblesses de l'agence

Les indicateurs d'analyse des forces et faiblesses de l'agence sont :

A L'analyse de la rentabilité

- La rentabilité peut être calculée au niveau de l'agence, d'un portefeuille, d'un segment de client, d'un client. Le résultat brut d'exploitation, le coefficient d'exploitation, le retour sur fonds propres, le retour sur actifs sont des indicateurs de rentabilité (voir fiche 8 « *La rentabilité de l'agence et du portefeuille* »).

B L'analyse de l'activité bancaire

- Elle peut se traduire à travers le produit net bancaire, la part de marché (poids du montant des dépôts de la banque – ou des crédits distribués – par rapport au total des dépôts – ou crédits – de l'ensemble des banques de la zone étudiée), le montant de l'épargne confiée par les clients, le montant des flux confiés par les clients à la banque, le taux d'équipement, le taux de détention de produits par client, le solde moyen (total des dépôts des comptes à vue/nombre de comptes à vue), le taux de nouveaux clients (nombre de nouveaux clients de moins de ... mois/nombre total de clients), la part de l'activité de l'agence dans le groupement d'agences...

APPLICATION

ÉNONCÉ

Vous venez d'être nommé chargé de clientèle dans le réseau bancaire « Normandy ». Votre agence basée dans une ville (16 000 habitants – agglomération : 34 000 habitants) dans l'Orne (département rural en Basse-Normandie) compte 3 240 clients (2 700 particuliers, 70 agriculteurs et 470 professionnels : 320 artisans et commerçants, 110 professions libérales, 40 entreprises).

Les horaires d'ouverture : du lundi au vendredi (8.55 à 12.30 et 13.55 à 18.30). Deux DAB/GAB sont à la disposition de la clientèle 24 h/24 h. Les jours du marché du centre-ville sont le mercredi matin et le samedi matin.

Le tissu économique local est dynamique. De nombreuses PME/PMI sont implantées. La concurrence est vive (9 réseaux bancaires implantés dans le centre-ville et de nombreux assureurs).

Vous intervenez sur le marché des particuliers. Vous devez gérer un des cinq portefeuilles des particuliers.

1 À la lecture des informations relevant de l'analyse interne de l'agence, réalisez un diagnostic de celle-ci.

2 Vous proposez des actions correctrices.

Répartition dans l'agence des particuliers selon la segmentation de la clientèle

Pour information :

- le montant du chiffre d'affaires (CA) annuel du client (= montant annuel des flux entrants confiés à l'agence) ;
- le montant du stock épargne (= montant de l'épargne du client dans l'agence) ;
- client inactif (pas de CA, pas de stock d'épargne, pas d'engagement crédit) : 127 ;
- nouveau client (segment transitoire de courte durée : client à revoir rapidement pour équiper) : 33 ;
- jeune client de 0 à 11 ans : 32 ;
- jeune de 12 à 18 ans : 105 ;
- jeune client majeur (moins de 25 ans) sans revenu : 88 ;
- jeune client majeur (moins de 25 ans) avec revenu : 154 ;
- client (+25 ans) à faible équipement (CA < 5 000 € / an, stock < 5 000 €) : 312 ;
- client (+25 ans) moyenne gamme (CA entre 5 001 € et 25 000 €, stock entre 5 001 € et 25 000 €) : 723 ;
- client gamme intermédiaire (CA entre 25 001 € et 90 000 €, stock entre 25 001 € et 90 000 €) : 1 069 ;
- clientèle haut de gamme avec potentiel de développement ;
- (CA > 90 000 €, stock entre 90 001 et 500 000 €) : 40 ;
- clientèle haut de gamme (dotée d'un fort patrimoine) : CA > 200 000 € ou stock > 500 000 €) : 17.

REMARQUE

Un particulier ayant ouvert un compte joint avec son conjoint compte pour un client particulier.

Répartition par tranches d'âge (en %)

	0-19 ans	20-39 ans	40-59 ans	60-74 ans	75 ans et +
Clientèle agence	17	22	32	19	10
Moyenne du réseau au niveau départemental	22	25	28	18	7
Population de l'agglomération	25	28	23	15	9

Stock de produits détenus dans l'agence par les particuliers

Package	1 755
Cartes bancaires y compris cartes proposées dans le package (dont cartes de prestige proposées aux clients apportant un CA supérieur à 90 000 €)	2 220 (52)
Services banque à distance (hors package)	127
Livret de développement durable solidaire (LDDS)	2 400
Livret d'épargne populaire (LEP)	120
Compte sur livret	2599
Livret jeune	142
Compte épargne logement (CEL)	720
Plan épargne logement (PEL)	455
Plan en actions (PEA)	423
Réserve d'argent	1970

SOLUTION

1 Le diagnostic de l'analyse de l'agence met en évidence les points forts et les points faibles de celle-ci.

Points faibles	Points forts
▸ Sous-représentation de la clientèle jeune de moins de 19 ans par rapport au réseau à l'échelle départementale. ▸ Mauvaise conquête dans la ville des jeunes de moins de 19 ans : image de marque du réseau auprès des jeunes ? ▸ Seulement 3,3 % de la clientèle est étudiante (en supposant que les moins de 25 ans sans revenu soient majoritairement étudiants) : fuite des étudiants ? ▸ 2,1 % des clients de l'agence sont des clients haut de gamme (57 clients). ▸ Faible taux de détention de LEP : le produit est délaissé par les conseillers ? Il y a au moins 312 clients de plus de 25 ans amenant un CA inférieur à 5 000 €/an (revenu de 416,6 €/mois confié à l'agence) – alors que ces clients sont éligibles au LEP. ▸ Stock de livret jeune insuffisant (40,9 % des jeunes en âge d'être équipés le sont : 142 / 347). ▸ Faible taux de détention de CEL (26,7 %) et de PEL (16,9 %) : les clients de l'agence sont-ils majoritairement déjà propriétaires de leur résidence principale ? ▸ Stock de PEA insuffisant. Au moins 1 126 clients peuvent être ciblés (CA > 25 001 €). Or, seuls 423 PEA en stock : culture boursière de la clientèle ? Spécialisation des conseillers dans le domaine ? ▸ Fermeture de l'agence le samedi (jour du marché).	▸ Seuls 4,7 % des clients du portefeuille de l'agence sont inactifs : pas de compte dormant, les comptes peuvent être « travaillés par le conseiller ». ▸ 33 nouveaux clients vont être revus prochainement pour être équipés. ▸ Surreprésentation des clients âgés de plus de 40 ans par rapport au réseau au niveau départemental et à la ville : clientèle possédant des avoirs (générateurs de PNB pour l'agence). ▸ Plus de 92 % des clients potentiels détiennent un package (1 755/2 403 (hors clients inactifs, nouveaux clients, moins de 18 ans). ▸ Très bon équipement de la clientèle en compte sur livret (96,3 %) et en LDDS (88,9 %). ▸ Plus de 82 % des clients possèdent une carte bancaire de l'agence. ▸ Très bon taux d'équipement en carte bancaire de prestige (52 détenteurs/57 clients ciblés). ▸ Bon score du stock de réserve d'argent (72,96 % des clients en détiennent). ▸ Larges horaires d'ouverture dans la journée pour être reçu par un conseiller. ▸ 2 DAB/GAB en libre-service en permanence.

2 Les actions correctrices

Pour renouveler le fonds de commerce de demain, l'agence doit partir à la conquête des jeunes : actions de prospection dans les clubs sportifs, les endroits fréquentés par ce segment, développement de la recommandation (parrainage). Les clients de l'agence en âge d'être parent doivent être contactés pour des ouvertures de compte, livrets jeunes pour leurs enfants.

Une action de prospection auprès des jeunes lycéens prochainement étudiants est à lancer (proposition de prêt étudiant pour les capter).

Une action sur le LEP est à mener. Une accroche à l'accueil doit être quasi-systématique auprès de la clientèle visée. Une action phoning peut également être organisée.

Un animateur des ventes doit évaluer les connaissances des conseillers sur la bourse. Une formation peut être conduite pour les monter en compétences dans ce domaine.

Une ouverture le samedi matin peut être étudiée pour capter une partie de la population fréquentant le marché ce jour-là.

8 La rentabilité de l'agence et du portefeuille

La rentabilité de l'activité bancaire provient de la somme des rentabilités de chaque client. Or, tous les clients ne présentent pas la même rentabilité pour la banque. D'où une recherche permanente pour l'établissement bancaire de sources de profit.

La notion de rentabilité bancaire peut s'appliquer à l'agence (au fonds de commerce), à un portefeuille, à un segment clientèle, à un client.

La rentabilité d'un établissement de crédit représente son aptitude à dégager de son exploitation des gains suffisants après déduction des coûts nécessaires à cette exploitation pour poursuivre durablement son activité.

Toutes les banques cherchent à accroître leur PNB (produit net bancaire). Cet indicateur d'activité rend compte de l'ensemble des activités de la banque et détermine sa marge brute.

Le PNB est le point de départ des calculs d'indicateur de rentabilité. Les banques recherchent en permanence un accroissement du PNB s'appuyant aujourd'hui sur la recherche de commissions.

De même pour augmenter la rentabilité globale de l'agence, une diminution des coûts prévaut : coûts salariaux en optimisant le temps commercial ce qui conduit à réorganiser et à faire évoluer les concepts d'agence (coûts variables), coûts fixes moyens (recherche de synergies lors d'opération de rapprochements de réseaux bancaires (utilisation d'une même plateforme informatique), déplacement des salariés des sièges sociaux vers le réseau).

Dans beaucoup d'agences, cet indicateur n'est connu que du directeur. Le montant du PNB par client ou par portefeuille n'est pas calculé ou communiqué aux chargés de clientèle. Ces derniers doivent donc s'appuyer sur d'autres indicateurs pour apprécier la rentabilité globale de leur portefeuille.

1 Présentation de l'activité d'une banque

A Une banque, c'est un commerce d'argent

Fonction de la banque : collecter des fonds et les redistribuer

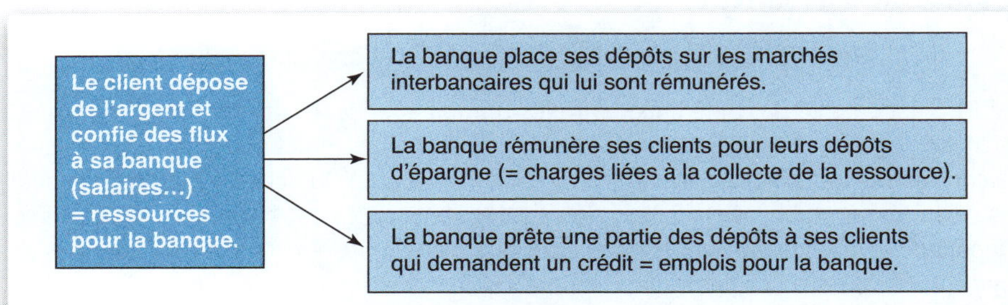

La marge d'intermédiation représente la valeur ajoutée sur capitaux.

Marge d'intermédiation =
intérêts reçus des clients (opérations de crédits)
–
intérêts versés aux clients par la banque (opérations d'épargne)

REMARQUE

Comme la banque au niveau national est obligée de respecter des ratios tels que Mac Donough (quand 100 € sont prêtés à un client, la banque doit détenir en contrepartie 10,5 € de fonds propres), elle doit emprunter des fonds sur le marché interbancaire auprès des banques centrales pour des refinancements à court terme.

B Une banque, c'est un commerce de services

Fonction de la banque : rendre des services à la clientèle

La banque prend **des commissions** sur ces services. Les commissions peuvent se définir comme des cotisations et prélèvements divers facturés aux clients en contrepartie de services rendus. Certaines commissions sont récurrentes (cotisation mensuelle pour l'adhésion à un package...) et d'autres non (frais de dossier pour un prêt immobilier...).

Les commissions sont principalement prélevées sur :

- l'épargne financière (frais de gestion, frais d'entrée...) ;
- le crédit (frais de dossier, pénalités pour remboursement anticipé du client...) ;
- les conventions de compte (package...) ;
- les services (opérations de change, frais de débit non autorisé...) ;
- l'assurance ;
- les voyages, les alarmes... lorsque ces produits sont commercialisés en agence ;
- la monétique (utilisation des distributeurs automatiques de billets et guichets automatiques bancaires, location des terminaux de paiement pour le marché des professionnels...).

REMARQUE

Un retrait d'espèces dans le réseau Y réalisé par un client du réseau X entraînera une facturation au réseau X de la part du réseau Y.

2 Le produit net bancaire

A Formule de calcul

Produit net bancaire = Marge d'intermédiation + Commissions

Le PNB est calculé par différence entre les produits bancaires et les charges bancaires (activité de prêt et d'emprunt, opérations sur titres, change, marchés dérivés...). Il mesure la contribution spécifique des banques à l'augmentation de la richesse nationale et peut en cela être rapproché de la valeur ajoutée dégagée par les entreprises non financières. Depuis 1993, le calcul du PNB intègre les dotations ou reprises de provisions sur titres de placement. En revanche, les intérêts sur créances douteuses en sont déduits.

B Importance des commissions dans le PNB

Le temps où la rentabilité des banques reposait sur l'intermédiation est révolu. Il y a 25 ans, les emprunteurs faisaient le PNB… les services étaient gratuits !

Comme la marge d'intermédiation est liée à l'environnement économique (taux de l'épargne, taux du crédit) et qu'elle tend à diminuer, les banques multiplient les sources de rentabilité pour accroître leur PNB : diversification de leurs activités (alarme, téléphonie, immobilier…). Les services ont l'avantage d'être pérennes. Ils sont moins sensibles à la conjoncture (par exemple aux variations de taux). Actuellement, les commissions tendent à représenter dans des réseaux 40 à 50 % du PNB. C'est pour cela qu'il est dit que le PNB est issu aujourd'hui de l'intermédiation et aussi de la facturation.

Cependant, l'environnement médiatique actuel tend à faire disparaître des commissions issues de la facturation dite punitive.

La maîtrise du **ratio commissions/marge d'intermédiation** de l'agence bancaire est capitale pour cette dernière. En effet, ce ratio mesure l'importance des commissions générées par rapport à la marge d'intérêt sur les ressources et les emplois. Comme les commissions perçues par la banque auprès de la clientèle sont étroitement liées aux efforts de la force de vente de l'agence, ce ratio permet de suivre l'évolution de l'activité commerciale de celle-ci. Cependant, la marge d'intermédiation est capitale pour les agences car les produits d'épargne et de crédit permettent de fidéliser dans le temps les clients (crédit immobilier à rembourser durant 25 années…).

3 Le coefficient d'exploitation

La banque attache de l'importance à un autre indicateur de rentabilité : le coefficient d'exploitation.

L'établissement bancaire doit faire face à de nombreuses dépenses. Les principaux postes de dépenses sont les suivants :

- charges de personnel (masse salariale, formation…) ;
- charges de logistique (entretien et rénovation de l'agence, EDF, achats de fournitures…) ;
- charges informatiques (équipement, maintenance, achats logiciels…) ;
- charges de production bancaire (affranchissement courriers…) ;
- charges de marketing / communication (partenariats, publicité, prestations commerciales à payer au siège : PLV, mailing…).

Toutes ces charges constituent les frais généraux de l'agence.

Le coefficient d'exploitation (frais généraux/PNB) permet également d'évaluer la rentabilité de l'agence. Il met en évidence la part des gains réalisés qui est absorbée par les coûts fixes. Plus le ratio est bas, plus l'agence est « armée » pour l'avenir. Mais le degré d'acceptabilité de ce ratio diffère selon l'organisation du réseau d'agences. Néanmoins, ce ratio permet de positionner les agences issues d'un même groupe (départemental…).

4 D'autres indicateurs de rentabilité bancaire

La banque mesure également la rentabilité de ses fonds propres. **Le retour sur fonds propres** (*return on equity* : ROE) se calcule de la manière suivante :

$$\frac{\textbf{Résultat net}}{\textbf{Montant des fonds propres de la banque}}$$

Pour les actionnaires de l'établissement, le rapport du résultat net aux fonds propres met en évidence le rendement de leur investissement.

Le retour sur actifs (*return on assets* : ROA) est l'expression de la rentabilité des actifs de la banque. Cet indicateur résulte de l'opération suivante : résultat net / total du bilan. Cet indicateur a un inconvénient. Il place tous les actifs sur un même plan alors que leurs risques sont différents. Et les activités hors bilan se sont développées au cours de ces dernières années…

Pourquoi prendre en compte les fonds propres de la banque pour évaluer la rentabilité de la banque ?

L'activité de la banque est affectée par des risques, pour elle-même et pour ses clients. Les profits de la banque doivent servir non seulement à rémunérer ses actionnaires mais également à renforcer ses fonds propres. Or, en cas de réalisation d'un risque, les fonds propres seront le dernier recours pour la banque pour faire face à celui-ci.

5 L'exploitation des résultats de rentabilité par le chargé de clientèle

La rentabilité de la relation commerciale établie avec le client constitue un critère de segmentation pour la banque. Elle peut être croisée avec un autre critère tel que la fidélité du client (notre agence est-elle sa banque principale voire unique ?).

Dans cette démarche de rentabilité que suit la banque, des actions de rentabilisation vont être menées auprès des clients non rentables et infidèles. Ces clients pourront être rencontrés afin d'être informés de leurs difficultés et de se voir proposer la poursuite de la relation à partir d'un équipement incontournable tel que le package (source de commissions récurrentes).

Des actions de rentabilisation et de gestion à distance pourront être proposées aux clients non rentables mais fidèles. Les clients seront rencontrés afin de les convaincre d'adopter des équipements de nature à alléger le coût de la relation en utilisant pour certaines opérations la banque à distance.

Quant aux clients rentables et fidèles, des actions de conservation et de consolidation de rentabilité seront menées auprès d'eux (rencontre régulière pour suivre l'évolution de leurs attentes et leur proposer des solutions d'épargne complémentaires).

Les clients rentables mais infidèles seront approchés dans le but d'approfondir leurs connaissances afin de les reconquérir. Des produits fidélisants leur seront proposés.

PIÈGE À ÉVITER

Apprécier la rentabilité de son portefeuille est fondamental pour un chargé de clientèle qui ne doit pas retenir que ses résultats commerciaux (production bancaire). Mais il lui faut également apprécier le risque de son portefeuille.

APPLICATIONS

1 ÉNONCÉ

Le conseiller n'a pas souvent accès aux données concernant le PNB dégagé par la vente des produits.

Listez quelques indicateurs qui permettent au conseiller de positionner son portefeuille par rapport aux autres portefeuilles de l'agence.

SOLUTION

Des indicateurs plus accessibles au chargé de clientèle :

- le montant de l'épargne bancaire confiée par les clients ;
- le montant des flux confiés par le client à sa banque ;
- le montant des virements programmés par le client vers de l'épargne bancaire du réseau ;
- le taux d'équipement (nombre de produits et services détenus par compte). Par exemple : une carte bancaire pour un couple (compte joint) ;
- le taux de détention de produit par client. En partant de l'exemple ci-dessus, si le foyer (compte joint) se compose d'un couple, monsieur et madame seront à équiper. Chacun peut en effet être titulaire d'une carte.

2 ÉNONCÉ

De grosses campagnes de collecte d'épargne ont eu lieu dans votre agence depuis deux années. Il apparaît que la marge totale dégagée par l'épargne des clients confiée à l'agence s'élève cette année à 4 427 K€. L'agence a octroyé de nombreux crédits à ses clients. Et la marge totale dégagée par ces crédits est de 3 692 K€. Le réseau se positionne sur le marché bancaire depuis quelques années comme un bancassureur. Les dernières campagnes d'assurance ont porté leurs fruits. L'agence a perçu pour cette année 2 523 K€ de commissions. La vente et la gestion d'assurance-vie et d'OPCVM ont rapporté 2 217 K€. L'équipe des chargés d'accueil a fait beaucoup de rebond commercial ; cela a contribué à équiper les clients en cartes et services bancaires. La commission totale générée par les cartes et services s'élève à 1 123 K€.

Calculez le produit net bancaire de l'agence.

SOLUTION

Marge totale dégagée par l'épargne : 4 427 K€

+ Marge totale dégagée par les crédits : 3 692 K€

+ Total des commissions générées par les assurances : 2 523 K€

+ Total des commissions générées par les assurances-vie et OPCVM : 2 217 K€

+ Total des commissions générées par les cartes et services : 1 123 K€

= 13 982 K€

9 Un zoom sur la négociation bancaire

Les associations de consommateurs et les médias décrient beaucoup les banques. Un abus tarifaire des différents services bancaires leur est reproché. Le client bancarisé est devenu méfiant, averti et négociateur.

Lorsque le client quitte son banquier, il peut avoir l'impression d'être venu souscrire des produits dont il n'avait pas réellement besoin. De même, comme les agences doivent atteindre des objectifs de vente, la pression des objectifs peut être ressentie par les clients. D'où la difficulté aujourd'hui de faire venir le client en agence et de lui faire prendre conscience de la pertinence de la proposition commerciale.

Si vous ne voulez pas ressembler à « un marchand de tapis », vous devez être crédible (rappel du devoir d'information, de conseil…) au niveau de votre connaissance sur les produits (maîtrise de l'offre bancaire), de la législation bancaire et des procédures de souscription. L'apprentissage des techniques bancaires et droit bancaire vous permettra d'obtenir une valeur ajoutée par rapport à d'autres postulants et de fidéliser les clients de votre portefeuille. Le conseiller doit faire preuve d'écoute, d'empathie, d'un sens du service à la personne. Il devra montrer une bonne expression écrite et orale, une capacité d'analyse, une maîtrise des nouvelles technologies et une capacité à aider son client à trier et valider l'information recherchée seul par celui-ci. Vos connaissances devront être actualisées en permanence. Mais cela ne suffira pas ! Il faudra adopter une approche structurée de la relation client.

1 La relation banque–client : une relation multicanal

Aujourd'hui, le client a une relation multicanal avec sa banque : contacts avec son agence, la plateforme téléphonique, Internet, mobile *via* les SMS reçus (consultation des dernières opérations, alerte sur un solde minimum…). La banque développe de plus en plus la gestion de la relation à distance. Aussi lorsque le client se déplace en agence pour s'entretenir avec son conseiller financier, il doit y trouver une réelle valeur ajoutée par rapport à sa relation avec sa banque *via* les autres canaux.

2 Les attentes du client lors d'un entretien avec son banquier

- La prise en compte de sa situation personnelle, financière, familiale et fiscale.
- La prise en compte des évolutions récentes de la réglementation bancaire.
- Des informations claires et disponibles sur les produits, les nouvelles dispositions.
- L'analyse de ses placements.
- Des propositions de placement, de crédit s'appuyant sur des estimations chiffrées.
- L'optimisation de son potentiel d'épargne.

3 La nécessité de suivre une méthode de vente

En l'absence de méthode de vente structurée, le conseiller financier procédera à des découvertes embryonnaires et se confrontera à des défauts de conseil. La clientèle pourra alors se laisser séduire aux appels de la concurrence qui lui paraîtront plus professionnels.

Les raisons de suivre une méthode de vente structurée :

- établir une relation de confiance avec le client ;
- aider le client à exprimer ses besoins latents (prévoyance...) ;
- renforcer l'image professionnelle du conseiller ;
- donner au client le meilleur conseil ;
- informer le client sur la gestion du portefeuille dans l'établissement bancaire ;
- exploiter l'intégralité du potentiel du client ;
- aider le conseiller à réaliser ses objectifs de vente plus facilement.

4 Les étapes de l'entretien de vente

Structurer son entretien, c'est en déterminer les étapes. La méthode de vente doit être rythmée par des étapes qui s'enchaînent. Le respect de l'ordre chronologique est primordial car la réussite de chaque phase est nécessairement conditionnée par celle des phases précédentes.

Avant l'entretien	Préparer l'entretien
Pendant l'entretien	▸ Accueillir ▸ Découvrir ▸ Reformuler ▸ Proposer – argumenter ▸ Conclure ▸ Vendre (signature du contrat)
Après l'entretien	▸ Auto évaluer son entretien ▸ Suivre la relation (= organiser des relances) ▸ Suivre ses ventes

5 La réussite de l'entrée en relation

Elle peut se résumer à travers la règle des 4 × 20. **L'objectif de cette règle est d'accroître l'impact du contact**.

Les 20 premières secondes : l'entrée en relation doit être soignée, préparée, répétée.
Les 20 cm du visage : le visage est ouvert, souriant. Le conseiller regarde son interlocuteur dans les yeux.
Les 20 premiers gestes : le conseiller a une démarche assurée, la posture du corps droite, une poignée de main directe et franche, des gestes toniques.
Les 20 premiers mots : sa présentation est maîtrisée.

Le conseiller construit son image à partir de son apparence physique, sa tenue vestimentaire, sa démarche, ses premières attitudes face au client, son premier contact, son accueil, sa méthode de travail…

6 La prise en compte de l'autre

La prise en compte de l'autre peut se résumer en un mot : **l'empathie**. L'empathie, « cheval de bataille » de la communication et du métier de conseiller financier est la capacité à comprendre une autre personne pour percevoir ses sentiments. La pratique de l'empathie est fondamentale lors d'un entretien commercial. La question suivante doit être régulièrement posée lors d'une rencontre avec un client ou prospect : « *qu'est ce qui se passe actuellement chez la personne qui est en face de moi* ? ».

Les effets de l'empathie	▶ Améliorer la qualité de la communication. ▶ Augmenter le degré d'estime de soi de l'interlocuteur. ▶ Ouvrir l'entretien vers d'autres thèmes.
La manifestation de l'empathie	▶ Mettre des mots sur l'émotion dominante de l'interlocuteur. ▶ Demander à l'interlocuteur ce dont il a le plus besoin. ▶ Comprendre sa réponse et la reformuler sans la modifier.
Des conseils pour améliorer son empathie	▶ Ne pas avoir d'idées reçues (ex : un client patrimonial peut avoir des soucis de trésorerie). ▶ Ne pas se laisser impressionner par le montant des soldes créditeurs de comptes d'un client ou par le montant de ses avoirs. ▶ Ne pas avoir de tabou par rapport à l'argent. ▶ Entrer dans l'univers de l'autre en faisant son portrait-robot (ex : face à un client de 20 ans, se demander « *qui est-il aujourd'hui ?* » et ne pas se dire « *moi, à son âge…* »).

Pour faire avancer un entretien, l'interlocuteur doit se sentir compris. Pour cela, un minimum de compréhension formulée de la part du conseiller aide le client ou prospect à s'exprimer.

Le conseiller ne peut jamais se mettre à la place de l'autre même s'il a vécu une situation similaire à la sienne. Il n'est pas le client. Chaque individu a une histoire de vie différente.

7 Des astuces pour mieux vendre

- **Prise de conscience d'un manque** : sur une feuille de papier, le conseiller réalise un schéma qui montre la constitution du portefeuille produits bancaires et financiers du client. Les produits sont répartis en trois familles : épargne (disponible, à long terme) / assurance et prévoyance / crédit (consommation, immobilier, permanent…). L'objectif de ce schéma est de faire prendre conscience au client d'un éventuel déséquilibre de son portefeuille et de le faire adhérer aux propositions commerciales à venir (virements programmés sur de l'épargne disponible, souscription d'un contrat d'assurance-décès pour protéger les siens, souscription à un produit retraite…).

- **Acceptation par le client du montant de la cotisation** : le conseiller divise le montant de la cotisation annuelle par 12 pour annoncer un montant mensuel « *pour ... € par mois, vous bénéficiez d'une assistance juridique à domicile* ». Pour faire accepter plus facilement le montant de la cotisation, le conseiller peut évoquer un achat de produit courant pour l'équivalent de cette somme « *pour le prix d'une baguette...* ».
- **Solution de repli** : si la vente ne se réalise pas immédiatement, le conseiller donne souvent de la documentation et prend un deuxième rendez-vous. Néanmoins, comme le conseiller aura fait une découverte en profondeur de son interlocuteur, il doit avoir un retour sur investissement de sa préparation de l'entretien. La transition est alors à soigner « *en préparant notre entretien, je n'ai pas vu de solutions pour maintenir votre niveau de vie à la retraite. Y avez-vous songé ?* »
- **Projection du client** : amener le client à avoir besoin du produit en question en provoquant une projection imaginaire dans l'avenir « *si demain, il vous arrive quelque chose. Qu'est-ce qui se passe pour vos enfants ?* » — « *si je vous propose de payer moins d'impôts, cela vous intéresse ?* » ou en anticipant la possession de ce produit « *imaginez que vous avez..., vous pourrez ainsi...* ».

8 Les devoirs du banquier dans le cadre de sa déontologie

Un conseiller financier doit respecter, dans le cadre de la déontologie bancaire, plusieurs devoirs : le devoir de conseil, le devoir d'information, le devoir de vigilance, le devoir de bon sens, le devoir de non ingérence, le devoir de déclaration de soupçon, le devoir de tenue de registre, le devoir de prudence.

9 La fidélisation de la clientèle

La gestion de la relation clientèle permet de connaître sa clientèle, d'exploiter le potentiel de chaque client, d'optimiser la communication relationnelle, d'augmenter le PNB. La banque met en place une stratégie de fidélisation très rapidement après avoir conquis un client (marketing relationnel). L'équipe de l'agence doit être très impliquée. Conserver un client en portefeuille coûte moins cher que de le conquérir. Le client fidèle est un bon vecteur de communication. Mais aujourd'hui, on assiste à une saturation de la clientèle face à la surabondance des actions de fidélisation.

APPLICATIONS

1 ÉNONCÉ

Négocier, c'est communiquer !

Mais le plus souvent, les deux parties ont des intérêts et objectifs différents. C'est ce qui les pousse à négocier. Si les intérêts divergent, une marge de négociation apparaît. Chaque partie recherche une zone d'accord possible. Si aucun accord n'est trouvé, la négociation va devenir soit à dominante acheteur, soit à dominante vendeur. Des compromis et des concessions devront alors apparaître pour que la négociation puisse aboutir. Le type de négociation variera selon le type de stratégie suivie par l'entreprise (stratégie de conquête, de fidélisation).

Retrouvez pour chaque situation commerciale décrite ci-dessous la stratégie mise ou à mettre en place par le conseiller dans le cadre de l'entretien.

1 **Situation :** le client est en position dominante. Sa motivation principale est l'argent. Tout lui est offert ; il réclame à sa banque toujours plus.

2 **Situation :** le client tend à mener l'entretien en formulant très tôt des objections sans laisser le conseiller exposer les atouts de son offre. Il a soit des *a priori*, soit il a peur du changement.

3 **Situation :** le client a étudié parfaitement un produit bancaire et accepte un rendez-vous dont l'objectif est la présentation du produit en question.

4 **Situation :** le prospect est client dans une banque concurrente. La banque du conseiller lui sert de « lièvre » (expression utilisée dans le milieu bancaire). Le prospect a pour motivation principale le prix. Dans le cas d'une recherche de prêt immobilier, il veut le taux le plus bas du marché.

Il se sert de la simulation de votre banque pour faire baisser le taux annoncé par sa banque. En général, ce prospect s'intéresse peu à la gamme de produits de votre établissement. Ses questions sont axées sur le taux, les frais de dossier. À ce stade, ce prospect n'est pas générateur de PNB et fait perdre du temps à la banque nouvellement sollicitée... Néanmoins, c'est bien souvent à l'occasion d'un emprunt immobilier que le client est prêt à changer de banque.

5 **Situation :** le conseiller propose à son client un bon taux de crédit immobilier. Satisfait de l'effort commercial, le client accepte de souscrire un contrat d'assurance-décès dans l'établissement.

6 **Situation :** le client a un projet (exemple : projet immobilier). Il vient chercher une simulation de crédit et implicitement un accompagnement dans son projet. Le conseiller marquera des points si le client se sent en confiance. La vente ne se concrétisera pas au premier entretien mais plusieurs points du contrat auront déjà été étudiés et validés par le client. Le conseiller fait profiter de son expérience en respectant son devoir d'information et de conseil.

7 **Situation :** le conseiller est en retard sur ses objectifs ou est en campagne pour un produit. Il accueille un client à qui il a décidé de vendre tel produit sans se soucier des besoins et projets du client. Il est convaincu que ce produit est idéal pour son client. Le conseiller dynamique et fonceur ne cesse d'argumenter. Il enivre le client par son « bagout ». Le client finit par céder. Quelle pérennité à cette relation ?

8 **Situation :** le conseiller a des objectifs à atteindre mais n'oublie pas que le client a des besoins et des projets. Il respecte le rythme de l'entretien qu'il sait modifier grâce à son écoute active. Il est proactif. Il rebondit sur les objections et informations livrées par le client. Il conduit son interlocuteur à la bonne décision en répondant aux objectifs de son établissement (PNB...).

Stratégies possibles :

a **Stratégie du discours technique :** le conseiller adopte un registre de vocabulaire plus technique pour être crédible et montrer la maîtrise de ce produit mais doit être très vigilant. En acceptant ce terrain d'entretien technique, le client peut vouloir toujours le prendre à défaut !

b **Stratégie vente conseil post-diagnostic :** la découverte du client est la pierre angulaire d'un bon entretien de vente. Sans diagnostic, pas de tour d'horizon sur la situation du client.

c **Stratégie « donnant-prenant » :** le conseiller doit rester maître de l'entretien, faire preuve de rigueur, être prudent dans les annonces. Il doit se garder des marges de négociation et donner au client le sentiment de le faire gagner. Mais il doit dire au client ce que la banque peut accorder et jusqu'où elle peut aller.

d Stratégie vente centrée sur le résultat ou sur un produit.

e Stratégie « taux profilé pour prospect » : cette situation est donc à gérer avec professionnalisme ; ne pas jouer au marchand de tapis en baissant tous les jours suite à la demande du client mais proposer dès la première simulation d'emprunt le taux pratiqué par votre établissement pour ce profil prospect.

f Stratégie de « vente défensive » : le conseiller le rassure en développant les atouts de son offre en réponse à ses objections.

g Stratégie de vente centrée sur le client et le résultat.

h Stratégie équilibrée « gagnant gagnant » (ou « donnant donnant ») : définir sa stratégie de vente traduit la volonté d'obtenir un résultat tangible. Elle se concrétise donc par le résultat attendu en fin d'entretien « en terminant cet entretien, j'aurai fait signer... ». Pour que le résultat attendu soit accepté par le client, le conseiller doit le formuler de façon équilibrée. Il doit mettre en avant autant l'intérêt de son interlocuteur que celui de son entreprise.

SOLUTION

1c - 2f - 3a - 4e - 5h - 6b - 7d - 8g

2 ÉNONCÉ

Face au besoin d'immédiateté de son client, le conseiller doit-il répondre spontanément au SMS de ce dernier ?

SOLUTION

Non, le conseiller doit prendre le temps de la réflexion. Sinon, il prend le risque de formuler un conseil juridique peu fiable. Mais il faut faire savoir au client que sa demande est bien prise en charge même si la réponse lui parviendra ultérieurement.

3 ENTRAÎNEMENT À LA CERTIFICATION AMF

1 Parmi ces propositions, laquelle constitue une mission du pôle commun AMF/ACPR ?

☐ **a.** Déterminer le niveau des sanctions applicables aux personnes qui sont sous leur tutelle.

☐ **b.** Coordonner les contrôles conjoints des pratiques commerciales.

☐ **c.** Améliorer les échanges d'informations sur les marchés financiers.

2 L'Autorité de contrôle prudentiel et de résolution (ACPR) doit veiller à :

☐ **a.** la protection de l'épargne investie dans les instruments financiers.

☐ **b.** l'information des investisseurs et au bon fonctionnement des marchés d'instruments financiers.

☐ **c.** la préservation de la stabilité du système financier et à la protection des clients.

3 Qui agrée les SGP (Sociétés de Gestion de Portefeuille) ?

☐ **a.** L'AMF (Autorité des Marchés Financiers).

☐ **b.** L'ACPR (Autorité de Contrôle Prudentiel et de Résolution).

☐ **c.** L'ORIAS (Organisme pour le Registre des Intermédiaires en Assurance).

4 Quel est l'objectif du marché unique ?

☐ **a.** Faciliter la libre circulation des capitaux.
☐ **b.** Restreindre la circulation des capitaux.
☐ **c.** Eviter la circulation des capitaux vers les paradis fiscaux.

5 L'Organisation Internationale des Commissions de Valeurs (OICV) :

☐ **a.** Réglemente au niveau international les échanges commerciaux.
☐ **b.** Réglemente uniquement les marchés mondiaux de matières premières.
☐ **c.** Établit des standards internationaux en matière de marchés financiers.

6 Quelle est la mission principale du Comité de Bâle ?

☐ **a.** Contribuer à l'amélioration de l'état du monde financier en réunissant régulièrement les acteurs internationaux.
☐ **b.** Renforcer la solidité du système financier mondial, l'efficacité du contrôle prudentiel et la coopération entre régulateurs.
☐ **c.** Mettre en place les outils de communication entre pays pour limiter au maximum la fraude fiscale.

7 Quelle est la mission essentielle du Fonds Monétaire International ?

☐ **a.** Veiller à la stabilité financière et faciliter le commerce international.
☐ **b.** Assurer la coordination entre régulateurs nationaux et internationaux dans les domaines de la banque et de l'assurance.
☐ **c.** Faciliter les travaux d'analyse des investisseurs internationaux.

8 Auprès de quel établissement les CIF doivent-ils être immatriculés ?

☐ **a.** Le répertoire des métiers.
☐ **b.** La Chambre de commerce dont ils dépendent.
☐ **c.** L'ORIAS.

9 Qui détermine l'orientation de la politique monétaire européenne ?

☐ **a.** Le Système Européen des Banques Centrales.
☐ **b.** Le Parlement européen.
☐ **c.** Les gouvernements des pays de l'espace européen.

10 L'objectif principal de la BCE consiste à :

☐ **a.** Maintenir la stabilité des prix dans la zone euro.
☐ **b.** Surveiller des marchés financiers dans la zone euro.
☐ **c.** Agréer les établissements de crédit dans la zone euro.

SOLUTION

1b - 2c - 3a - 4a - 5c - 6b - 7a - 8c - 9a - 10a.

Partie 2

LE COMPTE ET LES MOYENS (SERVICES) DE PAIEMENT

10 Le compte bancaire et son ouverture

Le premier contact avec un prospect avec lequel la banque souhaite entrer en relation est primordial. À ce stade, le chargé de clientèle doit analyser avec précision le contexte de cette entrée en relation pour mieux apprécier le niveau de risque encouru. En effet, l'ouverture d'un compte avec mise à disposition de moyens de paiements est un acte plus ou moins risqué et la responsabilité du banquier se trouverait engagée en cas d'incident et de manquement aux contrôles à effectuer lors de l'ouverture. Si l'entrée en relation comporte un niveau de risque jugé trop élevé, alors le banquier peut refuser l'ouverture du compte.

1 Le droit au compte

Le droit au compte est prévu par l'article 312-1 du Code monétaire et financier. La dernière modification de la procédure du droit au compte relève de la loi n° 2021-1774 du 24 décembre 2021 visant à accélérer l'égalité économique et professionnelle (décret du 11 mars 2022).

Extrait de l'article L. 312-1 du Code monétaire et financier

I. – A droit à l'ouverture d'un compte de dépôt dans l'établissement de crédit de son choix, sous réserve d'être dépourvu d'un tel compte en France :

1° Toute personne physique ou morale domiciliée en France ;

2° Toute personne physique résidant légalement sur le territoire d'un autre État membre de l'Union européenne n'agissant pas pour des besoins professionnels ainsi que toute personne physique de nationalité française résidant hors de France.

La détention d'un compte collectif par une personne physique mentionnée au présent article ne fait pas obstacle au droit à l'ouverture d'un compte individuel dans les conditions prévues au présent article.

Sous réserve du respect des dispositions du chapitre Ier du titre VI du livre V, l'établissement procède à l'ouverture du compte de dépôt demandée par les personnes mentionnées au premier alinéa du présent II au plus tard dans les six jours ouvrés à compter de la réception de l'ensemble des pièces qui lui sont nécessaires à cet effet.

L'établissement peut rejeter la demande d'ouverture de compte au motif que ces personnes peuvent bénéficier d'un compte de dépôt dans les conditions mentionnées au III.

Si l'établissement refuse l'ouverture du compte de dépôt, il fournit au demandeur gratuitement, sur support papier, et sur un autre support durable lorsque celui-ci en fait la demande expresse, les motifs de ce refus en mentionnant, le cas échéant, la procédure prévue au III.

III. – En cas de refus de la part de l'établissement choisi d'ouvrir un tel compte à l'une des personnes mentionnées au I, celle-ci peut saisir la Banque de France afin qu'elle lui désigne un établissement de crédit situé à proximité de son domicile ou d'un autre lieu de son choix, en prenant en considération les parts de marché de chaque établissement concerné, dans un délai d'un jour ouvré à compter de la réception des pièces requises définies par arrêté.

L'établissement de crédit qui a refusé l'ouverture d'un compte fournit au demandeur systématiquement, gratuitement et sans délai, sur support papier, et sur un autre support durable lorsque celui-ci en fait la demande expresse, une attestation de refus d'ouverture de compte et l'informe qu'il peut demander à la Banque de France de lui désigner un établissement de crédit pour lui ouvrir un compte.

> Il lui propose, s'il s'agit d'une personne physique, d'agir en son nom et pour son compte en transmettant la demande de désignation d'un établissement de crédit à la Banque de France ainsi que les informations requises pour l'ouverture du compte. À la demande d'une personne physique, le département, la caisse d'allocations familiales, le centre communal ou intercommunal d'action sociale dont cette personne dépend, une association ou une fondation à but non lucratif dont l'objet est d'accompagner les personnes en difficulté ou de défendre les intérêts des familles ou une association de consommateurs agréée peut également transmettre en son nom et pour son compte la demande de désignation et les pièces requises à la Banque de France. Un décret détermine les conditions dans lesquelles les associations et fondations peuvent agir sur le fondement du présent alinéa.
>
> Les établissements de crédit ainsi désignés par la Banque de France sont tenus d'offrir au titulaire du compte des services bancaires de base dont le contenu et les conditions tarifaires sont précisés par décret. Ils procèdent à l'ouverture du compte de dépôt dans les trois jours ouvrés à compter de la réception de l'ensemble des pièces qui lui sont nécessaires à cet effet. La gestion de ce compte de dépôt est réglée par une convention écrite sur support papier ou sur un autre support durable lorsque le demandeur y consent.

Depuis le 28 avril 2006, la banque qui vient de refuser l'ouverture du compte peut proposer de se charger des formalités auprès de la Banque de France. Avant cette date, c'était au client éconduit qu'il revenait de justifier auprès de la Banque de France des refus essuyés. Il devait en particulier fournir une attestation prouvant le refus d'ouverture du compte. Si le client demande à la banque de se charger des formalités auprès de la Banque de France, il devra fournir un dossier comportant une pièce d'identité (photo), un justificatif de domicile, une attestation sur l'honneur qu'il n'est titulaire d'aucun autre compte, et il devra faire part de ses préférences géographiques.

Le client peut aussi décider de s'occuper personnellement des démarches à accomplir auprès de la Banque de France.

L'arrêté du 18 décembre 2008 impose à toutes les banques d'appliquer dès le 1er janvier 2009 la charte d'accessibilité adoptée par l'Association Française des Établissements de Crédit et des Entreprises d'Investissement (AFECEI) pour renforcer l'effectivité du droit au compte.

La loi de séparation et de régulation des activités bancaires de 2013 renforce la question de l'accessibilité en obligeant l'Association française des Établissements de crédit et des entreprises d'investissement, mentionnée à l'article L. 511-29 du Code monétaire et financier à adopter une charte d'inclusion bancaire. L'objectif est de « *renforcer l'accès aux services bancaires et de faciliter l'usage de ces services* » (art. 17 bis-A de la loi de 2013).

D'autre part, le texte (art. 21) prévoit que le « *département, la Caisse d'allocation familiale, le centre communal ou intercommunal d'action sociale dont cette personne dépend ou une association ou fondation à but non lucratif dont l'objet est d'accompagner les personnes en difficulté ou de défendre les consommateurs ou les intérêts des familles peut également transmettre en son nom et pour son compte la demande de désignation et les pièces requises à la Banque de France* ». La lettre de refus d'ouverture devra être communiquée systématiquement et sans délai.

Le décret du 11 mars 2022 prévoit de modifier significativement la procédure du droit au compte en adoptant quatre mesures.

- La première mesure permet de mettre en œuvre la procédure pendant le préavis de clôture d'un ancien compte. Il n'est plus nécessaire d'attendre la clôture effective.
- La seconde mesure permet de saisir la Banque de France même sans attestation de refus. Le texte prévoit qu'en l'absence de réponse dans un délai de 15 jours, la banque

est réputée avoir refusé cette ouverture. La banque désignée par la Banque de France doit procéder à l'ouverture du compte dans un délai de 3 jours ouvrés.

- Enfin, les banques devront motiver auprès de la Banque de France tous les refus d'ouverture ainsi que toutes les clôtures de compte ouvert dans le cadre de cette procédure du droit au compte.

2 Le service de base bancaire

Ce service bancaire de base est né de la commission Jolivet, qui a conduit la négociation entre les pouvoirs publics, les établissements bancaires et les associations de consommateurs.

Les personnes les plus démunies, notamment les bénéficiaires des minima sociaux, qui éprouvent des difficultés à trouver un établissement bancaire, peuvent, après avoir essuyé un refus d'ouverture de compte auprès d'une banque, s'adresser directement à la Banque de France qui désigne un établissement tenu de leur fournir les prestations de base.

Le contenu du service de base (loi MURCEF décret 2001-45 du 17 janvier 2001) :

- l'ouverture, la tenue et la clôture du compte,
- les dépôts et retraits d'espèces au guichet,
- l'encaissement de chèques et de virements,
- l'exécution de virements, le paiement de prélèvements et des TIP,
- deux formules de chèques de banque par mois,
- une carte de paiement à autorisation systématique ou une carte de retrait,
- un relevé de compte mensuel,
- l'interrogation à distance du solde du compte,
- la délivrance, à la demande, de RIB,
- un changement d'adresse par an.

Ces services doivent être fournis gratuitement aux personnes ayant ouvert un compte auprès d'un établissement désigné par la Banque de France.

Au-delà du droit au compte, la loi MURCEF votée en 2001 affiche comme objectif de pacifier les relations entre la banque et son client. C'est ainsi que la loi prévoit : le recours à un médiateur chargé de proposer une solution en cas de litige, un aménagement pour le rejet de chèque de moins de 50 €, une communication de toute modification tarifaire 3 mois avant sa mise en œuvre. En l'absence de contestation dans un délai de deux mois, le tarif est supposé accepté par le client. Dans le cas contraire, ce dernier pourra demander la clôture ou le transfert de son compte et ceci gratuitement.

3 L'inclusion bancaire

En complément du droit au compte (article L. 312-1 du CMF), le législateur a renforcé la lutte contre l'exclusion bancaire en proposant des dispositifs permettant aux plus fragiles de pouvoir détenir un compte et réaliser des opérations courantes.

La gamme des paiements alternatifs Cible : personnes interdites bancaires ou en situation de surendettement.	Mise à disposition d'une carte bancaire à autorisation systématique, de virements et de prélèvements ainsi qu'un service d'alerte par SMS. (environ 3 € par mois).
Offre pour les personnes en situation fragile (depuis le 1er octobre 2014) **– Cible : personnes en surendettement et fichées au FCC pendant au moins 3 mois consécutifs, client connaissant des incidents récurrents pendant 3 mois consécutifs.** **– Coût : 3 € par mois.**	L'ouverture, la tenue et la clôture du compte de dépôt, une carte de paiement à autorisation systématique, le dépôt et le retrait d'espèces dans l'agence de la banque qui tient le compte, quatre virements mensuels SEPA, dont au moins un virement permanent, ainsi que des prélèvements SEPA en nombre illimité, deux chèques de banque par mois, la consultation du compte à distance, un système d'alertes sur le niveau du solde du compte, la fourniture de relevés d'identité bancaire, le plafonnement spécifique des commissions d'intervention (4 € par opération avec un maximum de 20 € par mois).

4 Le compte Nickel : le compte bancaire chez le buraliste

Une directive européenne permet aux établissements de paiement de concurrencer le marché des banques. La gestion des comptes, des cartes de paiement et des opérations (virements, prélèvements) y est alors possible (crédits et épargne exclus).

Depuis le 1er janvier 2014, la FPE (financière des paiements électroniques) propose une alternative aux comptes bancaires traditionnels appelée « compte nickel ». L'ouverture de ce compte n'est pas subordonnée à des conditions de revenus et s'effectue en cinq minutes dans un bureau de tabac et / ou de presse (agréé par la Banque de France). Il suffit de scanner la pièce d'identité, d'obtenir le numéro de téléphone portable du demandeur pour obtenir la carte de paiement Mastercard (non nominative mais rattachée au compte) et un RIB. L'abonnement annuel s'élève à 20 euros et permet de recevoir ou d'émettre des virements, de faire des retraits au comptoir du buraliste (0,50 € par retrait) ou de n'importe quel distributeur (1 €). Par contre, l'émission de chèque est impossible. 2 % sont prélevés en plus sur les dépôts. Ce compte a pour objectif de lutter contre « le mal-endettement » : allusion aux banques qui acceptent les découverts sur lesquels elles prélèvent des frais.

(Site : compte-nickel.fr)

5 Typologie des comptes

A Le compte individuel

Le compte individuel n'est ouvert qu'à une personne. Seule sa signature, en l'absence de procuration, est autorisée pour le fonctionnement du compte.

B Les comptes collectifs : compte ouvert au nom de plusieurs co-titulaires

1 • Le compte joint

Caractéristiques	Commentaire
Solidarité active	Chaque co-titulaire peut faire fonctionner le compte sous sa seule signature et disposer de l'intégralité de l'actif du compte, même si la contribution à l'actif est inégalement répartie entre les co-titulaires.
Solidarité passive	Chaque co-titulaire est responsable de l'intégralité d'un éventuel solde débiteur. En cas de chèque impayé, les co-titulaires sont tous interdits bancaires.
Libellé	« Monsieur *ou* Madame GRELET »
Dénonciation convention de compte joint	Réception d'une demande de désolidarisation de la part d'un des co-titulaires : ce courrier n'autorise pas le banquier à clôturer le compte. Il supprime simplement la solidarité active et transforme de fait le compte joint en compte indivis. Notification à l'autre (aux autres) co-titulaire(s) de la transformation du compte joint en compte indivis. Proposition de clôture du compte indivis qui présentera dès lors des difficultés de fonctionnement. La banque devra alors obtenir la signature de l'ensemble des co-titulaires pour procéder à la clôture du compte.

2 • Le compte indivis

Caractéristiques	Commentaire
Solidarité passive	Tous les co-titulaires doivent signer pour engager une opération. Pour en simplifier le fonctionnement, un mandataire peut être désigné dans le cadre d'une procuration donnée par l'ensemble des co-titulaires. La solidarité passive en vigueur sur ce type de compte implique que chaque co-titulaire est solidairement responsable d'un éventuel solde débiteur. Ce type de compte est particulièrement adapté dans les cas d'indivision patrimoniale (conséquence d'une succession par exemple).
Libellé	« Monsieur Thomas BOURDE *et* Mathieu CATAS »

Afin d'atténuer les conséquences de la solidarité passive, l'article L. 131-80 du Code Monétaire et Financier permet la désignation préalable d'un responsable. En cas d'émission d'un chèque sans provision, seul ce responsable sera interdit bancaire (sur ce compte et tous ses autres comptes). Les autres co-titulaires ne peuvent plus émettre de chèque sur ce compte mais ils ne sont pas interdits bancaires sur leurs autres comptes.

C Compte joint ou compte individuel

Compte joint possible	Compte individuel uniquement
Compte-chèques courant. Compte sur livret/compte à terme. Compte titre.	CEL/PEL. LDDS, Livret A, Livret Jeune, LEP. PEA, PEA-PME.

6 Les modalités pratiques d'une ouverture de compte

Vérifications	Justifications	Formalités
État civil	Il n'y a pas de liste officielle de documents permettant de justifier de son identité. Tout document émanant d'une administration et comportant une photo du titulaire est un document permettant de justifier de son identité. Cependant, devant la multiplication de faux papiers en circulation, certaines banques sont plus restrictives que d'autres et n'acceptent que : La carte d'identité de moins de 10 ans, Le passeport en cours de validité.	Vérifier que le document produit n'est pas falsifié pour masquer une interdiction bancaire (modification date de naissance), qu'il est récent (on identifie clairement le porteur). Conserver une copie du document ayant servi à justifier l'identité. Signer la convention d'ouverture de compte. Recueillir la ou les signatures (si compte collectif joint ou *indivis*). Déclarer l'ouverture du compte à l'administration fiscale (fichier FICOBA).
Domicile	Il s'agit d'obtenir une adresse à laquelle la banque peut joindre son client.	Envoyer un courrier de bienvenue après l'ouverture permettra de vérifier l'exactitude des renseignements donnés. Une facture EDF, une facture de téléphone de moins de trois mois suffisent pour justifier d'un domicile.
Nationalité	Le statut du client va dépendre de sa nationalité. Un client étranger en France mais qui réside habituellement en France aura le statut de résident. À l'inverse, un français résident à l'étranger aura un statut de non-résident.	▸ Carte d'identité. ▸ Titre de séjour.
Capacité civile	La pièce d'identité permet de vérifier l'âge de la personne et de déterminer si elle est majeure ou mineure (les mineurs émancipés ont la capacité civile). Dans le cas d'un mineur non émancipé et/ou d'un majeur incapable, la vérification s'étend au représentant légal.	Les restrictions à la capacité civile (sauvegarde de justice, curatelle, tutelle) sont prononcées lors de jugements recensés au répertoire civil (RC). L'acte de naissance porte alors la mention RC en marge. Une telle consultation étant nuisible à la relation commerciale, ces vérifications ne seront réalisées qu'en cas de doute sérieux.

›››

Vérifications	Justifications	Formalités
Capacité bancaire	Il s'agit de vérifier que la personne n'est pas frappée d'une interdiction bancaire, qu'elle n'a pas eu d'incident de remboursement de prêts.	Consultation des fichiers banque de France : FCC et FICP (voir fiche 1).

7 Le fonctionnement du compte : la convention de compte

La convention de compte est un contrat entre la banque et son client, qui précise les modalités de fonctionnement du compte de dépôt. Sont ainsi précisées les conditions d'ouverture, de gestion et de clôture. Par ailleurs, les autres produits (épargne, crédit) qui font l'objet de contrats particuliers ne sont pas concernés.

Ce document de référence précise les règles de fonctionnement du compte et des moyens de paiement qui y sont rattachés. Ainsi, les conventions de compte rappellent la réglementation en vigueur en matière de chèque sans provision (voir fiche 15 «*Le chèque*»), indiquent ce qui se passe en cas de solde débiteur (mode de calcul des intérêts débiteurs), explicitent les dates de valeur, comportent des éléments d'explication sur l'utilisation des cartes (voir fiche 16 «*Les cartes bancaires*») et la responsabilité respective du titulaire et de la banque (montant des retraits permis par la carte, que faire en cas de perte ou de vol...).

La loi MURCEF du 11 décembre 2001 avait posé des principes qu'il convenait de rendre opérationnel. C'est grâce à la Charte signée le 9 janvier 2003 que les banques se sont entendu sur un socle minimal.

Contenu	Commentaire
La durée de la convention	Durée indéterminée.
Les modalités d'ouverture	Les pièces de contrôle obligatoires (identité, capacité civile et juridique, domicile, déclaration FICOBA).
Les produits et services rattachés au compte	▸ Obtention, fonctionnement et retrait des moyens de paiement (délivrance d'un chéquier). ▸ Procédure de traitement des incidents de fonctionnement. ▸ Modalités d'information du client sur les mouvements affectant son compte.
Les commissions, tarifs et les dates de valeur applicables	La loi sur la concurrence votée en novembre 2007 rend obligatoire la communication d'un récapitulatif annuel des frais bancaires payés par le client.
Modification tarifaire	Information par écrit du client 2 mois avant l'entrée en vigueur des nouveaux tarifs. Passé un délai de 2 mois le client qui n'aurait pas contesté ces conditions est supposé les avoir acceptées.

Contenu	Commentaire
Position débitrice non autorisée	▶ Tarif. ▶ Information du titulaire. ▶ Découvert de moins de 3 mois consécutifs fait l'objet d'une convention spécifique qui définit les conditions d'utilisation de la position débitrice.
Engagement du client	Informer sa banque de tous les changements de situation intervenus depuis l'ouverture du compte.
Secret professionnel	Le banquier teneur du compte s'engage à une obligation de confidentialité (sauf exceptions prévues par la réglementation : dans le cas d'un SATD, d'une saisie attribution, le banquier doit communiquer la position du compte).
Compte joint	▶ Rappel du fonctionnement (solidarité passive et active et ses conséquences en matière d'interdiction bancaire). ▶ Désignation d'un mandataire (voir point sur la procuration).
Transferts, résiliation, clôture	La convention précise les délais, rappelle que la clôture ou le transfert sont gratuits dès lors qu'ils sont motivés par une modification substantielle du contrat bancaire.
Décès du titulaire	Fonctionnement du compte.
Fonctionnement du compte ouvert dans le cadre de la procédure du droit au compte	Article 312-1 du CMF et service de base bancaire.
La médiation	Le client peut saisir gratuitement le médiateur en cas de litige avec sa banque.

8 La procuration

C'est un mandat qui autorise une tierce personne (mandataire) à agir pour le compte du titulaire (mandant). Il existe deux types de procurations :

- **la procuration générale :** pas de limitation dans la durée, les montants, la nature des opérations ;
- **la procuration spéciale :** limitée dans le temps, limitée à certaines opérations ; limitée en montant.

La procuration doit faire l'objet d'une acceptation réciproque du mandant et du mandataire par la signature d'un avenant à la convention de compte. Le mandant devra faire précéder sa signature de la mention «*bon pour pouvoir*», le mandataire de la mention «*bon pour acceptation de pouvoir*». La procuration n'exonère en aucune façon le titulaire du compte. Par exemple, dans le cas de l'émission d'un chèque sans provision par le mandataire, c'est à l'encontre du titulaire du compte que sera prononcée une éventuelle interdiction bancaire.

La procuration cesse d'exister au décès du titulaire du compte, à l'échéance prévue dans le cas d'une procuration spéciale, ou dans le cas où le mandataire renonce à son mandat. Dans tous les cas, le banquier doit être informé.

9 Les comptes bancaires inactifs

L'article 1 de la loi sur les comptes bancaires inactifs modifie l'article L. 312-19-I du Code monétaire et financier et considère comme inactif tout compte qui « *à l'issue d'une période de douze mois au cours de laquelle les deux conditions suivantes sont remplies :*

- *le compte n'a fait l'objet d'aucune opération, hors inscription d'intérêts et débit par l'établissement tenant le compte de frais et commissions de toutes natures ;*
- *le titulaire du compte, son représentant légal ou la personne habilitée par lui ne s'est pas manifesté, sous quelque forme que ce soit, auprès de cet établissement ni n'a effectué aucune opération sur un autre compte ouvert à son nom dans les livres de l'établissement.* »

Cette durée est portée à 5 ans pour les comptes titres, les livrets d'épargne réglementés ainsi que pour le PEA.

La loi Eckert stipule qu'au 1er janvier 2016, les frais bancaires sur les comptes inactifs sont plafonnés à 30 €. Le compte d'un client est qualifié d'inactif quand tous ses comptes n'indiquent aucun mouvement depuis au moins 12 mois. Depuis le 1er juillet 2016, les comptes inactifs depuis 10 ans (3 ans en cas de décès) sont consignés obligatoirement à la caisse des dépôts et consignation (CDC) qui transférera les avoirs à l'État 20 ans plus tard. Les comptes inactifs depuis 30 ans seront consignés directement à l'État. La banque a l'obligation de prévenir par tous les moyens le titulaire du compte inactif 6 mois avant. Les sommes consignées à la CDC pourront être récupérées par leur propriétaire et non celles consignées au trésor public. Depuis le 1er janvier 2017, la CDC a mis en place un nouveau système d'alerte pour informer les titulaires des comptes inactifs. Les banques n'ont pas à rechercher pour les comptes bancaires (contrairement à l'assurance-vie) les ayants droit qu'elles ne connaissent pas.

10 Précisions juridiques

A Le statut bancaire du mineur

Jusqu'à l'âge de la majorité fixée à 18 ans en France, le mineur est juridiquement incapable (sauf cas d'émancipation). Ses comptes bancaires fonctionnent sous la responsabilité des parents (ou du représentant légal). Le mineur non émancipé peut être protégé par deux régimes : l'administration légale ou la tutelle. Pour les mineurs, trois cas sont à envisager :

Situation du mineur	Explications
Cas 1 : Moins de 16 ans	**Mineur sous administration légale pure et simple** l'ouverture d'un compte ainsi que les modalités de fonctionnement sont déterminées par les parents (père ou mère dépositaire de l'autorité parentale). Par exemple, les parents vont déterminer un seuil maximum de retrait par semaine avec la carte souvent remise lors du passage à 12 ans. **Mineur sous administration légale sous contrôle judiciaire** un seul parent exerce l'autorité parentale (autre parent décédé, ou déchu de cette autorité). C'est ce parent qui représente légalement l'enfant et qui a la capacité d'ouvrir un compte. **Mineur sous tutelle** L'ouverture et le fonctionnement du compte sont autorisés par le tuteur. Un mineur ne peut emprunter qu'avec l'autorisation du ou des parents et en principe l'accord du juge des tutelles. Exception : un mineur peut ouvrir seul un livret de Caisse d'épargne (loi du 13 mars 1917 et article 221-3 du CMF). « *Les mineurs sont admis à se faire ouvrir des livrets sans l'intervention de leur représentant légal.* » Par contre les prélèvements ne seront possibles qu'avec l'accord des parents.
Cas 2 : de 16 à 18 ans	Le mineur de plus de 16 ans salarié ou titulaire d'une bourse d'étude peut ouvrir un compte bancaire et le faire fonctionner sans l'accord de ses représentants légaux. Entre 16 et 18 ans, un mineur peut détenir un chéquier ainsi qu'une carte de paiement avec l'accord préalable de ses parents. Ces derniers restent responsables du fonctionnement du compte.
Cas 3 : mineur émancipé	**Émancipation par le mariage** Depuis 2006, l'âge légal du mariage des femmes est aligné sur celui des hommes c'est-à-dire 18 ans. L'émancipation par le mariage (pour les femmes) devient de plus en plus rare. En effet, selon l'article 145 du Code civil le mariage avant 18 ans ne sera possible qu'après avoir recueilli le consentement des deux parents ainsi qu'une dispense du procureur de la république (dispense accordée en raison d'un motif grave). En l'absence des parents, le consentement devra être accordé par les grands-parents ou le conseil de famille. **Émancipation sur décision du juge des tutelles** Émancipation à partir de 16 ans et à la demande des parents ou du conseil de famille. Le juge des tutelles accorde l'émancipation après s'être assuré que cette dernière n'est pas contraire à l'intérêt du mineur. Dès lors, le mineur devient capable et peut ouvrir seul un compte bancaire.

B Les majeurs incapables

Le conseiller devra être particulièrement vigilant à l'occasion de l'ouverture d'un compte à un majeur incapable et devra principalement vérifier le régime de protection du majeur. Pour mémoire, une personne incapable n'est pas en mesure de réaliser seule l'ensemble des actes pouvant être accomplis par une personne capable, à savoir :

- **les actes conservatoires :** actes qui ont pour objet de maintenir le patrimoine en l'état (par exemple souscrire une assurance IARD) ;
- **les actes d'administration** qui ont pour finalité de valoriser le patrimoine (acte de gestion et d'exploitation du patrimoine) ;
- **les actes de disposition** qui modifient le patrimoine (vente d'un bien, donation, emprunt).

Ainsi, une personne sous sauvegarde de justice peut procéder seule à l'ouverture d'un compte bancaire tandis qu'une personne sous curatelle devra être représentée par un curateur pour toute ouverture de compte (sauf s'il s'agit d'un premier compte bancaire ou livret d'épargne). Toute ouverture sera subordonnée à l'accord du juge des tutelles. Enfin, dans le cas de la tutelle, c'est au tuteur qu'il reviendra de procéder à l'ouverture des comptes après autorisation du juge des tutelles.

C La connaissance du régime matrimonial du couple de clients

<table>
<tr><th>Profil du couple</th><th>Régime requis</th><th>Composition du patrimoine</th><th>Gestion des biens</th><th>Dettes</th></tr>
<tr><td>Couple dont l'un est sans revenu et sans patrimoine propre.</td><td>Communauté réduite aux acquêts (absence de contrat).</td><td>Biens communs, biens propres à chaque époux.</td><td rowspan="2">► Biens communs : chacun peut les gérer et les vendre seul sauf exceptions.
► Biens propres : gestion et vente libres sauf vente du logement familial.</td><td>Les biens et revenus des époux sont engagés par les dettes de la vie courante, dettes liées à l'éducation des enfants, les emprunts et cautionnements à deux pendant l'union et autres dettes nées pendant l'union.</td></tr>
<tr><td>Couple âgé et sans enfant à charge.</td><td>Communauté universelle.</td><td>Biens communs.</td><td>Toutes les dettes sont communes et engagent les biens communs (sauf emprunt ou cautionnement si l'autre conjoint n'a pas consenti à engager les biens communs).</td></tr>
<tr><td>Couple souhaitant gérer indépendamment leur bien tout en participant à l'accroissement de la fortune de l'autre.</td><td>Participation aux acquêts.</td><td rowspan="2">Biens indivis (achetés par les deux), biens personnels de chaque époux.</td><td rowspan="2">► Biens indivis : gestion et vente à deux.
► Biens personnels : gestion et vente libres sauf vente du logement familial.</td><td rowspan="2">Chaque époux est seul responsable de ses dettes sauf solidarité conventionnelle, dettes de la vie courante ou liées à l'éducation des enfants ou si l'autre s'est porté caution.</td></tr>
<tr><td>Couple dont l'un exerce une activité à risque ou souhaite conserver ses revenus propres / familles recomposées.</td><td>Séparation de biens.</td></tr>
</table>

APPLICATIONS

1 ÉNONCÉ

1 Rappelez les précautions qu'un banquier doit prendre avant de procéder à l'ouverture d'un compte et de mettre à disposition des moyens de paiement.
2 La banque peut-elle refuser l'ouverture d'un compte ?
3 Que doit-elle alors remettre au prospect ?
4 Que doit alors faire le prospect ?
5 Quelles sont les principes de base du compte joint ? Quel intitulé faut-il préconiser pour un couple marié ?

SOLUTION

1 Avant de procéder à l'ouverture du compte, la banque doit procéder à un certain nombre de vérifications d'usage. Elle doit en premier lieu s'assurer de l'identité du futur client, s'assurer de sa capacité bancaire (FCC, FICP), vérifier la capacité juridique de la personne souhaitant ouvrir le compte.

2 La banque peut refuser de procéder à l'ouverture du compte. Elle doit alors en faire part par écrit au client et lui indiquer les moyens à sa disposition pour faire valoir son droit au compte.

3 La banque remet au prospect une attestation de refus d'ouverture du compte. La banque peut également s'occuper des formalités.

4 Le prospect doit alors se présenter à la Banque de France qui désignera un établissement bancaire qui devra alors procéder à l'ouverture du compte dans le cadre de la procédure du droit au compte.

5 Le compte joint entraîne une solidarité active et passive. Un seul co-titulaire peut disposer seul des fonds déposés qui appartiennent pour moitié à chacun d'eux. Le compte doit être alimenté proportionnellement à la capacité contributive des co-titulaires. La solidarité passive implique une totale responsabilité des co-titulaires quant aux opérations effectuées au débit du compte. Dans l'hypothèse de l'émission d'un chèque sans provision les 2 co-titulaires se retrouvent interdits bancaires (sauf si un responsable avait été préalablement désigné). L'intitulé à recommander est « Monsieur ou Madame ».

2 ÉNONCÉ

Vous recevez Madame Dujardin. Elle dispose d'un livret A et d'un compte joint ouvert avec son mari. Ce dernier a quitté le logement familial et a vidé le compte joint.
Que pouvez-vous conseiller à Madame Dujardin ?

SOLUTION

Vous devez lui conseiller d'engager une procédure de désolidarisation du compte joint. Cette demande doit être faite par lettre recommandée. Le compte se transforme alors en compte *indivis*. Il n'y a donc plus de solidarité active.

11 L'entretien en face à face

En tant que débutant, il faut oser s'affirmer comme conseiller financier. Oser s'affirmer consiste à savoir se présenter, parler vrai (exposer son objectif d'entretien), déclarer son ambition (créer une relation de confiance, faire le point régulièrement) sans enrober son discours de faux-fuyants.

Le client a comme le conseiller des raisons d'être là (il a accepté ou provoqué la rencontre), des objectifs et un temps limité.

Découvrir un client (ou un prospect) consiste à identifier ses besoins (ce qui lui manque), ses projets, ses motivations (ce qui le fait agir) afin de les reprendre dans l'argumentation. Vous choisirez ainsi les arguments les mieux adaptés à la psychologie du client.

Contrairement aux besoins et projets, les motivations sont rarement exprimées par le client. Pour cerner les motivations du client, il faut utiliser un questionnement adapté à la situation.

1 La préparation de l'entretien de vente

Vous avez peu de chance d'obtenir le résultat attendu sans préparation rigoureuse de votre entretien ! L'efficacité de l'entretien vente ne peut dépasser celle de sa préparation.

A Les objectifs

- Connaître son client et préparer sa découverte.
- Construire le plan de son entretien.
- Définir sa stratégie de vente.
- Visualiser l'entretien.
- Préparer une stratégie de relance.
- Pérenniser la relation avec son client par le professionnalisme.
- Favoriser le multi-équipement.

B Les avantages

- Une meilleure connaissance du client.
- Un confort sécurisant pour le conseiller.
- Une plus grande aisance du conseiller face à son client.
- Un entretien fluide (questions et documentation préparées).
- Une concentration durant l'entretien sur le résultat attendu.
- L'élimination des sujets parasites, des dérives.

2 L'accueil

A Les objectifs

- S'accorder sur la conduite de l'entretien. C'est le conseiller qui mène l'entretien !
- Créer un climat de confiance favorable à la suite de l'entretien.
- Être transparent dans ses intentions.

En pratique

L'étape de l'accueil est une « étape sociale » (salutations, présentation) mais également consensuelle (accord sur l'objectif de l'entretien).

B La construction de la phase accueil

1 • Prise de contact

Salutations « *Bonjour !* » + présentation « prénom – nom – fonction »

+ identification du client ou prospect « *vous êtes bien … ?* »

+ phrase d'ambiance « *météo, enfants, vacances…* »

En pratique

Sourire, avoir un ton agréable, regarder franchement son interlocuteur maintenir une distance raisonnable entre le client et vous (équivalente à une poignée de mains)

2 • Motif du rendez-vous

Pourquoi nous nous rencontrons aujourd'hui ?

3 • Présentation du déroulement de l'entretien

Comment allons-nous procéder ?

Présentation brève du déroulé de l'entretien (« questions à poser pour cerner votre situation », « présentation de la solution qui vous conviendra »)

Indiquer le temps nécessaire à l'entretien pour bien conseiller le client (ou faire connaissance avec le prospect) et obtenir l'adhésion de l'interlocuteur.

4 • Mise en place de la relation future

Et **après** ?

Après analyse de la situation du client, il apparaît fréquemment au conseiller certains manques (produits que le client ne détient pas encore). Il est alors impensable de vouloir tout proposer en un seul rendez-vous. D'où la mise en place d'une stratégie de relance acceptée par le client. « *On ne pourra peut-être pas tout voir aujourd'hui ; aussi on sera amené à se revoir* »

3 La découverte

A Le questionnement

Interroger un client, c'est le faire progresser, le faire réfléchir… le révéler.

La qualité du questionnement induit la qualité de la réponse du client.

Type de question	Avantages pour le conseiller	Inconvénients pour le conseiller
Question fermée (oblige à une réponse « *oui* », « *non* » ou « *je ne sais pas* ») : – « *utilisez-vous Internet ?* »	▶ Permet la précision. ▶ Engage le client.	▶ Donne peu de renseignements. ▶ Peut être ressentie comme inquisitoire. ▶ Difficulté de relancer les discussions après un non.
Question ouverte (opinion du client demandée) : « *que pensez-vous de… ?* »	▶ Fournit beaucoup de renseignements. ▶ Appelle une réponse développée. ▶ Valorise le client car il se sent écouté.	Perd du temps avec les clients bavards.
Question alternative (proposition de deux choix) : – « *vous êtes plutôt… ou… ?* »	▶ Permet de faire prendre position au client. ▶ Explicite le choix du client plus rapidement.	Peut être ressentie comme une technique manipulatrice.
Question miroir ou suspensive (reprise sous la forme interrogative d'un mot ou d'un morceau de phrase prononcé par le client) : – client : « *quels sont les avantages de la bourse ?* » – conseiller : « *que savez-vous de la bourse ?* »	▶ Permet de connaître les vrais besoins du client. ▶ Permet au client de bien s'exprimer.	Peut lasser le client si type de question trop souvent utilisé.

Le questionnement doit être rythmé ; les types de question doivent être alternés. Il est préférable d'aller du général vers le particulier (technique de l'entonnoir) pour réguler l'entretien. Le client doit ressentir le questionnement du conseiller comme un échange qui l'incite à développer et à enrichir la conversation menée depuis le début de l'entretien.

B Le plan de découverte

Il vous permet de confirmer ce que vous savez déjà du client (commencer par vérifier ces informations) et d'explorer ce que vous ignorez : **le client a …** (partir de la situation actuelle) ; **il voudrait …** (découvrir les besoins et projets) ; **il est …** (identifier les principales motivations d'achat).

Il faut bien justifier à son client la raison de cette découverte. Plusieurs points doivent être abordés avec lui :

1 • Coordonnées

L'adresse, le numéro de téléphone fixe et mobile, le mèl, la préférence en terme de communication avec le conseiller (téléphone fixe ou mobile, plage de disponibilité).

2 • Situation familiale et matrimoniale

Le futur client est marié ? avec un contrat de mariage ? Le nombre et l'âge de ses enfants ?

REMARQUE

Lors d'un second contact, partie plus rapide : validation des éléments découverts précédemment.

3 • Situation professionnelle

Quelle est l'activité professionnelle du futur client ? Le type de contrat de travail ? L'ancienneté de l'emploi ? Le niveau de ses revenus ? Prendre des informations sur l'employeur.

4 • Situation financière

Étudier le budget (revenus – charges) et calculer la capacité d'épargne disponible.

5 • Situation fiscale

Quel est le montant des impôts de l'année N et N–1 ? Défiscalisation réalisée ?

6 • Situation bancaire

Équipement actuel ? Relations actuelles avec sa banque ? Vision des relations idéales avec une banque ?

7 • Étude des besoins et des attentes

Le client en général connaît peu ses besoins bancaires

Étude des projets : Le client a une vision claire de ses projets (travaux, loisirs, vacances, voiture, immobilier, éducation des enfants, préparation de la retraite, défiscalisation, transmission du patrimoine…). Il doit répondre aux questions « quoi ? quand ? (les dater et leur donner un degré de priorité) combien ? comment les financer ? »

8 • Situation patrimoniale

Le client est en confiance. Il parle plus aisément de ses avoirs à la concurrence : épargne, prêt, assurance à la concurrence ?

En pratique

Le questionnement se doit d'être directif. Les transitions sont soignées (« *on va aborder maintenant votre situation…* »). Le conseiller ne parle toujours pas de produit !

C La prise en compte des réponses du client

1 • La pratique de l'écoute active

Le conseiller doit laisser parler son client même si c'est lui qui mène l'entretien. Il prend des notes ; cela valorise le client. Il se sent écouté. Il rebondira sur les éléments découverts lors de l'argumentation.

2 • L'encouragement des réponses

Le conseiller montre son écoute, hoche la tête, accepte les silences, ne coupe pas la parole, adopte une attitude ouverte et attentive, sourit et s'intéresse à l'autre (**pratique de l'empathie**).

3 • L'exploration des réponses

Le conseiller utilise les différents types de question cités ci-dessus, reprend le dernier mot prononcé par le client sur un ton interrogatif, adopte un regard interrogatif qui incite le client à aller plus loin dans son discours.

PIÈGE À ÉVITER

Ne pas avoir d'idée reçue ! À 60 ans, un client peut avoir envie de souscrire un emprunt immobilier… la vie n'est pas finie !

D La reformulation

La découverte doit être impérativement suivie d'une reformulation. Cela consiste à reprendre toutes les réponses du client lors de la phase recherche de besoins, attentes et projets et de les récapituler devant lui. Votre client est ainsi sûr que vous avez bien cerné sa demande. De même, vous vous assurez que vous avez bien tout compris et vous vous assurez du degré d'intérêt du client : « *si j'ai bien compris, ce que vous recherchez c'est plutôt…* ».

4 La concrétisation de l'ouverture du compte

Le respect de la conformité entraîne plusieurs tâches incontournables : vérifier et scanner les pièces d'identité et le justificatif de domicile (*cf.* fiche 10 « *Le compte bancaire et son ouverture* »), éditer le contrat et les RIB, le certificat de conformité, le questionnaire MIF, faire remplir ces documents au client, lui remettre le double ainsi que la convention de compte et conditions tarifaires, donner la carte de visite du conseiller.

5 L'argumentation

L'argumentation permet de convaincre son interlocuteur. Convaincre, c'est amener une personne, par preuve ou par raisonnement, à reconnaître l'utilité d'une solution. L'art de vendre est avant tout l'art de savoir écouter pour mieux comprendre les désirs de son interlocuteur. S'il recherche un placement sécurisé, à quoi bon lui vanter les atouts d'un placement boursier ?

Le conseiller propose mais n'est pas sûr de vendre ! Il doit se mobiliser pour atteindre son objectif. Il doit s'efforcer de capter l'attention et susciter l'intérêt de son interlocuteur jusqu'à ce qu'il l'ait convaincu sur les qualités de l'offre.

Pour argumenter efficacement, le conseiller doit régulièrement faire le point sur sa connaissance :

- des atouts de l'offre de son établissement ;
- des objections les plus courantes ;
- des réponses argumentées à ces objections.

En pratique

L'argumentation est une étape professionnelle (mise en avant des besoins – argumentation – conviction) !

1 • La mobilisation du conseiller

Les arguments structurés sont choisis par le conseiller en fonction des motivations du client. Il convient de livrer au client deux arguments au maximum par motivation décelée. En effet, il serait peu pertinent de réciter sa batterie d'arguments au risque de se retrouver sans nouvel argument (effet de surprise chez le client) à la première objection !

Les mots trop techniques sont à proscrire chez le client lambda.

2 • La méthodologie de construction de l'argument

L'outil CAP **(Caractéristiques – Avantages client – Preuve)** peut être utilisé.

3 • La méthodologie de présentation de l'argument

L'argumentation doit être vivante, dynamique et personnalisée. Le client est mis face à sa situation présente ou future en mettant en scène ses projets.

Méthode : Prétexte – solution – rebond

Situation 1 : *Une cliente âgée de 35 ans ouvre un compte…*

Prétexte	« *Vous avez deux enfants : Adam (10 ans) et Salomé (12 ans).* »
Solution	« *Nous venons de lancer un produit de préparation des études des enfants.* »
Rebond	« *Vous voulez constituer une épargne pendant 6 à 8 ans (à la vue de l'âge des enfants) qui sera valorisée quand vos enfants entameront des études supérieures ?* »

Méthode : Valoriser le besoin – Présenter l'argument structuré – Contrôler l'effet de l'argumentation sur le client

Situation 2 : *Un client fait le point avec le conseiller sur ses besoins…*

Valoriser le besoin	« *Vous m'avez dit avoir besoin d'un placement non bloqué pour faire face à vos achats plaisir… Vous avez raison : il faut se faire plaisir dans la vie !* »
Présenter l'argument structuré	« *Le livret bancaire vous permet de déposer de l'argent en toute liberté jusqu'à …€, de retirer selon vos besoins et de percevoir une rémunération de … %.* »
Contrôler l'effet de l'argumentation sur le client	« *Cela vous intéresse de bénéficier de ce livret pour gérer votre trésorerie ?* »

6 La proposition de l'offre

Rappel : L'étude de la capacité d'épargne disponible mensuelle et des avoirs du client pour réaliser ses projets est capitale avant de faire une proposition ! (*cf.* fiche 34 « *Comment augmenter la collecte d'épargne du réseau?* »)

L'offre est détaillée. Cela signifie que le produit bancaire est proposé, argumenté et prêt à l'emploi (il ne reste plus qu'à signer !).

7 La recommandation

Le client est remercié de la confiance qu'il accorde au conseiller. Ce dernier demande au client s'il est satisfait du déroulement de l'entretien et formule aussitôt une demande de recommandation : « *Connaissez-vous dans votre entourage une personne à qui notre banque pourrait apporter ses services bancaires et/ou d'assurance ?* » L'offre de parrainage est alors présentée.

8 La prise de congé

Le conseiller obtient un engagement de principe sur un nouvel entretien ou fixe un RDV. Il raccompagne le client jusqu'à la porte de sortie et le salue.

9 Le suivi de la démarche commerciale

Le suivi est fondamental pour respecter la réglementation (produit avec échéance, changement de la situation personnelle…) et assurer « la continuité relationnelle » pour favoriser une relation durable.

La démarche commerciale du conseiller financier est régulièrement évaluée par un moniteur des ventes. Ce dernier observe un ou plusieurs entretiens clientèle menés par le conseiller. Un tableau d'analyse de la démarche commerciale est ensuite remis au conseiller pour le faire progresser. Ce tableau peut prendre la forme suivante :

Étape	Points évalués	Taux de maîtrise (score en %)
La préparation de l'entretien	– Ai-je bien qualifié le RDV ? – Ce que je sais du client ? – Ce que je veux savoir du client ? – Ce que je veux lui proposer ? – Vers quoi je peux élargir l'entretien ?	
L'ancrage de la relation	– L'ambiance des premières minutes. – La validation de la durée de l'entretien. – La validation de l'objet du RDV. – La validation du déroulement de l'entretien (questionnement et prise de notes acceptés ?).	
La découverte	– Poser des questions ouvertes. – Poser des questions ciblées. – Qualifier la base de données. – Faire valider les projets à moyen et long terme. – Découvrir les besoins. – Prendre des notes complètes.	
L'implication	– Reformuler les demandes du client. – Faire du rebond sur les informations collectées et besoins du client.	
La mise en avant des produits et services du réseau	– Proposer les produits adaptés à la situation. – Mettre en avant les atouts des produits du réseau. – Traiter les objections. – Adopter une attitude positive.	
La concrétisation	– Montrer les propositions à l'écran. – Imprimer les contrats. – Faire signer les contrats. – Ne pas repartir sur l'argumentation.	

>>>

Étape	Points évalués	Taux de maîtrise (score en %)
La recommandation	– S'assurer de la satisfaction du client sur le déroulement de l'entretien. – Demander des noms de personnes de l'entourage du client qui accepteraient une entrée en relation avec le conseiller.	
Le suivi	– Enregistrer les propositions retenues et refusées du client sur la base client. – Saisir le nom des prospects recommandés par le client.	

APPLICATIONS

1 ÉNONCÉ

La préparation de l'entretien de vente

Situation commerciale : Monsieur Jérôme Lebigot (client du réseau X, marié, deux enfants de 12 et 9 ans, informaticien salarié) a décidé de changer de banque. Il déclare avoir été séduit par la publicité actuelle de votre réseau. Un rendez-vous a été pris par téléphone pour une ouverture de compte aujourd'hui.

Vous préparez l'entretien.

SOLUTION

▸ **La démarche à suivre pour préparer l'entretien :**

- collecter des informations sur le client, l'historique de la situation : ici, peu d'informations. Il faut donc creuser la découverte ;
- élaborer la stratégie de vente à partir du profil du client (objectifs quantitatifs : ouvrir un compte joint ? vendre une solution packagée ? ouvrir des produits d'épargne ? et qualitatifs : s'assurer que le client n'est pas un client à risque, donner une bonne image du réseau) ;
- préparer des outils de vente : documents à remettre au client (PLV), documents à remplir face au client (contrats), plan de découverte…

▸ **La préparation du plan de découverte**

Le plan de découverte est la liste de tous les points à aborder ou des questions à poser afin de détecter les besoins, projets et les motivations d'achat du client.

Points sur la situation de mon client à étudier lors de l'entretien	
Situation personnelle	Situation matrimoniale ? Conjointe future cliente ? Enfants (âge...) ? Adresse ? Propriétaire ? Situation professionnelle ? Revenus ? Imposition ?
Relation avec sa banque actuelle	▶ Motif du départ ? Incidents bancaires ? ▶ S'assurer que le client n'est pas un client à risque. ▶ Vérifier une éventuelle interdiction bancaire. ▶ Équipement actuel (package...) ?
Fonctionnement de ses comptes actuels	Domiciliation des revenus ? Habitudes de paiement (chèque, carte...) ? Prélèvement pour des charges courantes (EDF...) ? Solde moyen ? Déséquilibre entre le montant des flux confiés et l'autorisation de découvert ?
Épargne	Montant des avoirs détenus dans les établissements concurrents ? Montant de l'épargne disponible ? Versements réguliers sur des produits d'épargne ? Épargne logement ? Déséquilibre entre épargne monétaire et financière ? Date d'ouverture et date d'échéance éventuelle des contrats ? Virements extérieurs sur comptes épargne ?
Famille	Produits de prévoyance ? Assurance auto, MRH dans notre établissement ? Livret jeune détenu par l'enfant aîné ? Livret bancaire pour le plus jeune enfant ?
Crédits	Prêts personnels, immobiliers... ? Virements à des organismes extérieurs de crédit ?
Relation souhaitée avec notre banque	Attentes actuelles sur le fonctionnement de ses futurs comptes dans notre réseau ?
Offre bancaire	Explication de la tarification, du fonctionnement de l'agence, vente des atouts de la banque, proposition de la prise en charge de domiciliation.

2 ÉNONCÉ

1 Quelle doit être la posture professionnelle du conseiller lors des 5 premières minutes d'un entretien en face à face sans ordinateur ?

2 Quelles phrases choisir pour amorcer l'entretien ?

SOLUTION

1 Inviter le client à s'asseoir côte à côte ou bien se tourner vers le client, sortir une feuille blanche pour la prise de notes, écouter le client sans consulter d'écran, inviter le client à parler de lui et de sa relation avec l'agence.

2 *« Bonjour, monsieur, madame (nom). Si vous voulez bien me suivre dans mon bureau... Comment allez-vous ? Avant de commencer notre échange relatif à (motif du RDV), parlez-moi de vos centres d'intérêt, vos préoccupations, ce qui vous tient à cœur... Vous ne m'avez pas parlé de votre relation avec notre banque. Tout se passe bien avec nous ? »*

12 Les incidents de fonctionnement

Les incidents de fonctionnement sont générés par des événements qui imposent à la banque de mettre en place et suivre une procédure particulière. Ces événements peuvent être :

- La position débitrice d'un compte en l'absence de découvert autorisé ou en cas de dépassement du découvert : cette situation peut conduire à des rejets d'opérations (rejet de chèque pour absence ou défaut de provision, rejet de prélèvement). Le chargé de clientèle devra alors appliquer les procédures internes dans le respect de la réglementation qui les encadre.
- Une procédure d'avis à tiers détenteur (ATD) : c'est une procédure permettant au Trésor public de recouvrer les sommes qui lui sont dues au titre des impôts impayés. Cette procédure concerne tous les comptes à l'exception des comptes-titres.
- Une procédure de saisie attribution qui permet à un créancier de faire pratiquer par un huissier de justice une saisie des comptes bancaires de son débiteur et d'obtenir le paiement des sommes dues. Cette procédure ne peut pas être utilisée par un employé au titre des salaires dus et non payés par l'employeur.

1 La position débitrice du compte

Quotidiennement, le conseiller de clientèle gère les comptes débiteurs de son portefeuille. Dans ce cadre, il est amené à refuser le paiement de certaines opérations quand le compte ne présente pas une provision suffisante et/ou si la situation présente un risque trop grand pour la banque.

Il peut s'agir de :

- refuser le paiement d'un chèque (voir fiche 15) ;
- rejeter un prélèvement (fiche 18).

À NOTER

La Réglementation plafonne les frais de rejet (voir fiche 18).

La décision de rejeter ou bien d'accepter une opération (dans ce cas, la banque percevra des commissions d'intervention) dépendra :

- de l'existence ou non d'un découvert autorisé, du montant de l'opération et du solde du compte une fois l'opération acceptée ;
- du profil du client et de ses antécédents bancaires : s'agit-il du premier incident ou bien s'agit-il d'une situation récurrente ? ;
- de la régularité des revenus et donc de la stabilité professionnelle du client ;
- de la proximité de la date du versement du revenu (un salaire viré sous 48 heures, ou bien un revenu qui ne sera disponible que dans 15 jours).

2 La procédure de saisie attribution

Déroulement de la procédure

La saisie attribution a pour effet de déposséder le débiteur du montant des sommes dues au créancier. De ce fait, la créance sort du patrimoine du débiteur, ce qui revient à dire que la banque (tiers saisi) devient débitrice du créancier. Pour autant les sommes doivent être consignées le temps du déroulement de la procédure. Il faut en effet s'assurer que le débiteur ne conteste pas la saisie attribution.

Étape	Intitulé	Commentaire
Étape 1	Signification à la banque	Muni d'un titre exécutoire, le créancier (par voie d'huissier) informe la banque de la procédure.
Étape 2	Dénonciation au débiteur	Le tiers saisi dispose d'un délai de 8 jours maximum pour informer son client.
Étape 3	Informations du créancier	La banque doit communiquer le solde des comptes bancaires saisissables. Sont saisissables tous les comptes à l'exception : des comptes titres, des coffres loués par le débiteur, des bons de caisse au porteur souscrits et détenus par le débiteur, des bons de caisse au porteur déposés chez la banque tiers- saisie lorsqu'ils ont été souscrits chez une autre banque, des autorisations de découvert non utilisées.
Étape 4	Blocage des comptes	Dès que la banque est informée, elle procède au blocage de l'ensemble des comptes bancaires (cas général 15 jours ouvrables). Seules les opérations antérieures (tant au débit qu'au crédit) à la date de saisie peuvent modifier le solde. La totalité des avoirs est bloquée même si le montant de la dette est inférieur aux soldes créditeurs des comptes bloqués. Passé ce délai de 15 jours le solde créditeur effectif est saisissable. Ne sont pas saisissables : allocations familiales et de logement, le RSA, l'Allocation Spécifique de Solidarité, les prestations en nature de l'assurance-maladie, les rentes accident du travail, les pensions alimentaires, les indemnités chômage et une fraction du salaire.
Étape 5	Paiement	Le paiement sera effectué si deux conditions sont réunies : ▸ absence de contestation du débiteur dans un délai d'un mois ; ▸ solde créditeur. Si ces conditions sont réunies, alors le paiement est immédiat. Le tiers saisi effectuera le paiement après s'être fait présenter un certificat d'absence de contestation délivré par le greffe du tribunal.
	Contestation	Si le débiteur conteste auprès du juge de l'exécution, le paiement est différé sans pour autant remettre en question l'attribution immédiate de la créance. S'il existe des sommes insaisissables, le créancier dispose d'un délai supplémentaire de 15 jours.

3 La saisie administrative à tiers détenteur

Depuis le 1er janvier 2019, l'ensemble des procédures de saisie administrative est fusionné dans la SATD. La saisie administrative à tiers détenteur est une procédure de saisie réservée à l'administration fiscale.

A Le déroulement de la procédure

- **Étape 1 :** envoi de la SATD par lettre recommandée à la banque. Dans le même temps le trésor public informe la banque de la procédure. La banque est également tenue d'informer le client.
- **Étape 2 :** à réception de la SATD, la banque communique les soldes des comptes du client pour savoir si la SATD pourra être payé partiellement ou en totalité. Deux situations sont envisageables :
  - le solde des comptes est débiteur : les comptes ne sont pas saisissables ;
  - le solde des comptes est créditeur : la banque procède au blocage des comptes pendant 15 jours, délai nécessaire pour calculer le solde effectif qui sera disponible après la prise en compte des opérations qui doivent être régularisées.

B Les opérations au crédit

Il s'agit des remises de chèques faites avant la date de saisie et non encore comptabilisées en compte. L'horodatage ou la date de saisie informatique permettent d'attester de la date de remise.

C Les opérations au débit

- Les chèques à payer (loi du 9 juillet 1991) : l'assiette de la saisie est diminuée du montant des chèques émis et remis à l'encaissement à une date antérieure à la saisie, les chèques impayés faisant l'objet d'une contre-passation.
- Les paiements cartes : si les bénéficiaires ont été crédités avant la date de saisie, la banque diminuera l'assiette de saisie du montant crédité au bénéficiaire (carte à débit immédiat).

Toutefois, pour ce qui concerne plus précisément le régime des créances insaisissables versées sur un compte bancaire, le titulaire du compte dispose du délai de deux mois pour invoquer les dispositions protectrices des créances insaisissables. En conséquence, les sommes appréhendées ne seront versées au Trésor public qu'à l'issue de ce délai.

En cas de concours d'un avis à tiers détenteur et d'une saisie conservatoire ou d'une saisie attribution, la saisie prime l'avis à tiers détenteur lorsqu'elle a été signifiée antérieurement à celui-ci. En cas de signification le même jour, la saisie et l'avis à tiers détenteur viennent en concours.

Certains revenus (RSA, allocations familiales) sont insaisissables. Si le solde est créditeur, le titulaire du compte saisi bénéficie automatiquement du SBI équivalent au montant du RSA.

À NOTER

La seconde loi de finances rectificative de 2017 introduit un plafond pour les frais d'ATD au 1er janvier 2019. Il est de 10 % de la somme saisie par l'administration fiscale avec un maximum de 100 €.

4 Les opérations frauduleuses

D'autres incidents trouvent leur origine dans l'utilisation frauduleuse des moyens de paiement (chéquier, carte bancaire). Ces fraudes sont parfois à l'origine de conflits entre la banque et son client ; ce qui ne manque pas de détériorer la relation commerciale.

A Comment éviter la fraude ?

La sécurisation des transactions à distance repose sur une meilleure identification du porteur de carte. C'est d'ailleurs sur ce point que la DSP 2 en vigueur depuis janvier 2016 met l'accent.

Cette sécurisation repose sur des dispositifs et des systèmes. Les dispositifs comprennent :

- l'utilisation d'une puce de standard international (EMV) ;
- un dispositif de décryptage des données dit DDA.

Les systèmes reposent sur :

- Le protocole 3D SECURE : depuis mai 2021, le protocole repose sur une double authentification (authentification forte). Les achats à distance de plus de 30 € sont concernés. Le client doit confirmer son paiement sur smartphone en renseignant un code personnel et une validation par empreinte biométrique par exemple.
- la E-carte ou carte à usage unique : un numéro de carte unique est généré à partir de la vraie carte du titulaire. (Paylib, Payweb card sont les principaux services proposés par les principales enseignes bancaires).

B Que faire en cas de fraude à la carte bancaire ?

En cas de vol, de perte ou d'une utilisation frauduleuse (usurpation du numéro de carte sans usage du dispositif de sécurité), il convient de faire opposition en appelant le centre national d'opposition et de confirmer ensuite par écrit et en recommandé dans les meilleurs délais son opposition auprès de sa banque. La banque ouvrira alors un dossier de « sinistre » et devra rembourser le client immédiatement (article L133-18 de CMF) ou au plus tard à la fin du premier jour ouvrable qui suit l'information.

Le délai pour contester une opération non autorisée est de 13 mois.

5 Zoom sur le blanchiment

A Définition du blanchiment

L'article 324-1 du Code pénal précise : « *le blanchiment est le fait de faciliter, par tout moyen, la justification mensongère de l'origine des biens ou des revenus de l'auteur d'un crime ou d'un délit ayant procuré à celui-ci un profit direct ou indirect. Constitue également un blanchiment le fait d'apporter un concours à une opération de placement, de dissimulation ou de conversion du produit direct ou indirect d'un crime ou d'un délit. Le blanchiment est puni de cinq ans d'emprisonnement et de 375 000 euros d'amende* ».

B Les étapes du blanchiment

- **Étape 1 :** le **placement** (prélavage) ; c'est l'introduction dans le système bancaire et financier de fonds d'origine criminelle.

- **Étape 2 :** la **dispersion** (lavage) ; il s'agit ici de multiplier les opérations afin de dissimuler les flux financiers.
- **Étape 3 :** l'**intégration** (essorage) ; réintroduction dans l'économie réelle des sommes blanchies par le biais d'opérations commerciales et immobilières, de prêts bancaires adossés...

C La lutte contre le blanchiment

« Créé en 1990, à la suite du sommet du G7, Tracfin concourt au développement d'une économie saine en luttant contre les circuits financiers clandestins, le blanchiment d'argent et le financement du terrorisme.

Service à compétence nationale rattaché aux ministères financiers, Tracfin participe à la protection de l'économie nationale et a pour mission de lutter contre les circuits financiers clandestins, le blanchiment de capitaux et le financement du terrorisme.

À ce titre, Tracfin reçoit de la part de professions définies à l'article L. 561-2 du Code monétaire et financier des informations signalant des opérations financières atypiques. Ces déclarations sont analysées, font l'objet, le cas échéant, d'investigations complémentaires et peuvent conduire Tracfin à transmettre une note d'information au procureur de la République territorialement compétent ou à certains services spécialisés. »

Source : www.economie.gouv.fr/tracfin/

Depuis 2009, les directives européennes ont renforcé les mesures de lutte contre le blanchiment. Elles font des banques des acteurs essentiels de la lutte contre le blanchiment et le financement du terrorisme. Cette lutte fait l'objet d'une cinquième directive européenne (2018/843), en cours de transposition. Elle prévoit de renforcer la surveillance des nouveaux acteurs qui proposent des actifs virtuels (crypto actif), de limiter les effets de l'anonymat en encadrant les conditions d'utilisation des cartes prépayées et de la monnaie électronique.

La connaissance du client et de ses opérations reste une exigence forte pour les établissements bancaires qui devront détecter les flux inhabituels et réagir en conséquence. Chaque banque décide des pièces à réclamer selon le profil du client, du type d'opération et du risque qu'elle représente. Les alertes des banques sont ajustées à la nature des opérations et du profil du client. Les mouvements inhabituels ou sans justification économique apparente sont analysés même s'ils sont inférieurs à 150 000 € (ancien seuil).

Des exemples d'indices de blanchiment : un rachat précoce d'assurance-vie, un important montant d'apport personnel lors d'une opération immobilière, un encaissement de multiples chèques, des opérations avec un pays paradis fiscal, la présentation de bons de capitalisation.

En 2021, 160 952 déclarations de soupçon ont été transmises à TRACFIN, soit une augmentation de 44 % par rapport à 2020. Depuis le 1er septembre 2016, les transactions en espèces d'un client sont systématiquement signalées si leur cumul mensuel excède 10 000 €.

La banque lutte contre le blanchiment d'argent et le financement du terrorisme depuis plusieurs années grâce à la mise en place d'un processus de vérification de l'identité de ses clients nommé KYC (*Know Your Customer*). La banque ne veut pas être utilisée intentionnellement ou non dans ces crimes. Les clients sont amenés à livrer rapidement des informations sur leurs transactions financières.

APPLICATIONS

1 ÉNONCÉ

Votre banque reçoit le 11 janvier une notification de saisie administrative à tiers détenteur pour un montant de 850 € de taxe foncière non acquittée par votre client. Ce 11 janvier, le solde de votre client est créditeur de 1 560 €. Votre client a émis un chèque le 7 janvier pour un montant de 175 € (compensé le 10 janvier), a retiré 100 € au DAB de son agence le 10 janvier et a effectué une remise de chèque de 120 € le 10 janvier (non encore crédité en compte à la date du 11 janvier). Vous savez par ailleurs que le montant du solde bancaire insaisissable est de 564,78 €

1 Rappeler les conséquences de cette notification de SATD sur le compte de votre client.

2 Quelle somme sera disponible pour le trésor public et préciser le délai de règlement ?

SOLUTION

1 Comme le solde du compte est créditeur, la banque doit procéder au blocage du compte pendant 15 jours afin de calculer le solde disponible pour régler le Trésor Public. Ce temps permet d'enregistrer les opérations non encore inscrites en compte et antérieures à la date de saisie. Les opérations postérieures au 11 janvier sont rejetées.

2 Le client devra payer les frais qui s'élèvent à 10 % du montant saisi dans la limite d'un maximum de 100 €. Le solde du compte saisissable sera de 1 560 + 120 – 564,78 = 1 115,22 €. En conséquence, la somme de 850 € pourra être transmise au trésor public dans un délai de 2 mois.

2 ÉNONCÉ

Compte tenu des informations à votre disposition, indiquez la décision que vous prenez (rejet ou pas de l'opération). Vous devez justifier votre choix.

Client	Solde avant opération	Nombre de jours consécutifs de découvert	Montant du découvert autorisé	Nature de l'opération qui se présente le jour J	Ancienneté dans l'agence	Solde moyen
Client 1	–745, 99 €	6	500 €	Prélèvement Facture téléphone : 49,99 €	30 ans	369,54 €
Client 2	38,54 €	0	150 €	Chèque : 275,63 €	1 an	195,02 €

Autres informations :

Client 1 : il a un encours de crédit personnel de 16 452 €. Vous savez par ailleurs que le compte a enregistré l'année dernière 161 jours de découverts. Les revenus de votre client sont de 25 000 € par an. Il a également 20 000 € d'épargne dont 15 000 € en assurance-vie.

Client 2 : le compte a été ouvert il y a un an à un étudiant d'une grande école de commerce dans le cadre d'un partenariat entre cette école et votre agence. Le compte a régulièrement été alimenté. L'analyse du compte montre que ce dernier n'a plus de flux créditeur depuis un mois. Votre client reste injoignable. Aucune épargne dans l'agence.

SOLUTION

Client 1 : Ce client est un client avec une grande ancienneté, ses revenus sont légèrement supérieurs à 2 000 € mois, le solde moyen est créditeur. D'autre part, il a une autorisation de découvert souvent utilisée (161 jours sur une année) ; nous lui avons accordé un crédit (étude du risque positive). J'accepte le prélèvement de 49,99 € qui se présente. Il convient de rencontrer ce client pour envisager une augmentation du découvert autorisé et porter ce dernier à 900 €. Un avenant à la convention de compte doit être signé.

Client 2 : Le paiement du chèque entraînerait un découvert trop important au regard de l'autorisation. D'autre part, il n'y a plus de mouvements créditeurs sur le compte depuis plus d'un mois. Dans ces conditions, le chèque doit être rejeté. La banque aura préalablement tenté par tous les moyens de joindre son client.

3 ÉNONCÉ

Vous recevez en entretien votre client dont le solde est débiteur de 1 689,8 € depuis 50 jours. Vous savez par ailleurs que ce client dispose d'une autorisation de découvert de 2 500 €. La convention de compte précise que le compte doit être créditeur au moins 1 jour dans le mois civil.

1 **Pourquoi ce client est-il dans l'état des débiteurs ?**
2 **Rappelez les critères d'attribution d'un découvert.**

SOLUTION

1 Le compte est débiteur depuis 50 jours et ne respecte donc pas la règle selon laquelle il doit être créditeur au moins un jour par mois civil.

2 Les critères d'attribution d'un découvert : la domiciliation des revenus, le montant des revenus, une épargne bancaire préalablement constituée, le fonctionnement global du compte, l'ancienneté du client. En général, le montant du découvert accordé est compris entre un tiers et la moitié des revenus du titulaire du compte.

13 Les agios et autres frais bancaires

La banque facture des agios (intérêts débiteurs) à son client lorsque son compte affiche un solde débiteur. Cependant, de plus en plus de banques proposent des formules de convention de compte avec des franchises d'agios (limitées à quelques euros).

1 Le calcul des agios

L'ordonnance du 15 juillet 2009 a transposé en droit français la directive européenne 2007/64 du 13 novembre 2007. Ainsi, à compter du 1er novembre 2009 (date d'entrée en application des décrets et arrêtés correspondants), les pratiques visant à créditer le compte à une date postérieure et à débiter le compte à une date antérieure à la date de réalisation de l'opération de paiement sont interdites. Les banques doivent dorénavant exécuter les ordres dans un délai d'un jour ouvrable.

L'article L.133-14 du Code monétaire et financier précise :

« *La date de valeur d'une somme portée au crédit du compte du bénéficiaire ne peut être postérieure à celle du jour ouvrable au cours duquel le montant de l'opération de paiement est crédité sur le compte du prestataire de services de paiement du bénéficiaire.*

Le prestataire de services de paiement du bénéficiaire met le montant de l'opération à disposition du bénéficiaire après que son propre compte a été crédité.

La date de valeur du débit inscrit au compte de paiement du payeur ne peut être antérieure au jour où le montant de l'opération de paiement est débité de ce compte ».

Ainsi, le montant des agios sera fonction :

- du **montant et de la durée du découvert ;**
- du **montant du plus fort découvert**. Une commission dite du plus fort découvert est calculée en faisant la moyenne arithmétique des trois plus forts découverts et en multipliant cette moyenne par le taux du découvert.

Les banques vont également facturer des commissions d'intervention (plusieurs euros par opération au-delà du découvert) dès lors qu'elles autorisent le paiement d'une opération alors même que le compte est en dépassement de découvert autorisé. Passé le découvert autorisé les banques majorent le taux des agios.

Deux méthodes sont utilisées : la **méthode des intérêts immédiats** et la **méthode des nombres débiteurs**.

Dans le premier cas, la banque calcule les agios jour après jour. Les agios trimestriels sont alors la somme des agios quotidiens. Dans le second cas, la banque calcule des nombres débiteurs.

$$\textbf{Intérêts débiteurs} = \frac{\text{(cumul croissant × taux du découvert autorisé)}}{365}$$

Ils sont calculés et prélevés trimestriellement. Quelle que soit la méthode de calcul, le résultat obtenu est identique.

EXEMPLE DE LA MÉTHODE DES INTÉRÊTS IMMÉDIATS

Le découvert autorisé par la banque est de 700 €. Le taux du découvert autorisé est de 16,2 % ; celui du découvert non autorisé est de 17,7 %.

Libellé opération	Date de valeur	Nombre de jours	Opération		Solde	Intérêts immédiats
			Débit	Crédit		
Solde	14/5	0			103,17	0,00
Chèque 0125882	19/5	0	269,87		– 166,70	0,00
Prélèvement GDF	19/5	3	152,41		– 319,11	0,42
Assurance IARD	22/5	3	145,68		– 464,79	0,62[1]
Chèque 025883	25/5	5	78,96		– 543,75	1,21
Opération Carte bancaire	30/5	1	326,14		– 869,89	0,39[2]
Salaire	31/5	0		1 201,36	331,47	
Total						**2,64**

[1] 0,62 = (464,79 × 3 × 16,2 %) / 365.
[2] 0,39 = (700 × 1 × 16,2 %) / 365 + (169,89 × 1 × 17,7 %) / 365.

EXEMPLE DE LA MÉTHODE DES NOMBRES DÉBITEURS

Libellé opération	Date de valeur	Nombre de jours	Opération		Solde	Nombre débiteur dans le découvert	Nombre débiteur hors découvert
			Débit	Crédit			
Solde	14/5	0			103,17	0	
Chèque 0125882	19/5	0	269,87		– 166,70		
Prélèvement GDF	19/5	3	152,41		– 319,11	3 × 319,11 = 957,33	
Assurance IARD	22/5	3	145,68		– 464,79	464,79 × 3 = 1 394,37	
Chèque 025883	25/5	5	78,96		– 543,75	543,75 × 5 = 2 718,75	
Opération Carte bancaire	30/5	1	326,14		– 869,89	700 × 1 = 700	(869,89 – 700) × 1 = 169,89
Salaire	31/5	0		1 201,36	331,47		
Total						**5 770,45**	**169,89**

Le montant des agios est alors de : (5 770,45 × 16,2 % + 169,89 × 17,7 %) / 365 = **2,64 €.**

2 Les autres frais bancaires

Nature des frais	Contenu
Frais pour incident de paiement	Frais justifiés par l'envoi d'une lettre d'injonction, du traitement de l'opération. Ces frais ont fait l'objet d'un décret qui limite le montant perçu par la banque.
Frais de tenue de compte	La convention « packagée » permet de facturer au client une cotisation mensuelle qui englobe le coût de la carte bancaire, le coût des assurances moyens de paiement, de la banque à distance, de la mise en place d'un découvert autorisé.
Frais sur les opérations hors banque à domicile	Frais pour l'émission d'un chèque de banque, virement externe occasionnel, retraits dans d'autres GAB que celui de l'enseigne au-delà d'un certain nombre.
Frais de recherche	La recherche de document, la réédition d'un tableau d'amortissement peuvent faire l'objet d'une facturation particulière.
Frais sur les produits d'épargne	Les frais de tenue de compte titres, les frais de transferts entre établissements bancaires ainsi que des frais de passation d'ordre de bourse sont une source de commission pour les établissements bancaires.

3 Frais bancaires et réglementation

Au fil des années, les pouvoirs publics ont renforcé la réglementation en imposant aux banques, d'une part, de mieux communiquer sur les frais prélevés et, d'autre part, de plafonner certains frais bancaires.

A Les obligations d'information

Les établissements bancaires doivent :

- envoyer au client un récapitulatif annuel depuis le 1er janvier 2009 (loi novembre 2007) ;
- communiquer séparément les frais mensuellement perçus par la banque (1er juillet 2011) ;

14 frais font l'objet d'une information préalable au débit obligatoire (1er janvier 2016 en application du décret 2014-739 du 30 juin 2014). Les frais sont les suivants :

- le rejet de chèque et de prélèvement pour défaut de provision,
- opposition (blocage) de la carte bancaire,
- envoi de la lettre d'information préalable pour chèque sans provision,
- envoi d'une lettre d'information pour compte débiteur non autorisé,
- envoi de la saisie administrative à tiers détenteur, saisie attribution, opposition administrative,
- commission d'intervention,
- non-exécution de virement permanent pour défaut de provision,
- notification de la Banque de France d'une interdiction pour le client d'émettre des chèques,
- déclaration à la Banque de France d'une décision de retrait de carte bancaire ;

- depuis le 1er août 2019, remplacer l'extrait standard des tarifs en place depuis le 1er janvier 2011 par la publication d'un document d'information tarifaire (DIT) en vertu de la transposition de la directive européenne du 23 juillet 2014 sur la comparabilité des frais liés au compte de paiement. Ce document comprend une liste de 12 services (voir énoncé 2).

B Le plafonnement de certains frais

Les établissements bancaires doivent plafonner :

- les frais d'incident pour insuffisance de provision : 30 € pour les chèques de moins de 50 € (1er juillet 2002 décret d'application loi MURCEF) et 50 € pour les chèques de plus de 50 € (18 mai 2008- décret 2007-1611) ;
- les frais de rejet d'un ordre de paiement (prélèvement, virement.) : montant de l'ordre de paiement dans la limite de 20 € (16 mai 2008) ;
- les commissions d'intervention :
  - 8 € par opération dans la limite de 80 € par mois,
  - 4 € par opération dans la limite de 20 € par mois pour les personnes financièrement fragiles (décret 2014-738 précise les contours d'une fragilité financière) ;
- à 30 € par an et par compte les comptes bancaires inactifs.

À NOTER

La fédération bancaire française (FBF) s'est engagée à ce que les banques plafonnent les frais bancaires pour les clients les plus fragiles qui bénéficient de l'offre spécifique qui leur est réservée. Le plafond des frais d'incident est de 20 € par mois dans la limite de 200 € par an.

APPLICATIONS

1 ÉNONCÉ

Au mois d'avril de l'année N, un de vos clients s'étonne du montant acquitté au titre des agios. Le compte a enregistré les flux indiqués ci-dessous. (Les dates indiquées sont les dates de valeur). Le découvert autorisé est de 550 €, le taux est de 15,86 %. Au-delà du découvert autorisé le taux est majoré de 1,5 point et chaque opération autorisée au delà donne lieu à la perception d'une commission d'intervention de 7,90 € par opération (plafonnée à 5 opérations par jour).

Au 01/01/N, le solde est créditeur de 267,23 €.

Certaines opérations se reproduisent tous les mois :

- Le 01 : prélèvement du loyer : 474,35 €
- Le 06 : prélèvement échéance crédit consommation : 275,55 €
- Le 10 : versement CAF : 119,13 €
- Le 12 : prélèvement opérateur Internet : 29,90 €
- Le 14 : prélèvement téléphonie mobile : 45,50 €
- Le 18 : cotisation assurance-automobile : 53,26 €
- Le 30 virement du salaire : 1 950 €

Flux de janvier:

- Chèque 1145566 émis le 03 : 52,3 €
- Chèque 1145567 émis le 16 janvier : 350 € (réparation véhicule)
- Règlement CB le 30 : 450 €

Flux de février :
- Chèque 1145568 35,36 € le 12 février
- Retrait GAB le 15 février : 60 €
- Chèque 1145569 31,51 € le 21 février
- Paiement carte le 28 février : 750 €

Flux de mars :
- Retrait GAB 20 mars : 40 €
- Paiement carte le 30 mars : 700 €

Calculez le montant des frais perçus par la banque et débités du compte du client le 1er avril N

SOLUTION

Libellé opération	Date de valeur	Nbre de jours	Opération		Solde	Nbre débiteurs	Échelle débiteur
			Débit	Crédit			
Solde à nouveau	1-janv	0		267,23	267,23	0	0
Loyer	1-janv	2	474,35		– 207,12	414,24	– 0,1800
Chèque 1145566	3-janv	3	52,3		– 259,42	778,26	– 0,3382
Prélèvement échéance crédit	6-janv	4	275,55		– 534,97	2 139,88	– 0,9298
Virement CAF	10-janv	2		119,13	– 415,84	831,68	– 0,3614
Opérateur Internet	12-janv	2	29,9		– 445,74	891,48	– 0,3874
Prélèvement téléphonie mobile	14-janv	2	45,5		– 491,24	982,48	– 0,4269
Chèque 1145567	16-janv	0	350		– 841,24	0	0,0000
Commission intervention chèque 1145567	16-janv	2	7,9		– 849,14	1 698,28	– 0,7624
Cotisation assurance automobile	18-janv	0	53,26		– 902,4	0	0,0000
Commission intervention	18-janv	12	7,9		– 910,3	10 923,6	– 4,9241
Salaire	30-janv	0		1 950	1 039,7		0,0000
Paiement Carte	30-janv	0	450		589,7		0,0000

›››

›››

Libellé opération	Date de valeur	Nbre de jours	Opération		Solde	Nbre débiteurs	Échelle débiteur
			Débit	Crédit			
Loyer	1-févr	0	474,35		115,35	0	0,0000
Prélèvement échéance crédit	6-févr	4	275,55		– 160,2	640,8	– 0,2784
Virement CAF	10-févr	2		119,13	– 41,07	82,14	– 0,0357
Chèque 1145568	12-févr	0	35,36		– 76,43	0	0,0000
Opérateur Internet	12-févr	2	29,9		– 106,33	212,66	– 0,0924
Prélèvement téléphonie mobile	14-févr	1	45,5		– 151,83	151,83	– 0,0660
Retrait GAB	15-févr	3	60		– 211,83	635,49	– 0,2761
Cotisation assurance automobile	18-févr	3	53,26		– 265,09	795,27	– 0,3456
Chèque 1145569	21-févr	7	31,51		– 296,6	2 076,2	– 0,9022
Salaire	28-févr	0		1 950	1 653,4	0	0,0000
Paiement Carte	28-févr	0	750		903,4	0	0,0000
Loyer	1-mars	0	474,35		429,05	0	0,0000
Prélèvement échéance crédit	6-mars	0	275,55		153,5	0	0,0000
Virement CAF	10-mars	0		119,13	272,63	0	0,0000
Opérateur Internet	12-mars	0	29,9		242,73	0	0,0000
Prélèvement téléphonie mobile	14-mars	0			242,73	0	0,0000
Cotisation assurance automobile	18-mars	0	53,26		189,47	0	0,0000
Retrait GAB	20-mars	0	40		149,47		0,0000
Salaire	30-mars	0		1 950	2 099,47	0	0,0000
Paiement carte	30-mars	0	700		1 399,47		0,0000
					1 399,47		0,0000
Total débiteur						23 254,29	10,3066

Lorsque le découvert autorisé est dépassé, les intérêts débiteurs sont calculés de la façon suivante :

$$\frac{(12 \times 550 \times 15{,}86\ \%) + (910{,}3 - 550) \times 12 \times 17{,}36\ \%}{365} = 4{,}9241\ €$$

Le premier terme représente le nombre débiteur calculé sur le montant maximum du découvert autorisé, le second terme le nombre débiteur calculé sur la différence entre le montant du découvert et l'autorisation accordée.

Au total, le client verra son compte débité de 10,31 € au titre des intérêts débiteurs du premier trimestre. Si l'on ajoute les commissions d'intervention supportées par ce client, le total des frais s'élève à 26,11 €.

2 ÉNONCÉ

Recherchez sur les sites Internet des principaux groupes bancaires français le prix des 12 services qui doivent figurer dans le document d'information tarifaire.

Services	Enseigne 1	Enseigne 2	Enseigne 3	Enseigne 4	Enseigne 5
La banque à distance					
Les alertes					
La tenue de compte					
Carte internationale à débit immédiat					
Carte internationale à débit différé					
Carte à autorisation systématique					
Retrait espèce DAB, établissement bancaire concurrent					
Cotisation assurance perte et vol des moyens de paiement					
Virement SEPA occasionnel					
Frais exécution prélèvement SEPA					
Frais de mise en place d'un mandat de prélèvement SEPA					
Commissions d'intervention					

SOLUTION

Vous trouverez sans difficulté le prix de ces différents services en consultant les sites Internet des différents réseaux bancaires. Par exemple, en vous rendant sur le site www.creditmutuel.fr vous trouverez une rubrique « informations reglémentaires » avec un lien vers les « conditions générales et tarifaires. »

14 Les services associés au compte

Dans un contexte concurrentiel toujours plus exacerbé, les banques n'ont de cesse de proposer à leurs clients des services toujours plus innovants. Outre les services traditionnels (location de coffre, change.), les banques développent des offres complètes de banque à distance, proposent des services d'assurance associés ou non aux différents moyens de paiement utilisés par les clients. L'ensemble de ces services est un moyen supplémentaire d'attirer des clients nouveaux et de fidéliser les clients actuels.

1 Les services traditionnels

A La location de coffre

La banque va établir un contrat de location à travers lequel elle met à disposition de son client un coffre et des moyens sécurisés pour en conserver le contenu. Dans cette opération la banque est un bailleur et non pas un mandataire auquel des avoirs sont confiés. Un certain nombre de vérifications doivent être conduites (identité, domicile, capacité et nationalité) avant la formation du contrat. Le locataire se voit alors confier une clef dont il est le seul possesseur et qui sera utilisée à chaque visite. Chaque visite doit faire l'objet d'un enregistrement sur un registre. Pour mémoire, le contenu d'un coffre n'est pas saisissable (saisie attribution, avis à tiers détenteur).

B Le change manuel

La banque va acheter ou vendre des devises (en monnaie fiduciaire) pour le compte de son client. La banque pourra également proposer à son client des chèques de voyage, plus sûrs que les espèces. Lors de la remise des chèques, la banque, après s'être assurée de l'identité de l'acheteur, l'invitera à signer les chèques remis. Ces mêmes chèques doivent être contresignés par le porteur une fois arrivés à destination. Le titulaire des chèques pourra également formuler une opposition en cas de perte ou de vol.

C La mise à disposition d'espèces

Rares sont encore les agences bancaires qui offrent un service de caisse. L'installation de murs d'argent et d'automates a progressivement fait disparaître ce service. Les clients non équipés de cartes bancaires doivent dorénavant utiliser des cartes de « retrait minute » délivrées au plot d'accueil des agences.

Afin de lutter contre le blanchiment des capitaux, le décret 2010 – 662 du 16 juin 2010 précise que le paiement en espèces n'est autorisé que pour une dette inférieure à 1 000 €.

2 Les autres services associés au compte

De plus en plus les banques englobent ces services dans les conventions de services qu'elles s'engagent à proposer et à faire signer à leurs clients lors de toute ouverture de compte.

A La banque à distance (banque par téléphone, par Internet)

1 • Contenu de l'offre banque à distance

La banque à distance permet d'effectuer des interrogations de compte, des virements (internes ou externes), d'éditer des RIB, de simuler en ligne un prêt, d'avoir des devis assurance, de télécharger l'historique de ses comptes, d'obtenir des renseignements sur les produits et services. Les sites de banque à distance sont également des interfaces privilégiées pour communiquer avec le client et lui permettre de prendre contact avec un conseiller. La banque à distance facilite également le passage des ordres de bourse, permet d'accéder à son portefeuille, de suivre la valorisation des contrats d'assurance-vie détenus par exemple.

La banque à distance, c'est également l'utilisation du téléphone portable qui permet d'effectuer des opérations courantes mais aussi de recevoir des SMS d'alerte.

Enfin, les banques développent par ailleurs des offres complémentaires pour sécuriser les paiements sur Internet (générer des cartes à usage unique de sorte que le numéro qui est communiqué lors d'une transaction n'est pas le numéro de la carte physique). Ces offres sont source de commissions et diminuent le risque de fraude dont pourraient être victimes des clients que la banque devrait alors indemniser.

2 • Intérêts et enjeux pour la banque

Avec la banque à distance, le client devient acteur de la production des services qu'il consomme. L'avantage pour la banque est double : supprimer les tâches à faible valeur ajoutée et dégager du temps commercial.

Rendre le client plus autonome dans sa consommation de services bancaires présente néanmoins l'inconvénient de diminuer les occasions de déplacement dans l'agence. Dès lors, le personnel doit intensifier ses efforts et mettre en œuvre des campagnes commerciales pour inciter le client à accepter un rendez-vous.

B Les assurances moyens de paiement

Il s'agit de garantir le client en cas de perte de vol ou d'utilisation frauduleuse des moyens de paiement contre leur utilisation frauduleuse. Le client aura néanmoins agit avec diligence. Si les moyens de paiement sont perdus ou volés en même temps que les papiers d'identité ou les clefs du domicile, l'assurance prendra en charge le coût de mise à disposition de nouveaux documents administratifs.

Ce sont des services générateurs de commissions, peu coûteux pour le client lorsqu'ils sont intégrés à une convention de service.

C Les services de conseils

Il s'agit du téléconseil, du conseil en gestion de patrimoine, de la gestion de portefeuille de valeurs mobilières.

3 Le développement des services extrabancaires

Le contexte concurrentiel pousse les banques à développer une offre parfois éloignée de leur cœur de métier. D'une manière générale les offres s'articulent beaucoup autour des services à la personne, marché dont les enjeux sont considérables. On trouve ainsi des offres d'abonnement de téléphonie mobile, système de protection du domicile (offre souvent couplée avec une assurance multirisques habitation : fiche 51 « *Les produits d'assurance* »), des assurances protection juridique. Par ailleurs, les banques développent leur activité vers des métiers complémentaires (rachat de réseaux d'agences immobilières) offrant des synergies importantes avec leur cœur de métier.

Dans d'autres pays (en Allemagne par exemple), certaines banques vont jusqu'à offrir des bouquets de services qui accompagnent le client dans les événements importants de sa vie (prise en charge d'un déménagement avec toutes les formalités et actes opérationnels s'y rapportant).

ZOOM SUR LE TÉLÉPHONE MOBILE COMME MOYEN DE PAIEMENT (LE M-PAIEMENT)

Pourquoi la banque commercialise de la téléphonie mobile ?

Outre le fait que cette vente soit une source de PNB, elle permet de conquérir de nouveaux clients qui ne venaient pas en agence et de devenir fournisseur pour contrer la concurrence. La banque considère le mobile comme le futur moyen de paiement sans contact de demain de la population française. Le téléphone mobile ne sert plus seulement aujourd'hui qu'à téléphoner. De nombreuses applications le prouvent. L'argent a de plus en plus tendance à se dématérialiser.

Le m-paiement devrait donc exploser en France grâce au fort taux d'équipement des acteurs économiques en téléphonie mobile. Le mobile va devenir un terminal de paiement permettant « d'avoir sa banque dans sa poche ». Pour un paiement, le client sera invité à présenter son mobile devant un lecteur. Une animation lumineuse et un signal sonore attesteront de la reconnaissance du téléphone. Le client sera invité à composer son code personnel sur le clavier de son mobile où apparaîtra le montant de la transaction. Le paiement sera confirmé par une nouvelle présentation devant le lecteur.

Ce paiement dit sans contact sera sûr, simple et rapide pour l'usager et moins coûteux pour la banque. Dans les zones test, les clients finaux considèrent le service mobile sans contact comme une évolution naturelle de la carte bancaire et non comme une innovation. Dans quelques années, l'Europe de l'ouest et l'Amérique du nord rattraperont leur retard sur l'Asie-Pacifique, le Moyen-Orient et l'Afrique. Aujourd'hui, ce retard s'explique par l'abondance des instruments de paiement sur notre territoire.

APPLICATIONS

1 ÉNONCÉ

Après avoir rappelé les différents supports de la banque à distance, vous indiquerez quelles sont les conséquences de son développement croissant.

SOLUTION

La banque à distance : Internet (consultation des comptes, édition de RIB, téléchargement de relevés bancaires, possibilité d'effectuer des virements, de passer des ordres de bourse, de contacter un conseiller, de déposer une demande de renseignement ou encore d'effectuer des simulations de crédit), le téléphone portable (alerte SMS, Internet mobile). La banque à distance passe également par le développement des plateformes téléphoniques capables de gérer les flux entrants (appels des clients) et de travailler en flux sortants (solliciter le client). Le développement de la banque à distance a été permis par les nouvelles technologies (ADSL, WAP, 4G...).

Les conséquences

Avec le développement de la banque à distance, le client est devenu acteur et producteur des services qu'il utilise.

Conséquences positives	Conséquences négatives
Le client réalise lui-même des actes à faible valeur ajoutée.	Les points de vente sont moins fréquentés par les clients.
La banque réalise des gains de productivité (rentabilité accrue).	Plus d'action de prospection : il faut trouver des occasions de faire venir le client.
Du temps commercial est dégagé : accroissement des ventes, renforcement de l'activité de conseil et donc augmentation du PNB.	La relation commerciale a tendance à se déshumaniser.
	Certains clients (les plus mobiles) sont peu ou pas contactés.

2 ÉNONCÉ

Vous souhaitez vous rendre à Londres cet été. Vous devez donc vous procurer des livres sterling.

1 Vous souhaitez échanger 500 €. Quel montant recevrez-vous en livres sterling ? Vous disposez des informations suivantes:

	Achat pour 1 €	Vente pour 1 €
Quantité de livres sterling	£ 0,8643 = quantité de devises pour l'achat de 1 €	£ 0,8097 = quantité de devises pour la vente de 1 €

Commission de change de la banque 3 % HT ; TVA sur commission : 20 %

2 Quels conseils pouvez vous donner à votre client ?

SOLUTION

1 Frais de change : 3 % × 500 × 1,2 = 18

$$(500 - 18) \times 0,8097 = £\ 390,27$$

Compte tenu des cours et des frais indiqués, la banque pourra me fournir £ 390.

2 Je rappellerai à mon client que la banque ne change pas les pièces et qu'il serait préférable qu'il utilise toute sa monnaie pendant son séjour à Londres. D'autre part, je peux lui conseiller d'utiliser des chèques voyages. En effet, les chèques voyages libellés en devises permettent de payer des commerçants à l'étranger et d'obtenir de l'argent liquide. Dans les deux cas, ils devront être contresignés lors de leur utilisation. Les chèques de voyage non utilisés peuvent également être restitués à la banque à son retour.

15 Le chèque

Le chèque est un écrit qui permet au tireur (celui qui émet le chèque, titulaire ou mandataire du compte) de donner l'ordre au tiré (établissement qui tient le compte) de payer une certaine somme à un tiers ou bénéficiaire dans la limite des avoirs déposés chez le tiré.

La France est le deuxième pays utilisateur au monde (après les États-Unis) de chèques gratuits. Un Français émet en moyenne près de 31 chèques par an tandis que ce nombre tombe à 11 au Royaume-Uni et 0,35 en Allemagne. La baisse de l'émission des chèques est lente. Les nouveaux services de paiement (virement, téléphonie mobile) sont plus rentables que les chèques pour les banques.

1 La forme

Le chèque doit être établi sur une formule délivrée par le banquier tiré. Ainsi une norme a été définie (175 mm × 80 mm).

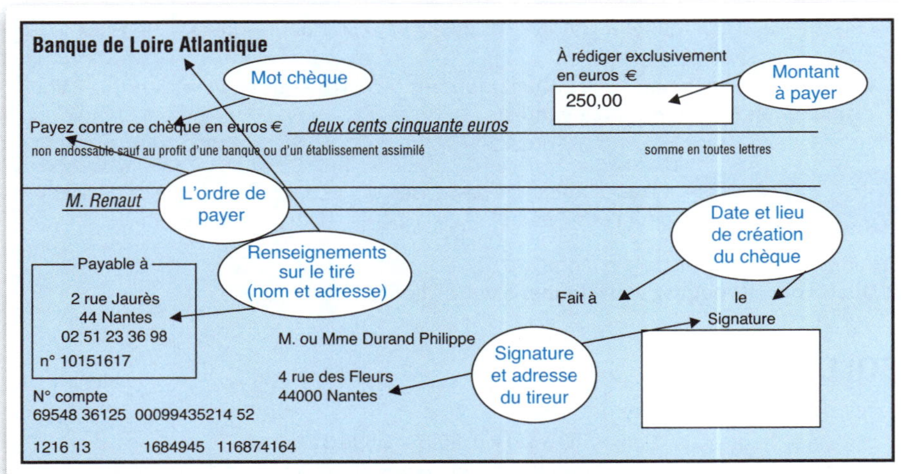

2 Les mentions obligatoires

- La dénomination chèque.
- L'indication donnant ordre de payer une certaine somme.
- Le nom du tiré (indispensable pour que le mandat de payer soit valide).
- La date et lieu de création du chèque.
- L'indication du lieu de paiement (nom du tiré, coordonnées de l'agence bancaire auprès de laquelle le chèque est payable).
- La signature du tireur.

- Le nom et l'adresse du tireur (mentions facultatives non imposées par la loi).
- La somme en lettres et en chiffres.

3 Les autres caractéristiques d'un chèque

Un chèque a une validité limitée dans le temps. Cette validité comprend un délai de présentation (variable de 8 à 70 jours selon l'origine de l'émission) et un délai de prescription d'un an. Au delà, la banque peut refuser de payer (art. L. 131-59 CMF).

Le délai de présentation est de :

- 8 jours pour un chèque émis et payable en France métropolitaine ;
- 20 jours pour un chèque payable en France et émis en Europe ou dans un pays riverain de la Méditerranée ;
- 70 jours pour un chèque payable en France et émis dans un autre pays.

Dans tous les cas de figure le délai de prescription est de 1 an. Au-delà de ce délai (présentation + prescription) le chèque sera rejeté au motif « chèque prescrit ». En l'absence de provision, la procédure d'interdiction bancaire ne s'applique pas.

Un chèque est un transfert au porteur de la propriété de la provision qui doit être préalable et disponible sur le compte du tireur. L'absence de provision préalable n'est pas sanctionnée dès lors que la provision est suffisante au moment de la présentation.

Le règlement d'une dette en plusieurs chèques ne permet pas au tireur de post-dater les chèques dont il souhaiterait qu'ils soient encaissés ultérieurement. Le bénéficiaire peut les encaisser dès le jour même, le chèque étant payable à vue. Même avec une date postérieure à sa présentation, la banque paiera le chèque.

4 Typologie des chèques

Type de chèque	Caractéristiques	Modalités d'encaissement
Barré et non endossable	Le barrement d'un chèque (deux barres obliques en travers du chèque) indique que le chèque ne peut être payé que par l'intermédiaire d'un établissement de crédit (c'est un élément de sécurité). Non endossable : le bénéficiaire est le seul à pouvoir endosser le chèque qui ne peut être remis que sur un compte auprès d'un établissement de crédit ou assimilé (sauf chèque de retrait pour le compte du titulaire du compte ou chèque de salaire). Le chèque est alors acquitté par le bénéficiaire grâce à une signature au verso du chèque. Par cet acte, le bénéficiaire reconnaît que son débiteur s'est acquitté de sa dette.	L'encaissement se fait par crédit du compte du bénéficiaire. L'encaissement en espèces est possible au guichet dans 2 cas : ▸ chèque de retrait ; ▸ chèque de salaire. Le chèque est avant tout un instrument de paiement mais, à défaut d'autres moyens, peut être utilisé comme instrument de retrait.

›››

Type de chèque	Caractéristiques	Modalités d'encaissement
Barré et endossable	Endossable : le bénéficiaire du chèque peut par endos céder le chèque à un de ses débiteurs. La délivrance de ce type de chèque fait l'objet de la perception d'un droit de timbre pour le compte de l'administration fiscale et d'une communication des détenteurs de ce type de chèque à l'administration.	Non payable en espèces (sauf cas vu plus haut).
Non barré et non endossable	▶ Non barré. ▶ Non endossable (voir plus haut).	Payable en espèces auprès du guichet du tiré.
Non barré et endossable	▶ Non barré. ▶ Endossable : peut circuler par endos successifs le chèque peut être remis à une autre personne en règlement d'une dette. Dans ce cas la mention « endossé à l'ordre de bénéficiaire + date et signature ». ▶ Droit de timbre. ▶ Déclaration administration fiscale.	Payable en espèces. Ces chèques sont particulièrement surveillés par l'administration fiscale car ils peuvent être un moyen de dissimulation d'une partie de l'activité.
Chèque visé	La banque du tiré indique grâce à un visa que la provision est suffisante au moment de l'émission du chèque. La banque ne garantit pas pour autant que la provision existe au moment de la présentation.	Paiement auprès d'un établissement bancaire.
Chèque certifié	Pour des transactions importantes (achat immobilier par exemple) la banque tirée certifie que la provision existe et s'engage à la bloquer au profit du bénéficiaire pendant le délai d'encaissement (ou de présentation).	Paiement auprès d'un établissement bancaire.
Chèque de banque	Le paiement est effectué directement par l'émission d'un chèque tiré par la banque au profit d'un bénéficiaire. Ces chèques de banque ont un coût facturé entre 10 et 15 €.	Paiement garanti auprès d'un établissement bancaire. Un chèque de banque ne peut pas être établi au porteur.

5 Le paiement d'un chèque

A Les risques

Quand une banque paie un chèque lorsqu'il se présente à l'encaissement, elle supporte un certain nombre de risques :

- décaisser des fonds sur un compte avant de s'assurer du paiement définitif. Si le chèque revient impayé, la banque en supportera les conséquences financières ;

- risque provenant d'un mauvais contrôle (mauvaise rédaction de la remise de chèque, différence entre la somme en chiffres et le somme en lettres (c'est cette dernière qui vaut juridiquement), contrôle superficiel des mentions obligatoires) ;
- risque de fraude (maquillage chèque).

B Les incidents

1 • Le rejet de chèque

Motif du rejet	Commentaires
Provision insuffisante	▸ Chèque impayé pour son montant total. ▸ Paiement partiel. ▸ Compte clôturé.
Opposition sur chèque	Perte, vol, utilisation frauduleuse, redressement ou liquidation judiciaire du porteur. Comment faire opposition ? Par téléphone dans un premier temps puis par écrit auprès de sa banque dans un second temps. Les effets de l'opposition : une inscription au fichier national des chèques irréguliers (FNCI) ; ce fichier est principalement consulté par des commerçants qui se voient délivrer un code d'accès par la société gestionnaire du fichier moyennant le paiement d'un droit d'accès. La banque tirée doit refuser le paiement de tous les chèques pendant toute la durée de l'opposition.
Délai de validité	Délai de 1 an et 8 jours dépassé.
Chèque irrégulier	▸ Absence d'une mention obligatoire. ▸ Signature non conforme. ▸ Insuffisance de signature (*cf.* compte *indivis*). ▸ Falsification, surcharge. ▸ Faux chèque. ▸ Endos non conforme.
Compte indisponible	▸ Saisie attribution, SATD : la banque a bloqué le compte. ▸ Décès du titulaire. ▸ Dénonciation de convention de compte collectif.

2 • Le rejet de chèque pour défaut de provision

Un chèque sans provision est un chèque qui est émis alors que le compte du tireur ne dispose pas de la provision suffisante pour permettre son paiement.

Le rejet d'un chèque sans provision entraîne immédiatement une interdiction d'émettre des chèques pour une durée de **cinq ans** (article L. 131-78 du Code monétaire et financier modifié en mai 2001). Seul le paiement des chèques inférieurs à 15 € et présenté moins de 30 jours après leur date d'émission est garanti en l'absence de provision suffisante, sauf naturellement en cas d'opposition ou irrégularité.

Les obligations de la banque

Information préalable

L'application de la loi MURCEF du 11 décembre 2001 implique que la banque doit avant tout rejet informer préalablement son client « par tout moyen approprié » des conséquences du rejet de chèque sauf cas particulier d'une émission de chèque en violation d'une interdiction d'émettre des chèques). Une fois cette action engagée la banque peut à tout moment rejeter le chèque.

L'arrêté du 20 avril 2011 précise les modalités d'application des articles R. 131-24 et R. 131-48 du Code monétaire et financier.

L'article 2 de l'arrêté précise le contenu de la lettre d'information (en application de l'article R. 131-15 du CMF) :

- « *Le numéro du compte, le nom ou la dénomination ou raison sociale du titulaire du compte ainsi que les éléments permettant l'identification précise du tiré* ;
- *Un rappel des sanctions prévues au quatrième alinéa de l'article L. 163-2 du même Code que le mandataire encourt s'il émet en toute connaissance de cause un ou plusieurs chèques dont l'émission est interdite à son mandant.* »

Rejet du ou des chèques et envoi d'une lettre d'injonction

Elle explique au client les conséquences du rejet (interdiction d'émettre des chèques pendant 5 ans, nécessité de restituer les formules de chèques, information sur les moyens de régularisation). Elle est envoyée en recommandé pour un premier incident, puis en courrier simple pour les suivants. Elle a pour objet d'informer le client sur sa situation, sur la portée de l'interdiction et ses conséquences, ainsi que sur les moyens qui lui sont ouverts pour régulariser cette situation. Cette interdiction vaut pour l'ensemble des comptes détenus et pour l'ensemble des comptes dont il serait mandataire. Dans le cas particulier des comptes joints, l'ensemble des co-titulaires est frappé d'interdiction sauf dans le cas où un responsable préalablement identifié a été désigné.

L'article 1 de l'arrêté précise le contenu de la lettre d'injonction.

La lettre d'injonction adressée, en application des articles R. 131-15 et R. 131-17 du Code monétaire et financier, au titulaire du compte par le tiré qui a refusé en tout ou partie le paiement d'un chèque pour défaut de provision suffisante doit comporter, outre les informations mentionnées aux articles L. 131-73, R. 131-15 à R. 131-17 du même Code :

- le numéro du compte ainsi que les éléments permettant l'identification précise du tiré ;
- l'indication, le cas échéant, que le titulaire du compte est co-titulaire du compte pour lequel il n'a été désigné aucun responsable en cas d'incident de paiement ou qu'il a été désigné responsable en cas d'incident de paiement en application de l'article L. 131-80 du même Code ;
- la date à laquelle le paiement en tout ou partie du chèque a été refusé ;
- un rappel des principales dispositions législatives et réglementaires applicables, en particulier les sanctions encourues en cas de violation de l'interdiction d'émettre des chèques prévus à l'article L. 163-2 du même Code ;
- l'information selon laquelle le titulaire du compte sera inscrit au fichier central des chèques et les références de l'ensemble de ses comptes bancaires tirés de chèques, sous réserve, le cas échéant, des dispositions relatives aux comptes collectifs et celles

relatives aux comptes ouverts par les entrepreneurs individuels à responsabilité limitée seront portées au fichier national des chèques irréguliers ;

- le fait que le titulaire du compte dispose d'un droit d'accès et de rectification des données le concernant enregistrées dans ces fichiers et les modalités d'exercice de ce droit.

Un modèle de déclaration de régularisation de l'incident est joint à la lettre d'injonction.

Attestation de rejet

Dès que la banque a rejeté le chèque, elle émet une attestation de rejet destinée au bénéficiaire du chèque. Cette attestation est à la fois un instrument de preuve et instrument d'information.

Déclaration à la Banque de France

La déclaration à la Banque de France doit se faire :

- le 2e jour ouvré suivant le refus de paiement du chèque ;
- le 5e jour ouvré suivant ce refus si le chèque a été émis malgré une interdiction en vigueur.

La régularisation

L'interdiction d'émettre des chèques dure cinq ans. Néanmoins, pendant cette période, le client peut à tout moment régulariser sa situation. Trois solutions lui sont offertes :

- **la représentation du chèque :** le chèque impayé est représenté par son bénéficiaire et sera alors payé si la provision est suffisante. Le compte est alors débité du montant du chèque ;
- **la restitution du chèque :** le client doit remettre le chèque impayé à sa banque. Cette remise témoigne du règlement du créancier par un autre moyen (espèces, mandat, virement) ;
- **le blocage de la provision :** sous réserve d'apporter les fonds nécessaires, le client peut demander à sa banque de bloquer la provision destinée exclusivement à régler le chèque lors d'une représentation ultérieure. Les fonds sont bloqués pendant un an. Si à l'échéance de ce délai le chèque n'a pas été représenté, le client peut en demander la restitution.

Le client doit remettre à sa banque, pour chaque chèque rejeté, le justificatif de la régularisation ainsi que la lettre d'injonction dont il aura complété l'encart de *déclaration de régularisation de l'incident* (voir ci-dessous).

Si le client régularise sa situation, il se voit remettre un certificat de régularisation qui contient selon l'article 3 de l'arrêté :

Déclaration de régularisation de l'incident

Créé par Loi 89-1214 1989-12-31 art. 26 JORF 3 janvier 1990 en vigueur le 1er juillet 1990 :

« L'attestation de régularisation adressée ou remise, en application de l'article R. 131-23 du Code monétaire et financier par le tiré au titulaire ayant procédé à la régularisation de tous les incidents survenus sur le compte doit comporter, outre les informations prévues audit article, le numéro du compte, le nom ou la dénomination ou raison sociale du titulaire du compte ainsi que les éléments permettant l'identification précise du tiré. »

Source : Code monétaire et financier.

À l'inverse, si dans un délai de 30 jours, l'émetteur n'a pas régularisé sa situation, le bénéficiaire du chèque se voit remettre un certificat de non-paiement conforme au modèle annexé dans l'arrêté :

Modèle de certificat de non-paiement – Recto

La banque certifie que le chèque :

N° :

De [euros] (1) (montant en euros ou en devises)

Tiré par Nom et prénom ou dénomination sociale, adresse

Titulaire du compte n°

Ouvert sur les livres de références de l'établissement tiré

Présenté au paiement le

A été rejeté par elle pour défaut de provision suffisante.

Montant de l'impayé : [euros] (1).

Le titulaire du compte n'a pas justifié avoir régularisé cet incident dans le délai de trente jours à compter de sa première présentation.

Le présent certificat de non-paiement est destiné à permettre au porteur du chèque d'exercer les recours prévus par la législation en vigueur (*cf.* extrait au verso).

À, le   Signature

Modèle de certificat de non-paiement – Verso

Article L. 131-73 du Code monétaire et financier (extrait).

Un certificat de non-paiement est délivré à la demande du porteur, au terme d'un délai de trente jours, à compter de la première présentation d'un chèque impayé dans le cas où celui-ci n'a pas été payé lors de sa seconde présentation ou si une provision n'a pas été constituée, pour en permettre le paiement dans ce même délai. Ce certificat est délivré par le tiré lorsque, au-delà du délai de trente jours, une nouvelle présentation s'avère infructueuse.

La notification effective ou, à défaut, la signification du certificat de non-paiement au tireur par ministère d'huissier vaut commandement de payer.

L'huissier de justice qui n'a pas reçu justification du paiement du montant du chèque et des frais dans un délai de quinze jours à compter de la réception de la notification ou de la signification délivre, sans autre acte de procédure ni frais, un titre exécutoire.

En tout état de cause, les frais de toute nature qu'occasionne le rejet d'un chèque sans provision sont à la charge du tireur.

Lorsque la banque détiendra ces documents pour tous les chèques rejetés, elle pourra entamer la procédure de régularisation auprès de la Banque de France.

Les frais supportés en cas d'émission d'un chèque sans provision

Les frais bancaires

- Frais d'information sur les conséquences de l'émission d'un chèque sans provision.
- Frais de rejet et lettre d'injonction (variable selon les établissements).
- Frais de gestion et de régularisation : le décret 2007-1611 du 15 novembre 2007 prévoit que les frais pour incident de paiement (rejet de chèque) ne peuvent pas excéder 30 € pour les paiements de moins de 50 € et 50 € pour les incidents de paiement supérieur à 50 €. Ce décret est entré en application le 18 mai 2008.

Les personnes interdites bancaires peuvent demander à bénéficier de la *gamme des paiements alternatifs* au chèque (GPA). Cette gamme proposée depuis 2005 et enrichie en 2011 comprend :

- le paiement par prélèvement, TIP ou virement bancaire ;
- une carte à autorisation systématique ;
- la gestion du compte par Internet ;
- des alertes par SMS pour informer du solde ;
- 2 chèques de banque ;
- des commissions d'intervention réduites (dispositif renforcé avec le plafonnement prévu par la loi de régulation et séparation des activités bancaires).

6 La responsabilité du banquier

Les opérations de paiement par chèque engagent les différentes responsabilités du banquier. Tout d'abord sa responsabilité délictuelle (défaut de vérification ayant entraîné un préjudice aux tiers comme l'encaissement de chèques volés ou falsifiés).

En second lieu, sa responsabilité contractuelle peut être engagée. Si la banque a procédé à un rejet de chèque en omettant dans le même temps de comptabiliser des opérations au crédit, la banque a manqué à son devoir de vigilance. Enfin la responsabilité pénale sera engagée en cas de manquement aux procédures de lutte contre le blanchiment.

APPLICATION

ÉNONCÉ

La situation d'un de vos clients attire votre attention. En effet, son compte présente un solde débiteur de 653,57 € et son autorisation de découvert est de 650 €. Le 8 juin N, les opérations suivantes se présentent pour paiement :

Chèque N° 1139665 103,20 € (émis le 2 juin)

Prélèvement opérateur téléphonie mobile : 52 €

Chèque N° 1139664 12,35 € (émis le 5 mai N)

Chèque N° 1139666 64,53 € (émis le 3 juin).

Vous avez déjà eu à rejeter un chèque en février dernier pour insuffisance de provision. Depuis l'incident avait été régularisé.

1 Quelles sont les opérations que vous pouvez rejeter ?

2 Comment ce client peut-il régulariser sa situation ?

SOLUTION

1 Toutes les opérations peuvent être rejetées y compris le chèque de moins de 15 € qui a été émis il y a plus de 30 jours.

2 Le client pourra régulariser sa situation après représentation des chèques par le bénéficiaire. Le client aura alors approvisionné son compte ou fait procéder au blocage de la provision sur son compte ou encore restituer à sa banque les chèques. Cette restitution témoigne que le bénéficiaire a été réglé par un autre moyen (espèce, virement).

16 Les cartes bancaires

Ces dernières années, les paiements par carte ont connu une croissance telle que la carte est devenue le premier moyen de paiement en Europe et en France en particulier. Tous les ans, le nombre et le montant des opérations réalisées par carte augmentent fortement.

Fin 2021, il y avait 73,9 millions de cartes en circulation en France.

	Volume des transactions	Valeur des transactions
Paiement Carte	13,2 Md €	652,1 €
Retrait	1 Md €	114,1 Md € (+ 5,12 %)

Source : www.cartes-bancaires.com

REMARQUE

Le paiement sans contact poursuit sa progression avec 6,3 Md d'opérations enregistrées en 2021 représentant 103 Md d'euros.

Utilisation des moyens de paiement en volume en 2020

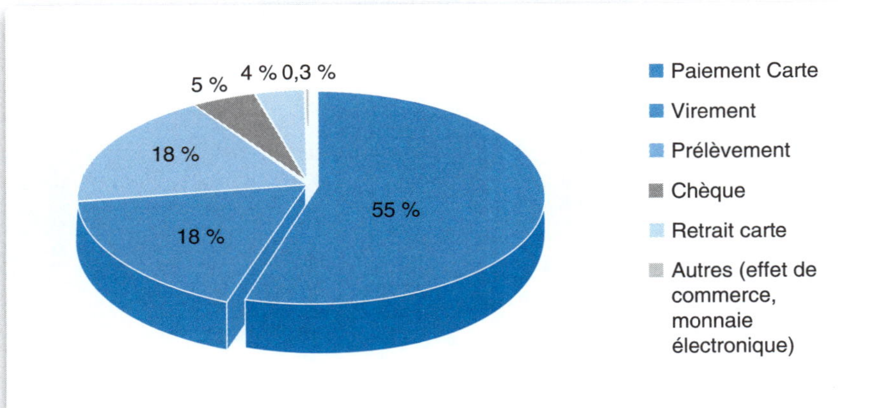

Source : graphique effectué d'après les données du rapport annuel de l'Observatoire de la sécurité des moyens de paiement 2020.

1 Typologie des cartes bancaires

Deux grands réseaux se partagent le marché des cartes bancaires : Visa qui dispose de 945 000 distributeurs dans le monde contre 900 000 pour Mastercard. Historiquement, les banques sont liées à l'un ou l'autre de ces réseaux : en général, les réseaux mutualistes sont associés à Mastercard alors que les banques de réseaux sont plutôt liées à Visa (LCL, BNP Paribas, la Banque Postale…). Certaines banques peuvent proposer l'accès aux deux réseaux.

A Typologie européenne

L'entrée en vigueur le 9 juin 2016 du règlement européen 2015/751 classe les cartes bancaires en quatre catégories :

- les cartes de crédit : à la différence de la loi française qui associe carte de crédit à un taux d'intérêt, on retrouve ici les cartes de paiement à débit différé, les cartes de crédit renouvelable ainsi que les cartes permettant un paiement fractionné ;
- les cartes de débit : carte à débit immédiat et carte à autorisation systématique ;
- les cartes commerciales : cartes utilisées pour effectuer des dépenses professionnelles (cartes achats, cartes professionnelles, cartes entreprises) ;
- les cartes prépayées : cartes disposant d'une somme limitée : cartes cadeaux, cartes rechargeables (par exemple : cartes argent de poche), cartes pour les personnes protégées.

B Typologie fonctionnelle

1 • Les cartes de retrait

Elles servent uniquement à retirer de l'argent dans les distributeurs automatiques de banque (DAB) de la banque teneur du compte ou autorise les retraits auprès de tous les DAB du réseau. Elles sont parfois gratuites, en particulier pour les plus jeunes.

2 • Les cartes de retrait et de paiement

Ces cartes ont en commun de permettre des retraits dans l'ensemble des distributeurs des réseaux bancaires et d'effectuer des paiements soit à débit immédiat (la somme est débitée du compte immédiatement), soit à débit différé (les sommes sont alors débitées en fin de mois calendaire).

En pratique

Les cartes de paiement disposent également d'une fonction sans contact matérialisé par le symbole))). Le plafond du paiement sans contact a été relevé à 50 € par opération depuis le 11 mai 2020. Les banques ont également adopté un plafonnement de paiement consécutif. Il peut aller jusqu'à 100 € dans la plupart des enseignes. Certaines banques déterminent au contraire un nombre maximum d'opérations consécutives (en général 5).

Ces opérations sont possibles uniquement sur le territoire national pour les cartes dites nationales et étendues à l'ensemble des pays pour les cartes internationales.

Parmi les cartes internationales, on distingue les cartes de prestige et les cartes très haut de gamme.

- **Cartes de prestige :** Visa Premier ou Gold Mastercard ont les mêmes fonctions que les autres cartes de paiement internationales mais offrent des services complémentaires : plafonds de retrait plus élevés (jusqu'à 1 500 € de retrait dans les distributeurs de l'enseigne) ; multiples assurances qui fonctionnent dès lors que le paiement a été réglé avec ladite carte (garanties voyages, garanties neige et montagne, garantie dommage aux véhicules de location). Coût moyen : 115 € par an (de 45 à 130 € selon les banques).
- **Cartes très haut de gamme :** Infinite chez Visa, World Elite chez Mastercard ; ces cartes sont réservées aux clients aisés et coûtent le double d'une carte de prestige : en moyenne 280 € (230 à 315 € par an). Les plafonds sont plus élevés, les garanties

plus conséquentes et ces cartes offrent à leur titulaire des services de conciergerie (réservation d'un véhicule, d'une location, places de concert, etc.).

3 • Les cartes de crédit

Certaines cartes bancaires sont adossées à une réserve d'argent. Elles remplissent les fonctions de cartes de retrait, de paiement et permettent également l'accès à un crédit renouvelable. Depuis la loi MURCEF de 2001, toute carte de ce type doit porter la mention « carte de crédit » (article L. 312-67 du Code de la consommation).

Il existe également des cartes, dites accréditives ou privatives, qui sont uniquement des cartes de crédit utilisables au sein du groupe de magasins qui les a émises. Le crédit accordé lors de la mise à disposition de la carte est généralement d'un coût élevé.

Depuis le 1er octobre 2007, les cartes co-marquées (*co-branding* en anglais) sont autorisées en France. Les cartes co-marquées sont à la fois des cartes de paiement et des cartes privatives. En effet, il s'agit d'associer à la carte bancaire traditionnelle le visuel d'une marque commerciale.

Acteurs	Avantages
Banque	▸ Un élargissement des canaux de distribution. ▸ Une augmentation des commissions.
Enseigne partenaire	▸ La carte devient un support publicitaire. ▸ La carte permet de renforcer la fidélité du client.
Client porteur de la carte	▸ La carte bancaire permet de profiter des avantages offerts par l'enseigne : elle a alors les fonctions d'une carte privative.

2 Incidents liés à l'utilisation d'une carte bancaire

- **L'utilisation abusive de la carte par le titulaire peut conduire le banquier à mettre lui-même la carte en opposition.** Cette information apparaît d'ailleurs dans le FCC (fichier central des chèques) pour une durée de 2 ans, sauf levée par l'établissement déclarant. La Banque de France gère en effet la centralisation des retraits de carte pour usage abusif.
- **Le vol, la perte ou l'utilisation frauduleuse d'une carte bancaire :** le client doit immédiatement prévenir sa banque ou joindre le Centre des Oppositions. Si l'opposition a été effectuée par téléphone, elle doit être impérativement confirmée par écrit.

Deux situations se succèdent :

Situation 1 : avant la mise en opposition

La responsabilité du client est engagée dans la limite d'un plafond de 50 € depuis le 1er janvier 2018 (art. L. 133-19 CMF). Cette limite de responsabilité sera remise en cause si la mise en opposition n'a pas été faite dans les meilleurs délais (délai qui s'apprécie en fonction de la fréquence d'utilisation de la carte) ou si l'utilisation du code confidentiel a été permise par une faute grave du titulaire. L'arrêt du 02 octobre 2007 (chambre commerciale de la cour de cassation) impose à la banque de prouver la faute du titulaire de la carte.

La responsabilité du porteur de carte est engagée dans la limite d'un plafond de 50 € depuis le 18 janvier 2018.

Article L.133-19 modifié par l'ordonnance du 9 août 2017

I. En cas d'opération de paiement non autorisée consécutive à la perte ou au vol de l'instrument de paiement, le payeur supporte, avant l'information prévue à l'article L. 133-17, les pertes liées à l'utilisation de cet instrument, dans la limite d'un plafond de 50 €.

Toutefois, la responsabilité du payeur n'est pas engagée en cas :

- d'opération de paiement non autorisée effectuée sans utilisation des données de sécurité personnalisées ;
- de perte ou de vol d'un instrument de paiement ne pouvant être détecté par le payeur avant le paiement ;
- de perte due à des actes ou à une carence d'un salarié, d'un agent ou d'une succursale d'un prestataire de services de paiement ou d'une entité vers laquelle ses activités ont été externalisées.

II. La responsabilité du payeur n'est pas engagée si l'opération de paiement non autorisée a été effectuée en détournant, à l'insu du payeur, l'instrument de paiement ou les données qui lui sont liées.

Elle n'est pas engagée non plus en cas de contrefaçon de l'instrument de paiement si, au moment de l'opération de paiement non autorisée, le payeur était en possession de son instrument.

L'utilisateur de services de paiement signale, sans tarder, à son prestataire de services de paiement une opération de paiement non autorisée ou mal exécutée et au plus tard dans les treize mois suivant la date de débit sous peine de forclusion à moins que le prestataire de services de paiement ne lui ait pas fourni ou n'ait pas mis à sa disposition les informations relatives à cette opération de paiement conformément au chapitre IV du titre 1er du livre III. (Article L. 133-24 du Code monétaire et financier).

Situation 2 : après la mise en opposition

Si la carte a été perdue ou volée sans son code, le client est exonéré de toute responsabilité. Sa responsabilité sera par contre engagée si la carte a été perdue ou volée avec le code confidentiel (le titulaire a alors commis une faute).

3 Les cartes bancaires à l'heure de l'espace de paiement unique européen (SEPA)

La volonté d'harmoniser la règlementation des moyens de paiement à l'échelle européenne a vu le jour par le vote en 2007 de la directive sur les services de paiement (DSP). Les cartes bancaires sont ainsi concernées et doivent être aux normes SEPA depuis 2010 (la directive est entrée en vigueur en novembre 2009). Les cartes SEPA ont toute la même norme à savoir la norme EMV (Europay, Mastercard, Visa) et doivent utiliser un code confidentiel. Cette harmonisation repose également sur des règles de fonctionnement communes aux 28 pays membres de l'Union européenne de telle sorte que l'interopérabilité des systèmes soit permise. L'entrée en vigueur au 1er novembre 2009 de la directive européenne sur les services de paiement permet également de renforcer la protection et l'information des consommateurs. Compte tenu de l'interdiction des dates de valeur, les établissements de crédit doivent désormais faire preuve de diligence dans l'exécution des opérations au crédit.

L'authentification forte imposée par la DSP 2 est en application depuis le 14 septembre 2019 et impose de mobiliser 2 des 3 éléments suivants :

- un élément de connaissance (mot de passe, code…) ;
- un élément de possession (smartphone, carte à puce…) ;
- un élément d'inhérence (empreinte digitale, reconnaissance vocale…).

APPLICATIONS

1 ÉNONCÉ

Votre client est titulaire d'une carte bleue Mastercard. Il vient de se rendre compte qu'il n'a plus la carte en sa possession. Il a immédiatement fait opposition auprès du Centre National. S'agissant d'une carte associée à un compte chèques utilisé à des fins professionnelles, il ne s'est pas aperçu immédiatement qu'il ne l'avait plus en sa possession. C'est un compte qu'il utilise moins fréquemment, uniquement à l'occasion de ses déplacements professionnels.

1 **Quels conseils pouvez vous donner au titulaire d'une carte bancaire ?**

2 **Rappelez à votre client la procédure d'opposition et les conséquences financières de cette mise en opposition de la carte.**

SOLUTION

1 **Les conseils sont les suivants :** ne jamais communiquer son code confidentiel pas même à sa banque. Conserver sa carte, redoubler de vigilance à l'occasion d'un paiement chez un commerçant ou d'un retrait dans du DAB, avoir en sa possession le numéro de téléphone de sa banque ou du centre des oppositions et enfin pointer toutes les opérations apparaissant sur le relevé envoyé par la banque afin de détecter rapidement tout débit frauduleux.

2 L'opposition sera faite en téléphonant au centre des oppositions et sera confirmée ensuite par écrit. L'opposition exonère le porteur de carte de toute responsabilité pour les opérations réalisées après la mise en opposition. Avant l'opposition sa responsabilité est limitée à un montant de 50 € sauf si le client a fait preuve de négligence. Une opposition tardive peut être considérée comme une négligence constitutive d'une faute lourde.

2 ÉNONCÉ

Un de vos clients vous indique qu'une somme de 189 € a été débitée de son compte en fin de mois avec les autres débits carte. Cette somme correspond à un achat effectué sur un site marchand Internet. Or votre client vous affirme qu'il n'a jamais contracté sur ce site et n'a donc jamais acheté le bien objet du prélèvement.

La banque doit-elle recréditer le compte de ce client ?

SOLUTION

Il s'agit ici d'une utilisation frauduleuse de la carte dans le cadre d'une vente à distance. Le code confidentiel n'ayant pas été utilisé et la carte étant toujours physiquement en possession du client, la banque dispose d'un délai de 30 jours pour créditer le compte du client de 189 €. De son côté, le client dispose d'un délai de 13 mois pour contester les opérations à compter de la date de réalisation de ladite opération.

17 La vente de cartes bancaires : la montée en gamme

Le conseiller est amené à vendre des solutions packagées à ses clients (compte, chéquier, carte bancaire, services liés au compte). Ces ventes génèrent du produit net bancaire au réseau.

Dans un souci d'anticiper les besoins des clients qui évoluent et d'y répondre, le conseiller leur propose une montée en gamme de carte bancaire. Les cartes bancaires de prestige (Visa Premier ou Gold Mastercard) et haut de gamme s'adressent à des segments de clientèle dont un critère de segmentation repose sur le niveau des revenus.

1 L'argumentation pour vendre une carte de prestige à un client particulier

A L'argumentaire de base

- Une **plus grande souplesse budgétaire** en déplacement : plafonds de paiement et de retrait plus élevés donc plus adaptés au besoin du client.
- Une fourniture d'une **carte de remplacement** en cas de vol ou de perte.
- Une **avance de fonds** en cas de perte ou de vol à l'étranger.
- Une **plus grande tranquillité d'esprit** avec les services d'assistance et d'assurance pour tous les membres de la famille (assistance médicale et juridique, assurances voyage, annulation ou interruption de voyages, détérioration des bagages, perte, vol, responsabilité civile à l'étranger, dommages et vol des véhicules de location…). « *Vous pouvez partir rassuré, votre carte vous assure et vous assiste. Même en cas de perte ou de vol de votre carte, vous êtes dépanné.* »

En pratique

Pour les services d'assistance, la garantie vaut à partir du moment où l'on est titulaire de la carte. Les membres de la famille qu'ils voyagent ou non avec le titulaire de la carte sont assurés.
Pour les services d'assurance, la garantie vaut à partir du moment où l'on règle au moyen de la carte.

B L'argumentaire ciblé selon le segment de client

1 • *Les jeunes entrant dans la vie active : PCS avec fort potentiel d'évolution de carrière, revenus supérieurs à 2 500 €/mois, déplacements fréquents et/ou lointains, recherche d'un statut social*

« *Sans vous déplacer, vous pouvez commander et recevoir vos billets pour des soirées théâtre, rencontres sportives. Et vous bénéficiez d'autres services privilégiés.* »

2 • Les familles (couples avec ou sans enfant) : 30 à 55 ans, revenus supérieurs à 2 500 €/mois, voyages en famille (sports d'hiver...)

« Aux sports d'hiver, un accident peut survenir. L'assurance neige et montagne liée à votre carte couvre les frais de recherche et de secours, de transport jusqu'au centre hospitalier, la responsabilité civile pour des dommages causés à des tiers. »

3 • Les seniors actifs : 55 ans et plus, en retraite ou en préretraite, revenus supérieurs à 2 500 €, voyages en France et à l'étranger, temps libre, recherche de divertissements

« Avec votre carte, vous assurez aussi vos petits-enfants de moins de 25 ans, même s'ils voyagent seuls. »

C La réfutation des objections courantes

1 • « Ma carte bancaire actuelle me suffit ! »

« Cette carte propose une couverture beaucoup plus large au niveau des assurances pour tous les membres de la famille même s'ils voyagent sans vous. De plus, vous avez des possibilités supérieures de paiement et de retrait qui peuvent s'avérer utiles. »

2 • « Je n'en ai pas besoin ! »

« Vous ne partez jamais en vacances, même en France ? Votre famille part quelquefois sans vous ? Vous n'avez jamais annulé votre départ à la dernière minute ? Dans tous ces cas, vous réalisez des économies grâce aux assurances. »

3 • « Je ne voyage jamais ! »

« Vos enfants partent en vacances ? Avec cette carte, vos proches sont assurés même s'ils voyagent sans vous. »

4 • « C'est une carte pour vos clients riches ! »

« C'est plutôt une carte familiale et c'est surtout un bon calcul dès lors que vous partez en vacances une fois par an. Vous pouvez en effet réaliser de nombreuses économies sur les assurances et services associés à la carte, qui sont inclus dans la cotisation. »

5 • « La cotisation est très élevée ! »

« Cette carte vous fait réaliser des économies sur la souscription de services d'assistance et d'assurance mais également sur la location de véhicules. Grâce au bonus (valable pour la carte gold), chaque utilisation de votre carte fait baisser le montant de votre prochaine cotisation. »

6 • « Ces services, on ne les utilise jamais ! »

« C'est vrai qu'ils ne sont pas nécessaires s'il ne vous arrive rien. Néanmoins, quand vous en avez vraiment besoin, vous êtes à l'abri et vous n'avez plus besoin d'effectuer des démarches supplémentaires. Vous et votre famille pouvez voyager en toute sérénité. »

2 Les opportunités de vente d'une carte prestige

1 • Interrogations du client

« *J'ai besoin de plafonds plus élevés* », « *je veux pouvoir payer les autoroutes avec ma carte* ».

2 • Observations comportementales du client

Le client part souvent en voyage en France ou à l'étranger ; il va souvent à la montagne ; il utilise beaucoup sa carte bancaire ; il loue des voitures ; ses enfants voyagent seuls.

3 • Demande de renouvellement de la carte

Le conseiller fait le point sur l'utilisation actuelle de la carte et suscite un intérêt pour une montée en gamme.

4 • Échéance proche du renouvellement

Le conseiller contacte son client deux mois avant l'échéance pour faire une proposition de montée en gamme.

5 • Ouverture de compte dans le réseau

La carte de prestige est à proposer systématiquement aux clients intermédiaires (revenus supérieurs à 2 500 €) et haut de gamme.

6 • Approche des vacances d'été ou de Noël

Ce sont des périodes de forte consommation. Le client peut être sensible au plafond de paiement et de retrait.

APPLICATION

ÉNONCÉ

Vous recevez aujourd'hui trois clients. Vous préparez votre argumentation pour leur proposer une carte prestige : la Gold Mastercard.

Clients Enée : Monsieur et Madame Louis Enée (65 ans) sont retraités (retraite de 2 600 €/mois). Ils sont fidèles à votre réseau depuis 30 ans. Ils ont envie de partir dans 6 mois faire une croisière autour du monde. Ils veulent savoir si c'est possible d'augmenter le plafond de retrait de leur carte actuelle.

Clients Desplanches : Monsieur et Madame Franck Desplanches (40 ans) vivent en couple. Ils ont deux enfants (12 et 17 ans). Avec des revenus de 3 000 €/mois, ils souhaitent obtenir un crédit permanent pour financer leurs vacances de sport d'hiver et le séjour linguistique de leurs enfants.

Client Clément : Monsieur Maxime Clément (26 ans) vient de terminer ses études supérieures de gestion aux États-Unis. Il a signé un contrat de travail avec une multinationale à Paris. Il commence la semaine prochaine. Il vous sollicite aujourd'hui pour un devis crédit auto. Comme il prendra souvent les transports en commun, il se demande encore s'il n'est pas préférable pour lui de louer une voiture occasionnellement…

SOLUTION

Clients Enée : « *Avez-vous choisi votre voyage ? Je peux vous proposer les services de l'agence de voyage de la carte Gold Mastercard. Avec cette carte, vous bénéficiez également d'une assistance élargie et de montants supérieurs, notamment pour les frais médicaux à l'étranger.* »

Clients Desplanches : « *Pendant leurs séjours linguistiques, vos enfants (s'ils voyagent seuls) sont protégés : les frais médicaux, l'envoi de médicaments sont pris en charge. De même, à la montagne, une entorse peut survenir suite à une chute en ski. L'assurance neige et montagne liée à la carte Gold couvre les frais de recherche et de secours, de transfert jusqu'au centre hospitalier le plus proche, les frais de responsabilité civile pour des dommages causés à des tiers.* »

Client Clément : « *Vous avez parfois besoin d'une voiture. Si vous décidez d'en louer une avec la carte Gold, vous n'avez plus besoin ni de payer une assurance-vol et dommages, ni de vous soucier de la franchise, vous êtes déjà assuré. En plus, si vous appelez Gold Master service, vous bénéficiez d'une remise chez les loueurs partenaires.* »

18 Les autres services de paiement

1 Caractéristiques

D'autres moyens de paiements sont une alternative que de nombreuses entreprises et administrations tentent de promouvoir auprès de leurs clients. Parmi ces moyens, figurent le virement, le prélèvement automatique, le titre interbancaire de paiement, le télépaiement.

Moyens de paiement	Caractéristiques
Le virement	C'est une opération de transfert de fonds entre deux comptes. Si ces comptes sont domiciliés dans la même banque, il s'agira d'un virement interne, sinon on parlera d'un virement externe ou interbancaire. Dans le premier cas, la gratuité sera de mise, dans le second la banque percevra une commission fixe à chaque virement. Le virement peut être occasionnel ou au contraire permanent. Le virement permanent permet de programmer à une date fixe et selon la périodicité souhaitée, le virement d'une somme d'argent vers un autre compte. Les fonctionnalités de la banque à distance permettent aujourd'hui au client de programmer seul ce mouvement scriptural entre comptes. Pour les virements externes, le client aura préalablement communiqué à la banque sous la forme d'un RIB les coordonnées du compte externe à créditer. Une fois exécuté, le virement est irrévocable. Pour les virements internationaux, les principes de base sont identiques. La seule différence est qu'ils transitent par un autre réseau : le réseau Swift. Ils peuvent être libellés en euros ou en devises.
Le prélèvement automatique	***Principe :*** Ce mode de paiement est principalement proposé par les grandes entreprises comme EDF pour s'acquitter de ses factures, le Trésor Public pour le paiement mensualisé des impôts, les établissements de crédit pour le remboursement de prêts. D'une manière générale, ce mode de paiement est parfaitement adapté au règlement de sommes répétitives. Le client qui accepte le prélèvement signe préalablement une autorisation qui permet au créancier de prélever une certaine somme à une date fixée et selon une périodicité définie. ***Mise en place :*** L'organisme qui débite le compte doit être titulaire d'un numéro national d'émetteur et le client dont le compte est débité doit accompagner son autorisation de prélèvement d'un RIB.

>>>

Moyens de paiement	Caractéristiques
Le prélèvement automatique *(suite)*	Le prélèvement est révocable à tout instant. Il convient cependant de prévenir le créancier et d'informer la banque de ses intentions. Il est possible également en cas de litige avec son créancier de faire opposition au prélèvement. L'opposition doit être envoyée à la banque par écrit. Elle peut se faire avant la date du prélèvement et concernera alors le prélèvement d'une échéance à venir ou après la date du prélèvement dans la limite d'un délai de 7 jours. En l'absence de provision suffisante, le prélèvement sera rejeté sans pour autant entraîner d'interdiction bancaire. De plus, la loi Hamon prévoit l'absence de frais de rejet pour les prélèvements qui concernent les services essentiels (énergie, eau, téléphonie).
Le titre interbancaire de paiement (TIP)	C'est également une autorisation de prélèvement mais donnée au cas par cas. Le TIP accompagne en général une facture. Y figure le montant à débiter, les coordonnées bancaires du débiteur. Ce dernier doit simplement dater, signer et renvoyer le TIP pour que la somme due soit débitée du compte. La somme ne sera débitée du compte que s'il existe la provision suffisante. Dans le cas contraire le paiement sera refusé sans pour autant que ce refus entraîne une interdiction bancaire.
Le télépaiement	Procédé qui permet de payer à distance, en ligne à l'initiative du débiteur. Il est aujourd'hui possible de télé payer ses impôts, ses amendes par exemple. Le recours au télépaiement n'exclut pas de pouvoir utiliser un autre moyen de paiement.
Le chèque emploi service universel (CESU)	**Il existe deux types de CESU :** ▸ Le CESU bancaire qui se compose d'un chèque et d'un volet social pour déclarer le salarié. il s'obtient auprès de la banque et s'utilise comme un chèque bancaire classique. Il permet de rémunérer les services d'un salarié à domicile par exemple. ▸ Le CESU préfinancé qui est un titre de paiement préfinancé par les émetteurs qui les distribuent à leurs salariés permettra de financer le salaire d'un employé à domicile salarié d'un organisme agréé de services à la personne.

À NOTER

Les frais bancaires consécutifs au rejet d'un virement ou d'un prélèvement sont limités au montant de l'ordre de paiement rejeté, dans la limite d'un plafond de 20 €.

Les banques françaises ont supprimé début 2014 les principales commissions interbancaires liées aux prélèvements, virements, titres bancaires de paiement (TIP), télérèglements et lettres de change. L'autorité de la concurrence a rappelé que les banques avaient fixé d'un commun accord des montants uniformes de commissions pour chaque paiement par ces moyens indépendamment de leur coût de revient.

2 Le cadre juridique des services de paiement

La transposition en droit français de la seconde directive des services de paiement (DSP2) intègre et abroge la première directive de 2007. Pour mémoire, cette première directive avait :

- fait disparaître la pratique des dates de valeur consistant à comptabiliser en compte une opération à une date différente de sa réalisation ;
- ramené le délai d'exécution des virements à 1 jour ouvrable ;
- allongé le délai de contestation d'une opération non autorisée de 70 jours à 13 mois ;
- permis la contestation d'une opération de paiement autorisée à la double condition que le titulaire du compte n'en connaisse pas le montant à l'avance et si ce montant est manifestement excessif par rapport au montant attendu. Dès lors, le délai de contestation est de 8 semaines. Le prestataire de services de paiement a alors 10 jours pour apporter une réponse (remboursement ou refus motivé).

La DSP2 prévoit également :

- une authentification renforcée pour les paiements en ligne de plus de 30 € ;
- d'obliger les banques à communiquer les coordonnées bancaires de leurs clients (avec leur accord) aux agrégateurs et aux initiateurs de paiement. L'ordonnance du 9 août 2017 qui transpose la directive en droit français crée deux nouveaux services : le service d'information sur les comptes et le service d'initiation de paiement.

En résumé, la directive des services de paiement dite DSP2, entrée en vigueur le 13 janvier 2018, abroge et intègre les éléments de la première directive, élargit le cadre réglementaire et prudentiel aux nouveaux acteurs (*fintech*, agrégateur) et impose une authentification renforcée pour le paiement à distance par carte bancaire et pour la connexion à l'espace client.

3 Zoom sur le prélèvement SEPA

Le prélèvement SEPA (*Single European Payment Area*) est proposé par les banques depuis le 1er novembre 2010. Il s'agit d'un prélèvement en euros utilisable entre des comptes ouverts dans les banques de la zone SEPA (Espace économique européen, Suisse et Monaco). 107

Depuis le 1er février 2014, le prélèvement SEPA se substitue au prélèvement national.

Prélèvement SEPA	Caractéristiques
SEPA	Espace unique de paiement européen : l'émission et la réception de paiement SEPA (33 pays) se feront dans les mêmes conditions que celles des paiements nationaux. Le RIB sera remplacé par l'IBAN, numéro unique d'identification d'un compte bancaire dans les 33 pays de la zone.
Nouveau prélèvement SEPA	Il est effectif dès lors que le créancier est en possession d'un mandat de prélèvement SEPA signé du débiteur. Ce mandat n'est plus à communiquer à la banque du débiteur.
Révocation du prélèvement	La révocation est définitive et illimitée. Le client doit informer par écrit le créancier et sa banque.

Si le prélèvement a été autorisé dans le cadre d'un mandat de prélèvement SEPA : le client dispose d'un délai de 8 semaines pour en contester le montant.

Article L. 133-25 du Code monétaire et financier

Le payeur a droit au remboursement par son prestataire de services de paiement d'une opération de paiement autorisée, ordonnée par le bénéficiaire ou par le payeur qui donne un ordre de paiement par l'intermédiaire du bénéficiaire, si l'autorisation donnée n'indiquait pas le montant exact de l'opération de paiement et si le montant de l'opération dépassait le montant auquel le payeur pouvait raisonnablement s'attendre en tenant compte du profil de ses dépenses passées, des conditions prévues par son contrat-cadre et des circonstances propres à l'opération.

Si le prélèvement n'a pas été autorisé :

Article L. 133-24 du Code monétaire et financier

L'utilisateur de services de paiement signale, sans tarder, à son prestataire de services de paiement une opération de paiement non autorisée ou mal exécutée et au plus tard dans les treize mois suivant la date de débit sous peine de forclusion à moins que le prestataire de services de paiement ne lui ait pas fourni ou n'ait pas mis à sa disposition les informations relatives à cette opération de paiement conformément au chapitre IV du titre 1er du livre III.

Les données importantes pour les transactions bancaires sont identifiées par un numéro BIC (code établissement bancaire) et un numéro IBAN (code compte bancaire) présents sur les RIB.

	Description
IBAN (International Bank Account Number)	34 caractères dont : ▸ 2 lettres pour le code pays ; ▸ 2 chiffres pour une clé de contrôle ; ▸ 30 positions (maximum) : le BBAN (*Basic Bank Account Number*), qui correspond à notre RIB actuel. Exemple : Nom de la banque : Millennium BCP (banque portugaise) IBAN : PT50 0033 XXX 00XX 8193 11XX 5
BIC (SWIFT)	Le BIC est composé de 8 à 11 caractères dont : ▸ 4 caractères correspondant au code banque ; ▸ 2 caractères correspondant au code ISO du pays ; ▸ 2 caractères de localisation ; ▸ 3 caractères supplémentaires définir une agence ou une filiale. Exemple : BIC/SWIFT : BCOMPTPL

APPLICATION

ÉNONCÉ

1 Quelles sont les modalités de mise en place d'un prélèvement ?
2 Quelles sont les conséquences du rejet d'un prélèvement ?

SOLUTION

1 La mise en place d'un prélèvement suppose de compléter un imprimé d'autorisation de prélèvement automatique. Ce document permet d'identifier le débiteur et le compte sur lequel les sommes seront prélevées ainsi que le créancier et ses coordonnées.

2 Le rejet d'un prélèvement crée un impayé : le débiteur peut être pénalisé par le créancier qui peut mettre un terme au contrat.

La banque va prélever des frais. Cependant, à la différence du rejet de chèque, aucune interdiction bancaire ne sera prononcée.

19 La clôture du compte

La clôture d'un compte peut avoir de multiples origines. Comme pour l'ouverture, la clôture est un acte lourd de responsabilité pour le banquier.

Un compte peut être clôturé soit à l'initiative de la banque, soit à l'initiative du client.

Le taux de mobilité bancaire en France se situe à un niveau inférieur à celui du reste de l'Europe. La loi Hamon imposait aux banques de proposer un service d'aide à la mobilité bancaire. Néanmoins, l'absence d'engagement de délai de réalisation ne favorisait pas la mise en place effective de ce service. Depuis le 6 février 2017, l'article 43 de la loi Macron permet aux clients particuliers de changer de banque plus facilement et rapidement.

1 Clôture à l'initiative de la banque

A Les motifs

- Compte inactif (voir fiche 10).
- Comportement répréhensible du client.
- Incidents de gestion fréquents.
- Agissements frauduleux du client.
- Changement de politique commerciale.

B Les modalités

- **Informer le client par LRAR** (lettre recommandée avec accusé de réception).
- **Respecter un préavis raisonnable pour ne pas occasionner de gêne excessive.** (la clôture sans délai est cependant admise lorsque le client est à l'origine d'opérations frauduleuses). Par ailleurs, le délai est porté à 45 jours si le compte avait été ouvert dans le cadre d'une procédure de droit au compte. Dans ce cas la banque doit également notifier sa décision à la Banque de France en la motivant. S'il s'agit d'un compte joint et qu'un des co-titulaires est à l'initiative de la clôture, la banque doit alors informer les autres titulaires et bloquer le solde du compte.
- **Être ferme.** Si le client a commis des actes graves, la clôture représente la sanction de la faute. La banque ne peut plus avoir de relation commerciale avec un client envers lequel elle n'a plus confiance.

2 Clôture à l'initiative du client

A Les motifs et la posture à adopter

Motifs possibles	Posture à adopter par le conseiller
Mécontentement à l'égard de la banque	Écouter activement le client pour connaître les raisons réelles du client à vouloir clôturer son compte.
Proposition plus avantageuse de la concurrence	Élaborer une contre-proposition.

›››

›››

Motifs possibles	Posture à adopter par le conseiller
Changement de domicile	Orienter le client vers une agence du réseau proche du nouveau lieu de résidence, prendre un RDV avec la nouvelle agence ou conserver le client distancié dans le portefeuille en lui proposant les méthodes de GRC à distance (agence dédiée exclusivement aux clients distanciés par exemple…).
Souhait de se « démultibancariser » ou démarche de la concurrence de domicilier le salaire du client suite à l'accord d'un prêt immobilier	Proposer le maintien de l'ouverture du compte en argumentant sur les avantages de la multibancarisation ou proposer l'ouverture d'un contrat d'assurance-vie avec versement unique pour continuer à avoir un lien avec ce client.
Divorce	Proposer une ouverture de compte individuel avec un conseiller différent de celui de l'ex-conjoint(e).

B Les modalités de la loi Macron

Actions menées par	Démarches suivies	Délai
Le client	Étape 0 : ▸ s'informe sur l'offre de mobilité bancaire ; ▸ respecte le délai de préavis fixé dans la convention de compte.	
Le client	Étape 1 : ▸ exprime à sa nouvelle banque sa demande de changement avec un RIB de l'ancien compte ; ▸ signe un mandat de mobilité ; ▸ commande chéquier et carte bancaire ; ▸ s'assure qu'aucune opération n'affectera le solde après clôture du compte (risque de se retrouver en situation d'interdiction bancaire) ; ▸ restitue à l'ancienne banque les moyens de paiement ; ▸ demande à l'ancienne banque la clôture avec virement du solde résiduel vers le nouveau compte.	J
L'établissement d'arrivée (la nouvelle banque)	Étape 2 : ▸ demande dès la réception du mandat signé la liste des opérations et chèques non débités du client sur les 13 derniers mois de fonctionnement du compte auprès de l'ancienne banque.	J+2
L'établissement de départ (l'ancienne banque)	Étape 3 : ▸ fournit à la nouvelle banque les informations sur les opérations demandées ; ▸ informe le client des opérations arrivées sur le compte clos (pendant 13 mois après clôture, avec respect du délai de 3 jours ouvrés après réception) ; ▸ met fin à l'ensemble des services associés au compte (quand la demande de clôture est demandée par le client).	J+7

›››

Actions menées par	Démarches suivies	Délai
L'établissement d'arrivée (la nouvelle banque)	Étape 3 bis : ▸ transmet au client la liste des réponses reçues et transmises aux émetteurs et les formules de chèques non débitées après l'étape 3 ; ▸ traite les virements permanents.	J+7
L'établissement d'arrivée (la nouvelle banque)	Étape 4 : ▸ demande de changements de domiciliation du client à la banque de l'émetteur de prélèvements et de virements.	J+12
L'émetteur de prélèvements et de virements	Étape 5 : ▸ prend en compte et informe le client de la bonne réception et de l'enregistrement des coordonnées bancaires ; ▸ informe le client de la mise en place effective : – pour l'émission de prélèvements récurrents : le client est informé de la dernière échéance présentée sur l'ancien compte et de la date de la prochaine échéance ; – pour l'émission de virements récurrents : le client est informé de la date à laquelle tout virement sera exécuté sur le nouveau compte.	J+22

REMARQUE

Risques encourus par l'entreprise en cas de non-respect de la prise en compte des demandes de mobilité bancaire et/ou des délais : rejets de virements ou prélèvements sur des comptes clos ou non approvisionnés.

C La mobilité bancaire pour les contrats d'épargne

Les livrets réglementés (livret A, livret jeune, LEP, LDDS) et l'assurance-vie ne peuvent faire l'objet d'un transfert. Les autres placements tels que les PEA, PERP, PEL, CEL et comptes-titres sont transférables avec facturation de frais de transfert. L'explosion des frais de transfert des produits d'épargne constitue aujourd'hui un frein à la mobilité bancaire.

3 Le décès du client

Le compte est mis sous surveillance. La remise au banquier du certificat de décès va déclencher la procédure d'envoi du dossier client au service succession. Un dossier de succession est ouvert et la banque communique au notaire le montant des avoirs détenus par le client. Le service succession envoie une copie du certificat de décès à la compagnie d'assurance en cas de prêt avec ADI en cours. Les chèques et paiements par carte, effets de commerce émis avant le décès doivent être payés si le solde du compte le permet, les prélèvements également mais seulement avec accord express des héritiers au notaire. Quand le montant des avoirs est inférieur à 7 600 € et en l'absence de patrimoine immobilier, la procédure est simplifiée en matière de succession. Le passage devant le notaire n'est pas obligatoire.

S'il s'agit d'un compte individuel, le compte est bloqué dès la connaissance du décès. Il est clôturé après liquidation des opérations de partage. S'il s'agit d'un compte joint, le co-titulaire peut utiliser le compte pour faire face à certaines dépenses liées au décès (sauf contestation des héritiers).

Enfin, pour les successions modestes (moins de 5 035 €) et devant le refus de certains maires de délivrer des certificats d'hérédité exigés par ailleurs par la banque, la loi de séparation et de régulation des activités bancaires prévoit de remplacer ce certificat d'hérédité par un acte de naissance, n'obligeant plus ainsi les héritiers à faire appel aux services payants d'un notaire.

La loi de séparation et de régulation des activités bancaires de juillet 2013 permet de financer tout ou partie des frais funéraires du défunt par débit de ses comptes, sur présentation de la facture des obsèques. Un arrêté publié au journal officiel le 10 décembre 2013 plafonne cette possibilité de débit à 5 000 €. Cette limite sera actualisée chaque année en fonction de l'indice des prix à la consommation hors tabac.

APPLICATIONS

1 ÉNONCÉ

Indiquez quelles doivent être les démarches à effectuer et les précautions à prendre à l'occasion de la clôture d'un compte.

SOLUTION

La clôture d'un compte dans une banque doit s'accompagner de l'ouverture d'un compte à vue dans la nouvelle banque afin d'y domicilier ses revenus, d'y transférer virements et prélèvements. Il est nécessaire de prévenir par écrit son ancienne banque. Il est également nécessaire de vérifier que tous les chèques émis depuis moins d'1 an et 8 jours ont été présentés au paiement.

2 ÉNONCÉ

Quelles sont les conséquences du décès de l'un des co-titulaires sur le fonctionnement d'un compte joint ? D'un compte *indivis* ?

SOLUTION

Dans le cas d'un compte joint, le co titulaire survivant pourra continuer à faire fonctionner le compte et utiliser les moyens de paiement associés à celui-ci conformément au principe de solidarité active. En revanche, en l'absence de cette solidarité active, le compte *indivis* ne pourra plus fonctionner. Il reviendra aux services chargés des successions de proposer des solutions aux indivisaires.

3 ENTRAÎNEMENT À LA CERTIFICATION AMF

1 Quelle est la conséquence pour un collaborateur qui signale un dysfonctionnement en utilisant, de bonne foi, la procédure d'alerte éthique existant au sein de sa société ?

☐ **a.** Il est protégé et ne fera pas l'objet de mesures discriminatoires, notamment en matière de licenciement, de rémunération ou de formation.

☐ **b.** Il peut faire l'objet de sanctions disciplinaires si les faits dénoncés s'avèrent par la suite inexacts.

☐ **c.** Il n'encourt pas de sanctions disciplinaires en révélant les faits répréhensibles dont il est l'auteur.

2 Les mesures prises par un prestataire de services d'investissement pour séparer les activités susceptibles d'engendrer des conflits d'intérêts sont appelées :

☐ **a.** Mur de l'Atlantique.

☐ **b.** Paravent de Chine.

☐ **c.** Murailles de Chine.

3 Quel document un émetteur, dont les titres sont cotés sur un marché réglementé, doit-il tenir à disposition de l'AMF ?

☐ **a.** Un organigramme complet de son organisation.

☐ **b.** Une liste complète des prestataires de services avec lesquels il est en relation.

☐ **c.** Une liste de ses collaborateurs, ou des tiers agissant en son nom, ayant accès aux informations privilégiées.

4 Qu'est-ce que le « whistleblowing » sur les marchés financiers ?

☐ **a.** Un dispositif de l'AMF qui permet à un employé de remonter confidentiellement des alertes auprès du contrôle interne.

☐ **b.** Le niveau supérieur du contrôle interne.

☐ **c.** Un dispositif qui permet de lancer, confidentiellement, à l'AMF des alertes sur des manquements à la déontologie des marchés financiers.

5 L'obligation pour les PSI de diffuser une information dont le contenu est exact, clair et non trompeur et permet le cas échéant aux clients de prendre leur décision en connaissance de cause s'impose :

☐ **a.** Pour toutes les communications à destination des clients.

☐ **b.** Uniquement aux communications promotionnelles.

☐ **c.** Aux communications promotionnelles et aux documents formalisés obligatoires tels que le Document d'Information Clé.

6 Entre dans le champ de compétence du médiateur de l'AMF en cas de litige :

☐ **a.** L'épargne salariale.

☐ **b.** L'assurance vie.

☐ **c.** Le plan épargne logement.

7 Quel est le délai d'accusé réception à une réclamation client ?

☐ **a.** Dix jours ouvrables maximum à compter de la réception de la réclamation.

☐ **b.** Un mois maximum à partir de la date de réception de la réclamation.

☐ **c.** Deux mois maximum à partir de la date de réception de la réclamation.

SOLUTION

1a - **2c** - **3c** - **4c** - **5a** - **6a** - **7a**.

Partie 3

LA FISCALITÉ DU PARTICULIER

20 Le système fiscal français

Les impôts et taxes sont des prélèvements au profit de l'État (au sens strict), des collectivités locales ou des administrations de sécurité sociale. L'INSEE définit l'impôt comme le versement obligatoire et sans contrepartie aux administrations publiques et aux institutions européennes. Les impôts permettent de financer les dépenses publiques et d'orienter l'activité économique dans le cadre du budget de l'État. Les prélèvements fiscaux ne sont qu'une partie des prélèvements ; les prélèvements sociaux complètent le dispositif d'imposition. Peu de revenu et peu de produit échappent aujourd'hui à ces prélèvements.

1 Typologie des impôts

Les impôts sont soit directs, soit indirects, proportionnels ou progressifs.

	Progressif	Proportionnel
Impôt direct	▸ Impôt sur le revenu des personnes physiques (IR). ▸ Impôt sur la fortune immobilière (IFI).	▸ Taxe d'habitation (impôts locaux). ▸ Taxe foncière (impôts locaux). ▸ Prélèvement forfaitaire libératoire, impôt sur les plus-values.
Impôt indirect	Droits d'enregistrement : droits de succession, droits de donation, droits de mutations à titre onéreux.	▸ Impôt sur la dépense (TVA). ▸ Taxe intérieure de consommation sur les produits énergétiques (TICPE) ▸ Taxe sur le tabac, les alcools.

Celui qui s'acquitte de l'impôt est également celui qui doit l'impôt ; en d'autres termes le redevable est également le contribuable. Les impôts directs sont donc perçus par voie de rôle dans la mesure où l'administration fiscale peut établir la liste des contribuables dans un « rôle ».

À l'inverse les impôts indirects sont versés par le redevable (entreprise par exemple pour la TVA) mais acquittés par le contribuable (en l'occurrence le consommateur final inconnu de l'administration fiscale).

2 Les principes fiscaux et les sources du droit fiscal

- Le principe de légalité, défini dans l'article 34 de la Constitution, précisant que les règles concernant l' assiette, (c'est-à-dire ce sur quoi repose l'impôt) le « taux », et les modalités de recouvrement des « impositions de toutes natures » sont fixées par la loi, donc par le Parlement : le pouvoir législatif est ainsi à l'origine de la création ou de la modification d'un impôt.
- Le principe d'annualité, selon lequel le Parlement doit donner chaque année au gouvernement l'autorisation de percevoir l'impôt.

- Le principe d'égalité : selon l'article 13 de la Déclaration des droits de l'Homme de 1789, « *la contribution commune doit être également répartie entre tous les citoyens en raison de leurs facultés* ».
- Le principe de nécessité, tiré de l'article 13 de la déclaration des droits de l'homme et du citoyen indique : « *pour l'entretien de la force publique et pour les dépenses d'administration, une contribution commune est indispensable* ».

Une des missions de l'administration fiscale est de préciser à travers la publication des BOI (Bulletins officiels des impôts) les modalités d'application des textes votés. Les instructions qui en résultent ne doivent pas aller au-delà de ce que prévoit la loi sous peine d'être frappées d'illégalité.

3 Les prélèvements sociaux

Compléments en ligne

Les prélèvements sociaux sont constitués de cinq prélèvements différents. Il y a en premier lieu la CSG (contribution sociale généralisée créée en 1991) dont le taux diffère en fonction de la catégorie de revenu. Vient ensuite la CRDS (contribution au remboursement de la dette sociale), le prélèvement social, la contribution additionnelle au prélèvement social dont le produit doit être affecté au financement des personnes âgées (contribution solidarité en vigueur depuis 2004), et enfin la contribution RSA (1,1% depuis janvier 2009) destinée à financer la mise en place du Revenu de Solidarité Active.

Taux des prélèvements sociaux sur les revenus depuis le 1er janvier 2018[1]

Nature des revenus	Revenus d'activité (salaires, traitement)	Allocation chômage, Indemnités Journalières	Pension de retraite, d'invalidité de préretraite (avant le 11 octobre 2007)	Revenus du patrimoine : revenus fonciers, rentes viagères à titre onéreux, revenus mobiliers[1]
CSG	9,2 %[2]	6,2 %[3]	8,3 %[4]	9,9 %[5]
CRDS	0,5 %	0,5 %	0,5 %	0,5 %
Prélèvement social				4,5 %
Contribution additionnelle				0,3 %
Prélèvement de solidarité				2 %
Total	**9,7 %**	**6,7 %**	**8,8 %**	**17,2 %**

[1] Sont exonérés de prélèvements sociaux : Le livret A, le livret Bleu, le LEP, Le LDDS, le livret jeune.
[2] Dont 6,8 % sont déductibles.
[3] Dont 3,8 % sont déductibles. Le taux de CSG est réduit à 3,8 % pour les personnes disposant de faibles ressources ou dont l'impôt est inférieur à 61 €.
[4] Dont 5,9 % sont déductibles (ou 3,8 % si taux de CSG minoré).
[5] Dont 6,8 % sont déductibles.

Au total, les revenus d'activité subissent un prélèvement de 9,7 %, les revenus de remplacement de 6,7 %, les pensions de retraite supportent 8,8 % et les revenus du patrimoine sont imposés au total à hauteur de 17,2 %.

Il convient de noter également que certains revenus (revenus fonciers par exemple) bénéficient d'une CSG partiellement déductible des revenus de l'année suivante. Ces précisions sont mentionnées dans les différentes fiches qui traitent ces points.

4 Un système fiscal complexe

Au fil des ans notre système fiscal s'est considérablement complexifié. La fiscalité est souvent utilisée pour infléchir, orienter les comportements des contribuables, leur consommation vers tel ou tel type de dépense pour lesquelles on met en place des déductions, des réductions d'impôt ou encore des crédits d'impôt. La multiplication des niches fiscales (dispositifs qui permettent de fortement alléger l'impôt) a contribué à cette perte de lisibilité du système. Par ailleurs certaines évolutions (déclaration préremplie, télé déclaration) vont dans le sens d'une plus grande simplicité.

A Les modalités de déclaration

Chaque ménage doit effectuer une déclaration annuelle en utilisant le modèle simplifié pour le plus grand nombre d'entre eux (imprimé 2042). Dans certains cas (déclaration de revenus fonciers, de plus-values) il est nécessaire de compléter d'autres imprimés (2044, 2044 SPE, etc.) Il faut également noter que les déclarations sont désormais en partie pré-remplies. Depuis 2016, la déclaration en ligne est la règle (sous peine d'une amende de 15 €). La télé-déclaration devient une obligation pour tous en 2019.

Le nombre de déclarations dépend de la situation familiale au moment de la perception des revenus, comme indiqué dans le tableau ci-dessous.

Événement pendant l'année de perception des revenus	Nombre de déclarations
Mariage, PACS	Au choix : 2 déclarations séparées ou 1 déclaration commune.
Divorce, rupture de PACS	2 déclarations séparées.
Décès	▸ 1 déclaration commune jusqu'à la date du décès. ▸ 1 déclaration pour le conjoint survivant entre la date du décès et le 31 décembre.

B Le prélèvement à la source

Depuis le 1er janvier 2019, l'impôt est prélevé « à la source », c'est-à-dire au moment du paiement du salaire ou de la pension de retraite. L'employeur et la caisse de retraite deviennent des collecteurs d'impôt.

Au moment de la déclaration des revenus, l'administration fiscale communique un taux de prélèvement pour le foyer fiscal. Cependant, le contribuable peut choisir entre trois taux :

- **taux personnalisé :** c'est le taux du foyer fiscal ;
- **taux individualisé :** lorsqu'il existe un écart important de revenu entre les membres du foyer fiscal, le choix de ce taux permet de répartir plus équitablement la charge de l'impôt. Cependant, compte tenu de la progressivité de l'impôt, plus la différence de revenu est importante et plus l'écart des taux individualisés est fort. De telle sorte que l'impôt payé par chacun n'est pas nécessairement proportionnel à la part des revenus dans le foyer fiscal ;
- **taux neutre (ou taux non personnalisé) :** il correspond au taux d'une personne célibataire sans autre revenu que ceux du travail et avec une seule part de quotient familial. Ce taux pourra être choisi par un foyer fiscal disposant de revenus du patrimoine important et qui ne souhaite pas que les employeurs aient connaissance de

cette source de revenu. Pas avantageux pour les couples mariés ou pacsés sans revenus du patrimoine car ce taux ne tient pas compte du quotient conjugal et familial. Enfin, si le taux non personnalisé est inférieur au taux personnalisé, il est nécessaire de verser tous les mois à l'administration une somme correspondant à la différence.

APPLICATION

1 ÉNONCÉ

1 Téléchargez (www. impot.gouv.fr) le dernier modèle 2042 de la déclaration de revenus et compléter le tableau ci-dessous en indiquant la nature des informations disponibles sur les différentes pages de la déclaration et montrez leur utilité.

PAGE DE LA DÉCLARATION	INFORMATIONS RECUEILLIES	UTILITÉ
Page 1		
Page 2		
Page 3		
Page 4		

2 Que doit faire un contribuable qui déclare des crédits d'impôt ou des réductions d'impôt ?

SOLUTION

1

PAGE DE LA DÉCLARATION	INFORMATIONS RECUEILLIES	UTILITÉ
Page 1	Identité du/des déclarants. Adresse au 1er janvier. Changement de domicile.	Où adresser la déclaration ? Connaître les occupants pour la taxe foncière.
Page 2	La situation des déclarants (célibataire, mariés). Nombre de personnes à charge.	Déterminer le nombre de parts pour calculer le quotient familial qui permet de connaître la tranche d'imposition.
Page 3	Les catégories de revenus (salaires, revenus de capitaux mobiliers, plus-values).	La déclaration est pré-remplie et permet de connaître l'ensemble des revenus d'un foyer fiscal soumis à imposition. NB : les intérêts des livrets réglementés ne sont pas imposables et n'ont pas à être déclarés.
Page 4	Les revenus fonciers. Les charges déductibles des revenus. Les réductions et crédits d'impôts.	Permet de déterminer l'assiette imposable, de calculer l'impôt brut et l'impôt à payer.

2 Un contribuable qui déclare des crédits ou des réductions d'impôt doit remplir une déclaration n° 2042 RICI.

21 Les revenus catégoriels et le calcul de l'impôt sur les revenus

Les revenus peuvent se classer en sept catégories. Chaque catégorie va bénéficier d'abattements qui lui sont propre. Un abattement trouve sa légitimité et sa justification dans la nécessité de sauvegarder la source à l'origine du revenu. Ainsi, l'abattement de 10 % dont bénéficient les salaires et traitements est justifié par les frais qu'il faut engager pour exercer une activité professionnelle et en retirer un revenu (dépenses de déplacement) et pérenniser ainsi la source du revenu. Il en va de même de la justification de l'abattement de 30 % sur les revenus fonciers (dans le cadre du régime microfoncier) qui tient compte des dépenses d'entretien qu'un propriétaire doit engager pour maintenir en état le logement loué et continuer à percevoir le fruit de cette location, les revenus fonciers. Une fois identifiés les principaux revenus soumis à l'impôt, le calcul de ce dernier se fera par étapes successives au cours desquelles seront pris en compte la composition du foyer fiscal, les éventuelles déductions, les réductions ou encore les crédits d'impôt auxquels le contribuable peut prétendre.

1 Typologie des revenus

A Les traitements et salaires, pensions et rentes

Il s'agit de revenus tirés d'une activité (traitement des fonctionnaires, salaires des salariés) ou d'un état (retraité, pensionné, rentier). On distingue les rentes viagères à titre gratuit des rentes viagères à titre onéreux. Une rente viagère est à titre gratuit lorsqu'il y a absence de contrepartie financière (exemple d'une donation). Elles sont imposées au même titre que les pensions de retraite et bénéficient donc de l'abattement de 10 %. À l'inverse, une rente à titre onéreux est versée en échange de l'aliénation d'un capital (assurance-vie par exemple) ou d'un bien. Seule une fraction de ces rentes est imposable. Le tableau ci-après indique les modalités de cette imposition.

REMARQUE

Il existe cependant des exceptions à cette classification. Ainsi, les rentes tirées d'un PERP, d'un contrat Madelin, d'un contrat Préfon (dispositif facultatif de capitalisation des agents de la fonction publique) sont imposées comme des rentes viagères à titre gratuit.

Imposition des rentes viagères à titre onéreux

Fraction de rente imposable	Age du crédit rentier au moment du premier versement de la rente
70 %	Moins de 50 ans
50 %	de 50 ans à 59 ans inclus
40 %	de 60 ans à 69 ans inclus
30 %	Plus de 70 ans

Sont exonérés les salaires des apprentis dans la limite du montant d'un SMIC annuel brut ainsi que le salaire des étudiants de moins de 26 ans dans la limite de 3 SMIC bruts mensuels (art. 81 du CGI).

B Les autres revenus professionnels

Régimes	Définition	Mode d'imposition
Les bénéfices non commerciaux (BNC)	Revenus des professions libérales, droits d'auteur, revenus tirés de la pratique d'un sport.	Régime Micro BNC si recettes HT < 72 600 € par membre du foyer fiscal. Bénéfice imposable = recettes – abattement 34 %.
		Régime réel (régime de la déclaration contrôlée) : recettes > 72 600 €. Le bénéfice imposé est le résultat fiscal de l'entreprise.
Les bénéfices industriels et commerciaux (BIC)	Revenus tirés d'une activité industrielle, commerciale, ou artisanale activité de location meublée (gîte, location saisonnière...).	Régime micro-BIC : le chiffre d'affaires HT < 176 200 € et 72 600 € pour un prestataire de services ou loueur en meublé.
		Régime réel si les seuils précédents sont dépassés.

ZOOM SUR LES REVENUS DE L'ÉCONOMIE DE PARTAGE (ÉCONOMIE COLLABORATIVE)

Le fort développement des activités autour de l'économie collaborative a conduit les pouvoirs publics à distinguer, dans une instruction fiscale du 30 août 2016, ce qui est imposable de ce qui ne l'est pas. Comme le montrent les exemples ci-après, les revenus de l'économie de partage se répartissent entre les BNC et les BIC.

Les revenus exonérés

Seuls les revenus des activités de partage de frais comme le covoiturage, le co-cooking ou les sorties de plaisance en mer sont exonérées d'impôt et n'ont pas à être déclarés. Les revenus perçus doivent simplement couvrir les frais engagés.
Sont également exonérés et non imposables les produits de la vente occasionnelle d'objets à l'exception des métaux précieux, des bijoux, des objets d'art, de collection ou d'antiquité.
Seules les ventes de plus de 5 000 € (à l'exception des biens électroménagers, meubles, automobiles) sont à déclarer et imposables au régime des plus-values de cession de biens meubles.

En pratique

Un trajet coûte 120 € et je décide de transporter 3 personnes. Chaque personne paiera 30 €. Le conducteur encaisse donc 90 € en contrepartie des frais engagés.

Les revenus imposables

Les revenus tirés de la location (voiture, appareils divers, logements meublés ou non) sont imposables soit au titre du régime des bénéfices non commerciaux (BNC), soit au titre des bénéfices industriels et commerciaux (BIC).

> EXEMPLE

	Mode d'imposition
Location d'un appartement quelques jours par an	BIC.
Transport de personnes contre revenu	BIC.
Location occasionnelle de matériel dont je suis propriétaire	BIC.
Revenus tirés de la vente de services	BIC s'il s'agit d'une activité scientifique ou artistique (cours de musique, soutien scolaire).
	BNC s'il s'agit d'une activité industrielle ou commerciale (jardinage, bricolage…).
Je vends des biens	J'achète pour revendre ou bien je vends ce que je fabrique BIC (Micro si le chiffre d'affaires est < à 176 200 €, sinon régime réel).

C Les revenus fonciers

(voir fiche 22)

Loyers perçus en contrepartie de la location d'immeubles loués non meublés.

D Les revenus de capitaux mobiliers

(voir fiche 23)

Revenus tirés des placements financiers (actions, obligations, SICAV, FCP…), revenus variables ou fixes. Sont exonérés les intérêts des livrets A, des livrets jeunes, des LEP, et LDDS, les revenus perçus dans le cadre d'un PEA après 5 ans.

E Les plus-values immobilières

(voir fiche 22)

F Les plus-values sur cession de valeurs mobilières

(voir fiche 23)

Sont imposables en N les plus-values réalisées en N–1 dès le premier euro.

2 Les étapes du calcul de l'impôt (IR)

Compléments en ligne

Étapes	Modalités
Étape 1 : Déterminer le Revenu Brut Global (RBG)	Faire la somme de l'ensemble des revenus catégoriels nets des abattements prévus pour chaque catégorie : abattement forfaitaire de 10 % ou frais réel au titre des frais professionnels sur les salaires et traitement par exemple.

〉〉〉

〉〉〉

<table>
<tr><th>Étapes</th><th>Modalités</th></tr>
<tr><td>Étape 2 : Calculer le Revenu net imposable (Revenu effectivement soumis au barème)</td><td>RNI = RBG – Charges déductibles du revenu
Exemple de charges déductibles :
– pension alimentaire versée à ascendant ou descendant ;
– cotisations versées sur un PERP ou autres (produits d'épargne retraite collective) ;
– CSG déductible ;
– déficit foncier ;
– déficits professionnels (BIC, BNC, BA)…</td></tr>
<tr><td>Étape 3 : Calculer l'impôt brut</td><td>► Détermination du quotient familial = RNI / N, N étant le nombre de parts attribuées à chaque foyer fiscal en fonction de sa composition et éventuellement de certaines particularités donnant lieu à une majoration du nombre de parts (veuvage, enfant handicapé, ancien combattant…).
► Calcul de l'impôt par application du barème.
► Montant de l'impôt brut.</td></tr>
<tr><td>Étape 4 : Tenir compte des corrections éventuelles à apporter à l'impôt Brut</td><td>Plafonnement des effets du quotient familial
<table>
<tr><th>Personne</th><th>Seuil</th><th>Calcul décote</th></tr>
<tr><td>Célibataire, divorcé ou veuf</td><td>1 841 €</td><td>D = 833 – 45,25 % × Impôt brut</td></tr>
<tr><td>Couple</td><td>3 045 €</td><td>D = 1 378 – 45,25 % × Impôt brut</td></tr>
</table></td></tr>
<tr><td>Étape 5 : Calculer l'impôt exigible</td><td>IB corrigé (étape 4) – réductions d'impôts ou crédits d'impôt + prélèvements sociaux.</td></tr>
</table>

Barème 2023 sur les revenus 2022

Tranche de revenu net imposable 2022	TMI	Impôt 2023 sur les revenus 2022
Quotient familial QF = RNI/N (RNI : revenu net imposable ; N : nombre de parts)	Taux marginal d'imposition	Formule de calcul direct
Moins de 10 777 €	0 %	0
De 10 778 à 27 478 €	11 %	(RNI × 0,11) – (1 185,47 × N)
De 27 479 à 78 570 €	30 %	(RNI × 0,30) – (6 406,29 × N)
De 78 571 à 168 994 €	41 %	(RNI × 0,41) – (15 048,99 × N)
Plus de 168 994 €	45 %	(RNI × 0,45) – (21 808,75 × N)

REMARQUE

Astuce pour retrouver la valeur fixe de la formule directe.

Seuils	Taux	Formule
S1 = 10 777 €	T1 = 11 %	VF1 = T1 × S1
S2 = 27 478 €	T2 = 30 %	VF2 = S2 × T2 – (S2 – S1) × T1
S3 = 78 570 €	T3 = 41 %	VF3 = S3 × T3 – (S3 – S2) × T2 – (S2 – S1) × T1
S4 = 168 994 €	T4 = 45 %	VF4 = S4 × T4 – (S4 – S3) × T3 – (S3 – S2) × T2 – (S2 – S1) × T1

REMARQUE

La loi de finances 2012 a instauré une contribution pour les hauts revenus.

Loi de finances 2012.

Art. 223 sexies. – I. – 1.

Il est institué à la charge des contribuables passibles de l'impôt sur le revenu une contribution sur le revenu fiscal de référence du foyer fiscal, tel que défini au 1° du IV de l'article 1417 sans qu'il soit fait application des règles de quotient définies à l'article 163-0 A. La contribution est calculée en appliquant un taux de :

– 3 % à la fraction de revenu fiscal de référence supérieure à 250 000 € et inférieure ou égale à 500 000 € pour les contribuables célibataires, veufs, séparés ou divorcés et à la fraction de revenu fiscal de référence supérieure à 500 000 € et inférieure ou égale à 1 000 000 € pour les contribuables soumis à imposition commune ;

– 4 % à la fraction de revenu fiscal de référence supérieure à 500 000 € pour les contribuables célibataires, veufs, séparés ou divorcés et à la fraction de revenu fiscal de référence supérieure à 1 000 000 € pour les contribuables soumis à imposition commune.

COMMENT DÉTERMINER LE NOMBRE DE PARTS ?

Le nombre de parts dépend du nombre de personnes composant le foyer fiscal.

Situation familiale	Nombre de parts correspondantes
Célibataire, divorcé veuf (ve) sans personne à charge	1
Marié sans enfant ni personne à charge	2
Marié ou veuf avec un enfant à charge exclusive[1]	2,5
Marié ou veuf avec deux enfants à charge exclusive	3
Marié ou veuf avec trois enfants à charge exclusive	4

[1] Si au moins l'un des enfants est issu du mariage avec le conjoint décédé. Si pas d'enfant issu du mariage alors nombre de parts identiques à un célibataire.

3 Les principales charges déductibles

Compléments en ligne

- Imputation des déficits dans la limite de 10 700 €.
- Les versements effectués sur un PERP ou tout autre produit d'Épargne retraite collectif sont déductibles du revenu global dans la limite d'un plafond annuel équivalent à 10 % des revenus professionnels nets de frais, avec un minimum correspondant à 10 % du PASS et un maximum de 10 % de 8 fois le PASS.
- Ces limites concernent tous les produits d'épargne retraite (souscrit à titre individuel ou collectif).
- CSG déductible prélevée sur les revenus du patrimoine. Une fraction de la CSG prélevée à la source est déductible des revenus de l'année de prélèvement. Certains prélèvements sociaux (sur les revenus fonciers par exemple) sont acquittés avec un décalage d'une année par rapport aux revenus encaissés. Dans ce cas la CSG déductible calculée sur les revenus de l'année N sera imputée sur le revenu global de l'année N. La CSG déductible est de 6,8 % sur 9,9 %.
- Pensions alimentaires versées (ascendants ou descendants).
- Parent (pas de limite mais obligation de justifier le montant des dépenses engagées).
- Enfant (pension déductible si l'enfant n'est pas à charge dans la limite d'un plafond annuel).
- Accueil à domicile d'une personne âgée d'au moins 75 ans et ne dépassant pas le plafond de ressources des bénéficiaires de l'allocation de solidarité aux personnes âgées. Il doit s'agir d'une personne autre qu'un parent envers lequel le contribuable est tenu d'une obligation alimentaire.

4 Les principales réductions d'impôt

Compléments en ligne

Réductions liées à l'immobilier
L'investissement locatif Scellier, loi Duflot, Pinel (voir fiche 26).
Les investissements loi Malraux : réduction liée à l'engagement de dépenses de restauration d'immeubles situés en secteur sauvegardé, dans un quartier dégradé, ou en zone de protection du patrimoine architectural, urbain et paysager.
Les résidences meublées ou de tourisme.
Les investissements outre-mer (voir fiche 26).
Réductions liées à la personne
Réduction pour frais liés à la dépendance (hébergement soins) : 25 % dans la limite d'un plafond de 10 000 €.
Dons à des organismes d'aide aux personnes en difficultés (Restos du cœur, Croix-Rouge) : 75 % du montant versé avec un maximum de 552 € (montant maintenu à 1 000 € en 2022) soit une réduction maximale de 410 €. Au delà de 552 €, la réduction est de 66 %. Le montant global des réductions ne peut pas excéder 20 % du revenu imposable. L'excédent est reporté sur les 4 années suivantes.

›››

Autres dons : 66 % des versements dans la limite de 20 % du revenu imposable.

Enfants en poursuite d'études (par enfant) : collège : 61 € ; lycée : 153 € ; étudiant : 183 €.

Autres réductions			
Les réductions d'impôt pour le capital-risque			
	Taux de la réduction	**Plafond d'investissement**	**Réduction d'impôt**
Souscription au capital de FCPI et FIP	18 %	– 12 000 € pour un célibataire – 24 000 € pour un couple	2 160 € 4 320 €
Souscription au capital de sociétés non cotées	18 %	– 50 000 € pour un célibataire – 100 000 € pour un couple	9 000 € 18 000 €
SOFICA (Société pour le financement d'œuvres cinématographiques ou audiovisuelles)	30 %[1]	Double plafond : 25 % du revenu net global et 18 000 €	5 400 €

5 Les crédits d'impôt

Compléments en ligne

Origine du crédit d'impôt
Frais de garde d'enfant de moins de 7 ans (assistante maternelle, crèches) 50 % de la dépense plafonnée à 2 300 €/an.
Le crédit d'impôt pour la transition énergétique (CITE) est remplacé par un mécanisme de prime (MA PRIME RENOV') dont le montant est conditionné par la nature des travaux effectués et par le revenu fiscal de référence du demandeur (voir site du gouvernement pour les détails du barème).
Aide à la personne (équipement pour personne âgée ou handicapée.) Dépenses retenues dans la limite d'un plafond de 5 000 € pour une personne seule 10 000 € pour un couple. Le taux du crédit d'impôt est de 25 %.
Emploi d'un salarié à domicile : 50 % des dépenses réelles engagées dans la limite de 12 000 € majorée de 1 500 € par personne à charge sans pouvoir excéder 15 000 € (sauf autre cas particulier où le plafond peut atteindre 20 000 €).

1. Ce taux peut être porté à 36 % voire 48 % dans certains cas, ce qui autorise une réduction d'impôt de 8 640 € maximum.

Le plafonnement global des niches fiscales est abaissé à 10 000 € par an et par foyer fiscal depuis 2013. Cependant, les réductions d'impôt des investissements outre-mer et en parts de SOFICA ne sont pas retenues dans ce plafond.

6 Les particularités les plus fréquentes

A Le plafonnement du quotient familial

Compléments en ligne

Étape 1 : on calcule l'impôt brut en fonction du quotient familial réel et on obtient IB1.

Étape 2 : on calcule l'impôt sur une part (si le contribuable est célibataire, divorcé ou séparé) ou sur 2 parts pour un couple marié : on obtient IB2.

Étape 3 : on compare IB 1 et IB 2 : IB2 – IB 1 < 1 678 € pour chaque demi-part supplémentaire.

EXEMPLE

Un couple marié avec 2 enfants à charge a perçu un revenu net imposable de 90 000 € en 200N.

- Impôt brut sur 3 parts = IB 1 = 7 781 € (90 000 × 30 %) – (6 406,29 × 3)
- Impôt brut sur 2 parts = IB 2 = 14 187 €
- IB2 – IB1 = 14 187 – 7 781 = 6 406 €

La réduction maximale correspondante ne peut excéder 1 678 € par demi-part supplémentaire.
Soit 2 × 1 678 € = 3 356 €
Après plafonnement, l'impôt est donc de :
14 187 – 3 356 = 10 831 €

B Les revenus exceptionnels ou différés : système de l'étalement et système du quotient

1 • Les revenus concernés

127

Les revenus exceptionnels le sont tant du point de vue de leur montant que de leur nature. Ainsi, on considère que si un revenu dépasse la moyenne des revenus nets des trois dernières années, il est exceptionnel. De même un revenu que l'on perçoit une fois ou des revenus différés sont considérés comme exceptionnels. Enfin certains revenus, même sans dépasser la moyenne triennale des revenus peuvent être qualifiés d'exceptionnel. Il en va ainsi des indemnités de licenciement pour la fraction imposable, des primes versées à l'occasion d'un départ volontaire de l'entreprise, primes versées en contrepartie d'un changement de lieu de travail et de résidence…

2 • Système de l'étalement

L'imposition du revenu exceptionnel est étalée sur 4 ans. 1/4 du revenu est imposé l'année de perception, puis 1/4 chaque année pendant 3 ans.

3 • Système du quotient

EXEMPLE

Un couple marié sans enfant. Monsieur a perçu en 201N une prime de mobilité de 25 000 €. Le couple a déclaré 50 000 € au titre des salaires reçus en 201N.

	Méthode du quotient	Méthode de l'étalement	Calcul sans système du quotient
Salaire	50 000	50 000	75 000
Déduction forfaitaire	5 000	5 000	7 500
Salaire net imposable ordinaire	45 000	45 000	67 500
Nombre de parts	2	2	2
Quotient familial	22 500	[45 000 + (1/4 × 0,9 × 25 000)]/2 = 25 313	33 750
Étape 1 : calcul de l'impôt sur le revenu ordinaire (IB1)	(45 000 × 0,11) – (1 185,47 × 2) = 2 579 €		
Étape 2 : Impôt sur revenu ordinaire majoré (IB2)	[45 000 + (1/4 × 25 000 x 0,9)] × 11 % – (1 185,47 × 2) = 3 198 €		
Étape 3 : impôt relatif aux revenus exceptionnels (IB3)	(3 198 – 2 579) × 4 = 2 476 €		
Étape 4 : Impôt sur l'ensemble des revenus IB4 = IB3 + IB1	2 579 + 2 476 = 5 055 €	(50 625 × 0,11) – (1 185,47 × 2) = 3 198 €	(67 500 × 0,30) – (6 406,29 × 2) = 7 437 €

Sans ce système du quotient, l'impôt dû aurait été de 7 437 €, soit 2 382 € de plus qu'avec le quotient. Ce mécanisme permet donc bien d'atténuer la progressivité de l'IR.

APPLICATION

ÉNONCÉ

Monsieur et Madame Taurisson ont perçu en 201N respectivement 30 000 € et 20 000 € de salaires. Ils ont un portefeuille d'actions qui a généré 5 000 € de dividendes en 201N. Ils ont également un appartement qu'ils louent 500 € par mois.

Situation de famille : 2 enfants dont 1 enfant bénéficiant des services d'une assistante maternelle pour laquelle le couple a versé 1 500 € en 201N. Ils bénéficient donc d'un crédit d'impôt de 750 €. Monsieur a par ailleurs alimenté son PER et profite d'une déduction de 1 000 €.

1 **Identifiez les différents revenus catégoriels de ce couple.**

2 **Calculez le montant de l'impôt dû en 201N + 1 sur les revenus perçus en 201N. Le couple doit-il choisir l'option IR pour l'imposition des dividendes ?**

SOLUTION

1 Les différentes catégories de revenus : des salaires, des revenus de valeurs mobilières et des revenus fonciers.

2 Le calcul de l'impôt :

Étape	Détail du calcul	Résultat si Option IR	Résultat si PFU sur les dividendes
Détermination du Revenu Brut Global (RBG)	**Salaires** Monsieur : 30 000 × 90 % Madame : 20 000 × 90 % **Revenus mobiliers** 5 000 € – 2 000 € (abattement de 40 % × 5 000) **Revenus fonciers (microfoncier)** 6 000 € – 1 800 € (abattement de 30 % × 6 000) **= Revenu Brut Global**	 27 000 € 18 000 € 3 000 € 4 200 € 52 200 €	 27 000 € 18 000 € 4 200 € 49 200 €
Calcul du Revenu Net Imposable : RBG – charges déductibles	RBG ▸ Charges déductibles au titre des cotisations PER 1 000 € ▸ CSG déductible (revenus de capitaux mobiliers) (5,1 % × 5 000) = 255	51 200 € 50 945 €	48 200 €
Calcul du quotient familial	QF = RNI/N	15 981 €	16 067 €
Calcul de l'impôt Brut (IB)	(RNI × 0,11) – (1 185,47 × N)	2 047 €	1 745 €
Correction éventuelle	Décote	452 €	588 €
Calcul de l'impôt exigible		2 047 – 452 – 750 = 845 €	1 745 – 588 – 750 = 407 €
Prélèvements sociaux	17,2 %	1 582 €	722 €
PFU sur les dividendes		Sans objet	1 500 €
Total IR (ou PFU) + PS		2 427 €	2 629 €

REMARQUE

Si le couple opte pour l'imposition des dividendes à l'IR, il devra également s'acquitter de 1 582 € de prélèvements sociaux. L'assiette de ces prélèvements correspond à 70 % des revenus fonciers et aux dividendes perçus. Si les dividendes sont au contraire imposés au PFU de 30 %, le montant total de l'impôt est plus élevé. L'option IR reste avantageuse dans notre exemple.

22 Les revenus fonciers et les plus-values immobilières

Entrent dans la catégorie des revenus fonciers, les revenus tirés de la location par un particulier, d'immeubles (maison, appartement, terrains) non meublés ou non équipés. On rappelle que les revenus des locations meublées sont intégrés dans la catégorie des BIC. Les revenus fonciers nets viennent s'ajouter aux autres revenus catégoriels nets (salaires, pensions, rentes, revenus des capitaux mobiliers nets) pour former le revenu net imposable (RNI) soumis au barème de l'IR.

Revenus fonciers nets = revenus fonciers bruts – charges déductibles

1 Les revenus fonciers

A Détermination du revenu foncier imposable

En dehors des régimes spéciaux (voir fiche 26 « *Les produits de défiscalisation* »), il existe deux régimes d'imposition des revenus fonciers :

- le régime microfoncier ;
- le régime réel de droit commun.

	Microfoncier	Réel
Conditions	Loyers bruts annuels < 15 000 €.	Loyers > 15 000 € ou option pendant 3 ans avec ensuite un renouvellement annuel par tacite reconduction.
Revenus bruts	Loyers perçus ou réévalués si l'administration fiscale estime le niveau des loyers trop en dessous du prix du marché.	Loyers perçus ou réévalués si l'administration fiscale estime le niveau des loyers trop en dessous du prix du marché.
Charges déductibles	Abattement forfaitaire de 30 %.	Charges de copropriété (provisions). Frais d'administration et de gestion (honoraires administrateur du bien, rémunération concierges et gardiens, frais de procédure et autres frais de gestion pour un forfait de 20 € par immeuble). Intérêts et frais d'emprunt. Primes d'assurances (loyers impayés.) Les dépenses de travaux effectués en vue de maintenir l'immeuble en bon état.
Déficit maximum Imputable	Aucun.	10 700 €.

B Exemples

CAS 1

Le revenu foncier net est positif et vient s'ajouter aux autres revenus catégoriels. Dans l'exemple, les frais réels sont de 2 890 € (> 30 % × 6 000 € = 1 800 € qui auraient été déduits dans le cas du microfoncier). Dès lors que les charges réelles sont plus importantes que le montant de l'abattement de 30 %, le contribuable a tout intérêt à exercer l'option frais réel.

Revenus bruts	6 000 €	Frais réels
Travaux d'entretien	860 €	860 + 250 + 1 780 = 2 890 €
Taxes foncières	250 €	
Intérêts d'emprunt	1 780 €	
Revenu foncier net imposable	3 110 €	6 000 – 2 890

CAS 2

Déficit foncier : le revenu foncier net est négatif = déficit foncier. Cependant ce déficit est en grande partie lié au fait que les intérêts d'emprunt excèdent les revenus bruts.
Ce déficit est-il dû aux intérêts d'emprunt ?
Revenu brut – intérêts : 4 500 – 5 000 = – 500.
Le déficit provient donc à hauteur de 500 € des intérêts d'emprunt et à hauteur de 1 250 € des autres dépenses. Seuls 1 250 € sont imputables sur le revenu global. Les 500 € le seront sur les revenus fonciers des 10 années suivantes.

Revenus bruts	4 500 €
Travaux d'entretien	1 000 €
Taxes foncières	250 €
Intérêts d'emprunt	5 000 €
Revenu foncier net imposable	– 1 750 €
Déficit foncier imputable sur les revenus de l'année	1 250 €

Le principe d'imputation des déficits pour le calcul de l'impôt sur le revenu est le même pour toutes les catégories de revenus :

Un déficit non professionnel s'impute uniquement sur les revenus de même nature.

Par exception cependant, les déficits fonciers sont imputables jusqu'à 10 700 € sur le revenu global, hors déficit généré par les intérêts d'emprunt, déductibles des revenus fonciers des 10 années suivantes. Lorsque le revenu global du contribuable n'est pas suffisant pour absorber le déficit, alors la fraction non imputée est rapportable sur le revenu global des 6 années suivantes.

Le tableau ci-après reprend plusieurs cas de figure.

	Cas 1	Cas 2	Cas 3
Loyers bruts perçus	25 000	10 000	10 000
Charges	5 000	25 000	5 000
Charges liées aux travaux de réparation	8 000		
Intérêts d'emprunt	6 000	5 000	12 000
Revenu foncier net	6 000	-20 000	-7 000
Déficit imputable		10 700	5 000
Report de déficit		9 300	2 000

Cas 1 : le revenu foncier est positif et vient s'ajouter aux autres revenus catégoriels.

Cas 2 : le déficit excède le maximum imputable de 10 700 €, la fraction du déficit au-delà (9 300 €) viendra s'imputer sur les revenus fonciers des 10 années suivantes.

Cas 3 : déficit foncier < 10 700 € mais les intérêts d'emprunt dépassent le montant des loyers bruts. Comme la fraction déductible sur le revenu global ne peut résulter que des dépenses autres que celles des intérêts d'emprunt, la fraction du déficit généré par les intérêts d'emprunt (2 000 €) s'imputera sur les revenus fonciers des 10 années suivantes.

2 Les plus-values immobilières

Toute plus-value réalisée par un particulier, lors de la cession à titre onéreux d'un immeuble est soumise à l'impôt. Cependant, certaines plus-values sont exonérées.

A Les plus-values exonérées

- Les résidences principales.
- Plus-values réalisées lors de certaines opérations de remembrements urbains ou ruraux.
- Plus-values résultant d'une expropriation.
- Plus-values réalisées par les titulaires de pension de vieillesse ou de la carte d'invalidité qui disposent d'un revenu fiscal de référence inférieur à 10 988 € pour une part, à 13 922 € pour 1,5 part.
- Plus-values relatives aux biens dont le prix de cession n'excède pas 15 000 €.
- Plus-values relatives aux biens détenus depuis plus de 22 ans : exonération d'impôt mais exonération de CSG-CRDS après 30 ans.

B Le calcul de la plus-value imposable

Depuis le 1er février 2012, la fiscalité des plus-values immobilières a été alourdie. Dorénavant, il faut attendre 30 ans pour profiter d'une exonération totale d'imposition. En effet, l'abattement au-delà de la cinquième année devient progressif comme indiqué dans le tableau ci-après.

Compléments en ligne

L'impôt est toujours calculé et versé sur la base d'une déclaration déposée par le notaire lors de la rédaction de l'acte de vente. L'impôt sur la plus-value est de 19 % auquel il convient de rajouter les prélèvements sociaux au taux en vigueur (17,2 % au 1er janvier 2019).

Tableau des abattements pour le calcul de la plus-value immobilière

Impôt sur le revenu		Prélèvements sociaux	
Abattement par année pleine de détention	Durée	Abattement par année pleine de détention	Durée
6 %	De la 6e à la 21e année	1,65 %	De la 6e à la 21e année
4 %	La 22e année	1,60 %	La 22e année
		9 %	De la 23e année à la 30e année

Les étapes permettant de calculer l'impôt sur la plus-value

<table>
<tr><td>Étape 1</td><td>Détermination de la plus-value brute
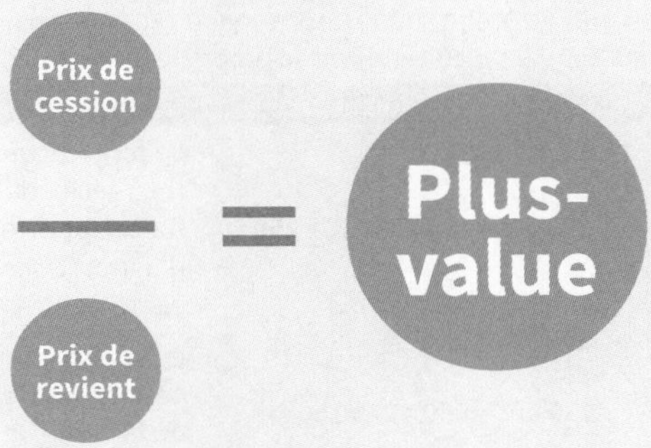
Prix de cession : prix stipulé dans l'acte
+ charges et indemnités au profit du vendeur
– frais de vente qu'il a acquittés (honoraires, frais de diagnostic, frais de mainlevée d'hypothèque…).
Prix de revient = prix d'achat ou pour les biens reçus à titre gratuit, valeur vénale retenue au jour de la transmission antérieure
+ charges et indemnités dues au profit du vendeur initial
+ frais d'acquisition (7,5 % ou réel justifié : enregistrement, TVA, notaire, agence.) ou droit de mutation à titre gratuit et frais d'acte selon le cas).
+ travaux de construction, d'agrandissement et d'amélioration non déduits antérieurement (à défaut de justificatifs pour les immeubles bâtis détenus depuis plus de 5 ans : forfait de 15 % du prix d'acquisition).</td></tr>
<tr><td>Étape 2</td><td>Calcul de la plus-value imposable (voir tableau des abattements)</td></tr>
<tr><td>Étape 3</td><td>Calcul de l'impôt sur la plus-value (19 % + 17,2 %)</td></tr>
</table>

Calcul de la surtaxe des plus-values immobilières

Plus-value imposable (PV)	Montant de la surtaxe (cessions réalisées depuis le 1er janvier 2013)
De 50 001 à 60 000 €	2 % × PV – 5 % (60 000 – PV)
De 60 001 à 100 000 €	2 % × PV
De 100 001 à 110 000 €	3 % × PV – 10 % (110 000 – PV)
De 110 001 à 150 000 €	3 % × PV

Plus-value imposable (PV)	Montant de la surtaxe (cessions réalisées depuis le 1er janvier 2013)
De 150 001 à 160 000 €	4 % × PV – 15 % (160 000 – PV)
De 160 001 à 200 000 €	4 % × PV
De 200 001 à 210 000 €	5 % × PV – 20 % (210 000 – PV)
De 210 001 à 250 000 €	5 % × PV
De 250 001 à 260 000 €	6 % × PV – 25 % (260 000 – PV)
Plus de 260 000 €	6 % × PV

EXEMPLE

Un bien acheté (en octobre 2006), 150 000 € est revendu 230 000 € en novembre 2020. Les frais de diagnostic s'élèvent à 850 €. Le bien vendu est la propriété d'un couple.

Étapes	Détail du calcul	Commentaire
Prix d'achat corrigé	150 000 × (1,075) = 161 250 €	Le prix d'acquisition est majoré de 7,5 % (ou réel justifié) pour tenir compte des frais supportés lors de l'achat. Les travaux d'agrandissement réalisés peuvent également venir s'ajouter le cas échéant.
Prix de vente corrigé	230 000 – 850 = 229 150 €	Le vendeur peut déduire du prix de cession les frais supportés à l'occasion de la vente, les frais de diagnostic en particulier.
Calcul de la plus-value brute	229 150 – 161 250 = 67 900 €	Plus-value = Prix de vente corrigé – Prix d'achat corrigé.
Abattement	67 900 × 54 % = 6 666 €	14 années de détention. L'abattement est donc de (14 – 5) × 6 % = 54 %.
Impôt sur la plus-value imposable	(67 900 – 36 666) × 19 % = 5 934 €	La plus-value est taxée au taux de 19 %.
Calcul des prélèvements sociaux	[67 900 – (14,85 % × 67 900)] × 17,2 % = 9 945 €	L'abattement est de 1,65 % par an pendant 9 ans (14 – 5) soit au total 14,85 %.
Imposition totale	5 934 + 9 945 = 15 879 €	La somme de l'impôt et des prélèvements sociaux s'élève à 14 896 €.
Plus-value nette	67 900 – 15 879 = 52 021 €	Après paiement de l'impôt, il reste 52 021 €.

REMARQUE

Il n'y a pas de surtaxe sur les fortes plus-values dans la mesure où cette surtaxe s'applique au-delà de 50 000 € par indivisaire.

APPLICATIONS

1 ÉNONCÉ

Monsieur et Madame Dubois ont acquis un logement pour une valeur de 65 000 €. Après avoir effectué des travaux de rénovation pour une valeur de 4 000 €, ils ont décidé de mettre le logement en location. Le loyer est fixé à 500 € par mois. L'acquisition et les travaux ont été financés par un prêt bancaire dont les intérêts la première année représentent 2 546, 92 € ; 2 379,39 € la deuxième année et 2 193,10 € la troisième année. Ils supportent par ailleurs 500 € de charges diverses (assurance vacance locative, loyers impayés).

1 Quel mode d'imposition allez vous retenir ? Justifiez votre réponse.

2 Calculez les revenus fonciers nets.

3 Quel est le gain fiscal réalisé la première année si ce couple est imposé au taux marginal de 41 % ?

SOLUTION

1, 2 Le couple a intérêt à opter pour le régime réel car les dépenses supportées excèdent l'abattement forfaitaire de 30 % prévu dans le cadre du régime micro foncier (loyers bruts perçus inférieurs à 15 000 €). L'option étant prise pour une durée de 3 ans, le couple déclarera 5 319,78 € de revenus fonciers avec l'imposition réelle contre 12 600 € avec le régime micro-foncier.

		Régime micro-foncier			Régime d'imposition réel		
		Année 1	Année 2	Année 3	Année 1	Année 2	Année 3
Loyer	500 €	6 000,00 €	6 000,00 €	6 000,00 €	6 000,00 €	6 000,00 €	6 000,00 €
Charges à déduire							
Forfait 30 %	30 %	1 800,00 €	1 800,00 €	1 800,00 €			
Frais réel							
Frais de travaux					4 000,00 €	-€	-€
Intérêt d'emprunt et ADI					2 546,92 €	2 379,39 €	2 193,91 €
Charges					500,00 €	500,00 €	500,00 €
Frais de gestion					20,00 €	20,00 €	20,00 €
Revenus fonciers nets imposables		4 200,00 €	4 200,00 €	4 200,00 €	- 1 066,92 €	3 100,61 €	3 286,09 €
Total revenus fonciers 3 ans		12 600,00 €			5 319,78 €		

3 La première année, un déficit foncier est constaté (1 066,92 €). Ce déficit vient diminuer le revenu brut global et permettra une économie fiscale de 41 % × 1 067 € = 437,47 €

2 ÉNONCÉ

Monsieur et Madame Meillet ont vendu le 23 novembre 2022 une résidence secondaire acquise pour 70 000 € le 28 novembre 2011. Le prix de vente est de 118 000 €. Des travaux ont été effectués pour 12 000 €. Les nombreux diagnostics rendus obligatoires par la réglementation sont évalués à 950 €.

Calculez l'impôt du au titre de cette cession.

SOLUTION

Prix de cession - frais de vente	118 000 - 950 = 117 050 €
Prix d'achat **+ Frais d'acquisition** **+ Travaux** **= Prix de revient**	70 000 € 7,5 % × 70 000 = 5 250 € 12 000 € 87 250 €
Plus-value	117 050 - 87 250 = 29 800 €
Abattement pour durée de détention (5 années pleines de détention au-delà de la cinquième année soit 30 % d'abattement)	29 800 × 30 % = 8 940 €
Plus-value imposable	29 800 - 8 940 = 20 860 €
Impôt	20 860 × 19 % = 3 963 €
Abattement pour le calcul des prélèvements sociaux (5 × 1,65 % = 8,25 %)	8,25 % × 29 800 = 2 459 € (5 × 1,65 % = 8,25 %)
Calcul des prélèvements sociaux	(29 800 - 2 459) × 17,2 % = 4 703 €
Imposition totale	3 963 + 4 703 = 8 666 €

À NOTER

Le taux des prélèvements sociaux est de 17,2 % depuis le 1er janvier 2018. Les plus-values immobilières sont davantage taxées depuis le 1er janvier 2018. La fiscalité peut atteindre 36,2 %.

23 Les revenus de capitaux mobiliers et les plus-values de cessions de valeurs mobilières

Les revenus de capitaux mobiliers sont de 2 types :

- **revenus fixes :** intérêts des comptes à terme, comptes sur livret, CEL, PEL, coupons des obligations ;
- **revenus variables :** dividendes d'actions françaises et étrangères, de parts sociales.

1 La fiscalité des revenus de capitaux mobiliers depuis le 1er janvier 2018

Qu'il s'agisse de revenus fixes ou variables, le droit commun prévoit une imposition forfaitaire de 30 %. Il est toujours possible d'opter pour une imposition à l'IR. Dans ce cas, une régularisation est effectuée l'année suivante : restitution en cas de trop payé, versement complémentaire à l'acompte en cas de paiement insuffisant.

Type de revenus	Droit commun	Option
Placements de revenus fixes : livrets bancaires, compte à terme, coupon d'obligation	PFU 30 % sur les intérêts bruts	IR + PS sur : Montant brut sans abattement CSG 6,8 % déductible revenu année N
Bon anonyme	PFU 30 % sur les intérêts bruts	IR + PS sur montant brut sans abattement
Dividendes et intérêts de parts sociales	PFU 30 % sur les montants bruts	IR Montant brut après abattement 40 %[1] PS sur montant brut sans abattement CSG 6,8 % déductible revenu année N

[1] Un prélèvement forfaitaire de 12,8 % est effectué à la source au moment du versement des dividendes bruts. Il constitue une avance sur l'IR à payer. Une dispense de cette avance est possible si le revenu fiscal de référence est < à 50 000 € pour une personne seule, 75 000 € pour un couple et si la demande en est faite.

REMARQUE

Le choix de l'IR permet de conserver l'abattement de 40 % et la déductibilité de la CSG ainsi que des frais de garde.

Le tableau ci-après indique le taux réel de taxation en cas d'option pour l'IR.

TMI	Taxation réelle du dividende
0 %	17,20 %
11 %	23,05 %
30 %	33,16 %
41 %	39,01 %
45 %	41,14 %

ILLUSTRATION

Sur 100 € de dividendes bruts et pour un contribuable imposé à 11 % :

- Les prélèvements sociaux : 100 × 17,2 % = 17,20 €
- L'impôt : 100 × 0,6 × 11 % = 6,6 €
- CSG déductible : 6,8 × 11 % = 0,748 €

Au total, l'imposition réelle est bien de 17,2 + 6,6 – 0,75 = 23,05 €

2 Les plus-values de cessions de valeurs mobilières

A La plus-value des titres acquis avant le 1er janvier 2018

Durée de détention des titres	Droit commun	Option IR
Entre 2 et 8 ans	PFU 30 % montant brut	IR : montant brut – abattement de 50 % pour durée de détention PS : montant brut
Plus de 8 ans		IR : montant brut – abattement de 65 % pour durée de détention PS : montant brut

Le choix va dépendre du taux réel d'imposition compte tenu d'une part de l'abattement pour durée de détention et d'autre part de 6,8 % de CSG déductible sur le revenu imposable.

TMI	Sans abattement	Avec abattement de 50 %	Avec abattement de 65 %
0	TMI × 0,932 + 17,2 % = 17,2 %	17,20 %	17,20 %
11 %	0,11 × 0,932 + 0,172 = 27,45 %	21,95 %	20,30 %
30 %	0,30 × 0,932 + 0,172 = 45,16 %	30,16 %	25,66 %
41 %	0,41 × 0,932 + 0,172 = 55,41 %	34,91 %	28,76 %
45 %	0,45 × 0,932 + 0,172 = 59,14 %	36,64 %	29,89 %

À NOTER

Aucun abattement pour une revente avant 2 ans.

B La plus-value des titres acquis depuis le 1er janvier 2018

Droit commun	Option
PFU 30 % montant brut	IR + PS montant brut sans abattement

C Le calcul de la plus-value

Plus-value = prix de vente fiscal (prix de vente – frais de courtage TTC) – prix d'achat moyen fiscal pondéré (prix d'achat + frais de courtage TTC)

Compléments en ligne

EXEMPLE

- Frais de courtage : 0,8 % HT soit 0,96 % TTC.
- Prix d'achat 15 € ; nombre d'actions 1 000.
- Prix de vente : 20 € ; nombre 1 000.
- PV = (20 000 – 192) – (15 000 + 144) = 4 664 €

REMARQUE

Lorsqu'un titre a été acheté sur plusieurs périodes à des cours différents, il est nécessaire de calculer un prix d'achat moyen. Il faudra alors se reporter aux avis d'opéré pour identifier avec précision les différents prix de revient afin d'en faire une moyenne pondérée.

EXEMPLE DE CALCUL D'UN PRIX D'ACHAT MOYEN

Soit 30 actions à 12 € puis achat de 50 actions à 15 € et 100 actions à 13 €.

$$\text{Prix moyen d'acquisition} = \frac{30 \times 12 + 50 \times 15 + 100 \times 13}{180} = 13{,}39\,€.$$

Si l'action est revendue à 16 €, la plus-value unitaire est 16 – 13,39 € = 2,61 €.

Ce régime s'applique aux :

- **actions et obligations cotées ou non cotées** sur le marché français ou un marché étranger ;
- **parts sociales de SARL** (quel que soit le % de détention des droits dans les bénéfices sociaux) ;
- **titres de SICAV et part de FCP** (y compris les titres d'OPCVM monétaires ou obligataires de capitalisation).

D Le traitement de la moins-value

Les moins-values se compensent avec les plus-values de l'année. Si le solde dégage une moins-value nette, celle-ci peut être reportée pendant les 10 années suivantes. Ces pertes ne peuvent être imputées sur le revenu global soumis au barème à taux progressif.

Ce régime concerne aussi bien les gains nets de cessions de valeurs mobilières que ceux provenant d'un PEA.

Dans un arrêt du 12 novembre 2015, le Conseil d'État vient de modifier le calcul des plus-values de valeurs mobilières. Jusque-là la moins-value supportait également le calcul de l'abattement. Dans ces conditions, certains contribuables pouvaient s'acquitter d'un impôt alors que leur gain net était nul.

Conseil d'État, arrêt n° 390265

Les gains nets imposables sont calculés après imputation par le contribuable sur les différentes plus-values qu'il a réalisées, avant tout abattement, des moins-values de même nature qu'il a subies au cours de la même année ou reportées en application du 11 de l'article 150-0 D, pour le montant et sur les plus-values de son choix et que l'abattement pour durée de détention s'applique au solde ainsi obtenu, en fonction de la durée de détention des titres dont la cession a fait apparaître les plus-values subsistant après imputation des moins-values.

3 Schéma synthétique du calcul de l'impôt sur le revenu

Revenu brut global	• **Ensemble des revenus nets catégoriels (voir présentation fiche 21)** • Traitements et salaires nets • Pensions de retraites nettes • Rentes viagères à titre onéreux nettes • Revenus des capitaux mobiliers nets (intérêts compte à terme, coupons, dividendes...) • Revenus fonciers nets • Autres revenus catégoriels : bénéfices agricoles, bénéfices industriels et commerciaux, bénéfices non commerciaux
Charges déductibles	• Déficits globaux des années antérieures • Charges déductibles (pensions alimentaires versées aux ascendants ou descendants, versements sur un PERP...) • CSG déductible • Abattements spéciaux
Calcul de l'impôt brut	• Utilisation du barème progressif (voir fiche 21)
Correction éventuelle de l'impôt	• Décote (lorsque l'impôt est relativement faible) • Plafonnement des effets du quotient familial (fiche 21)
Calcul de l'impôt à payer	• Prendre en compte les réductions d'impôt, les crédits d'impôt

APPLICATIONS

1 ÉNONCÉ

Vous rencontrez votre client le 2 décembre N et vous examinez avec lui les opérations sur valeurs mobilières réalisées en N.

Compte tenu des informations dont vous disposez, indiquez comment votre client pourrait minimiser l'impact fiscal des opérations réalisées. Vous utiliserez la fiscalité alors en vigueur.

Extrait de son portefeuille

Titre	Cours	Quantité	Prix de revient global	Dernier cours
Alpha	40,5	100	4 050	42
Beta	76	50	3 800	6,7
Delta	82	130	10 660	115,6
Omega	54,3	76	4 072,5	62,3

Vous savez que votre client a effectué les ventes suivantes.
100 actions Teta vendues au prix de 75,80 € (prix de revient 45,20 €), 250 actions giga vendues à 90 € (prix de revient 71,60 €).

SOLUTION

Votre client a réalisé 7 660 € de plus-value en N :

100 × (75,80 – 45,2) + 250 × (90 – 71,60) = 3 060 + 4 600 = 7 660

L'examen du portefeuille montre une ligne qui dégage une forte moins-value. Il est opportun de conseiller au client de vendre cette ligne (Titre Beta) pour imputer la moins-value réalisée sur les plus-values de l'année en cours et minimiser ainsi l'impact fiscal d'opérations réalisées en N.

Moins-value = (6,7 – 76) × 50 = – 3 465 €

Les moins-values peuvent venir compenser les plus-values. Ainsi la plus-value nette sera de :

7 660 – 3 465 = 4 195 €

REMARQUE

On suppose que les titres ont été acquis il y a moins de deux ans ; en conséquence les plus et moins-values ne profitent d'aucun abattement.

2 ÉNONCÉ

Monsieur et Madame Morand sont des retraités de 66 ans. Monsieur perçoit une pension de retraite de 22 600 € ; Madame une pension de 18 000 € ainsi qu'une rente viagère de 950 € par an perçue depuis l'âge de 62 ans. Leur portefeuille d'obligations a permis de générer 800 € d'intérêts. Le compte à terme ouvert par Madame a rapporté 160 € d'intérêt. Enfin, ils ont encaissé 5 000 € de dividendes. Ils vous demandent de calculer leur impôt pour l'année N.

SOLUTION

Étape	Détail du calcul	Résultat
Détermination du Revenu Brut Global (RBG)	Pension Monsieur : 22 600 Madame : 18 000 Total : 40 600 € L'abattement de 10 % est plafonné à 4 123 € par foyer fiscal. Pensions imposables : 40 600 – 4 123 Revenus mobiliers : 5 000 € – 2 000 € = 3 000 € Fraction imposable de la rente : 950 × 40 % = 380 € Revenus des obligations et du compte à terme : 800 + 160 Revenu Brut Global	36 477 € 3 000 € 380 € 960 € 40 817 €
Calcul du Revenu Net Imposable : RBG – charges déductibles	RBG = 40 817 CSG déductible (sur les revenus du patrimoine) : 5 960 × 6,8 % = 405 €	40 412 €
Calcul du quotient familial	QF = RNI/N QF = 40 412/2 = 20 206	20 206 €
Calcul de l'impôt Brut (IB)	(RNI × 0,11) – (1 185,47 × N) IB = (40 412 × 11 %) – (1 185,47 × 2)	2 074 €
Correction éventuelle	Décote	440 €
Calcul de l'impôt exigible		1 634 €

Le calcul précédent est réalisé en supposant que le couple opte pour l'imposition au barème de l'IR pour les revenus de capitaux mobiliers. Si ce couple conserve le droit commun (imposition des revenus de capitaux mobiliers au PFU), seules la retraite et la rente sont soumises au barème de l'IR : l'imposition devient alors :

36 477 + 380 = 36 857

(36 857 × 11 %) – (1 185,47 × 2) = 1 683 €

La décote est de 616 €.

Les revenus de capitaux mobiliers supportent 12,8 % de prélèvement : 5 960 × 12,8 % = 763 €

Au total, l'imposition est de 1 683 – 616 + 763 = 1 830 € > 1 634 €. L'option est judicieuse (sous réserve du vote définitif de la loi de finances 2023).

24 L'impôt sur la fortune immobilière (IFI)

La loi de finances 2018 a remplacé l'impôt de solidarité sur la fortune (ISF) par un impôt sur la fortune immobilière (IFI). Les principaux changements concernent la définition de l'assiette imposable. Le seuil d'imposition (1,3 million d'euros au 1er janvier 2019) ainsi que le barème progressif restent inchangés.

1 Détermination de l'actif net

L'actif net se calcule par différence entre les éléments composant l'actif (les biens immobiliers détenus) et le passif (dettes bancaires et fiscales).

A L'actif

Il est composé de l'ensemble des biens et droits immobiliers. Entrent dans l'actif les immeubles bâtis, les terres agricoles, les bois et autres terrains non bâtis.

À NOTER

La résidence principale du contribuable bénéficie d'un abattement de 30 %.

REMARQUE

Les biens professionnels (nécessaires à l'exercice d'une activité professionnelle) sont exonérés.

B Le passif

Il est constitué principalement des dettes dues par le contribuable au 1er janvier dès lors que ces dettes remplissent 3 conditions :

- existantes au 1er janvier ;
- à la charge d'un membre du foyer fiscal ;
- concernent les actifs imposables ;

Sont concernés :

- les emprunts (capital restant dû au 1er janvier) ayant servi à l'acquisition des biens immobiliers détenus ;
- les emprunts contractés pour effectuer des dépenses d'amélioration, d'agrandissement, de reconstruction ;
- les dettes fiscales en lien avec la propriété des biens (taxe foncière, IFI).

REMARQUE

Afin de limiter l'avantage d'un crédit *in fine* (le capital restant dû est constant), le législateur a imposé la prise en compte d'un amortissement fictif sur 20 ans de sorte que le capital restant dû diminue fictivement.
Pour les patrimoines de plus de 5 M €, il existe un mécanisme de plafonnement des dettes déductibles. La fraction des dettes qui excède 60 % de la valeur du patrimoine est réduite de moitié.

2 Calcul de l'impôt : les différentes étapes

L'IFI concerne tous les contribuables dont le patrimoine net taxable est supérieur à 1,3 M€. Cependant, la fraction entre 800 000 € et 1,3 M€ est taxable au taux de 0,5 %.

Barème IFI 2023

Compléments en ligne

Valeur du patrimoine net taxable (P)	Taux d'imposition	Formule de calcul rapide
> 800 000 € et ≤ 1 300 000 €	0,5 %	
> 1 300 000 € et ≤ 2 570 000 €	0,7 %	(**P** × 0,7 %) – 6 600 €
> 2 570 000 € et ≤ 5 000 000 €	1 %	(**P** × 1 %) – 14 310 €
> 5 M € et ≤ 10 M €	1,25 %	(**P** × 1,25 %) – 26 810 €
> 10 M €	1,5 %	(**P** × 1,5 %) – 51 810 €

D'autre part, pour les patrimoines compris entre 1,3 M € et 1,4 M€, une décote permettant d'atténuer les effets de seuil est à déduire du montant de l'IFI.

Décote : 17 500 € – (1,25 % × P)

Étape	Contenu	Illustration
1	Application du barème progressif sur l'actif net imposable avec, selon la valeur du patrimoine l'application d'une décote.	Actif net = 2 500 000 € IFI = 2 500 000 × 0,7 % – 6 600 = 10 900 €
2	Calcul de l'actif net corrigé de l'IFI théorique.	Actif net corrigé = 2 500 000 – 10 900 = 2 489 100 €
3	Calculer l'IFI sur l'actif net corrigé du montant de l'IFI calculé à l'étape 1.	(2 489 100 × 0,7 %) – 6 600 = IFI = 10 824 €
4	Prendre en compte les réductions (voir complément ci-dessous).	0
5	IFI théorique devient :	10 824 €

Par ailleurs, la loi de finance 2018 a confirmé le mécanisme du plafonnement qui implique que l'ensemble des impôts et prélèvements sociaux acquittés par le contribuable ne dépassent pas 75 % de ses revenus de l'année précédente.

3 Comment réduire son IFI ?

Dorénavant, seuls les dons à des organismes d'intérêt général permettent de bénéficier d'une réduction d'IFI. Cette réduction est égale à 75 % des sommes versées dans la limite de 50 000 €. En d'autres termes, le plafond de don est de 66 000 € (75 % × 66 000 = 50 000 €).

REMARQUE

Certains investissements permettent d'obtenir également une réduction de l'IR. Les réductions d'IR et d'IFI ne se cumulant pas, le contribuable doit choisir la solution la plus avantageuse pour lui.

APPLICATION

ÉNONCÉ

Monsieur et Madame DÉPIT sont propriétaires d'une résidence principale dont la valeur est estimée à 1,5 M €. Ils ont acheté une résidence secondaire sur la côte d'Azur pour une valeur de 650 000 €. Cette acquisition s'est faite au moyen d'un prêt dont le capital restant dû au 1er janvier est de 95 000 €. Ils possèdent par ailleurs des actifs financiers (livrets bancaires, PEA, assurance-vie) pour une valeur totale de 350 000 €.

Ils doivent payer tous les ans 5 000 € de taxe foncière et leur dernier impôt sur le revenu s'élève à 8 000 €.

Calculer le montant de L'IFI acquitté en N (utilisez la fiscalité en vigueur).

SOLUTION

Actif	Montant
Résidence principale	1,5 M € × 70 % = 1 050 000 €
Résidence secondaire	650 000 €
Total actif	1 700 000 €
Passif	**Montant**
Taxes foncières	5 000 €
Dettes bancaires	95 000 €
Actif net imposable	1 600 000 €
Application du barème	IFI théorique (1 600 000 × 0,7 %) – 6 600 = 4 600 €
Correction de l'actif net	1 600 000 – 4 600 = 1 595 400 €
IFI à payer	(1 595 400 × 0,7 %) – 6 600 = **4 568 €**

Si l'on ne dispose pas de formule de calcul rapide, on procède de la manière suivante :

Tranche	Montant imposable	Taux	Montant IFI
De 0 à 800 000 €	800 000 €	0 %	0 €
De 800 001 à 1,3 M €	500 000 €	0,5 %	500 000 × 0,5 % = 2 500 €
De 1,3 M € à 2,57 M €	295 400 € = (1 595 400 – 800 000 – 500 000)	0,7 %	295 400 × 0,7 % = 2 068 €
Total		0,29 % = 4 568 / 1 595 400	**4 568 €**

Le taux moyen d'imposition ressort à 0,29 %.

25 Les successions et donations

Les modalités de la transmission du patrimoine dépendent des choix effectués par celui qui transmet. Le patrimoine peut en effet être transféré par libéralité ou à l'occasion de l'ouverture d'une succession. La donation «*est un acte par lequel le donateur se dépouille actuellement et irrévocablement de la chose donnée, en faveur du donataire qui l'accepte*» (article 894 du Code civil).

La donation est un acte de transfert gratuit de tout ou partie de la propriété d'un bien. Le donateur a le choix de transmettre la pleine propriété, l'usufruit ou la nue-propriété. Le donataire et le donateur doivent bien évidemment être consentants et disposer de toutes leurs facultés intellectuelles. La donation sera irrévocable dès lors qu'elle aura fait l'objet d'un acte notarié et que le donataire aura accepté la donation.

La succession organise le partage du patrimoine du défunt entre ses ayants droits. C'est au notaire qu'il revient de mener à bien ce partage.

1 Les donations

Une donation organise le transfert de propriété d'un bien sans contrepartie. Plusieurs types de donations sont possibles:

Forme de la donation	Définition
Donation ordinaire	Donation classique faisant l'objet d'un acte notarié.
Donation de part successorale (avancement d'hoirie)	C'est une avance sur la succession du donateur. Il faut donc que le donataire ait la qualité d'héritier. Les donations sont par défaut des donations de part successorale. Cela signifie qu'à l'ouverture de la succession du donateur, la valeur de la donation est rapportable à la succession selon la valeur du bien au jour du partage. Le donataire verra alors sa part sur la succession amputée du montant de la donation.
Donation hors part successorale (préciputaire)	Cette forme de donation permet d'avantager un héritier par rapport aux autres dans la limite de la quotité disponible dès lors qu'il existe des héritiers réservataires. Si cette limite n'a pas été respectée, il y aura réduction des libéralités (legs et donations). Cette forme de donation permet également de transmettre à des personnes n'ayant pas de droits dans la succession. La loi du 23 juin 2006 distingue la donation graduelle qui oblige le premier donataire à s'engager à son tour à transmettre le bien, de la donation résiduelle qui n'impose pas la conservation du bien mais sa transmission à un tiers choisi par le donateur initial.

›››

Forme de la donation	Définition
Don manuel	Il s'agit de dons d'argent exonéré de droit de mutation dans la limite de 31 865 € et à la double condition que le donateur ait moins de 80 ans et le donataire 18 ans révolus le jour du don. Ce dernier doit fait l'objet d'une déclaration à l'administration fiscale dans le mois qui suit.
Donation au dernier vivant	Donation qui prend effet au décès du donateur et qui permet de protéger le conjoint survivant en présence d'enfants communs. Le conjoint survivant pourra alors choisir entre la quotité disponible ordinaire et la quotité spéciale c'est-à-dire un choix entre 100 % en usufruit, 1/4 en pleine propriété et les 3/4 en usufruit ou la quotité disponible en peine propriété (voir tableau 2).
Donation partage	Il s'agit de donner et de partager le patrimoine entre les enfants dès lors qu'ils sont au moins deux. Le donateur va céder la nue-propriété du patrimoine tout en en conservant l'usufruit. **Avantages fiscaux :** lors de la donation, les droits ne sont acquittés que sur la valeur de la nue-propriété (voir barème). Lors de la succession, les droits seront calculés sur la valeur de l'usufruit. L'avantage fiscal va dépendre de l'âge du donateur.

En pratique

La loi de finances rectificative du 30 juillet 2020 a introduit un abattement exceptionnel de 100 000 € par donateur cumulable aux abattements existants. Pour en bénéficier, le donataire devra utiliser ce don pour acquérir sa résidence principale, investir au capital d'une petite entreprise de plus de 5 ans et de moins de 50 salariés ou réaliser des travaux d'économie d'énergie. Cette disposition a pris fin le 30 juin 2021.

2 Les successions

A Détermination de l'actif net successoral

Avant de procéder au calcul des droits de succession, il convient de définir l'actif net de la succession. Cet actif est composé de l'ensemble des biens du défunt, des donations antérieures réintégrées, des avoirs bancaires du défunt et des éventuelles créances sur les héritiers. On déduit ensuite les éventuelles dettes du défunt et on obtient ainsi l'actif net imposable.

B Le calcul de la réserve et de la quotité disponible

Les héritiers réservataires reçoivent obligatoirement une part du patrimoine du défunt : il s'agit de la réserve héréditaire dont la valeur dépend du nombre d'enfants (héritiers réservataires). La quotité disponible est la part que le parent décédé a pu librement décider d'affecter de son vivant aux bénéficiaires de son choix. La valeur d'une donation hors part successorale ne peut en aucun cas dépasser le montant de la quotité disponible sous peine d'être réduite par le notaire après que ce dernier ait ouvert la succession et procédé au calcul de la masse successorale.

Tableau 1 : droit des enfants dans la succession des parents

Le parent a eu	Réserve héréditaire (part qui revient de droit à chaque enfant)	Quotité disponible (Part dont le parent peut disposer librement)	Vérification
1 enfant	1/2	1/2	1/2 + 1/2 = 1
2 enfants	1/3	1/3	2 × (1/3) + 1/3 = 1
3 enfants	1/4	1/4	3 × (1/4) + 1/4 = 1
4 enfants	3/16	1/4	(4 × 3) 16 + 1/4 = 1
5 enfants	3/20	1/4	(5 × 3) 20 + 5/20 = 1

Tableau 2 : droit du conjoint en présence d'enfants

<table>
<tr><th>Nombre d'enfants</th><th>Sans préparer sa succession (ce que la loi attribue au conjoint)</th><th>Si donation au dernier vivant ou testament</th></tr>
<tr><td>1</td><td rowspan="3">1/4 pleine propriété
ou 100 % usufruit</td><td>❶ 100 % usufruit.
❷ 1/4 pleine propriété 3/4 usufruit.
❸ 1/2 en pleine propriété (quotité disponible en pleine propriété).</td></tr>
<tr><td>2</td><td>❶ 100 % usufruit.
❷ 1/4 pleine propriété 3/4 usufruit.
❸ 1/3 pleine propriété.</td></tr>
<tr><td>3</td><td>❶ 100 % usufruit.
❷ 1/4 pleine propriété 3/4 usufruit.
❸ 1/4 pleine propriété.</td></tr>
</table>

REMARQUE

Le droit de propriété est scindé entre l'*usus* (droit d'utiliser), le *fructus* (droit de percevoir les revenus) et enfin l'*abusus* (droit de cession).

3 Le calcul des droits

A Étape 1 : déterminer l'assiette taxable

Qu'il s'agisse d'une donation ou d'une succession, des droits de mutation sont dus à l'administration fiscale. L'assiette sera constituée de la valeur du bien donné pour une donation et de l'actif net successoral s'agissant d'une succession. Cet actif net est constitué de l'ensemble des avoirs du défunt au jour du décès, déduction faite de ses dettes, des éventuelles donations antérieures réintégrées.

Dans le cas d'un démembrement du droit de propriété, la valeur des biens transmis sera déterminée après application du barème de l'usufruit.

Barème fiscal de l'usufruit temporaire

Durée usufruit	Valeur de l'usufruit	Valeur de la nue-propriété
De 3 à 10 ans	23 %	77 %
De 10 à 20 ans	46 %	54 %

Barème fiscal de l'usufruit

Âge de l'usufruitier	Valeur de l'usufruit	Valeur de la nue-propriété
Moins de 21 ans	90 %	10 %
De 21 ans à moins de 31 ans	80 %	20 %
De 31 ans à moins de 41 ans	70 %	30 %
De 41 ans à moins de 51 ans	60 %	40 %
De 51 à moins de 61 ans	50 %	50 %
De 61 ans à moins de 71 ans	40 %	60 %
De 71 ans à moins de 81 ans	30 %	70 %
De 81 ans à moins de 91 ans	20 %	80 %
Plus de 91 ans	10 %	90 %

B Étape 2 et 3 : prendre en compte les abattements des bénéficiaires et appliquer le barème progressif

Compléments en ligne

Barème en vigueur au 1er janvier 2019 des droits de successions et donation

Tranches	Taux	Donation (renouvelable tous les 15 ans)	Succession
Transmissions entre époux et partenaires d'un PACS		Montant des abattements	
Jusqu'à 8 072 €	5 %	80 724 €	Sans objet[1]
Entre 8 072 € et 15 932 €	10 %		
Entre 15 932 € et 31 865 €	15 %		
Entre 31 865 € et 552 324 €	20 %		
Entre 552 324 € et 902 838 €	30 %		
Entre 902 838 € et 1 805 677 €	40 %		
Au-delà de 1 805 677 €	45 %		

›››

<table>
<tr><th colspan="2">Transmissions entre ascendants et descendants</th><th colspan="2">Montant des abattements (par parent)</th></tr>
<tr><td>Jusqu'à 8 072 €</td><td>5 %</td><td rowspan="7">100 000 €[2] par enfant et par parent.
31 865 € s'il s'agit d'une donation au profit des petits enfants.
5 310 € pour une donation en faveur d'un arrière-petit-enfant.</td><td>100 000 € sur la part de chaque enfant (vivant ou représenté) et de chaque ascendant.</td></tr>
<tr><td>Entre 8 072 € et 12 109 €</td><td>10 %</td><td rowspan="6">1 594 € (abattement par grand-parent dans le cadre d'une succession).</td></tr>
<tr><td>Entre 12 109 € et 15 932 €</td><td>15 %</td></tr>
<tr><td>Entre 15 932 € et 552 324 €</td><td>20 %</td></tr>
<tr><td>Entre 552 324 € et 902 838 €</td><td>30 %</td></tr>
<tr><td>Entre 902 838 € et 1 805 677 €</td><td>40 %</td></tr>
<tr><td>Au-delà de 1 805 677 €</td><td>45 %</td></tr>
<tr><th colspan="2">Transmissions entre frères et sœurs</th><td colspan="2" rowspan="3">15 932 €</td></tr>
<tr><td>Jusqu'à 24 430 €</td><td>35 %</td></tr>
<tr><td>Au-delà de 24 430 €</td><td>45 %</td></tr>
<tr><th colspan="2">Transmissions entre d'autres personnes</th><td colspan="2" rowspan="2">7 967 €</td></tr>
<tr><td>Jusqu'au 4e degré</td><td>55 %</td></tr>
<tr><th>Au-delà ou en l'absence de lien de parenté</th><td>60 %</td><td>0 €</td><td>1 594 €</td></tr>
</table>

[1] À noter : les droits de succession ont été supprimés entre les époux et les partenaires d'un PACS. D'autre part ces droits sont également supprimés entre frères et sœurs, célibataires, divorcés, veufs ou séparés de corps s'ils sont âgés de plus de 50 ans à la date d'ouverture de la succession ou atteint d'une infirmité ne leur permettant pas de tirer un revenu d'une activité et qu'ils aient vécu pendant au moins 5 ans avec le défunt.

[2] Un enfant handicapé bénéficie d'un abattement de 159 325 €.

4 Exemples de calculs

A Exemple d'une donation

Une personne de 67 ans souhaite donner l'usufruit d'un appartement à son fils unique âgé de 42 ans. L'appartement vaut 320 000 €. Les droits seront les suivants :

Valeur de l'usufruit	320 000 × 60 % = 192 000 €
Abattement 100 000 €	100 000 €
Valeur de la donation soumise au barème de l'impôt	192 000 – 100 000 = 92 000 €
Droit de donation	5 % × 8 072 + (12 109 – 8 072) × 10 % + (15 932 – 12 109) × 15 % + (92 000 – 15 932) × 20 % = 403,6 + 403,7 + 573,45 + 15 213,6 = 16 594 €
Droit à payer	16 594 €

B Exemple d'une succession

Soit un patrimoine de 350 000 € dont hérite un fils unique au décès de son père. L'actif net successoral en l'absence de dettes s'élève donc à 350 000 €. Le notaire retirera de cette valeur un montant forfaitaire de 1 500 € pour les frais d'obsèques.

Les droits de succession sont calculés de la façon suivante :

Étape 1 : on déduit du montant de l'actif successoral net le montant de l'abattement soit 100 000 €.

On obtient alors : 350 000 – 1 500 – 100 000 = 248 500 €

Étape 2 : application du barème.

5 % × 8 072 + (12 109 – 8 072) × 10 % + (15 932 – 12 109) × 15 % + (248 500 – 15 932) × 20 %
= 403,6 + 403,7 + 573,45 + 46 513,6 = 47 894 €

5 Régimes matrimoniaux et notion de bien propre

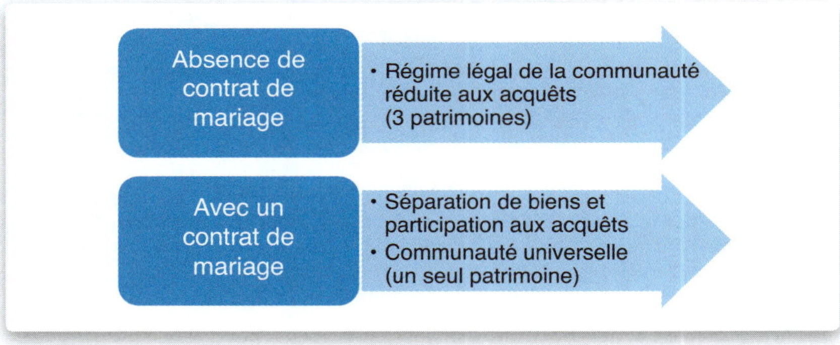

Les régimes matrimoniaux doivent être connus du banquier à l'occasion de la souscription d'un crédit, d'une succession. Qu'il s'agisse du régime légal ou d'un régime séparatiste, il est important de préciser ce qu'est un bien propre.

Un bien propre est un bien qui appartient exclusivement à l'un des époux. Parmi les biens propres, on retrouve les effets personnels, les biens acquis ou reçus avant le mariage, les biens acquis en réemploi du bien propre (par exemple acquisition d'un bien immobilier en réemploi du produit d'un contrat d'assurance-vie perçu par le bénéficiaire), les rentes perçues au titre d'une réparation. Les produits d'épargne détenus nominativement par chacun des époux mariés sans contrat de mariage sont réputés être des biens communs sauf disposition particulière de réemploi. On estime en effet qu'ils sont alimentés par les ressources de la communauté.

APPLICATION

ÉNONCÉ

Monsieur et Madame Chassin, mariés sous le régime de la communauté légale, ont une fille unique. Leur patrimoine commun est constitué des éléments suivants :

- une résidence principale estimée à 450 000 € ;
- une résidence secondaire 150 000 € ;
- un portefeuille de titres pour 25 000 €, 5 100 € de liquidités sur un compte joint et enfin un contrat d'assurance-vie souscrit par Monsieur Chassin alors âgé de 72 ans en 2002 au bénéfice de sa fille. La valeur de rachat du contrat est de 51 000 € (une prime unique de 40 000 € avait alors été versée). Monsieur Chassin est décédé en septembre 200N. Monsieur et Madame Chassin s'étaient fait donation au dernier vivant. Madame Chassin est âgée de 78 ans.

1. **Calculez l'actif net successoral.**
2. **Calculez les droits de succession que va devoir acquitter sa fille.**

SOLUTION

1 Dans un premier temps, il est nécessaire de reconstituer le patrimoine de la communauté :

Actif		Passif
Résidence principale	450 000 € (un abattement de 20 % est réalisé lorsque le conjoint survivant occupait la résidence principale au moment du décès.) 450 000 × 80 % = 360 000 €	
Résidence secondaire	150 000 €	
Portefeuille titres	25 000 €	
Liquidités sur compte bancaire	5 000 €	
Total	540 000 €	0

Liquidation de la succession			
Actif de succession		**Passif de succession**	
Boni de succession	270 000 € (540 000/2)	Frais funéraire (article 775 CGI)	1 500 €
Forfait mobilier 5 %	13 500 €		
Actif net de succession = 282 000 € (270 000 + 13 500 – 1 500)			

La part de chacun va dépendre du choix effectué par le conjoint survivant entre 100 % usufruit ; 1/4 pleine propriété et 3/4 usufruit ou 1/2 en pleine propriété (quotité disponible en pleine propriété). En effet, Monsieur et Madame Chassin s'étaient fait donation au dernier vivant (*cf.* page 146) : Madame a choisi la moitié en pleine propriété. Pour mémoire, depuis 2007, le conjoint survivant est exonéré de droits de succession.

2 Leur fille devra s'acquitter des droits suivants.

Détermination de la part taxable de la fille : il s'agit de la moitié de l'actif net successoral auquel on ajoute la fraction des primes du contrat d'assurance-vie excédant 30 500 € (il s'agit d'un contrat alimenté par une prime unique de 40 000 € versée après les 70 ans de l'assuré et soumis à l'article 757-B du Code général des impôts). Un abattement de 30 500 € est effectué sur les primes. Les sommes du contrat soumises aux droits de succession sont donc de 9 500 €.

282 000 / 2 = 141 000 € + (40 000 – 30 500 = 9 500 €) = 150 500 €

La fraction soumise au barème progressif est :

150 500 – 100 000 = 50 500 €

Application du barème :

5 % × 8 072 + (12 109 – 8 072) × 10 % + (15 932 – 12 109) × 15 % + (50 500 – 15 932) × 20 % = 403,6 + 403,7 + 573,45 + 6 913,6 = 8 294 €.

26 Les produits de défiscalisation

Il existe trois techniques qui permettent d'atténuer l'imposition d'un contribuable :

- **la déduction fiscale.** Elle consiste à diminuer le montant des revenus soumis au barème de l'impôt en prenant en considération les dépenses engagées pour maintenir un revenu imposable (article 19 du CGI). Il peut s'agir également de rattacher au foyer fiscal un adulte handicapé, un enfant marié de moins de 25 ans, de déduire les versements effectués sur un PERP ou encore les sommes versées au titre d'une obligation alimentaire à un ascendant dans le besoin ;
- **la réduction d'impôt.** Elle réduit non pas le revenu mais l'impôt à acquitter : il s'agit par exemple des réductions accordées pour l'emploi d'un salarié à domicile ;
- **le crédit d'impôt.** Il est également déduit du montant de l'impôt mais si son montant est supérieur à l'impôt brut ; l'administration fiscale rembourse cette différence. Le crédit d'impôt peut alors jouer comme un impôt négatif.

Il existe une multitude de dispositifs pour défiscaliser. Communément appelés des « niches fiscales », il s'agit d'investissements dans l'immobilier ou les entreprises et de mesures en faveur de la famille et de la résidence principale.

1 Les principaux dispositifs de défiscalisation dans l'immobilier

A Les dispositifs qui ne sont plus commercialisés

Dispositif	Date d'entrée en application
Robien recentré logement neuf VEFA, logements réhabilités, logements ayant changé d'affectation (septembre 2006 au 31/12/2009)	**Dispositif fiscal** : Amortissement 6 % pendant 7 ans puis 4 % pendant 2 ans (soit au total 50 % du prix d'acquisition). Déficit foncier maximum imputable : 10 700 €. **Engagement de location** pendant au moins 9 ans. Montant du loyer plafonné. Le bien doit être conservé 3 ans après l'imputation du dernier déficit foncier sous peine de devoir subir des pénalités fiscales.
Borloo neuf (logement neuf VEFA, logements réhabilités, logements ayant changé d'affectation) (janvier 2006 au 31/12/2009)	**Dispositif fiscal** : Amortissement 6 % pendant 7 ans puis 4 % pendant 2 ans (possibilité d'amortir pendant 2 fois 3 ans à hauteur de 2.5 % du prix d'acquisition du bien soit au total 65 % sur 15 ans). Déduction forfaitaire sur les revenus fonciers : 30 %. Déficit foncier maximum imputable : 10 700 €. **Engagement de location** pendant au moins 9 ans. Montant du loyer et ressources du locataire.

›››

›››

Dispositif	Date d'entrée en application
Borloo ancien (uniquement logement ancien avec ou sans travaux) Octobre 2006 au 31/12/2009	**Dispositif fiscal** : Déduction forfaire de 30 % sur les revenus fonciers pour un conventionnement intermédiaire, déduction portée à 45 % pour un conventionnement social ou très social. **Engagement de location** : 6 ans en l'absence de travaux, 9 ans si des travaux ont été subventionnés (entre 30 et 70 %) par l'agence nationale de l'habitat **(ANHA).**
Scellier classique : achat d'un logement neuf ou VEFA (du 1er janvier 2009 au 31 décembre 2012)	▸ Réduction d'impôt (de 25 % pour une acquisition en 2009 à 6 % en 2012 pour un logement non BBC). Réduction calculée dans la limite d'un plafond de 300 000 € par an et répartie sur 9 ans. ▸ Engagement de location pendant 9 ans avec un plafond de loyer à ne pas dépasser.
Scellier intermédiaire (du 1er janvier 2009 au 31 décembre 2012)	▸ Réduction d'impôt dans les mêmes conditions que le Scellier classique, avec la possibilité de prolonger de 2 fois 3 ans la période de location. Au total un bien loué 15 ans permet une réduction de 21 %. ▸ Abattement de 30 % des loyers bruts en sus des frais et charges (intérêts d'emprunt). ▸ Plafond de loyer à ne pas dépasser. ▸ Plafond de ressources du locataire.
Investissement Duflot	▸ Réduction d'impôt de 18 % du prix d'acquisition dans la limite d'un plafond de 300 000 € par an. Le prix au m^2 est également plafonné à 5 500 €. Le logement doit également respecter des normes énergétiques (BBC 2005, HPE, RT 2012). ▸ Engagement de location de 9 ans. ▸ Prix du loyer plafonné. ▸ Plafond de ressources pour le locataire. ▸ L'avantage fiscal entre dans le plafonnement global de 10 000 €.

B Les dispositifs en vigueur dans l'immobilier

Investissement Pinel	▸ Il succède à la loi Duflot avec quelques aménagements. ▸ L'investisseur est un contribuable domicilié en France. Il peut investir dans un logement neuf ou en état d'achèvement (sur plans). Le logement doit respecter des normes de performances énergétiques. En contrepartie, le bien est loué nu à usage d'habitation principale pendant une durée minimale de 6 ans. Le taux de réduction de l'impôt augmente avec le temps : 12 % sur une durée de 6 ans, 18 % sur 9 ans, 21 % sur 12 ans. La réduction d'impôt s'applique sur le prix de revient du logement majoré des frais de notaire et se limite à 300 000 € par an et par foyer fiscal.
Investissement Pinel	▸ Les conditions de location sont assouplies. Le logement peut être loué aux descendants et ascendants ne faisant pas partie du foyer fiscal, à condition de respecter les plafonds de loyer (zone A Bis : 17,62 € ; zone A : 13,09 € ; zone B1 : 10,55 € ; zone B2 et C : 9,17 €) et les ressources du locataire. Néanmoins, la location aux descendants et ascendants ne sera pas prise en compte dans la durée de location ouvrant droit à la réduction d'impôt.

›››

›››

Loi Malraux	▸ Réduction de 22 % à 30 % en contrepartie de dépenses de restauration déclarée d'utilité publique (à l'exception des secteurs sauvegardés) d'un immeuble destiné à la location dans la limite d'un plafond de 400 000 € sur 4 années consécutives. ▸ Engagement de location pendant 9 ans. La réduction n'entre pas dans le mécanisme de plafonnement des niches fiscales.
Résidences de services Censi-Bouvard	▸ Réduction d'impôt de 11 % dans la limite de 300 000 € en contrepartie de l'achat en 2018 d'un bien en résidence étudiante, senior ou personnes handicapées. Les investissements en résidence de tourisme profitent d'un nouveau dispositif de réduction pour des travaux engagés pour des logements d'au moins 15 ans. Cette réduction est de 20 % dans la limite de 22 000 € par logement sur la période 2017-2019.
Investissement outre-mer	▸ Réduction d'impôt de 18 % (répartie sur 10 ans) pour l'achat de sa résidence principale. Fait l'objet d'un plafonnement spécifique : 30 600 € ou 11 % du revenu puis plafonnement de 18 000 €. ▸ Dispositif Pinel outre-mer : réduction d'impôt comprise entre 23 et 32 % pour une durée d'engagement de location comprise entre 6 et 12 ans. Le plafond annuel de réduction retenu est de 18 000 € (supérieur au plafonnement global sur les niches fiscales de 10 000 €).

2 Les autres dispositifs : les investissements dans les entreprises

Compléments en ligne

Dispositif	Fonctionnement
SOFICA	**Mécanisme** : investissement au capital d'une SOciété de Financement du Cinéma et de l'Audiovisuel. **Dispositif fiscal** : Réduction d'impôt de 30 % (36 % pour certaines SOFICA) du montant de la souscription dans la limite de 25 % du revenu et 18 000 €.
Fond d'investissement de proximité (FIP) ou Fond commun de placement dans l'innovation (FCPI)	**Mécanisme** : investir dans des PME non cotées. **Dispositif fiscal** : réduction d'impôt de 18 % de la somme investie dans la limite de 12 000 € pour une personne seule et 24 000 € pour un couple. Plafonnement global de 10 000 €.

REMARQUE

Le taux de réduction majoré à 25 % a été reconduit pour la période comprise entre le 18 mars et le 31 décembre 2022.

3 Les mesures en faveur de la famille et de la résidence principale

Compléments en ligne

Dispositif	Fonctionnement
Emploi d'une personne à domicile	Crédit d'impôt de 50 % de la dépense engagée dans la limite d'un plafond de 12 000 € pour un couple + 1 500 € par enfant à charge.
Scolarité des enfants	Réduction de 61 € pour un enfant au collège, 153 € pour un lycéen et 183 € pour un étudiant.
Garde des enfants de moins de 7 ans	Crédit d'impôt : 50 % des dépenses engagées dans la limite d'un plafond de 2 300 € par enfant à charge.
Investissement dans des équipements favorisant le développement durable	Le CITE est remplacé par un dispositif de prime, « MaPrimeRénov' » dont le montant dépend de la nature des travaux effectués et du revenu fiscal de référence du bénéficiaire

Certaines lois de défiscalisation dans l'immobilier comportent des contraintes de plafonnement des loyers et/ou des ressources du locataire. Ces plafonds sont publiés par décret et font l'objet de revalorisation annuelle. On pourra consulter également le site du ministère du logement et de la ville pour une actualisation des barèmes (https://www.service-public.fr).

APPLICATIONS

1 ÉNONCÉ

Monsieur et Madame Grondin souhaitent mieux connaître le dispositif Pinel. Ils viennent de recevoir par courriel une proposition pour acquérir un appartement d'une valeur de 190 000 €. Vous savez qu'ils paient 30 000 € d'impôt et que leur taux marginal d'imposition est de 41 %. Le bien est situé en zone B1. L'acquisition se fera en partie grâce à leur épargne et par un prêt bancaire de 120 000 € sur 10 ans au taux assurance comprise de 2 %. Les charges déductibles représentent 15 % du loyer annuel. Enfin, on suppose que le montant du loyer est révisé de 1 % par an.

1. **Sachant que la surface est de 55 m^2, calculez le loyer mensuel maximum pour un bail conclu en 2021 (voir barème page 156).**
2. **Calculez la réduction d'impôt.**
3. **Complétez le tableau ci-dessous et concluez sur l'intérêt de cette opération (les calculs seront arrondis à l'unité).**

Année	Loyer	Intérêts	Charges déductibles	Revenu foncier imposable	Réduction d'impôt	Gain fiscal
1	7 272	2 300				
2		2 079				
3		2 060				
4		1 834				
5		1 604				
6		1 369				
7		1 129				
8		885				
9		635				
Total						

SOLUTION

1 1 Le montant du loyer sera de 606 € par mois, soit un loyer annuel de 7 272 €.

$$55 \times 10{,}55 \times [0{,}7 + (19/55)] = 606\ €$$

2 La réduction d'impôt :

$$190\,000 \times 18\ \% = 34\,200\ €\text{, soit } 3\,800\ €\text{ par an.}$$

3

Année	Loyer	Intérêts	Charges déductibles	Revenu foncier imposable	Réduction d'impôt	Gain fiscal
1	7 272	2 300	1 091	3 881[1]	3 800	1 541[2]
2	7 345	2 079	1 102	4 164	3 800	1 377
3	7 418	2 060	1 113	4 245	3 800	1 329
4	7 492	1 834	1 124	4 534	3 800	1 161
5	7 567	1 604	1 135	4 828	3 800	990
6	7 643	1 369	1 146	5 128	3 800	816
7	7 719	1 129	1 158	5 432	3 800	638
8	7 797	885	1 169	5 742	3 800	458
9	7 875	635	1 181	6 058	3 800	274
Total					**34 200**	**8 584**

[1] Revenu foncier imposable = loyer – intérêts – charges déductibles.
[2] Les revenus fonciers subissent un prélèvement fiscal de 41 % (TMI) et les prélèvements sociaux au taux de 17,2 % soit un total de 58,2 %. L'impact fiscal est donc de 1 541 € la première année (3 800 – (3881 × 58,2 %)).

L'impact fiscal net sur 9 ans fait apparaître une économie d'impôt de 8 584 € soit une réduction d'environ 954 € par an.

2 ENTRAÎNEMENT À LA CERTIFICATION AMF

1 Un Prestataires de Services d'Investissement (PSI) est tenu de catégoriser ses clients. Quelle affirmation est exacte ?

☐ **a.** Le PSI informe ses clients de leur catégorisation et de leur droit à demander une catégorisation différente.

☐ **b.** Le PSI ne doit pas informer ses clients sur leur catégorisation.

☐ **c.** Le PSI ne doit informer ses clients que lorsqu'il y a un changement de catégorie.

2 Les catégorisations de clients suivantes sont possibles :

1. client professionnel.

2. client non professionnel.

3. contrepartie non éligible.

☐ **a.** 1 et 2.

☐ **b.** 2 et 3.

☐ **c.** 1, 2 et 3.

3 L'acronyme anglais KYC qui signifie « know your customer » :

☐ **a.** désigne un logiciel de gestion de la relation commerciale avec un client.

☐ **b.** renvoie à la notion de connaissance approfondie d'un client, notamment dans le cadre de la lutte contre le blanchiment des capitaux et le financement du terrorisme.

☐ **c.** aucune réponse ne convient.

4 MIF 2 a ajouté des critères d'évaluation de l'adéquation client/conseil. Désormais, le conseiller devra examiner, en plus des critères existants auparavant :

☐ **a.** les connaissances et l'expérience du client en matière d'investissement.

☐ **b.** la tolérance du client au risque.

☐ **c.** la situation matrimoniale du client.

5 La durée de conservation minimale des données relatives à une opération sur instruments financiers est de :

☐ **a.** 1 an après la fin de l'opération.

☐ **b.** 5 ans après la fin de l'opération.

☐ **c.** 10 ans après la fin de l'opération.

6 À qui le secret bancaire est-il opposable ?

☐ **a.** À l'Autorité de contrôle prudentiel et de résolution.

☐ **b.** À l'Autorité des marchés financiers.

☐ **c.** À une autre banque.

7 Pour avoir accès aux informations personnelles d'une personne décédée détenues par un Prestataire de Services d'Investissement (PSI), une personne physique doit disposer du statut :

☐ **a.** d'héritier.

☐ **b.** de conjoint.

☐ **c.** d'associé au sein d'une personne morale.

SOLUTION

1**a** - 2**a** - 3**b** - 4**b** - 5**b** - 6**c** - 7**a**

Partie 4

L'ÉPARGNE BANCAIRE ET FINANCIÈRE

27 Éléments de mathématiques financières

Les calculs financiers sont un outil permettant de renseigner efficacement un client. Le chargé de clientèle pourra, sans difficulté, indiquer à son client l'effort d'épargne nécessaire pour se constituer un capital, renseigner sur le calcul des intérêts, indiquer la durée de placement nécessaire pour obtenir les capitaux souhaités.

1 Intérêts simples et intérêts composés

On parle d'intérêt simple quand les intérêts sont calculés uniquement sur le capital initial. En d'autres termes les intérêts ne produisent pas eux-mêmes des intérêts contrairement aux intérêts composés.

	Formule	Exemple
Intérêts simples	$I = C \times i \times n$ avec : I : somme des intérêts C : capital i : taux d'intérêt n : durée du placement	1 000 € placés pendant un an à 3 % $I = 1\,000 \times 0{,}03 \times 1 = 30$ € Capital en fin de période 1 030 €
Intérêts composés	$C = Co\ (1 + i)^n$ $I = C - Co = Co\ [(1 + i)^n - 1]$ Co : capital d'origine	1 000 € placés pendant 2 ans à 3 % $C = 1\,000 \times (1{,}03)^2 = 1\,060{,}9$ $I = 1\,000 \times 3\,\% + 1\,030 \times 3\,\% = 60{,}90$ €

2 Cas particuliers

Dans certains cas (Livret A, Livret Bleu…), le calcul des intérêts s'effectue par quinzaines.

Le principe de calcul implique que les sommes placées ne procurent des intérêts que si elles demeurent sur le compte au moins 15 jours consécutivement.

▶ **Pour les retraits**

Un retrait le 14 du mois sera comptabilisé en date de valeur le 1er du mois. Un retrait le 18 sera lui comptabilité en date de valeur du 16 du mois courant.

▶ **Pour les dépôts**

Un dépôt effectué le 13 du mois produira des intérêts à compter du 16 du même mois, un dépôt effectué le 20 produira des intérêts à compter du 1er du mois suivant.

EXEMPLE

Un Livret A avec un solde initial de 1 200 € enregistre les opérations suivantes :

Date	Retrait	Versement
4 janvier		600 €
2 février	500 €	
16 mars		700 €
30 juillet	200 €	
15 septembre		800 €
15 octobre	400 €	

Date opération	Date de valeur	Taux en vigueur	Montant opération en €	Quinzaines	Solde en €	intérêts rétro-grades	Intérêts anticipés
01-janv	01-janv	2,00 %	1 200	24	1 200		24,00
04-janv	16-janv	2,00 %	600	23	1 800		11,50
02-févr	01-févr	2,00 %	500	22	1 300		9,17
16-mars	01-avr	2,00 %	700	18	2 000	10,50	
30-juil	16-juil	2,00 %	200	11	1 800		1,83
15-sept	16-sept	2,00 %	800	7	2 600		4,67
15-oct	01-oct	2,00 %	400	6	2 200	2	
				Solde au 1er janvier N + 1	2 238,67	12,50	51,17

3 Taux proportionnel et taux équivalent

Pour calculer des intérêts sur une période inférieure à un an, on doit transformer le taux annuel en un taux périodique (mensuel, trimestriel, semestriel).

On utilisera le taux proportionnel aux calculs en intérêts simples :

A Taux proportionnel trimestriel (taux annuel de 4 %)

$$\frac{\text{Taux annuel}}{4} = 1\,\%$$

Un taux trimestriel de 1 % est équivalent en intérêt simple à un taux annuel de 4 %.

B Taux équivalent (intérêts composés)

Taux périodique équivalent = $(1 + \text{taux annuel})^{1/\text{durée de la période}} - 1$

Deux taux sont équivalents lorsqu'ils produisent le même montant d'intérêt pour une même période mais avec une fréquence de capitalisation différente.

EXEMPLE

Un placement de 1 000 € au taux proportionnel annuel de 4 % avec capitalisation mensuelle :

$$1\,000\,(1+\frac{4\%}{12})^{12} = 1\,040{,}74\text{ €}$$

Le placement a généré 40,74 € d'intérêt sur une période d'un an. Avec une capitalisation annuelle, le taux équivalent est de 4,074 % (1 000 € placé pendant 1 an avec une capitalisation annuelle produisent le même montant d'intérêts).

Le taux actuariel est donc :

Taux actuariel = $[(1+\textit{taux périodique})^n - 1] \times 100 = (1+\frac{4\,\%}{12})^{12} = 4{,}07415\,\%$

Taux proportionnel : $4\,\%/12 = 0{,}0033\,333\,333$

Taux mensuel équivalent : $(1+4{,}07415\,\%)^{\frac{1}{12}} - 1 = 0{,}00333\,333$

Action	Formule	Illustration
Passage du taux nominal périodique au taux actuariel	Taux actuariel = $(1+\textit{taux nominal périodique})^n - 1]$	$4{,}2\,\% = \left(1+\frac{4{,}12\,\%}{12}\right)^{12} - 1$
Passage du taux actuariel au taux nominal annuel	Taux nominal annuel = $[[(1+\textit{taux actuariel})^{1/12} - 1] \times 12] \times 100$	$4{,}12\,\% = [[(1+4{,}2\,\%)^{\frac{1}{12}} - 1] \times 12] \times 100$

EXEMPLE

Pour un taux annuel de 5 %, on obtient un taux équivalent mensuel de :

$(1+5\,\%)^{1/12} - 1 = 0{,}004\,074\,124$ soit 0,4 074 %

Taux équivalent trimestriel = $(1+5\%)^{1/4} - 1 = 0{,}0\,122\,722$ soit 1,2 272 %

4 Valeur acquise et valeur actuelle d'une suite d'annuité, taux proportionnel ; taux équivalent

	Formule	Exemple
Valeur acquise d'une suite d'annuité (versement en début de période)	$C = a\,(1+i)\,\frac{(1+i)^n - 1}{i}$	1 000 € par an pendant 4 ans à 5 % donne un capital de 4 525,63 € avec : *a* : placement périodique. C : capital au terme de la période de placement. *i* : le taux d'intérêt périodique correspondant.

›››

›››

	Formule	Exemple
Valeur acquise d'une suite d'annuité (versement en fin de période)	$C = a\dfrac{(1+i)^n - 1}{i}$	Le même exemple donne 4 310,12 €.
Valeur actuelle d'un capital	$VA = C\,(1+i)^{-n}$	Il faut placer aujourd'hui 7 306,90 € (VA) au taux de 4 % pour obtenir 10 000 € dans 8 ans.
Valeur actuelle d'une suite d'annuité	$VA = a\dfrac{1-(1+i)^{-n}}{i}$	La valeur actuelle de 1 000 € placés pendant 5 ans au taux de 4 % donne 4 451,82 €. Ce calcul permet de choisir entre le versement d'un capital donné ou d'une rente pendant une période donnée.

APPLICATIONS

1 ÉNONCÉ

Vous recevez un jeune client qui vous demande quel sera le montant des intérêts acquis en N par l'épargne de son livret et crédité sur son compte le 1er janvier N + 1. Le taux de rémunération est de 2 %. Le solde au 1er janvier N était de 1 400 €. Les opérations suivantes ont été enregistrées en N.

Versement le 3 janvier : 500 €

Retrait le 14 mars : 200 €

Versement le 29 juillet : 800 €

Retrait le 4 octobre : 300 €

1 Calculez le montant des intérêts acquis en N.

2 Quel est le solde du compte au 1er janvier N + 1 ?

SOLUTION

1, 2

Date opération	Date de valeur	Taux en vigueur	Montant opération en €	Quinzaines	Solde en €	Intérêts rétrogrades	Intérêts anticipés
01-janv	01-janv	2,00 %	1 400	24	1 400		28,00
03-janv	16-janv	2,00 %	500	23	1 900		9,58
14-mars	01-mars	2,00 %	200	18	1 700	3	
29-juil	01-août	2,00 %	800	10	2 500		6,67
04-oct	01-oct	2,00 %	300	6	2 200	1,50	
				Solde au 1er janvier N + 1	**2 239,75**	4,50	44,25

2 ÉNONCÉ

Un grand nombre de vos clients sont soucieux de préparer leur retraite. Vous recevez un client âgé de 42 ans. Il vous pose les questions suivantes :

1 Quelle somme doit-il placer aujourd'hui (au taux de 4,2 %) pour avoir un capital de 50 000 € quand il atteindra l'âge de 60 ans ?

2 Ne disposant pas dans l'immédiat d'un capital suffisant, il envisage d'effectuer des versements réguliers jusqu'à son départ à la retraite. Il décide de verser 5 000 € immédiatement et prévoit d'effectuer un versement une fois par an (en fin d'année). Quel est le montant du versement à effectuer pour obtenir le capital de 50 000 € souhaité sachant que la rémunération sera en moyenne sur la période de 4,2 % ?

SOLUTION

1 50 000 / $(1{,}042)^{18}$ = 23 842,46 €

2 5 000 $(1{,}042)^{18}$ = 10 485,46

Pour obtenir 50 000 € il faut encore 39 514,54 €.

Pour obtenir ce capital, il doit verser tous les ans en fin d'année 1 512,72 €.

1 512,72 = 39 514,54 / [($1{,}042^{18}$ – 1) / 0,042)].

Ainsi un versement initial de 5 000 € suivi de versements annuels de 1 512,72 € pendant 18 ans donnera un capital de 50 000 €.

3 ÉNONCÉ

1 Quelle est la valeur acquise par un capital de 5 000 € placé pendant 3 ans à intérêts composés au taux de 6 % ?

2 Quelle somme faut-il placer aujourd'hui à 4 % pour obtenir 10 000 € dans 8 ans ?

3 Quelle doit être la durée d'un placement de 6 000 € à 5 %, pour qu'il donne une valeur acquise de 9 773,36 € ?

SOLUTION

1 5 955,08 = 5 000 $(1 + 6\,\%)^3$

2 10 000 / $(1{,}04)^8$ = 7 306,9 €

3 9 773,36 = 6 000 $(1{,}05)^n$

n = log (9 773,36 / 6 000)/log (1,05) = 10 ans.

28 L'épargne bancaire

1 Introduction

L'épargne est constituée de la partie non consommée du revenu. En d'autres termes, il s'agit d'une consommation différée dans le temps. De nombreux motifs conduisent le client particulier à épargner.

En premier lieu, il peut désirer constituer une épargne de précaution dans laquelle il puisera pour financer une dépense imprévue et qui pourrait déstabiliser son budget. Cette épargne est une épargne à court terme que l'on retrouve principalement sous forme de livrets bancaires.

En second lieu, l'épargnant peut être motivé par la volonté de financer un projet (acquisition d'un logement, achat d'un voyage).

Enfin, l'épargnant pourra choisir des placements en vue d'en retirer un revenu complémentaire (épargne financière, immobilière).

L'épargne bancaire représente la somme de l'épargne de la clientèle répartie sur la gamme des produits bancaires commercialisés et gérés, pour leur propre compte, par les banques. Ces fonds sont redistribués sous forme de prêts et contribuent en partie au rôle d'intermédiation des établissements financiers.

Les placements financiers sont composés principalement des valeurs mobilières (action, obligation), de produits de gestion collective de ces valeurs mobilières (OPCVM) et des contrats d'assurance-vie.

La distinction entre épargne bancaire et épargne financière se traduit par la nature des placements et par le fait que seule l'épargne bancaire est source d'intermédiation. L'épargne financière est source de commissions.

Argumentation commerciale : « *Monsieur le client, vous allez construire par étapes votre patrimoine. Vous devez commencer par vous doter d'une épargne de précaution. Pour faire face aux coups durs et aux coups de cœur, il est recommandé de placer l'équivalent de trois mois de revenus sur des livrets bancaires. Ensuite, vous devez songer à acheter un toit pour votre famille. Puis vous diversifiez vos placements dans un environnement où le risque prend de multiples formes.* »

La constitution progressive de l'épargne d'un particulier

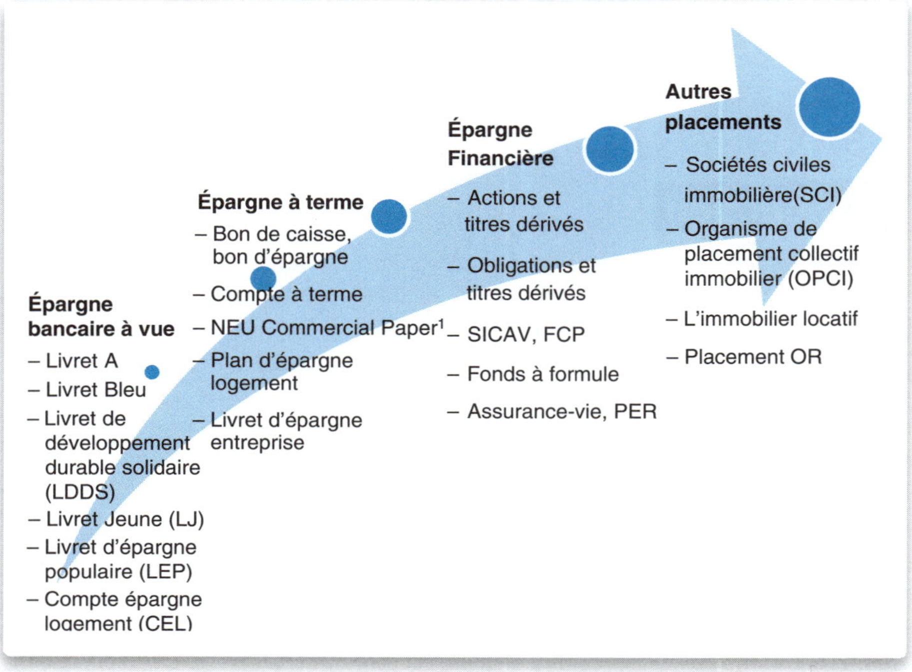

[1] Les NEU CP remplacent depuis le 1er juin 2016 les certificats de dépôt, les billets de trésorerie et les bons à moyens terme négociables.

Au-delà de ces différentes motivations, le client devra également arbitrer en fonction des caractéristiques des placements choisis. Ces caractéristiques sont :

- **la liquidité :** un actif est dit liquide lorsque l'épargne est mobilisable sans délai et sans coût ;
- **la rentabilité :** c'est la rémunération qui est servie par le produit. Souvent cette rémunération est d'autant plus forte que le risque est élevé ;
- **le risque :** un actif est d'autant plus risqué que la probabilité de retrouver son investissement initial est faible ;
- **la fiscalité :** peu de produits sont aujourd'hui défiscalisés. La plupart supporte des prélèvements fiscaux et sociaux (fiche fiscalité).

2 Particularités des principaux produits d'épargne à vue

	Caractéristiques particulières
Livret A /Livret Bleu	▸ **Conditions d'ouverture :** 1 livret par personne physique ou morale avec un versement d'au moins 1,50 €. ▸ **Plafond :** 22 950 € + capitalisation des intérêts. Solde min. : 1,50 €. ▸ **Rémunération :** 2 % depuis le 1er août 2022. Depuis le 1er janvier 2012, le transfert du livret A entre deux banques n'est plus possible.

›››

›››

	Caractéristiques particulières
Livret Jeune	▸ **Conditions d'ouverture :** un livret par personne physique âgée de 12 à 25 ans. ▸ **Plafond :** 1 600 €. ▸ **Rémunération :** au minimum celle du livret A (rémunération variable selon les réseaux ; elle doit être au moins égale à celle du Livret A).
Livret de développement durable et solidaire	▸ **Conditions d'ouverture :** un LDDS par contribuable, 2 par foyer fiscal, versement à l'ouverture : 10 €. ▸ **Plafond :** 12 000 € + capitalisation des intérêts. ▸ **Rémunération :** 2 %.
Livret d'épargne populaire	Depuis le 1er janvier 2014, les conditions d'éligibilité au LEP ont été modifiées. Dorénavant, l'ouverture d'un LEP dépend de conditions de ressources. Pour être éligible, l'épargnant devra justifier d'un plafond de revenu égal au seuil d'exonération de la taxe d'habitation (article 1417 du Code général des impôts) multiplié par un coefficient 1,8 (article 221-15 de CMF). Les seuils fixés à l'article 1417 ont été revalorisés de 4 % dans la loi de finances 2014. **Métropole[1]** — **1 part** : 20 296 € ; **2 parts** : 31 136 € ; **3 parts** : 41 976 € ▸ **Plafond :** 7 700 € + capitalisation des intérêts. ▸ **Rémunération :** 4,6 % depuis le 1er août 2022.
Compte sur livret (livret bancaire B)	▸ **Conditions d'ouverture :** un ou plusieurs par personne physique avec un minimum de 10 €. ▸ **Plafond :** pas de plafond. ▸ **Rémunération :** variable, dépend des taux du marché monétaire.

Détail du tableau LEP :

	Métropole[1]
1 part	20 296 €
2 parts	31 136 €
3 parts	41 976 €

[1] Majoration de 5 420 € pour la première demi-part et les suivantes en France métropolitaine.

En pratique

L'année 2022 a été marquée par une remontée brutale de l'inflation (+ 5,8 % en rythme annuel en juin 2022). Cette évolution explique les derniers changements de taux de l'épargne réglementée en application de la règle en vigueur depuis février 2020.

Évolution du taux du livret A

Janvier 1972	Janvier 1975	Octobre 1981	Juillet 1985	Juin 1998	Août 2008	Février 2011	Août 2015	Février 2020	Août 2022
4,25 %	7,5 %	8,5 %	6 %	3 %	4 %	2 %	0,75 %	0,5 %	2 %

3 Points communs aux principaux produits d'épargne à vue

- **Capitalisation des intérêts :** annuelle (à l'exception du compte sur livret pour lequel la capitalisation est effectuée par quinzaine) ;
- **Mode de calcul des intérêts :** par quinzaine (voir fiche 27 « *Éléments de mathématiques financières* ») ;
- **Fiscalité :** aucune (excepté pour le compte sur livret qui supporte les prélèvements sociaux et fiscaux au taux en vigueur : 17,2 % prélèvements sociaux et IR) ;
- **Risque :** faible (fonds garantis par la garantie légale des dépôts à hauteur de 100 000 € tous comptes confondus) ;
- **Liquidité :** élevée ;
- **Durée du placement :** court terme ;
- **Clôture :** volonté du titulaire ou décès de ce dernier. Le solde des comptes est alors intégré dans l'actif successoral.

4 La fixation des taux d'intérêt des produits d'épargne réglementée

Pour limiter le caractère discrétionnaire du changement du taux du livret A, les pouvoirs publics ont souhaité établir une règle, qui a évolué à plusieurs reprises depuis 2004.

Date	Règle
2004	On retient le maximum entre : ▸ [((EURIBOR 3 mois + EONIA) / 2 + inflation) / 2]. ▸ Inflation + 0,25 point.
2009	▸ Augmentation de la fréquence de révision des taux qui passe de 2 à 4 révisions annuelles (15 janvier, 15 avril, 15 juillet, 15 octobre, soit une fois par trimestre). ▸ Variation des taux limitée à 1,5 % maximum.
2017	La formule de 2004 est aménagée : ▸ Les taux d'intérêt retenus dans la formule sont une moyenne lissée sur 6 mois. ▸ Si la différence entre l'inflation et les taux monétaires est supérieure ou égale à 0,25 point, alors la majoration inflation + 0,25 point est suspendue (il s'agit d'une circonstance exceptionnelle).
2020	Une nouvelle règle est entrée en application le 1er février 2020 : Taux du livret A = moyenne semestrielle de l'inflation et des taux interbancaires à court terme (€STR) arrondie au dixième de point supérieur ; Introduction du taux plancher de 0,5 %.

En pratique

Le gouvernement peut rester libre de fixer le taux du livret A.

À la demande des pouvoirs publics, les banques doivent rappeler aux personnes ayant ouvert un livret A en 2009 qu'une même personne ne peut être titulaire que d'un seul livret A ou livret bleu (sauf si un des livrets a été ouvert avant le 01/09/1979). À défaut, cette personne s'expose aux deux sanctions prévues par l'article 1739 A du Code général des impôts : imposition des intérêts indûment exonérés, application d'une amende fiscale égale à 2 % de l'encours du livret supplémentaire (sanction non appliquée si montant de l'amende inférieur à 50 €, ce qui correspond à un solde du livret A de 2 500 €).

5 La fiscalité des livrets d'épargne bancaire soumis à l'IR et aux PS

Hormis les livrets réglementés (Livret A, LEP, LDDS), tous les livrets sont soumis aux prélèvements sociaux et fiscaux (les CEL ouverts avant le 1er janvier 2018 ne supportent que les prélèvements sociaux).

Les intérêts perçus sont soumis à un prélèvement unique de 30 % (17,2 % de PS et 12,8 % d'impôt sur le revenu). Sur option, il est toujours possible d'être imposé au barème progressif de l'impôt sur le revenu.

À NOTER

Les contribuables non imposables auront cependant intérêt à opter pour une imposition au titre du barème de l'impôt sur le revenu.

6 L'or d'investissement

L'or « physique » est une valeur refuge en période de crise quand les niveaux de risque augmentent (crise financière, crainte sur l'économie, retour possible de l'inflation). Investir en or revêt plusieurs formes : l'achat d'or physique (pièces, lingots, certificats gagés sur des stocks d'or), l'acquisition d'actions ou fonds de placement de mines d'or. Les pièces d'or frappées après 1800 et les lingots ou lingotins (jusqu'à 50 grammes) ont un cours légal. Un lingot est numéroté. Avant 1800, les pièces d'or sont considérées comme objet de collection.

A Les modalités d'achat

Depuis le 31 juillet 2011, les transactions sur l'or ne peuvent plus être payées en espèces auprès d'un commerce spécialisé ou d'un bureau de change. Un paiement par virement ou un chèque de banque est exigé. Dans le cadre de la lutte anti-blanchiment, à partir de 8 000 € de transactions cumulées, le vendeur doit consigner différents éléments figurant sur la pièce d'identité de l'acheteur. Les informations sont alors conservées pendant cinq années après la dernière opération réalisée. Si le vendeur est un marchand d'or, le seuil passe à 15 000 €. Depuis le 1er janvier 2011, le fisc peut consulter directement ce registre. Depuis janvier 2012, le marchand d'or a l'obligation de remettre chaque année avant le 31 janvier au fisc, une déclaration mentionnant l'identité, l'adresse des vendeurs et le cumul annuel des achats effectués auprès de chacun d'eux. Un registre de police doit également être tenu. Un placement en or peut s'assurer au-delà du plafond de garantie proposée par le banquier lors de la location d'un coffre-fort.

B La fiscalité et les frais

- Inexistence de TVA.
- Paiement d'une taxe anonyme de 11,5% sur le prix de la transaction auprès de l'intermédiaire (courtier, banque...) ou impôt sur la plus-value avec une déclaration nominative.
- Présence de frais liés au courtage, aux scellés, à la livraison.
- Déclaration des dons manuels en or d'une personne dont le nouveau propriétaire est l'héritier ou le légataire.
- Non taxation des présents d'usage.

À la revente : taxation de 11,5% sur le prix de vente (frais inclus) ou sous conditions taxation de 36,2% de la plus-value nette (déterminée d'après le cours au jour du don) avec un abattement de 5% par année de détention révolue à partir de la troisième année (exonération du gain après 22 ans). Une déclaration au nom du vendeur est déposée par l'intermédiaire au fisc avec le chèque du vendeur.

La crise économique pousse des consommateurs à réviser leur mode de consommation. Cette prise de conscience s'accompagne d'une volonté collective de soutenir individuellement des initiatives locales, nationales à forte valeur ajoutée sociale. *L'épargne solidaire* est née dans cet état d'esprit. Les épargnants « font travailler » leur argent pour financer des entreprises issues de l'économie sociale (protection de l'environnement, commerce équitable, réinsertion par l'emploi...). En France, le nombre d'épargnants solidaires a été multiplié par plus de 20 entre 2002 et 2012. Le label Finansol créé en 1997 est le gage de transparence des placements solidaires.

Les formes des produits d'épargne solidaire sont diverses. Une partie (au minimum 50%) ou la totalité des intérêts d'un livret d'épargne solidaire peut être reversée à des associations (à vocation humanitaire répondant à des critères éthiques, sociaux et environnementaux) choisies par l'épargnant dans une liste définie par l'établissement financier. Ces associations soutiennent des projets solidaires grâce à l'aide financière qu'elles reçoivent. En échange du soutien financier de l'épargnant et dans le cadre des dons aux associations, le titulaire du livret solidaire va bénéficier de réductions d'impôts. Les intérêts sont versés aux associations le 31/12 de chaque année. Les associations prennent en charge l'envoi des reçus fiscaux aux donateurs si le montant atteint le seuil défini par cette association. Ce livret est accessible à toute personne physique ayant sa résidence fiscale en France.

APPLICATION

ÉNONCÉ

Monsieur Bardoin, client de la Caisse d'Épargne, est titulaire d'un livret A. Pour l'année N, on retiendra un taux de rémunération de 2 %.

1 **Votre client vous interroge sur la façon dont sont calculés les intérêts des sommes placées sur son livret.**

2 **Il vous demande, en tenant compte des opérations qui suivent, de lui indiquer :**

- **le nouveau solde de son livret au 31/12/N (le solde au premier janvier était de 2 300 €) ;**
- **le montant des intérêts acquis en N.**

Les opérations effectuées en N sont les suivantes :

- retrait de 500 € le 18 mars ;
- versement d'une prime exceptionnelle de 1 000 € le 4 mai ;
- virement vers le compte à vue de 400 € le 2 août.

SOLUTION

1 Les intérêts sont calculés par quinzaine et capitalisés en fin d'année. En d'autres termes, tout versement effectué entre le 1er et le 15 du mois ne portera intérêt qu'à compter du 16 du même mois. À l'inverse un retrait entre le 1er et le 15 du mois sera inscrit en date de valeur le 1er du mois ce qui entraîne un manque à gagner d'une quinzaine. Dans ces conditions, il est préférable d'effectuer un retrait le 16 du mois plutôt que le 14 et symétriquement, il est préférable d'effectuer un versement le 15 du mois plutôt que le 2 du même mois.

2

Date opération	Date de valeur	Taux en vigueur	Montant opération en €	Quinzaines	Solde en €	Intérêts rétrogrades	Intérêts anticipés
01-janv	01-janv	2,00 %	2 300	24	2 300		46,00
18-mars	01-mars	2,00 %	500	20	1 800	8,33	
04-mai	16-mai	2,00 %	1 000	15	2 800		35,00
02-août	16-août	2,00 %	400	9	2 400	3,00	
				Solde au 1er janvier N + 1	**2 469,67**	**11,33**	**81,00**

29 Les produits d'épargne à terme

Les produits d'épargne à terme vont souvent offrir une plus forte rémunération mais au prix d'une moindre liquidité. D'autre part, les revenus tirés de ces produits vont supporter une fiscalité comprenant un prélèvement fiscal et un prélèvement social.

1 Les principaux produits à terme

Le compte à terme (CAT) constitue une solution intéressante pour placer une importante somme d'argent sur plusieurs mois sans prendre de risque. Certes, ces produits ne sont pas sans contrainte...Mais ce produit peut servir aux personnes physiques ou morales de refuge en attendant des jours meilleurs sur d'autres placements...Le client accepte de bloquer son épargne pendant une durée précise et à un taux fixé dès la souscription du CAT. Le versement ne supporte ni frais d'ouverture et de clôture, ni frais de gestion contrairement à l'assurance-vie. Tout versement ultérieur est impossible sur le CAT... Il faut ouvrir un nouveau CAT pour déposer une autre somme. Ce placement est sans risque sauf en cas de défaillance de la banque. Le taux de rémunération est libre donc négociable. Il varie en fonction de la durée du placement et de la somme placée. Le taux de rendement est fonction de l'évolution de l'€STR et de l'EURIBOR 3 mois. Les intérêts sont calculés au jour le jour. Le contrat stipule à l'ouverture le montant placé, la durée du placement, le taux de rémunération, les pénalités en cas d'anticipation d'échéance, les conditions dans lesquelles le compte pourra être renouvelé à l'échéance (pour éviter la décollecte !).

La plupart des banques offre le choix entre deux catégories de CAT : **CAT classique à taux fixe, CAT à taux progressif** (la rémunération progresse au fil du temps).

Les arguments commerciaux pour vendre le CAT : simplicité, visibilité, accessibilité, sécurité.

	Compte à terme	Bon de caisse/ Bon d'épargne
Ouverture	Personne physique ou morale.	• Personne physique ou morale. • Placement de 1 mois à 5 ans anonyme ou nominatif : le bon est une reconnaissance de dette d'une banque à l'égard de son client.
Plafond de versement	Aucun.	• Aucun. • Les montants de souscription sont préétablis : – 1 000 € – 2 000 € – 10 000 €.
Rémunération et mode de calcul des intérêts	Libre (en général inférieur de 1 ou 2 points au taux du marché monétaire).	• Les taux sont libres [intérêts précomptés (déduits du nominal à la souscription), ou post comptés (versés à l'échéance)]. • Le calcul des intérêts est identique au CAT.

›››

〉〉〉

	Compte à terme	Bon de caisse/ Bon d'épargne
Capitalisation des intérêts	Les intérêts sont décomptés au jour le jour (formule des intérêts simples) : I = C × t × (n / 365) avec C capital, t taux en %, n la durée de placement en jours.	Les intérêts sont décomptés au jour le jour.
Fiscalité des revenus	PFU 30 % ou option IR.	PFU 30 % ou option IR.
Durée du placement	1 mois minimum.	1 mois à 5 ans.
Risque	Faible.	Faible.
Liquidité	Moyenne.	Moyenne.
Clôture	Durée < 1 mois : pas de rémunération ; Durée > 1 mois et retrait anticipé : taux fixé à la souscription moins pénalités. Pour éviter cet écueil, il est possible d'opter pour des comptes à taux progressif qui fonctionnent par période : à la fin de chaque période, une sortie sans pénalité est possible.	À l'échéance, remboursement du bon.

Depuis le 1er juin 2013, l'autorité de contrôle prudentiel et de résolution a adopté un texte qui invite les banques à plus de vigilance lors de la commercialisation des comptes à terme. Cette recommandation les invite à plus de transparence en communicant sans ambiguïté sur la nature du produit, à en expliquer le fonctionnement en fournissant à l'épargnant un document de synthèse et enfin à lui fournir une information périodique actualisée.

2 Les autres produits

A Les *Negociable European Commercial Paper* (NEU CP)

Ils existent depuis 1985. Ce sont des titres de créance négociables émis par des banques et qui peuvent être achetés par des personnes physiques ou morales. Le montant minimum est de 150 000 € pour une durée comprise entre 1 jour et 1 an. Depuis le 30 mai 2016 et le décret N° 2016-707, les certificats de dépôt deviennent des titres négociables de court terme commercialement dénommés « Negotiable European Commercial Paper » (NEU CP).

La rémunération est libre (fixe ou variable) en général proche des conditions de taux du marché monétaire.

Le titre peut être cédé sur le marché mais il existe un risque de taux. Le prix de revente sera plus faible si les taux ont augmenté ce qui entraîne une moins-value sur la cession ; à l'inverse si les taux ont baissé, le prix de revente augmentera entraînant une plus-value.

B Les bons de caisse

Bon au porteur : il n'y a pas de bénéficiaire désigné, le porteur est présumé propriétaire du bon : on a alors un bon anonyme.

En pratique

Depuis le 1er octobre 2016, il n'est plus possible de choisir l'anonymat lors de la souscription de bons.

Bon à ordre : le bon est émis avec le nom d'un bénéficiaire, le bon peut être transmis par endos. Au moment du remboursement la banque devra vérifier l'identité du dernier endossataire.

Bon nominatif : à la différence des bons au porteur, ces bons désignent un bénéficiaire sans la mention « à ordre ». Ces bons se transmettent selon les règles de la cession de créance en droit civil (signification au débiteur par voie d'huissier).

APPLICATIONS

ÉNONCÉ

Monsieur Gérard MANVUSSAD vient d'hériter d'un capital de 15 000 € qu'il souhaite placer sur un compte à terme à taux progressif. Vous lui avez proposé une formule sur 5 ans.
La première année la rémunération est de 0,5 %, la seconde année de 0,7 %, la troisième année de 0,95 %, la quatrième année de 1,2 % et en enfin de 1,5 % la dernière année. Votre client a demandé une dispense de prélèvement fiscal. Ainsi, au moment du versement des intérêts, seuls les prélèvements sociaux au taux de 17,2 % sont retirés des intérêts versés par la banque. Vous savez par ailleurs que le TMI de votre client est de 11 %.

1 **Rappelez les conditions qui permettent de demander une dispense de prélèvement fiscal.**
2 **Complétez le tableau suivant.**
3 **Compte tenu des informations à votre disposition, indiquez le montant des intérêts nets de tout prélèvement acquis au terme des 5 ans.**

Trimestre	Capital	Taux d'intérêt annuel	Intérêts bruts	Intérêts nets de prélèvements sociaux
1	15 000	0,50 %		
2		0,50 %		
3		0,50 %		
4		0,50 %		
5		0,70 %		
6		0,70 %		

›››

›››

Trimestre	Capital	Taux d'intérêt annuel	Intérêts bruts	Intérêts nets de prélèvements sociaux
7		0,70 %		
8		0,70 %		
9		0,95 %		
10		0,95 %		
11		0,95 %		
12		0,95 %		
13		1,20 %		
14		1,20 %		
15		1,20 %		
16		1,20 %		
17		1,50 %		
18		1,50 %		
19		1,50 %		
20		1,50 %		

SOLUTION

1 La dispense de prélèvement fiscal doit être formulée par l'épargnant si le revenu fiscal de ce dernier ne dépasse pas 25 000 € pour une personne seule et 50 000 € pour un couple.

2

Trimestre	Capital	Taux d'intérêt annuel	Intérêts bruts en €	Intérêts nets de prélèvements sociaux
1	15 000	0,50 %	18,75	15,525
2	15 015,53	0,50 %	18,77	15,54
3	15 031,07	0,50 %	18,79	15,56
4	15 046,62	0,50 %	18,81	15,57
5	15 062,20	0,70 %	26,36	21,83
6	15 084,02	0,70 %	26,40	21,86
7	15 105,88	0,70 %	26,44	21,89
8	15 127,77	0,70 %	26,47	21,92
9	15 149,69	0,95 %	35,98	29,79
10	15 179,48	0,95 %	36,05	29,85
11	15 209,33	0,95 %	36,12	29,91
12	15 239,24	0,95 %	36,19	29,97
13	15 269,21	1,20 %	45,81	37,93
14	15 307,14	1,20 %	45,92	38,02

›››

›››

Trimestre	Capital	Taux d'intérêt annuel	Intérêts bruts en €	Intérêts nets de prélèvements sociaux
15	15 345,16	1,20 %	46,04	38,12
16	15 383,28	1,20 %	46,15	38,21
17	15 421,49	1,50 %	57,83	47,88
18	15 469,37	1,50 %	58,01	48,03
19	15 517,40	1,50 %	58,19	48,18
20	15 565,59	1,50 %	58,37	48,33
Total			**741,44**	**613,92**

3

Année	Intérêt avant impôt	Montant du prélèvement fiscal
1	75,12	9,61
2	105,66	13,53
3	144,35	18,48
4	183,91	23,54
5	232,40	29,75
Total	**741,44**	**94,90**

Le prélèvement fiscal est de 12,8 %. Au total, les intérêts auront supporté tous les ans 30 % de PFU.

30 L'épargne logement

L'épargne logement s'articule autour de deux produits : le plan épargne logement et le compte épargne logement.

Le plan d'épargne logement est un produit d'épargne contractuel qui donne la possibilité dans un premier temps de se constituer une épargne pour dans un deuxième temps bénéficier d'un prêt permettant le financement de la résidence principale. Le taux du prêt est déterminé à l'ouverture du plan et le montant de ce dernier (au maximum 92 000 €) est conditionné par le niveau des intérêts acquis pendant la phase d'épargne. Le compte épargne logement complète le dispositif. À la différence du PEL, les retraits sont possibles pendant la phase d'épargne qui par ailleurs peut être plus courte (18 mois au minimum sont nécessaires pour obtenir un prêt).

Créé en 1969, le PEL a séduit plusieurs générations de français souhaitant accéder à la propriété. Mais depuis quelques années, ce produit plaisait moins aux Français : le taux d'emprunt proposé (4,20 %) n'évoluait plus depuis 2003. Les emprunteurs avaient intérêt à se tourner vers une banque pour contracter un prêt immobilier classique avec des taux moindres que celui proposé par le PEL (rappel : taux fixe pour un crédit immobilier au 3e trimestre 2010 : 3,35 %). Une réforme s'imposait donc pour rendre de nouveau attractif le PEL.

Bien que le taux du prêt demeure aujourd'hui élevé au regard des taux pratiqués en 2016 (4,2 % pour les PEL ouverts avant le 1er février 2015, 3,2 % pour les PEL ouverts entre le 1er février 2015 et le 31 janvier 2016, et 2,7 % pour les PEL ouverts depuis le 1er février 2016), le Plan Épargne Logement retrouve grâce aux yeux des épargnants en raison d'une rémunération supérieure à celle des principaux livrets réglementés.

1 Le plan d'épargne logement ouvert avant le 1er mars 2011

A Caractéristiques de la phase épargne

Ouverture	▸ Un seul PEL par personne physique. Pas d'âge minimum. ▸ Doit être ouvert dans la même banque si son titulaire dispose déjà d'un compte épargne logement dans cette banque. ▸ Minimum à l'ouverture : 225 €.
Fonctionnement du PEL	▸ Montant maximum des versements : 61 200 € hors capitalisation des intérêts. ▸ Pas de retrait possible sous peine de voir le PEL résilié. ▸ Obligation de verser au moins 540 € par an (soit 45 € par mois). Des versements exceptionnels sont toujours possibles, il est également envisageable d'augmenter le montant des versements réguliers (dans la limite des plafonds décrits ci dessus). ▸ Durée : au minimum 4 ans pour profiter pleinement des avantages de ce placement. ▸ Si le PEL est résilié avant la fin de la seconde année : perte des droits à prêts, de la prime d'État et les intérêts bancaires sont recalculés au taux du CEL.

›››

Fonctionnement du PEL (suite)	► Si la résiliation intervient au cours de la troisième année : perte des droits à prêts, de la prime d'État. ► Si la résiliation intervient dans le courant de la quatrième année, la prime d'État est divisée par deux. ► Au-delà de 4 ans et si le PEL (ouvert après le 12 décembre 2002) n'est pas suivi d'un prêt, la rémunération correspond au taux sans prime. ► Possibilité de transformer le PEL en CEL pour obtenir un prêt avant l'échéance prévue par le PEL. ► Transfert possible d'un PEL entre deux banques en accord avec les 2 établissements. Ce transfert conserve l'antériorité du produit.
Rémunération	Taux de 2,5 % depuis le 1er août 2003 auquel s'ajoute une prime de 1 % (2/5 des intérêts acquis avec un maximum de 1 525 €). Pour les plans ouverts entre le 7 février 1994 et le 1er août 2003, la prime représente 2/7 des intérêts globaux (intérêts calculés avec le taux avec prime, notion supprimée depuis le 1er août 2003). La prime d'épargne est majorée de 10 % des intérêts pris en compte pour le calcul du prêt, par personne à charge et dans la limite de 153 €. Les intérêts sont décomptés une fois par an et capitalisés par quinzaine, ou au jour le jour (à la différence des livrets réglementés, la loi laisse libre les établissements bancaires du mode de calcul des intérêts). Le taux de rémunération dépend de la date d'ouverture du PEL.
Fiscalité	Depuis le 1er janvier 2006, les prélèvements sociaux sont perçus à l'occasion de chaque capitalisation des intérêts au-delà du dixième anniversaire et non plus à la clôture du plan comme auparavant. PFU 30 % ou sur option imposition à l'IR.
Droit à prêts	Ils sont calculés en fonction des intérêts acquis tant par le placement initial que par les versements réguliers ou exceptionnels effectués tout au long de la phase d'épargne. On utilisera des tables de calculs rapides, ou la formule suivante : $DAP = \frac{\frac{I_a \times 2,5}{n \times t}}{1-(1+t)^{-n}} - 1$ avec I_a : intérêts acquis ; t : taux d'intérêt équivalent mensuel de la phase épargne ; n : durée du prêt. Les droits à prêts sont calculés de telle sorte que le produit des intérêts acquis par un coefficient 2,5 soit égal au montant des intérêts à payer par l'emprunteur.

B Caractéristiques de la phase crédit

Objet du crédit	Financement de la résidence principale (construction, acquisition, extension ou certaines dépenses de réparation et d'amélioration de l'habitation principale de l'emprunteur). La construction ou l'acquisition à l'état neuf de résidences autres que principales. La réparation ou l'amélioration d'habitations existantes autres que résidence principale. Un prêt peut être obtenu pour un achat dans l'ancien à condition qu'il s'agisse de la résidence principale de l'acquéreur.

Durée	Entre 2 et 15 ans.
Montant du prêt	En fonction des droits à prêts (voir ci-dessus) avec un maximum de 92 000 € (y compris prêt CEL).
Taux du prêt	4,2 % depuis le 1er août 2003.
Cession des droits à prêts	Les bénéficiaires des droits à prêts doivent être issus de la même famille (jusqu'au 3e degré de parenté) et titulaire de droits acquis sur un PEL. **Cas 1 :** le cédant et le bénéficiaire de la cession doivent tous deux détenir un PEL depuis 3 ans au moins. **Cas 2 :** celui qui cède est titulaire d'un CEL depuis 12 mois alors le bénéficiaire doit remplir les conditions suivantes : ▸ détenir un PEL de trois ans au moins ou un CEL depuis au moins 18 mois. **Cas 3 :** celui qui cède est titulaire d'un CEL depuis 18 mois alors le bénéficiaire doit remplir les conditions suivantes : ▸ détenir un PEL de trois ans au moins ou un CEL depuis au moins 12 mois.
Avantages d'un prêt épargne logement	▸ Minoration du coût (garanties de type IPPD ou hypothèques moins onéreuses que pour un prêt standard, octroi d'une prime d'État, absence de frais de dossier, absence d'indemnité de remboursement anticipé). ▸ Prise en compte du montant de ce prêt dans l'apport personnel du plan de financement.

2 Le plan d'épargne logement souscrit après le 1er mars 2011 : les nouvelles règles en vigueur

Le produit a été modifié le 1er mars 2011. Le taux de rémunération du nouveau PEL sera désormais actualisé chaque année au mois de janvier en fonction des taux de référence des marchés (voir complément de cette fiche). Le calcul du taux n'est pas directement lié à l'inflation. Quand un plan est souscrit, son taux reste inchangé sur toute sa durée de vie. Le plan peut être ouvert pour 4 à 10 ans. Comme l'ancien PEL, le titulaire n'est pas obligé de le fermer après 10 ans d'existence. Néanmoins, de nouveaux versements ne peuvent plus être effectués. Les droits à prêt et la prime d'État n'augmenteront alors plus.

En pratique

Les PEL ouverts depuis le 1er août 2016 sont rémunérés au taux de 1 %. Le titulaire d'un tel plan pourra emprunter à 2,2 % (on ajoute une marge de 1,2 % maximum au taux de rémunération de la phase épargne).

A Fonctionnement du plan épargne logement (ouvert après le 1er mars 2011)

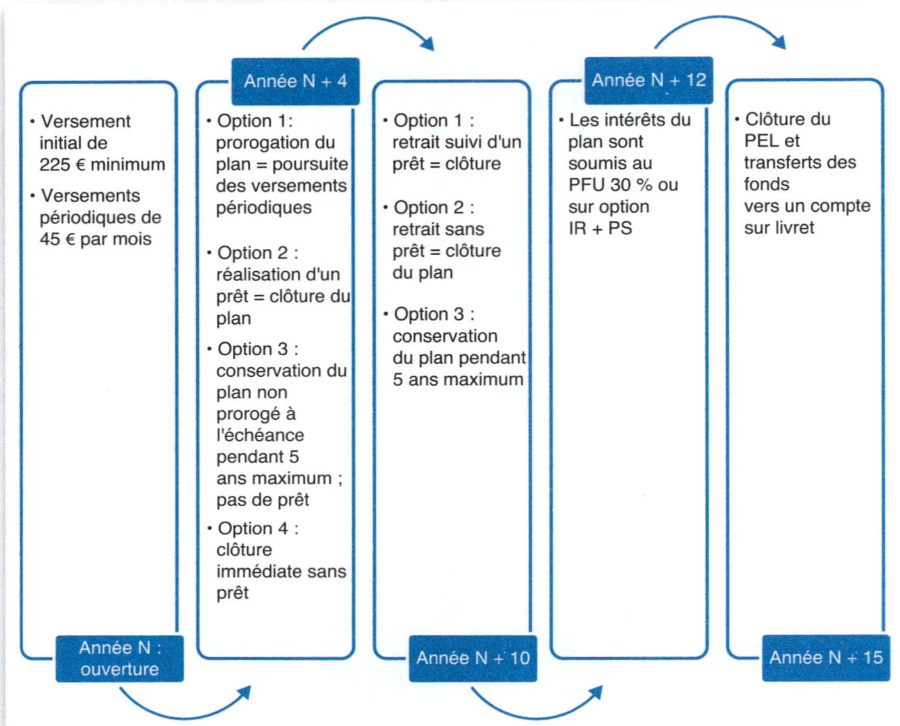

B Principales différences entre les PEL ouverts avant le 1er mars 2011 et ceux ouverts après cette date

N : ouverture	Seul le taux peut différer selon l'année d'ouverture. Depuis le 1er mars 2011, le taux est susceptible d'être révisé tous les ans. Ainsi, les PEL ouverts entre : ► le 1er mars 2011 et le 31 janvier 2015 sont rémunérés à 2,5 % (taux du prêt : 4,2 %) ; ► le 1er février 2015 et le 31 janvier 2016 sont rémunérés à 2 % (taux du prêt : 3,2 %) ; ► le 1er février 2016 et le 31 juillet 2016 sont rémunérés à 1,5 % (taux du prêt 2,7 %) ; ► depuis le 1er août 2016 sont rémunérés 1 % (taux du prêt 2,2 %).
N + 4	**Option 2 : Réalisation d'un prêt** ► Pour les PEL ouverts avant le 1er mars 2011, la prime d'État, plafonnée à 1 525 €, était versée même pour le financement d'un bien autre que la résidence principale et quel que soit par ailleurs le niveau de performance énergétique du bien. ► Pour les PEL ouverts après cette date, la prime d'État est accordée à condition que le prêt épargne logement soit d'au moins 5 000 €. La prime est plafonnée à 1 000 € (mais plafond de 1 525 € conservé si le logement faisant l'objet du financement est un logement BBC). **Option 3 : Conservation du plan non prorogé à l'échéance** ► Si le plan n'est pas prorogé, alors la clôture interviendra au plus tard en N + 9 (phase d'attente de 5 ans maximum). ► À l'inverse, les PEL ouverts avant le 1er mars 2011 peuvent être conservés sans limite de durée.

»»

N + 10	**Option 1 :** ▸ Si le PEL a été ouvert avant le 1er mars 2011, alors le 10e anniversaire déclenche le paiement des prélèvements sociaux. ▸ Pour les PEL ouverts après cette date, les prélèvements sociaux sont perçus tous les ans au moment du versement des intérêts de l'année.
N + 12	Aucune différence : les intérêts sont soumis à l'impôt sur le revenu. Dès lors une partie de la CSG (5,1 %) vient en déduction du revenu brut global du foyer fiscal.
N + 15	▸ Les PEL ouverts avant le 1er mars 2011 peuvent être conservés sans limitation de durée. Les intérêts supportent le PFU ou sur option l'IR et les PS. ▸ Les PEL ouverts après le 1er mars 2011 sont clôturés.

C La fiscalité des PEL

		Droit commun	Option
PEL ouvert entre le 1er mars 2011 et le 31 décembre 2017	**Moins de 12 ans**	PS tous les ans sur les intérêts bruts	Sans objet.
	Plus de 12 ans	PFU 30 % sur les intérêts bruts.	IR + PS sur les intérêts bruts (après acompte de 12,8 % au titre de l'IR).
PEL ouvert depuis le 1er janvier 2018		PFU 30 % sur les intérêts bruts dès la première année.	IR + PS sur les intérêts bruts (après acompte de 12,8 % au titre de l'IR) dès la première année.

À NOTER

La prime d'État est supprimée pour tous les PEL ouverts depuis le 1er janvier 2018.

Évolution taux du PEL

	Du 1er juillet 2000 au 31 juillet 2003	Du 1er août 2003 au 31 janvier 2015	Du 1er février 2015 au 31 janvier 2016	Du 1er février 2016 au 31 juillet 2016	Depuis le 1er août 2016
Taux de rémunération	4,5 %	2,5 %	2 %	1,5 %	1 %
Taux du prêt	4,97 %	4,2 %	3,2 %	2,7 %	2,2 %

Comme l'ancien PEL, si le titulaire clôture son plan :

- avant 2 ans, la rémunération versée est identique à celle d'un CEL ;
- entre 2 et 3 ans, le taux reste inchangé mais absence de droit à prêt et de prime ;
- entre 3 et 4 ans, le prêt est possible, versement de la moitié de la prime.

LES ATOUTS DU PEL

Simplicité d'ouverture et de gestion, absence de frais d'entrée, de gestion et de sortie, accessibilité large (ouverture possible à un enfant), cession des droits à prêt, conservation du PEL si le titulaire part vivre à l'étranger.

3 Le compte épargne logement

A Caractéristiques de la phase épargne

Ouverture	▸ 1 seul CEL par personne physique. Pas d'âge minimum. ▸ Doit être ouvert dans la même banque si son titulaire dispose déjà d'un plan épargne logement dans cette banque. ▸ Compte individuel avec un minimum de 300 €, somme en dessous de laquelle le compte sera fermé.
Utilisation du CEL	▸ Montant minimum : 300 €. ▸ Montant maximum : 15 300 €. ▸ Retraits et versements libres : montant minimum d'un versement : 75 €. ▸ Durée de détention : 18 mois au minimum pour profiter des droits à prêt si les autres conditions sont satisfaites (durée réduite à 12 mois lors de la cession de droits entre vifs si le donataire est lui-même titulaire d'un CEL depuis au moins 18 mois ; ou lors de l'utilisation par son titulaire d'un prêt PEL).
Taux d'intérêt	▸ 1,25 % depuis le 1er août 2022 (taux susceptible de changer tous les trois mois). Le taux du CEL est égal aux 2/3 du taux du livret A arrondi au 1/4 de point supérieur. ▸ Calcul des intérêts à la quinzaine. ▸ Capitalisation annuelle après prélèvements sociaux sur les intérêts. ▸ Prime d'État (équivalente à la moitié des intérêts acquis) versée dans la limite de 1 144 € uniquement en cas de réalisation d'un prêt.
Fiscalité	Prélèvements sociaux sur les intérêts versés chaque année. Les intérêts des CEL ouverts depuis le 1er janvier 2018 sont soumis au PFU ou sur option à l'IR + PS.
Droit à prêt	Les droits à prêt sont calculés comme pour les PEL en remplaçant au numérateur de la formule des DAP le coefficient 2,5 par 1,5. Le taux retenu sera une moyenne des taux de rémunération en vigueur pendant la phase d'épargne. Le titulaire d'un CEL pourra obtenir un prêt épargne logement s'il a acquis au minimum : ▸ 37,50 € d'intérêts pour des travaux de rénovation, ▸ 22,50 € d'intérêts pour des investissements dans des équipements d'économie d'énergie, ▸ 75 € d'intérêts dans les autres cas. Ces droits à prêts peuvent être cédés aux enfants, parents, frères, conjoint dès lors que ces bénéficiaires sont aussi titulaires d'un CEL ou d'un PEL.

Compléments en ligne

B Les caractéristiques de la phase crédit

Le prêt CEL sera consenti pour l'achat d'un logement neuf ou ancien. Dans le cas d'un logement ancien, il doit constituer la résidence principale de l'acquéreur. La durée du prêt est comprise entre 2 et 15 ans, est plafonné à 23 000 € (l'ensemble des prêts épargne logement ne peut dépasser 92 000 €). Ce prêt sera consenti à un taux qui correspond au taux moyen de la phase épargne augmenté de 1,5 point.

4 Est-il toujours judicieux d'emprunter avec l'épargne logement ?

L'opportunité d'emprunter grâce à l'épargne logement s'apprécie au regard du niveau moyen des taux d'intérêt pratiqués par les réseaux bancaires à l'occasion d'un achat immobilier. En période de baisse des taux, les prêts PEL perdent de leur intérêt. En période de forte augmentation, les prêts PEL permettent d'emprunter à moindre coût.

Les simulations peuvent différer d'une enseigne à une autre dans la mesure où la réglementation n'impose pas un mode de calcul des intérêts. Certaines banques proposent un calcul par quinzaine quand d'autres rémunèrent les versements au jour le jour. Les barèmes de calcul rapide (voir application) doivent également intégrer le fait que les prélèvements sociaux sont dorénavant perçus tous les ans pour les PEL ouverts après le 1er mars 2011.

Le taux peut être révisé tous les ans au 1er février par la Banque de France suivant la règle de calcul suivante :

Taux du PEL = 70 % du taux SWAP à 5 ans + 30 % (taux SWAP à 10 ans minoré du taux SWAP à 2 ans).

APPLICATIONS

1 ÉNONCÉ

Lors d'un précédent rendez-vous, vous aviez noté l'intérêt de vos clients pour l'épargne logement. C'est dans ce contexte que vous recevez un jeune couple, Monsieur et Madame SUDRE, convaincu de l'intérêt de souscrire un PEL chacun. Vous effectuez une simulation avec un versement initial de 500 € et des versements périodiques de 50 € pendant 4 ans. Vous leur expliquez les résultats de cette simulation.

1 **En vous aidant du barème ci-dessous, vous compléterez le tableau 1 en justifiant vos calculs.**
2 **En vous aidant du barème de calcul des prêts, vous compléterez le tableau 2.**
3 **Vous retrouverez également le taux de l'assurance décès invalidité.**

Tableau 1 : Résultats de la simulation pour un PEL ouvert le 1er janvier 2018

	Montant en €	Justification
Total des versements	2 900	
Intérêts bruts	69,6	
Intérêts nets de prélèvements sociaux	57,63	
Épargne constituée	2 957,63	

Barème de calcul rapide/intérêts acquis pour plan de 4 ans avant prélèvements sociaux (48 versements périodiques)

	PEL 2011 à 2015 (2,5 %)	PEL 2016 (1,5 %)	PEL depuis le 1er août 2016	PEL depuis le 1er janvier 2018
1 € versement initial	0,103214	0,06115	0,04051	0,040495
1 € de versement périodique	2,496373	1,486633	0,987379	0,987229689

Tableau 2 : Prêts et mensualités pour une durée de 2 et 15 ans

Durée	Prêt maximum	Justification du montant du prêt	Mensualité assurance comprise	Justification du montant de la mensualité assurance comprise
2 ans	16 727,25		717,07 €	Assurance : 4,18 € Mensualité : …
15 ans	2 261,81		15,30 €	Assurance : 0,56 € Mensualité : 14,51 €

Barème de calcul de la mensualité d'un prêt épargne logement

	PEL ouvert depuis le 1er août 2016		PEL ouvert entre le 1er février 2016 et le 31 juillet 2016	
Période	Montant du prêt pour 1 € d'intérêt acquis	Mensualité pour 1 000 € empruntés	Montant du prêt pour 1 € d'intérêt acquis	Mensualité pour 1 000 € empruntés
24	240,33411	42,61860	160,33449	42,83414
36	162,11991	28,72041	108,06724	28,93475
48	122,21538	21,77295	81,40128	21,98753
60	98,01154	17,60579	65,22765	17,82116
72	81,76557	14,82879	54,37205	15,04523
84	70,10708	12,84615	46,58213	13,06382
96	61,33351	11,35999	40,72011	11,57900
108	54,49203	10,20482	36,14926	10,42523
120	49,00781	9,28134	32,48542	9,50319
132	44,51346	8,52636	29,48309	8,74969
144	40,76323	7,89775	26,97802	8,12259
156	37,58649	7,36636	24,85620	7,59271
168	34,86108	6,91134	23,03599	7,13923
180	32,49723	6,51743	21,45739	6,74686

SOLUTION

1

Tableau 1

	Montant en €	Justification
Total des versements	2 900	48 × 50 + 500
Intérêts bruts	69,6	500 × 0,040495 + 50 × 0,987229689
Intérêts nets de prélèvements sociaux	57,63	69,6 × 0,828
Épargne constituée	2 957,63	2 900 + 57,63

2

Tableau 2

Durée	Prêt maximum	Justification du montant du prêt	Mensualité assurance comprise	Justification du montant de la mensualité assurance comprise
2 ans	16 727,25	69,6 × 240,33411	717,04 €	Assurance : 4,18 € Mensualité : 712,86 € 42,61860 × 16,72725
15 ans	2 261,81	69,6 × 32,49723	15,30 €	Assurance : 0,56 € Mensualité : 14,74 € 6,51743 × 2,26181

3

On retrouve le taux de l'assurance en résolvant l'équation suivante :

$$\text{Assurance} = \frac{\text{capital} \times \text{taux}}{12} \qquad \text{Taux} = \frac{12 \times \text{assurance}}{\text{capital}}$$

Avec les données, on obtient : $\frac{12 \times 4{,}21}{16\,727{,}25} = 0{,}3\%$

2 ÉNONCÉ

Que répondez-vous à vos clients si les situations suivantes se présentent ? (Nous sommes le 28 février N) :

1. **J'ai ouvert mon PEL en avril N–3 (après le 1er mars 2011) et je souhaite récupérer mon épargne.**
2. **J'ai un PEL depuis le 15 février 2010 (ouvert avant la réforme de 2011). Que dois-je faire ?**
3. **Mon PEL a été ouvert le 15 mars N–4. Je souhaite acheter un logement dans le courant de l'année N. Que dois-je faire ?**
4. **Mon PEL a été ouvert en janvier 2012 et prorogé après son quatrième anniversaire. Que s'est-il passé en 2022 ?**

SOLUTION

1. Votre PEL n'a pas encore trois 3 ans. Il est possible de récupérer votre épargne mais vous ne pourrez pas emprunter ni profiter de l'éventuelle prime d'État. Votre PEL est rémunéré à 1,5 %. Le contexte est à la baisse des taux et il serait dommage de vous priver de cette forme d'épargne qui offre une rémunération intéressante. Les intérêts acquis depuis l'ouverture vont être soumis à l'impôt sur le revenu.
2. Votre PEL a eu 12 ans en 2022 et il a été ouvert avant la réforme de mars 2011. Il n'est plus possible d'effectuer des versements. Le PEL rémunéré à 2,5 % peut être conservé sans limitation de temps. Si vous avez un projet d'investissement, il est tout à fait possible d'examiner vos droits à prêt.
3. En mars N, le PEL aura 4 ans et vous pourrez faire valoir vos droits à prêt.
4. Les versements ont été arrêtés en janvier 2022. Le PEL pourra être conservé jusqu'en 2027.

3 ÉNONCÉ

Complétez le tableau ci-après en mettant en évidence les différences entre un CEL et un PEL :

		PEL	CEL
Ouverture	Versement		
	Taux		
Fonctionnement Phase épargne	Plafond des versements		
	Liquidités		
	Versements		
	Fiscalité (ouv. avant le 01/01/2018)		
	Fiscalité (ouv. après le 01/01/2018)		
	Durée		
Fonctionnement Phase crédit	Montant du prêt		
	Prime d'État		
	Utilisation des droits à prêts		
	Crédit		

SOLUTION

		PEL	CEL
Ouverture	Versement	225 €	300 €
	Taux	Garanti pendant toute la durée de détention	Change en fonction du taux du livret A
Fonctionnement Phase épargne	Plafond des versements	61 200 €	15 300 €
	Liquidités	Faible : tout retrait entraîne la clôture	Forte : retraits et versements libres à la condition de laisser un solde min de 300 €
	Versements	Obligatoire : min 45 € mois	Facultatif
	Fiscalité (ouv. avant le 01/01/2018)	IR après le 12e anniv. + PS tous les ans pour les PEL ouverts après mars 2011	Pas d'IR mais uniquement des PS
	Fiscalité (ouv. après le 01/01/2018)	PFU ou IR + PS	PFU ou option IR + PS
	Durée	10 ans max	Aucune limite
Fonctionnement Phase crédit	Montant du prêt	92 000 €	23 000 €
	Prime d'État[1]	1 000 € (1 525 € si logement BBC) ; versée sous conditions	1 144 €
	Utilisation des droits à prêts	Au bout de 3 ans	Au bout de 18 mois
	Crédit	Clôture	Pas de clôture

[1] La prime d'État n'est plus versée par les produits d'épargne logement ouverts depuis le 1er janvier 2018.

31 L'assurance-vie

L'assurance-vie est un contrat d'épargne. L'alimentation du contrat peut se faire par le versement d'une prime unique, par des versements périodiques ou encore des versements libres. L'assurance-vie est le plus souvent utilisée pour se constituer un capital (avec ou sans objectif précis : retraite, étude des enfants), obtenir des revenus en procédant à des rachats, bénéficier d'un complément de revenu différé en optant pour une sortie en rente, et enfin l'assurance-vie reste un outil intéressant de transmission du capital.

L'assurance-vie représente aujourd'hui 57 % des 2 600 milliards d'euros d'épargne financière des ménages français soit un peu moins de 1 400 milliards d'euros. Dans un contexte marqué par la crise des dettes souveraines, nombreux sont les ménages qui s'interrogent sur le risque de ce placement.

1 La souscription du contrat

Intervenant	Rôle
Assureur	Personne morale dont le rôle est de garantir un risque en échange d'une prime et de verser les prestations prévues au contrat en cas de réalisation du risque.
Souscripteur	Partie qui s'engage à payer les primes après avoir signé le contrat et désigner une personne bénéficiaire.
Assuré	Personne sur laquelle repose le risque vie ou décès.
Bénéficiaire	Personne physique ou morale qui recevra les capitaux prévus au contrat en cas de réalisation du risque.

La souscription d'un contrat d'assurance-décès est interdite pour les mineurs de moins de 12 ans et les incapables majeurs sous tutelle. Dans les autres cas, la souscription d'un contrat d'assurance-décès est conditionnée par le recueil du consentement de l'assuré.

Le souscripteur doit se voir remettre une notice d'information reprenant les conditions particulières du contrat (identité des parties, montant des frais perçus, la durée du contrat) ainsi que la possibilité de prendre connaissance des conditions générales. Le souscripteur dispose d'un délai de renonciation de 30 jours à compter du premier versement.

A La clause bénéficiaire

1 • Rédaction de la clause bénéficiaire

Il est fortement conseillé de compléter cette clause avec le plus grand soin. Il est également préférable, en cas de pluralité de bénéficiaires, de libeller « à parts égales » plutôt que d'indiquer un pourcentage. En effet, si l'un des bénéficiaires de premier rang vient à prédécéder, sa part exprimée en % bascule dans l'actif successoral au dénouement du contrat (c'est-à-dire au décès de l'assuré). Les autres bénéficiaires ne peuvent prétendre qu'au pourcentage défini initialement dans la clause bénéficiaire.

2 • Désignation des bénéficiaires

Plusieurs bénéficiaires peuvent être désignés sur un même contrat : dès lors une clé de répartition précise doit être indiquée comme par exemple « à parts égales ». Il est également recommandé de désigner des bénéficiaires de second rang qui viendraient alors en représentation d'un bénéficiaire de premier rang prédécédé (personne décédée avant le dénouement du contrat). Le nombre de rangs n'est pas limité.

Clause bénéficiaire	Bénéficiaire de premier rang désigné	Bénéficiaire de rang 2	À qui profite le contrat ?
Enfants nés ou à naître de l'assuré à parts égales	Enfant 1	Aucun : la clause bénéficiaire ne prévoit pas de représentation	100 % capital à l'enfant 1
	Enfant 2 (si prédécédé)	Aucun : la clause bénéficiaire ne prévoit pas de représentation	
Enfants nés ou à naître, vivants ou représentés de l'assuré à parts égales	Enfant 1	2 enfants	50 % capital enfant 1
	Enfant 2 (prédécédé)	3 enfants	50 % du capital à répartir entre les 3 enfants de rang 2 qui viennent en représentation de l'enfant 2 prédécédé 16,67 % chacun.

La qualité du bénéficiaire s'apprécie au moment de la survenance du risque. Si la clause bénéficiaire est rédigée « à mon épouse » et que le souscripteur a divorcé, la clause désignera comme bénéficiaire l'épouse au moment du décès, en l'occurrence la seconde femme du souscripteur. Afin de conserver le bénéfice du contrat à sa première femme, la clause aurait dû être rédigée nominativement et non en utilisant la qualité du bénéficiaire.

3 • Modification de la clause bénéficiaire

Il est possible de modifier la clause bénéficiaire en informant l'assureur par écrit de son intention. Ces changements sont toujours possibles et sans limitation tant que le ou les bénéficiaires n'ont pas accepté le contrat. Avant la loi du 18 décembre 2007, ces changements n'étaient rendus possibles qu'avec l'accord du bénéficiaire ayant accepté le bénéfice du contrat. La loi du 18 décembre 2007 implique qu'une personne désignée bénéficiaire d'un contrat d'assurance-vie ne pourra plus l'accepter sans l'accord du souscripteur. Cet accord sera formalisé par la signature conjointe d'un avenant au contrat. Cette loi oblige également les assureurs à tout mettre en œuvre pour retrouver les bénéficiaires d'un contrat.

4 • Zoom sur la protection des bénéficiaires de contrats d'assurance-vie en déshérence

La loi Eckert vise à améliorer la protection des bénéficiaires de contrats d'assurance-vie non réclamés. Lorsque les recherches menées pour retrouver les bénéficiaires s'avèrent infructueuses, les sommes non versées sont transmises à la Caisse des dépôts et consignations (CDC) à l'issue d'un délai de 10 ans à compter de la date de connaissance du décès par l'assureur. Ces sommes non réglées à l'issue d'un délai de 30 ans à compter du décès de l'assuré sont définitivement acquises à l'État. Les bénéficiaires peuvent réclamer à l'assureur ou à la CDC le capital qui leur est dû jusqu'à cette date. Les assureurs ont l'obligation de conserver les informations et documents correspondant aux contrats non réglés dont les capitaux auraient été transférés.

REMARQUE

Depuis janvier 2017, la Caisse des dépôts et consignations a ouvert sur son site un service en ligne « Ciclade » destiné à recenser les assurances-vie non réclamées ainsi que les comptes inactifs.

B Les supports et les profils de gestion

1 • Les contrats mono support

Les contrats mono support sont soit des contrats en euros (les sommes sont alors investies en fonds obligataires) soit des contrats en unité de compte investis en parts d'OPCVM. Ces investissements en mono support témoignent d'une volonté de ne pas prendre de risque (le capital est garanti) : ils relèvent donc d'un profil de gestion prudent. Les contrats mono support en euros offrent deux avantages. En premier lieu, les gains acquis d'une année le sont définitivement quelle que soit ensuite l'orientation des marchés financiers : c'est l'effet de cliquet. L'inconvénient est de devoir s'acquitter des prélèvements sociaux tous les ans. En second lieu, ces placements prévoient contractuellement un taux minimum de rémunération des sommes investies.

2 • Les contrats multisupports

L'épargne est investie sur plusieurs supports. Une partie se retrouve dans des fonds en euros pour sécuriser le placement; une autre partie est investie en unité de compte c'est-à-dire des parts d'OPCVM eux-mêmes caractérisés par une orientation dominante (action, obligation, OPCVM d'OPCVM...) pour dynamiser le placement. Ainsi, une assurance-vie en unité de compte à dominante action appartient à un profil de gestion dynamique. Un contrat orienté à la fois sur des placements action et obligation est dit «équilibre». Les multisupports permettent d'orienter les versements vers les supports choisis par le client. Il peut également procéder à des arbitrages c'est-à-dire demander à son assureur de réorienter tout ou partie de son encours vers d'autres supports que ceux sur lesquels ils sont alors placés. Ces contrats offrent donc plus de liberté en permettant à l'investisseur de sécuriser certaines plus-values non définitivement acquises ou de profiter des fluctuations des marchés financiers. Ces arbitrages ont un coût. Dans le cadre de l'amendement dit Fourgous, il est possible de transformer des contrats d'assurance-vie en euros en contrats en unités de compte à hauteur de 20 % minimum en conservant l'antériorité fiscale du contrat.

Les contrats euro-croissance : ils sont un compromis entre les contrats en euros et les contrats en unités de compte. À la différence des contrats en euros, ils ne profitent pas de l'effet de cliquet. D'autre part, le capital n'est garanti qu'au terme de 8 ans, ce qui autorise une prise de risque plus importante sur les supports et donc un meilleur rendement pendant les premières années du contrat.

Les contrats de transmission : ce sont des contrats mono-support en unités de compte qui profiteront d'un abattement de 20% qui se cumulera à l'abattement existant de 152 500 €. Pour profiter de cet avantage fiscal, les fonds devront être placés au moins à 33% dans des secteurs jugés «utiles au développement de l'économie» à savoir les PME et entreprises de taille intermédiaire, le secteur du logement social ainsi que vers l'économie sociale et solidaire.

Pour une gestion active d'un patrimoine financier, il peut être important de passer d'un placement sécurité à un fonds boursier pour profiter d'une opportunité d'achat ou au contraire de mettre ses économies à l'abri sur le fonds en euros en cas de turbulences. Certains contrats permettent de faire ces opérations dès le lendemain de la demande. D'autres requièrent plusieurs jours voire une semaine. Ces délais peuvent pénaliser les épargnants en cas de fluctuations rapides des marchés.

Plusieurs modes de gestion peuvent être proposés au client :

- la gestion libre, pour les clients autonomes voulant rester « maître à bord » (nécessité d'un suivi régulier et d'ajustements si nécessaires) ;
- la gestion automatisée ou gestion pilotée proposant plusieurs options sous la forme d'arbitrages automatiques ;
- la gestion conseillée à mi-chemin entre la gestion libre et la gestion sous mandat ;
- la gestion profilée s'appuyant sur la détermination du profil de l'épargnant, sa sensibilité aux risques, ses connaissances financières (gestion réalisée par un professionnel) ;
- la gestion sous mandat donnant pouvoir à un mandataire de gérer pour le client un portefeuille de valeurs mobilières.

REMARQUE

Quelle que soit la nature du contrat choisi, le souscripteur devra s'acquitter de droits d'entrée à la souscription (un pourcentage sur les capitaux versés). Par ailleurs, l'assureur percevra tous les ans des frais de gestion. Ces derniers viendront diminuer la revalorisation annuelle des parts ou des unités de compte détenues.

REMARQUE

La loi PACTE et l'assurance vie

De nouvelles obligations apparaissent pour les assureurs et vont progressivement les obliger à créer des fonds solidaires, responsables et verts. À partir du 1er janvier 2022, tout contrat devra comporter des UC avec des titres d'entreprises solidaires et de capital-risque (de 5 à 10 %), des titres de sociétés labellisés ISR (investissement socialement responsable) et de titres de sociétés engagées dans le financement de la transition énergétique et écologique. La loi PACTE encourage le transfert de l'assurance vie vers le nouveau plan d'épargne retraite (voir PER fiche 33) et la transformation de contrats au sein d'une même compagnie. Enfin, la loi PACTE renforce les obligations d'information avant la souscription du contrat et au cours de la vie du contrat. Le texte de la Loi PACTE est consultable sur https://www.legifrance.gouv.fr.

C Classification des assurances vie

Nature assurance	Type de contrat	Caractéristiques
Assurance en cas de décès	Assurance temporaire décès	L'assureur prend l'engagement de verser aux bénéficiaires un capital en cas de décès de l'assuré avant le terme ou l'âge fixé au contrat. Si aucun sinistre n'intervient avant la fin du contrat, les capitaux sont perdus. C'est une assurance à fonds perdus.
	Assurance-vie entière	Il s'agit du même type de contrat que la temporaire décès à la différence que l'assureur versera un capital aux bénéficiaires désignés au contrat au moment du décès de l'assuré. Ce type de contrat s'utilise pour régler des problématiques de transmission de patrimoine.

›››

Nature assurance	Type de contrat	Caractéristiques
Assurance en cas de vie	Capital différé	Un capital est versé à l'assuré au terme du contrat s'il est encore en vie. Si l'assuré décède avant ce terme, il perd la prime sauf si le contrat intègre une contre-assurance, c'est-à-dire la possibilité de verser le capital à un bénéficiaire désigné à la souscription ou en cours de contrat. Il s'agit ici du contrat d'assurance-vie classique avec sortie en capital. Ce type de contrat permet de transmettre un capital en évitant de supporter les droits de succession (même si cet avantage n'est plus significatif pour le conjoint depuis le vote de la loi TEPA d'août 2007), de constituer un patrimoine en effectuant des versements libres ou périodiques, de faire fructifier un capital dans le cas du versement d'une prime unique.
	Rente viagère immédiate	Après le paiement d'une prime unique à l'assureur, ce dernier s'engage à verser une rente à vie à l'assuré, souscripteur du contrat. Afin de se prémunir d'un décès prématuré, le souscripteur peut prévoir la réversibilité de la rente au profit du conjoint.
Assurance mixte		Ces contrats intègrent une garantie en cas de vie (capital différé) et une garantie en cas de décès (temporaire décès).

D Les frais liés à l'assurance vie

La gestion de ce produit dans des conditions optimales de rentabilité et de sécurité nécessite le recours à des experts. Cela entraîne des frais :

- **frais d'entrée** = frais sur versement (sur le versement initial et sur chaque versement) ;
- **frais de gestion sur les encours** (en général taux plus élevé sur les contrats en unités de compte qu'en fonds euros) ;
- **frais d'arbitrage** (en cas de changement de support d'épargne).

Le capital minimum à placer (montant d'entrée) varie d'un contrat à l'autre. Le respect d'un solde minimum après rachat partiel peut être noté dans le contrat.

193

2 Fiscalité de l'assurance-vie

Compléments en ligne

La fiscalité de l'assurance-vie s'est durcie ces dernières années.

- Les intérêts des contrats mono support en euros font l'objet de prélèvements sociaux au taux en vigueur tous les ans au moment du versement des intérêts.
- Jusqu'alors prélevés qu'au dénouement d'un contrat multi support ou à l'occasion d'un retrait partiel, les prélèvements sociaux sur les intérêts de la partie euro de ces contrats sont perçus annuellement à l'inscription en compte depuis le 1er juillet 2011.
- Enfin, depuis le 1er janvier 2010, les sommes des contrats versées au bénéficiaire en cas de décès sont soumises aux prélèvements sociaux en vigueur au moment du décès.

La loi de finances 2018 a sensiblement modifié les règles fiscales applicables à l'assurance-vie, qu'il s'agisse d'un retrait total ou de retraits partiels.

A La fiscalité en cas de vie

Contrairement à une idée reçue, les sommes versées sur un contrat d'assurance-vie ne sont pas bloquées pendant 8 ans. Cette durée est en effet une durée conseillée pour profiter au mieux d'une fiscalité avantageuse après 8 ans. Il est en revanche tout à fait possible d'envisager des retraits partiels ou totaux avant 8 ans. Dans ce cas, la fiscalité sur les gains réalisés est plus importante.

1 • La fiscalité avant 8 ans

Elle va dépendre de l'âge du contrat d'une part et de la date des versements d'autre part comme indiqué dans le tableau suivant.

	Imposition des intérêts et plus-values attachés aux primes versées	
Durée de détention du contrat	**Du 1er janvier 1998 au 26 septembre 2017**	**Depuis le 27 septembre 2017**
Moins de 4 ans	IR + PS ou PFL 35 % + PS	PFO 12,8 %[1] + 17,2 % ou IR[2] + PS
Entre 4 et 8 ans	IR + PS ou PFL 15 % + PS	

[1] Sauf dispense.

[2] PFO = Prélèvement Forfaitaire Obligatoire. L'option pour l'IR est globale ; elle concerne l'ensemble des revenus de capitaux mobiliers.

2 • La fiscalité après 8 ans

La fiscalité après 8 ans va dépendre de la date des versements mais également de la valeur des versements effectués.

Imposition des intérêts et plus-values attachés aux primes versées

Du 1er janvier 1998 au 26 septembre 2017		IR ou PFL[1] 7,5 % après abattement de 4 600 € pour un célibataire et 9 200 € pour un couple + PS au taux en vigueur.
Depuis le 27 septembre 2017	**Encours net des produits < à 150 000 €**	PFO 7,5 % ou IR + 17,2 % soit 24,7 %[2]
	Encours net des produits > à 150 000 €	PFU 12,8 %[3] + 17,2 %

[1] PFL = Prélèvement Forfaitaire Libératoire. Si la totalité de l'abattement n'a pas été utilisée, l'administration fiscale restitue ce prélèvement sous la forme d'un crédit d'impôt.

[2] Après abattement de 4 600 € ou 9 200 €. L'option IR est possible après le paiement du PFO de 7,5 %. Les souscripteurs qui en font la demande et dont le RFR < 25 000 € pour une personne seule et 50 000 € pour un couple peuvent être dispensés du PFO.

[3] PFU = Prélèvement Forfaitaire Unique. L'abattement (4 600 € ou 9 200 €) s'applique en priorité sur la part taxée à 7,5 %.

EXEMPLE

Un contrat est ouvert en décembre 2015 avec 120 000 €. Un versement complémentaire de 40 000 € est réalisé en novembre 2017. En cas de rachat, les gains issus du versement initial seront taxés à 7,5 %. Les gains issus du second versement seront taxés pour 3/4 à 7,5 % (30 000/40 000) et pour ¼ à 12,8 %.

La base d'imposition est la différence entre le montant versé par l'assureur lors du retrait et la somme des primes versées par le souscripteur pendant la durée du contrat.

Ce régime vaut pour l'ensemble des contrats ouverts après le 26 septembre 1997. Vont être exonérés :

- les contrats souscrits avant 1983 ;
- les contrats DSK et NSK d'une durée supérieure à 8 ans.

3 • *Le retrait partiel*

La fiscalité est identique à celle des retraits totaux. Il est cependant nécessaire de calculer pour tout retrait partiel la part de capital et la part de revenus.

$$\textbf{Plus-value} = \text{Rachat partiel} - \frac{\text{Rachat partiel} \times \text{Total des sommes versées}}{\text{Valeur de rachat du contrat}}$$

Dans le cas d'une succession de rachat partiel, la prime résiduelle est la différence entre la prime initiale et les parts de prime des précédents rachats partiels.

$$\textbf{Plus-value} = \text{Rachat partiel} - \frac{\text{Rachat partiel} \times \text{Prime restante}}{\text{Valeur de rachat du contrat}}$$

EXEMPLE

Soit un contrat souscrit en septembre N avec le versement d'une prime unique de 30 000 €. En octobre N+4, un premier retrait partiel est effectué pour 5 000 € (à cette date la valeur de rachat du contrat est de 36 000 €). Un second retrait 5 000 € est effectué en février N+6. À cette date la valeur de rachat est de 32 400 €. Au terme du contrat en N+10, l'assureur versera 33 000 €.

	Rachat partiel	Décomposition du rachat		Plus-value imposable	Valeur de rachat du contrat	Prélèvement fiscal
		Prime	Plus-value			
Octobre N+4	5 000	4 166,67	833,33	833,33	36 000	125 = 833,33 × 15 %[1]
Février N+6	5 000	3 986,62	1 013,38	1 013,38	32 400	1 013,38 × 15 % = 152 €
Février N+10	33 000	21 846,71[2]	11 153,30	11 153,30	33 000	(11 153,3 – 4 600) × 7,5 % = 41,50 €

[1] On suppose que le souscripteur du contrat est célibataire et imposé dans la tranche marginale à 30 %. Le premier retrait partiel étant effectué entre 4 et 8 ans, la plus-value sera imposée au taux du PFL de 15 %.

[2] Il s'agit de la différence entre la prime initiale (30 000 €) et les retraits partiels effectués (soit au total 8 153,29 €) = 21 846,71 €.

Il conviendra également de tenir compte des prélèvements sociaux en vigueur au moment du retrait.

4 • *Les avances*

L'avance est un crédit que consent l'assureur au client sur la base de l'épargne disponible au moment de la demande (valeur de rachat). L'avance permet au client de ne pas interrompre le contrat ni le processus de capitalisation de l'épargne. En contrepartie, il doit payer des intérêts.

Les avantages de l'avance :

- l'avance laisse les fonds placés sur le contrat intact et ne subit aucune fiscalité ;
- le coût peut être attractif par rapport au taux des crédits sur le marché ;

- le client paie un intérêt sur le montant de l'avance demandée mais ce montant continue à se valoriser;
- le client peut choisir le rythme et la périodicité de ses remboursements.

B La fiscalité en cas de décès

La fiscalité en cas de décès est différente selon que le contrat a été souscrit avant ou après le 20 /11/1991, que les versements ont eu lieu avant ou après le 13/10/1998 et selon l'âge de l'assuré (plus ou moins 70 ans) au moment du versement. Les prestations versées en cas de décès sont soumises aux prélèvements sociaux depuis le 1er janvier 2010.

La loi de finance rectificative de 2013 adoptée en décembre 2013 et la loi de financement de la sécurité sociale 2014 apportent des changements dans le régime fiscal de l'assurance-vie (voir point 3).

Fiscalité des anciens contrats souscrits avant le 12 octobre 1998

<table>
<tr><th></th><th colspan="2">Contrat souscrit avant 20/11/1991</th><th colspan="2">Contrat souscrit après le 20/11/1991</th></tr>
<tr><th></th><th>Avant 70 ans</th><th>Après 70 ans</th><th>Avant 70 ans</th><th>Après 70 ans</th></tr>
<tr><td>Primes versées avant le 13/10/1998</td><td colspan="3">Exonération</td><td rowspan="2">Base imposable : la fraction des primes au-delà de 30 500 € et versées après 70 ans. (Art. 757 B du CGI). Cet abattement unique de 30 500 € vaut pour l'ensemble des contrats et doit être réparti entre les bénéficiaires. Au-delà de 30 500 €, application des droits de succession. Les intérêts sont exonérés de prélèvements sauf cas particulier rappelé dans l'instruction fiscale du 23 janvier 2002.</td></tr>
<tr><td>Primes versées après le 13/10/1998</td><td colspan="3">Art. 990 I du CGI : (avant les 70 ans de l'assuré quelle que soit la date de souscription et après les 70 ans pour les contrats souscrits après le 20/11/1991).
Exonération jusqu'au seuil de 152 500 €. Ce plafond comprend les primes versées ainsi que les intérêts réalisés. Chaque bénéficiaire désigné au contrat dispose de ce plafond d'exonération de droits à payer. (Art. 990 I1 du CGI). Au-delà imposition de 20 % des sommes reçues (à l'exception du conjoint survivant et de chaque frère et sœur de plus de 50 ans, invalide et ayant vécu pendant 5 ans au moins avec le défunt.)
Désormais, pour les décès intervenus à partir du 31 juillet 2011 le taux de 20 % continue de s'appliquer mais uniquement de 152 501 € à 700 000 €. Au-delà il est relevé de 20 % à 31,25 %.</td></tr>
</table>

En pratique

Que veut dire « *l'assurance n'entre pas dans la succession* ? »

Juridiquement, l'assurance-vie n'entre pas dans le calcul de la « quotité disponible » (la somme que le souscripteur peut affecter librement en dehors de celles réservées à ses héritiers). Le client peut ainsi transmettre cette part de son patrimoine aux personnes de son choix en utilisant la clause bénéficiaire de son contrat (exception : versement de primes manifestement exagérées entraînant une requalification du contrat en donation).

Fiscalité pour les contrats souscrits depuis le 13 octobre 1998

Âge au moment du versement	Modalités d'imposition
Moins de 70 ans	**Pour les décès survenus avant le 30 juin 2014 :** ▸ exonération jusqu'au seuil de 152 500 €. Ce plafond comprend les primes versées ainsi que les intérêts réalisés. Chaque bénéficiaire désigné au contrat dispose de ce plafond d'exonération de droits à payer. (Article 990 I du CGI). ▸ imposition au taux de 20 % des sommes reçues (à l'exception du conjoint survivant et de chaque frère et sœur de plus de 50 ans, invalide et ayant vécu pendant 5 ans au moins avec le défunt.) jusqu'à 902 838 €. ▸ imposition au taux de 25 % entre le 31 juillet 2011 et le 1er juillet 2014 au-delà de 902 838 €. **Pour les décès survenus à compter du 1er juillet 2014 :** ▸ abattement de 152 500 €. ▸ imposition au taux de 20 % jusqu'à 700 000 €. ▸ imposition au taux de 31,25 % au-delà de 700 000 € de part nette taxable par bénéficiaire.
Plus de 70 ans	Base imposable : la fraction des primes au-delà de 30 500 € et versées après 70 ans. (Art. CGI 757 B). Cet abattement unique de 30 500 € vaut pour l'ensemble des contrats et doit être réparti entre les bénéficiaires. Au-delà de 30 500 €, application des droits de succession. Les intérêts sont totalement exonérés.

REMARQUE

Afin de minimiser l'impact fiscal de l'article 757 B du CGI, il est préférable de souscrire plusieurs contrats plutôt qu'un. Un assuré disposant de 60 000 € d'épargne et souhaitant effectuer des retraits programmés (5 000 € / an) aura intérêt à souscrire deux contrats de 30 000 €. Dans 6 ans, le premier contrat sera épuisé. Si le souscripteur décède alors les bénéficiaires désignés au second contrat bénéficient de l'abattement de 30 500 €. Dans le cas où un seul contrat de 60 000 € aurait été souscrit, l'abattement aurait été déduit de l'ensemble des primes soit 60 000 €. Dans ce cas les bénéficiaires auraient été imposés sur 29 500 € déduction faite de l'abattement successoral (qui n'est que de 1 594 € entre tante ou oncle et neveu).

« Dans l'hypothèse où les capitaux versés par l'assureur sont inférieurs aux primes versées après le soixante-dixième anniversaire de l'assuré, la doctrine actuelle prévoit que l'assiette des droits est limitée aux capitaux versés aux bénéficiaires. Cet aménagement relatif aux règles d'assiette s'applique non seulement en raison de rachats partiels et d'avances non remboursées au décès de l'assuré mais aussi dans le cas d'une baisse de la valeur des unités de compte de référence s'agissant de contrats d'assurance dont la garantie est exprimée en unités de compte. Dans ces situations, il est rappelé que l'abattement de 30 500 € s'applique, dans les conditions de droit commun, au montant des capitaux versés. »

Source : BOI n° 16 du 23 janvier 2002.

EXEMPLE

Soit un contrat ouvert le 01/01/2000 par Monsieur Fraux. 400 000 € ont été versés avant ses 70 ans. À son décès, le contrat atteint 620 000 € et les bénéficiaires sont le conjoint et le fils unique.

Bénéficiaire	Conjoint	Enfant
Valeur du capital transmis	620 000 × 50 % = 310 000 €	310 000 €
Abattement assurance-vie	152 500 €	152 500 €
Montant imposable	157 500 €	157 500 €
Prélèvement 20 %	Exonération (loi TEPA 21 août 2007)	31 500 €
Montant net d'impôt	310 000 €	278 500 €

EXEMPLE

Deux petits-fils se partagent 80 000 € (50 000 € de prime et 30 000 € d'intérêt) d'un contrat d'assurance vie souscrit par leur grand-père à l'âge de 72 ans. La clause bénéficiaire indiquait un partage du capital à parts égales.
Calcul pour un petit-fils de la partie de prime imposable.
(50 000/2) – (30 500/2) = 9 750 € (les deux bénéficiaires se partagent à parts égales l'abattement de 30 500 €).
Abattement successoral = 1 594 €
Base imposable : 9 750 – 1 594 = 8 156 €
Droits de succession 403,6 + (8 156 – 8 072) × 10 % = 412 € (application du barème : voir fiche 25 « *Les successions et donation* »)
Chaque bénéficiaire devra s'acquitter de 412 € de droits de succession. En effet, l'imposition ne porte que sur la fraction de prime excédant la part d'abattement de chacun.

La réponse ministérielle Bacquet du 29 juin 2010 modifie la doctrine de l'administration fiscale qui admettait jusqu'alors que le contrat du conjoint survivant puisse être qualifié de bien propre.

Depuis le 29 juin 2010, les contrats d'assurance vie détenus par des couples mariés sous le régime de la communauté sont réputés être alimentés par l'argent de la communauté. En conséquence, au décès de l'un ou l'autre des époux, le contrat du conjoint survivant entre pour la moitié de sa valeur dans l'actif successoral (application de l'article 1401 du Code civil). Le conjoint survivant bénéficiaire du contrat n'a pas de droit de succession à acquitter en application de la loi TEPA de 2007. Il n'en va pas de même des enfants qui pourraient le cas échéant avoir été désignés bénéficiaire de tout ou partie du contrat.

3 Les prélèvements sociaux sur les contrats d'assurance-vie

L'article 8 de la loi de financement de la sécurité sociale pour 2014 prévoit que les contrats d'assurance-vie seront soumis aux prélèvements sociaux au taux en vigueur et non plus au taux historique (voir tableau ci-dessus) au moment du fait générateur (rachat partiel, total, décès) pour tous les faits intervenus depuis le 26 septembre 2013. Seuls les gains réalisés sur les 8 premières années des contrats ouverts entre le 1er septembre 1990 et le 25 septembre 1997 conservent le bénéficie d'une imposition au taux historique au moment de la réalisation du gain.

Fiscalité des sorties en rente

Le capital peut être transformé en rente certaine (la durée de versement de la rente est connue) ou en rente viagère. Dans le premier cas la rente est exonérée d'impôt, dans le second l'imposition va dépendre de l'âge du crédirentier au versement de la première rente viagère.

Âge du crédirentier	Fraction imposable au titre de L'IRPP
Moins de 50 ans	70 %
De 50 à 59 ans	50 %
De 60 à 69 ans	40 %
70 ans et plus	30 %

4 La lutte contre la fraude fiscale, le blanchiment des capitaux et le financement du terrorisme en assurance-vie

Au 1er janvier 2016, le fichier central de l'assurance-vie (FICOVIE) a vu le jour. Il a pour objectif de recenser les contrats vie dans le but de lutter contre la fraude fiscale. Les assureurs auront désormais l'obligation de les déclarer lors de la souscription. Chaque année, ils devront indiquer le montant cumulé des primes versées au 1er janvier ainsi que leur valeur de rachat. Ce fichier FICOVIE pourra être consulté par les assureurs ou les notaires mandatés par leurs clients, dans le cadre de la recherche des bénéficiaires des contrats. Ce dispositif est appliqué depuis le 1er janvier 2016 aux nouveaux contrats et au 15 juin 2016 pour les contrats déjà ouverts.

Dans le cadre de cette lutte, les assureurs ont l'obligation de collecter des informations afin de détecter les opérations qui pourraient blanchir des capitaux ou financer le terrorisme.

L'AMF et la MIF imposent au banquier-assureur dans le cadre de la souscription d'un contrat d'assurance vie deux types d'obligation :

- une obligation de conseil qui lui impose de s'informer de la situation financière de son client afin de comprendre ses besoins et de le conseiller ;
- des obligations relatives à la lutte contre le blanchiment qui oblige l'assureur à connaître le client afin de vérifier si les opérations qu'il réalise sont cohérentes avec le montant de ses revenus et de son patrimoine.

Par conséquent, il est demandé systématiquement à la souscription du contrat :

- la présentation d'une pièce d'identité en cours de validité et pour une souscription au nom d'un enfant mineur celle de chacun des représentants légaux ;
- la profession ;
- les revenus ou la tranche de revenus du foyer ;
- le patrimoine ou la tranche de patrimoine du foyer ;
- l'adresse.

Le questionnaire MIF permet de dégager le profil d'investisseur.

La législation oblige l'assureur en cas d'opérations particulières ou d'un montant inhabituellement élevé à demander des informations supplémentaires et le cas échéant des justificatifs (par exemple sur l'origine des fonds ou sur l'objectif de l'opération souhaitée).

L'assureur est tenu de mettre à jour les informations concernant le client (lors d'un entretien en face à face, lors d'opérations sur le contrat d'assurance-vie, dans le cadre d'une campagne générale de mise à jour des informations clientèle).

Cette collecte d'informations permet à l'assureur de mieux connaître son client, de mieux comprendre ses motivations et d'apprécier les conditions dans lesquelles l'opération est réalisée.

Le refus de fournir les informations ou justificatifs demandés va créer une suspicion sur la réalité des informations communiquées et les motivations réelles. L'opération demandée peut alors devenir impossible.

APPLICATIONS

1 ÉNONCÉ

Un contrat d'assurance-vie en euros est souscrit le 15 janvier 2017 par Monsieur Bonneau. Un versement de 15 000 € constitue alors la prime unique. Il est imposé au titre de l'IR au TMI de 41 %.

1 **Quelle sera la valeur de rachat du contrat au bout de 8 ans si la rémunération moyenne sur la période est de 1,5 % (les prélèvements sociaux sont de 17,2 %) ?**

2 **Quel conseil pouvez vous donner à ce client qui souhaite que le contrat soit équitablement réparti entre ses deux filles Marion et Juliette ?**

3 **Monsieur Bonneau effectue le 16 janvier 2023 un retrait partiel de 5 000 €. Calculez la somme que la banque va lui verser.**

SOLUTION

1 S'agissant d'un contrat en euros, les prélèvements sociaux sont perçus à chaque capitalisation des intérêts. Le taux de rémunération réelle est donc 1,5 % (1 – 17,2 %) = 1,242 %

Ainsi, dans 8 ans la valeur de rachat sera : 15 000 $(1{,}01242)^8$ = 16 557 €

2 Il est préférable de rédiger la clause bénéficiaire en désignant nominativement les bénéficiaires de premier rang (indiquer la date de naissance et l'adresse) et en prévoyant des bénéficiaires de second rang.

« *Bénéficiaire : Marion et Juliette à parts égales à défaut leurs héritiers.* »

3 Au 16 janvier 2023 la valeur de rachat est de 16 153,09 € (15 000 × $(1{,}0242)^3$)

Il faut alors calculer la plus-value sur le rachat partiel.

PV = 5 000 – ((5 000 × 15 000) / 16 153,09)) = 356,92 €

Le contrat a 6 ans. La plus-value est donc imposée à l'IR + PS ou au PFL de 15 % + PS. Compte tenu du TMI de 41 %, le choix du PFL s'impose.

Plus-value nette : 85 % × 356,92 = 303,38 €

Au total, Monsieur Bonneau va récupérer 4 946,46 € (5 000 – 15 % × 356,92).

2 ÉNONCÉ

Monsieur Valouse, âgé de 72 ans lors de la souscription d'un contrat d'assurance-vie en euros a versé 40 000 € en août 2014. Il a alors rédigé la clause bénéficiaire de la façon suivante.

« *Bénéficiaire : ma fille Angélique pour 50 %, mon fils René pour 50 %* ».

Angélique est mariée et a deux enfants Julie et Romain ; René est également marié et a un fils Hugo et une fille Frédérique.

1 **René est décédé avant son père. Quelle somme va percevoir Angélique au décès de Monsieur Valouse alors que la valeur de rachat nette de prélèvements sociaux est de 54 500 € ?**

2 **Comment aurait dû être rédigée la clause bénéficiaire pour que Hugo et Frédérique perçoivent une part du contrat au décès de leur grand-père. Quelle aurait été cette part ?**

SOLUTION

1 Angélique percevra 54 500 € / 2 = 27 250 €. Compte tenu de l'abattement de 30 500 € (qui s'applique sur les primes versées) Angélique recevra 27 250 €. La moitié du contrat est basculé dans l'actif successoral.

2 Il eût été préférable de rédiger la clause bénéficiaire de la façon suivante :

« *Bénéficiaire : ma fille Angélique et mon fils René à parts égales à défaut leurs enfants nés ou à naître.* »

Les enfants de René peuvent alors venir en représentation de leur père pré-décédé. Ils se partagent alors la moitié du contrat :

Détail du calcul	Bénéficiaire	Angélique	Hugo[1]	Frédérique
Prime	40 000	20 000	10 000	10 000
Abattement	30 500[2]	15 250	7 625	7 625
Base imposable	9 500	4 750	2 375	2 375
Abattement successoral		100 000[3]	1 594	1 594
Impôt à payer		0 €	(2 375 – 1 594) × 5 % = 39,05 €	39,05 €
Montant récupéré après paiement des droits		27 250 €	13 625 € – 39,05 13 585,95 €	13 585,95 €

[1] Les enfants de René (Hugo et Frédérique) viennent en représentation de leur père.

[2] L'abattement est réparti proportionnellement à la part de chacun.

[3] Pour une succession ouverte après le 31 juillet 2011 et sous l'hypothèse que l'abattement successoral n'ait pas été consommé par ailleurs.

3 ÉNONCÉ

Monsieur Lefevre a 65 ans, un enfant unique. Son espérance de vie statistique est de 17 ans. Il dispose de 200 000 € à investir. Hypothèse de valorisation : 5 %. À son décès, le contrat de Monsieur Lefevre est valorisé à 458 404 €.

1 Calculez le capital net transmis à son fils.

Monsieur Lefevre a 75 ans, un enfant unique. Son espérance de vie statistique est de 10 ans. Il dispose de 200 000 € à investir. À son décès, le contrat de Monsieur Lefevre est valorisé à 325 779 €.

2 Calculez le capital net transmis à son fils.

SOLUTION

1 Prélèvements sociaux :

(458 404 – 200 000) × 17,2 % = 44 445

Montant net de PS = 413 958 €

Droits de succession :

(458 804 – 152 500) × 20 % = 61 261 €

Capitaux nets transmis : 352 698 €

2 Prélèvements sociaux :

(325 779 – 200 000) × 17,2 % = 21 634 €

Montant net de PS = 304 415 €

Droits de succession :

Base soumise au barème progressif : 200 000 – 30 500 – 100 000 = 69 500 €

Application du barème : 8 072 × 5 % + (12 109 – 8 072) × 10 % + (15 932 – 12 109) × 15 % + (69 500 – 15 932) × 20 % = 403, 6 + 403, 7 + 573,45 + 10 713,6 = 12 094,35 €

Capitaux nets transmis : 292 051 €.

4 ÉNONCÉ

Quelles formalités le conseiller doit-il respecter avant la souscription d'un contrat d'assurance vie ?

SOLUTION

- Le conseiller devra compléter le questionnaire MIF qui permet de dresser le profil investisseur. Le questionnement permet d'évaluer le niveau de connaissance du client, son expérience des produits financiers, ses objectifs et son horizon de placement et enfin son aversion au risque. Le client sera alors classé « non professionnel » au sens de l'AMF. L'aversion au risque sera mesurée grâce à des mises en situation pour apprécier l'attitude du client. On demandera au client ce qu'il ferait en cas de baisse brutale des marchés.
- Le conseiller fait ensuite signer la fiche conseil qui reprend l'expression des besoins du client et remet au client la documentation relative aux fonds souscrits.
- Enfin, il s'agira de compléter la demande d'adhésion (cas d'un contrat collectif) ainsi que les éléments du contrat : clause bénéficiaire, profil de gestion, périodicité et montant des versements (versement initial et/ou versements programmés).

À NOTER

L'AMF classe les clients en trois catégories : les clients « non professionnels », les clients « professionnels » et les « contreparties éligibles ». Plus le client est néophyte et plus son niveau de protection est fort.

32 La vente de l'assurance-vie

L'assurance-vie est commercialisée en France par plusieurs acteurs (banque, assureur, courtier sur Internet, services financiers de la grande distribution...). Certains d'entre eux ne proposent à leur clientèle qu'un produit d'assurance-vie. D'autres au contraire ont développé la gamme en adaptant le produit à l'âge du souscripteur ou assuré. Ce placement a su s'adapter à toutes les situations de client. Un assuré peut avoir plusieurs contrats d'assurance-vie dans des réseaux différents.

Comme les versements sur le contrat peuvent être libres, uniques, périodiques, on comprend mieux l'engouement des français pour ce placement. Ce produit reste le placement chouchou en France.

Le contrat d'assurance-vie multisupports rencontre un vif succès. Sa gestion pilotée est prisée. **L'assuré choisit simplement l'orientation de gestion correspondant le mieux à son profil d'investisseur, de la plus prudente à la plus dynamique.**

Les réseaux bancaires ont développé le mécanisme de rééquilibrage. Des arbitrages systématiques sont faits en fin de trimestre afin de maintenir la répartition initiale entre les supports financiers choisis à l'origine. **Ce produit clé en main permet au client d'être libéré des soucis de gestion.**

Cependant, la vente de contrats multisupports inadaptés au profil des assurés est à proscrire. Les réseaux bancaires doivent donc :

- assurer une information pertinente sur les produits financiers ;
- mieux cibler leur commercialisation dans les réseaux ;
- fournir au client un conseil adapté ;
- préserver l'objectivité et l'impartialité du conseil ;
- mieux responsabiliser tous les acteurs de la commercialisation ;
- améliorer le service après-vente.

Aussi des efforts de formation de la force de vente sont engagés.

Les banques ont compris qu'elles devaient développer les outils d'aide au conseil (logiciel de diagnostic, logiciel de préconisation).

Les conseillers soumettent donc à leurs clients des questionnaires types avec des préconisations d'épargne associées à leurs réponses. L'obligation de conseil impose au banquier d'examiner la situation patrimoniale et familiale de l'assuré.

1 Les enjeux de la vente de l'assurance-vie pour la banque

- Favoriser la collecte à travers les versements.
- Équiper les clients en nouvelle offre lorsqu'une nouvelle assurance-vie est lancée dans le réseau.
- Fidéliser les clients par ce produit.

- Accompagner les bénéficiaires sur des produits d'épargne du réseau pour éviter une décollecte.
- Contribuer au produit net bancaire de la banque (rétrocession d'une partie des frais de gestion à l'agence).
- Connaître le profil d'épargnant du client.
- Repérer les besoins et projets du client pour pouvoir mieux y répondre.

2 Le contact de la clientèle à rencontrer pour proposer le produit

A Le ciblage de la clientèle

Contrairement à certaines idées reçues, ce produit n'est pas « *un produit pour les vieux* » ! Aussi lorsque le conseiller sélectionne les clients de son portefeuille susceptibles d'être intéressés par l'assurance vie, il doit avoir le réflexe de viser également des clients jeunes. L'âge ne doit donc pas être le critère de sélection principal du ciblage. La détention d'un contrat peut également être prise en considération. En effet, un client détenteur d'un contrat de plus de huit années est susceptible d'être intéressé par la concurrence.

Des opportunités de vente permettent au conseiller de rebondir sur la présentation de l'assurance-vie (voir plus loin « *Les opportunités de vente* »).

B La prise de rendez-vous par téléphone

Quelques exemples d'accroches pour prendre rendez-vous avec un client du portefeuille :

« *Bonjour Monsieur X, vous êtes client de notre agence.* »

« *Je souhaite vous rencontrer pour vous parler de notre offre sur l'assurance vie.* »

Ou « *L'étude de votre dossier m'amène à vous contacter aujourd'hui pour vous présenter des solutions d'épargne dynamiques.* »

« *Je vous propose un entretien d'une durée de 40 minutes le… ou…* »

« *Je vous remercie de votre accueil et vous souhaite une bonne journée.* »

C Les opportunités de vente à saisir pour proposer l'assurance-vie et les accroches à formuler

À tous les âges, les opportunités de placement existent.

Dès la naissance, on peut souscrire une assurance-vie pour l'enfant. C'est un placement qui offre une rémunération attractive. C'est également un produit sécurisant car l'enfant ne touchera pas au capital placé.

Les parents peuvent vouloir souscrire une assurance-vie pour préparer les études des enfants, un projet à moyen ou long terme, leur retraite, se protéger en cas de coup dur.

À l'heure de la retraite, c'est l'occasion pour le client de remettre à plat ses choix d'épargne.

Aussi dès qu'une question sur la transmission de capital, le moyen de valoriser un capital à moyen ou long terme, le financement des études des enfants est posée, le conseiller rebondit sur l'assurance-vie. Les bilans épargne avec le client sont aussi le moment idéal pour vendre ce produit.

Les opportunités de vente sont donc multiples. Le client n'a pas besoin d'une grande capacité d'épargne. Il suffit de faire des versements de 30 € par mois dans certains réseaux.

Les accroches à formuler peuvent être les suivantes :

« *Avez-vous une idée du montant de la retraite que vous allez toucher ? Vous pouvez choisir votre contrat assurance-vie en fonction de la date prévue de départ à la retraite pour disposer le moment venu de revenus complémentaires.* »

Ou « *L'assurance-vie permet de valoriser votre épargne en toute tranquillité. Nos experts optimisent la gestion de ce contrat. Et lors du moment venu, vous disposez d'un capital valorisé pour réaliser votre projet.* »

Votre client va rembourser prochainement sa dernière mensualité d'un crédit immobilier ou personnel : « *Pour continuer à pouvoir financer un projet ou préparer votre retraite, vous pouvez verser le montant de la mensualité du prêt sur un contrat assurance-vie.* » Une marge de négociation sur les frais est possible. Aussi une offre temporaire sur ces frais peut être un bon accélérateur de vente.

ZOOM SUR LA VENTE D'UN CONTRAT ASSURANCE-VIE INTERGÉNÉRATIONNEL À UN GRAND-PARENT

Arguments à avancer : « donner un coup de pouce financier à votre petit enfant pour qu'il démarre dans la vie… », « vous pouvez décider de garder la main sur la gestion du contrat ; toute demande de retrait anticipé nécessitera alors votre accord préalable… », « ce contrat d'assurance vie permet d'encadrer le don du grand-parent investi au sein d'une formule clé en main (modèle de pacte adjoint, imprimé fiscal, bulletin de souscription inclus) », « une clause d'inaliénabilité peut être intégrée au contrat. Elle encadre la mise à disposition des fonds du contrat. Le petit enfant ne peut pas percevoir les fonds avant un certain âge déterminé dans le contrat ».

Documents nécessaires à la souscription : pièce d'identité du grand-parent et celle des représentants légaux de l'enfant, livret de famille des parents de l'enfant, justificatifs de domicile, questionnaire MIF, autorisation des représentants légaux si mineur de moins de douze ans, consentement du mineur de plus de 12 ans.

3 L'entretien en face à face avec le client

A La recherche de son profil d'épargnant

Âges du client	Objectif du client
Moins de 45 ans	Recherche de performance, gestion dynamique avec une prise de risque acceptée.
De 46 à 55 ans	Recherche d'une capitalisation des performances passées avec une prise de risque plus réduite.
Plus de 55 ans	Recherche d'une consolidation des performances passées sans prise de risque pour assurer les revenus de demain.

Le conseiller a l'obligation en agence de proximité de soumettre au client un questionnaire. Ce dernier permet de cerner le degré de connaissance du client sur les marchés financiers, le niveau de risque accepté. Ce questionnaire doit être perçu par le conseiller comme un outil d'aide à la vente. En effet, le produit proposé doit répondre au profil du client qui se dégage à travers les réponses de celui-ci. Aussi il sera aisé de sélectionner les arguments de vente qui auront un impact sur le client.

Le montage des produits d'assurance vie de la gamme du réseau tient compte des profils d'investissement souhaités par les clients.

EXEMPLE

Produit-réponse au profil d'investissement repéré

Cible clientèle	Jeunes actifs/grand public sans connaissance sur l'assurance-vie		
Profil d'investissement	Sécurité	Prudence	Dynamisme
	100 % du capital investi sur un fonds en euros	75 % investis sur un fonds en euros et 25 % sur des SICAV	50 % investis sur un fonds en euros et 50 % sur des supports en unités de compte

B La rédaction de la clause bénéficiaire

Le conseiller doit exposer le principe de la clause bénéficiaire à son client. La désignation de bénéficiaire est un élément fondamental d'un contrat d'assurance-vie. La clause bénéficiaire peut alors être rédigée par l'adhérent (clause libre) ou pré-rédigée par l'assureur (clause type ou standard). Elle peut être déposée chez le notaire pour assurer la confidentialité.

Le souscripteur doit réfléchir aux points suivants : «*À qui sera versé le capital après mon décès ? Si l'un des bénéficiaires désigné meurt avant moi, de quelle manière je souhaite que le capital soit versé ?*»

Le conseil devient ici un devoir pour le conseiller.

C Le rappel de discrétion au client

Le souscripteur doit prendre conscience qu'il doit rester très discret sur la désignation des bénéficiaires afin d'éviter les conséquences gênantes que peut entraîner la volonté du bénéficiaire d'accepter le bénéfice du contrat d'assurance vie. L'acceptation par le bénéficiaire ne concerne qu'une petite minorité des contrats mais a des conséquences importantes.

Pour certaines situations, il peut être souhaitable d'orienter le client vers la désignation testamentaire du notaire. Dans la clause bénéficiaire, le client note que le nom des personnes concernées est déposé chez le notaire maître X. La confidentialité de sa volonté est ainsi garantie. Le client pourra donc à tout moment modifier le nom du bénéficiaire et effectuer librement des opérations sur son contrat. Dorénavant, le bénéficiaire ne peut accepter le bénéfice du contrat qu'avec l'accord du souscripteur.

D L'argumentation commerciale

Elle doit bien entendu se faire en fonction de la principale motivation du client.

Principale motivation du client	Argument(s) à avancer
Se constituer une épargne en cas de coup dur	« *Vous pouvez mettre en place des versements programmés pour disposer à tout moment de votre épargne en cas de coup dur. Vous choisissez votre profil d'épargnant.* »

›››

Principale motivation du client	Argument(s) à avancer
Épargner pour réaliser ses projets de vie (étude des enfants, apport personnel pour l'achat d'une résidence principale…)	« *Des versements réguliers modulables sont possibles.* »
Préparer sa retraite	« *Les versements sont garantis à l'approche de la retraite. Les plus-values et le capital sont sécurisés au fil des années.* »
Maintenir un niveau de vie durant la retraite	« *À la retraite, vous avez un large choix de sorties pour profiter pleinement de celle-ci.* »
Assurer la transmission d'un patrimoine	« *La transmission du patrimoine est assurée dans les meilleures conditions.* »
Protéger le conjoint pacsé	« *Contrairement au mariage qui protège le conjoint (en cas de décès, héritage du défunt et pension de réversion sous conditions), le PACS n'assure qu'une protection minimale au partenaire. Aussi l'assurance vie permet de protéger le partenaire.* »

L'argumentation repose sur les mots clés suivants : une grande sécurité – une grande souplesse – des versements libres – la disponibilité des fonds (hors impacts fiscaux) – une rentabilité – une fiscalité privilégiée – après 8 ans de détention, une transmission du patrimoine – l'insaisissabilité – le choix des bénéficiaires – l'absence de plafond – la multi-détention possible – un placement hors actif successoral.

Comment présenter le contrat multisupports ?

« *Vous composez votre épargne selon vos souhaits en alliant sécurité et performance. Vous voulez bénéficier de rendements supérieurs que le taux des contrats avec fonds en euros sur la durée. Une partie de votre épargne peut être investie sur des supports plus dynamiques. Vous profitez ainsi des performances des marchés financiers sur le moyen terme.* »

Comment présenter les frais (frais d'entrée, frais de chargement, frais d'arbitrage, frais de gestion) ?

Rappeler les nombreux avantages de l'assurance-vie (garantie, souplesse et adaptation dans le choix des supports, service apporté tout au long du contrat, fiscalité avantageuse…).

« *Monsieur le client, comme de nombreux produits bancaires, l'assurance-vie nécessite un suivi par nos experts et cela occasionne des frais. Ces frais permettent de gérer l'épargne du contrat dans des conditions optimales de rentabilité et de sécurité. Compte tenu du taux de rendement de notre contrat d'assurance vie, les droits d'entrée par exemple sont amortis dans un délai de X mois.* »

E La réfutation des objections

Pourquoi attendre 8 ans pour retirer le capital ?

« *Votre épargne est disponible en totalité ou à tout moment. Cependant, pour optimiser les performances de votre placement et profiter au mieux de ses avantages fiscaux, il est conseillé une durée de détention minimale de huit ans.* »

Je préfère des livrets d'épargne classique

« *Ces contrats sont la base d'une épargne bien construite et disponible en cas de besoin. Cependant, leur rendement est en perte de vitesse. Aujourd'hui, seule la prise de risque permet d'espérer une rentabilité attractive. Vos placements sont à diversifier. Vous devez construire un patrimoine en conciliant deux impératifs : accepter une faible rentabilité pour l'épargne de précaution donc disponible et accepter une part de risque en diversifiant votre épargne vers les marchés financiers au sein d'un environnement à fiscalité allégée comme l'assurance-vie.»*

Je ne comprends rien à la bourse

«*Vous accédez aux marchés financiers de manière simple grâce à l'assurance-vie. Des experts sélectionnent pour vous des fonds en actions.*»

APPLICATION

ÉNONCÉ

Vous êtes conseiller financier en agence de proximité. Une campagne assurance-vie est en cours. Des objectifs de collecte et d'ouverture de contrats vous sont donnés. Vous recevez aujourd'hui des clients contactés dans le cadre de cette campagne.

Traitez les attitudes de fuite et les objections de vos clients.

«*Il faut que j'en parle à mon conjoint avant de signer.*»

«*Vais-je être informé de l'évolution de mon contrat avant la fin des huit ans ?*»

«*À quoi correspondent les frais de gestion dont vous me parlez ?*»

«*J'ai travaillé et donc cotisé toute ma vie. Je n'ai pas besoin de produit pour préparer ma retraite.*»

«*J'ai entendu dire que les bons de capitalisation étaient plus avantageux que l'assurance vie sur le plan fiscal.*»

«*Mon argent est bloqué plusieurs années.*»

«*Je n'ai pas les moyens d'épargner.*»

«*L'assurance vie, c'est un produit pour les vieux.*»

«*Votre taux n'est pas élevé. L'assurance vie, cela ne rapporte pas !*»

SOLUTION

Objection ou fuite du client	Réfutation de l'objection
«Il faut que j'en parle avant à mon conjoint.»	*«Vous êtes convaincu(e) du bien fondé de ce contrat que je vous propose aujourd'hui. Cela paraît normal que vous réfléchissiez avant de vous engager. Je sais que vous êtes occupé. Afin de vous faire gagner du temps et de vous éviter un deuxième entretien à l'agence, je vous propose de signer votre contrat dès maintenant et de profiter de votre délai de réflexion de 30 jours. Si vous décidez avec votre conjoint de bénéficier des avantages que nous avons vus ensemble, vous ne modifiez rien. Sinon, dans le cas échéant, nous nous reverrons pour modifier ou annuler votre contrat.»*
«Vais-je être informé de l'évolution de mon contrat avant la fin des huit ans ?»	*«Vous recevrez tous les ans un relevé de situation qui vous présentera avec transparence les opérations et résultats enregistrés sur la période écoulée. La valeur de rachat du contrat apparaîtra alors.»*

Objection ou fuite du client	Réfutation de l'objection
« À quoi correspondent les frais de gestion dont vous me parlez ? »	*« Les frais de gestion sont prélevés périodiquement par l'assureur sur l'épargne disponible de votre contrat. Ils correspondent à la rémunération de l'assureur au titre de la gestion financière et administrative de votre contrat. Ces frais sont précisés dans les conditions générales valant note d'information de votre contrat. »*
« J'ai travaillé et donc cotisé toute ma vie. Je n'ai pas besoin de produit pour préparer ma retraite. »	*« Vous savez que la durée de cotisation pour garantir le financement des retraites s'allonge progressivement. Or les différents régimes de retraite s'harmonisent. Vous subirez une importante baisse de revenus à la retraite. Il faut donc songer aux possibilités d'épargne par capitalisation pour construire votre retraite. »*
« J'ai entendu dire que les bons de capitalisation étaient plus avantageux que l'assurance vie sur le plan fiscal. »	*« Cela est vrai pour une personne assujettie à l'ISF. En effet, pour le calcul de l'ISF, c'est la valeur nominale du bon de capitalisation (et non les intérêts capitalisés sur ce placement) qui est prise en compte alors que pour l'assurance-vie, c'est la valeur de rachat du contrat qui rentre en compte. »*
« Mon argent est bloqué plusieurs années. »	*« À tout moment, vous pouvez effectuer des retraits et disposer rapidement de vos capitaux. »*
« Je n'ai pas les moyens d'épargner. »	*« Justement, vous devez prendre date dès maintenant sur un contrat pour bénéficier d'un cadre fiscal avantageux au bout de huit ans. »*
« L'assurance vie, c'est un produit pour les vieux. »	*« L'assurance-vie est avant tout un contrat d'épargne qui répond et s'adapte aux besoins et projets d'une clientèle de tous les âges. Notre réseau commercialise de nombreux contrats d'assurance-vie auprès de la clientèle jeune. »*
« Votre taux n'est pas élevé. Cela ne rapporte pas l'assurance vie. »	*« Le rendement moyen de ce produit positionne l'assurance-vie parmi les produits d'épargne les plus attractifs. »*
« Je ne veux pas prendre le risque de perdre mon capital sur un contrat en euros. »	*« Ce contrat d'assurance-vie en euros bénéficie de l'effet cliquet. Les intérêts obtenus grâce à votre capital sont définitivement acquis une fois qu'ils sont inscrits à votre contrat. Ces intérêts ne peuvent être remis en cause ; ils ne peuvent pas baisser. Un contrat multi-support donnant accès à des fonds boursiers ne profite pas de l'effet cliquet contrairement à sa partie de fonds en euros. Les assureurs privilégient les placements de type obligataire pour assurer une garantie de placement. »*

33 Les produits d'épargne retraite

La loi PACTE (plan d'action pour la croissance et la transformation des entreprises) du 22 mai 2019 a créé une nouvelle enveloppe (le plan d'épargne retraite) destinée à recueillir les sommes consacrées à préparer la retraite.

Avant la loi PACTE, les produits dédiés à la retraite étaient de nature très différente et surtout non transférables.

Enveloppe individuelle	Enveloppe collective	
PERP (pour les salariés)	Plan d'épargne retraite collectif (PERCO)	Plan d'épargne retraite entreprise (PERE) Article 83
Contrat Madelin (Travailleurs non-salariés)		

Après la loi PACTE, une seule enveloppe avec deux compartiments.

Plan d'épargne retraite individuel pour les salariés et non-salariés	Plan épargne retraite entreprise	
	PER Collectif (ex-PERCO)	PER obligatoire (ex-article 83)

1 Le PERP : un produit encadré et commercialisé jusqu'en octobre 2020

A Le PERP : un produit encadré

L'assureur en charge du PERP va devoir rendre des comptes sur sa gestion aux différentes parties prenantes, à savoir :

Entités	Missions
GERP (Groupement d'épargne retraite populaire)	Chaque adhérent au PERP est membre de cette association à but non lucratif. C'est en fait cette association qui souscrit le PERP pour le compte de ses adhérents auprès d'un assureur ou d'un institut de prévoyance.
Comité de surveillance	Ce comité a pour mission de veiller au respect des intérêts des adhérents. Il est composé pour moitié de membres indépendants de l'assureur. Il rend compte de son activité en publiant un rapport annuel sur la gestion observée.

B Caractéristiques du PERP

Ouverture		Un ou plusieurs PERP peuvent être souscrits par une même personne. (voir plus haut les différents types de contrats).
Versements		Libres ou programmés. Les versements effectués sur un PERP sont déductibles dans certaines limites du revenu imposable (voir point fiscalité et PERP).
Transfert du PERP		Transférable d'un établissement à un autre sans frais après 10 ans. Avant 10 ans les frais de transfert ne peuvent excéder 5 % du montant transféré.
Sortie	Anticipée en capital	L'assuré arrive en fin de droit d'allocation chômage après un licenciement Décès du conjoint ou partenaire pacsé Liquidation judiciaire pour une activité non salariée Invalidité au sens de l'article L. 341-4 du Code de la Sécurité Sociale Surendettement de l'adhérent.
	Liquidation des droits à la retraite	Sortie en rente obligatoire. Cependant 4 cas de sortie en capital sont prévus. ▸ L'article 35 de la loi 2006-872 du 13 juillet 2006 (dite Engagement National pour le Logement) permet à un retraité une sortie en capital pour financer la résidence principale. Dans ce cas, le capital obtenu est imposable au titre de l'impôt sur le revenu (possibilité de profiter du mécanisme du quotient de 15 pour les PERP de plus de 6 000 €; mécanisme permettant d'atténuer l'effet de la progressivité de l' IR). ▸ La réforme des retraites de 2010 permet une sortie en capital à hauteur de 20 % de la valeur de rachat du contrat. ▸ Sortie en capital également possible lorsque le montant de la rente est inférieur à 40 € / mois. ▸ PERP d'au moins 4 ans dont l'encours est inférieur à 2 000 €. Le revenu fiscal de référence du foyer fiscal du titulaire du PERP doit être inférieur à 36 658 € pour 2016.
Fiscalité de la rente		La rente sera calculée en appliquant un taux de conversion sur le capital obtenu. La rente est ensuite soumise au paiement de l'impôt sur le revenu après abattement forfaitaire de 10 %. Elle subit également 7,4 % de prélèvements sociaux.
Décès du souscripteur		Si le décès intervient pendant la phase d'épargne, le capital sera transmis aux bénéficiaires désignés au contrat lors de la souscription. Si le décès intervient pendant la période de bénéfice de la rente, le souscripteur peut prévoir une rente réversible (50 %; 100 %). Ainsi, au décès du titulaire de la rente, celle-ci continue d'être versée au bénéficiaire de la réversion. Si la rente annuelle est de 1 500 € et que j'opte pour une réversion de 60 % alors la rente versée devient 900 € (1 500 × 60 %).

211

C Fiscalité et PERP

Compléments en ligne

1 • Calcul du plafond global de déductibilité (PGD)

PGD = 10 % PASS N–1 si les revenus professionnels de N–1 après abattement forfaitaire de 10 % (ou frais professionnels) sont inférieurs à ce PASS (Plafond Annuel de la Sécurité Sociale).

PGD = 10 % des revenus nets professionnels (après abattement forfaitaire de 10 % ou frais réels) dans la limite de 8 fois le PASS N–1.

2 • L'utilisation du plafond

Comme le montre le schéma ci-dessous, ce plafond est global et s'entend donc pour tous les dispositifs de retraite, qu'ils soient individuels (nouveau PER) ou collectifs (nouveau PER collectif).

Plafond global de déductibilité = 10 % des revenus nets professionnels de l'année N-1 (après déduction 10 % pour frais professionnels)			
PER collectif (anciennement PERCO, PERE, article 83)		Disponible personnel	
PER collectif	PER obligatoire	Versements volontaires sur un PER individuel (anciennement PERP, PREFON, Madelin, etc.)	Disponible non utilisé reportable 3 ans

Le fonctionnement du Plafond Global de Déductibilité (PGD)

Année	Plafond annuel sécurité sociale (PASS)	PGD maximum année N : 10 % des revenus nets professionnels dans la limite de 8 fois le PASS N−1	PGD minimum : 10 % PASS N−1 si les revenus nets professionnels sont inférieurs à ce PASS N−1
2022	41 136 €	32 908 €[1]	4 113 €
2021	41 136 €	32 908 €	4 113 €
2020	41 136 €	32 419 €	4 052 €
2019	40 524 €	31 786 €	3 973 €
2018	39 732 €	31 382 €	3 861 €

[1] 32 908 = 10 % × (41 136 × 8)

> EXEMPLE

Cas d'un couple marié

	Monsieur	Madame	Total
Revenus professionnels	55 000 €	21 000 €	76 000 €
Déduction forfaitaire	5 500 €	2 100 €	
Revenus nets	50 500 €	18 900 €	69 400 €
Plafond de déductibilité	5 050 €	4 113 €[1]	

[1] Les 10 % des revenus professionnels étant inférieurs au PASS, le plafond global est égal à 10 % du PASS, soit 4 113 € (10 % × 41 136) pour une déclaration faite en 2022.

Pourront être déduites des revenus N (déclaration faite en N+1) les cotisations dans la limite d'un plafond qui comprendra le plafond disponible N ainsi que le disponible non utilisé de N–1, N–2, N–3. En effet, il est possible de reporter pendant 3 ans les plafonds non utilisés.

L'impact fiscal sera calculé en multipliant le taux marginal d'imposition (TMI) par le montant des cotisations versées sur le PERP.

REMARQUE

La loi de finances 2007 a modifié l'article 163 quatervicies a du Code général des impôts en indiquant que les membres d'un couple ou les partenaires d'un PACS soumis à l'imposition commune pouvaient à partir de la déclaration 2008 des revenus 2007 déduire une somme correspondante au cumul des deux plafonds de déductibilité. Dans notre exemple Monsieur pourrait verser 7 973 € sur un seul PERP (4 050 + 3 923 €) et déduire cette somme du revenu imposable du couple. En d'autres termes, la faculté de reporter le plafond déductible non utilisable peut se transmettre à un autre membre du foyer fiscal.

Si notre couple est imposé au taux de 30 % et que le plafond global de déductibilité disponible est entièrement affecté au PERP (pas de bénéfice d'autres dispositifs collectifs par ailleurs), le gain fiscal sera alors de 2 356 € (7 854 € × 30 %).

Le gain fiscal est d'autant plus important que le taux d'imposition est élevé.

3 • *Illustration*

Cas : célibataire qui a déclaré 52 000 € de salaires en 2022

- Variante 1 : nous supposerons que le PERP n'a pas été alimenté dans les 3 années précédentes et que le revenu a été le même pendant ces trois dernières années.
- Variante 2 : le PERP a régulièrement été alimenté au cours des trois dernières années.
  - Versement PERP en 2020 : 1 500 €
  - Versement PERP en 2021 : 2 500 €
  - Versement PERP en 2022 : 2 000 €
  - Total sur les trois dernières années : 6 000 €
- Variante 3 : idem variante 2 avec un PERCO alimenté à hauteur de 1 500 € en 2022.

	Variante 1	Variante 2	Variante 3
Revenus nets professionnels	52 000 × 90 % = 46 800	46 800 €	46 800 €
Plafond calculé sur les revenus de 2022	10 % × 46 800 = 4 680	4 680	4 680 €
Plafond non utilisé pour les revenus 2022	4 680 €	4 680 – 2 000 = 2 680 €	4 680 – 2 000 – 1 500 = 1 180 €
Plafond non utilisé pour les revenus 2021	4 680 €	4 680 – 2 500 = 2 180 €	2 180 €
Plafond non utilisé pour les revenus 2020	4 680 €	4 680 – 1 500 = 3 180 €	3 180 €
Total disponible 2022	4 × 4 680 € = 18 720 €	4 680 + 2 680 + 2 180 + 3 180 = 12 720 €	4 680 + 1 180 + 2 180 + 3 180 = 11 220 €

2 Le plan d'épargne retraite commercialisé depuis le 1er octobre 2019

A Le fonctionnement des PER

Le PER peut être ouvert auprès d'un assureur (PER assurance) sous la forme d'un contrat groupe d'assurance vie, ou auprès d'une banque (PER bancaire) dans le cadre d'un compte titre alimenté par des fonds.

Les versements volontaires sur un PER individuel ou collectif peuvent être déduits du revenu imposable dans les mêmes conditions que pour l'actuel PERP. Cependant, la loi PACTE permet de renoncer à cette déduction.Dans ce cas, le capital récupéré au moment de la sortie sera exonéré d'IR. Seule la plus-value réalisée sera soumise au PFU.

Le décret du 11 août 2019 prévoit une gestion pilotée autour de 3 profils comme indiqué dans le tableau ci-dessous.

Seuil minimum d'actif sans risque selon le type de profil

Délai avant le départ à la retraite	Profil « prudent »	Profil « équilibré »	Profil « dynamique »
Plus de 10 ans	30 %	Aucun seuil	Aucun seuil
Entre 5 et 10 ans	60 %	20 %	Aucun seuil
Entre 2 et 5 ans	80 %	50 %	30 %
Moins de 2 ans	90 %	70 %	50 %

B Modalité de sortie et fiscalité

Les cas de sortie anticipée sont les mêmes que pour le PERP. La seule nouveauté concerne la sortie anticipée pour l'achat de la résidence principale : elle sera autorisée même s'il ne s'agit pas d'une primo accession.

La sortie pourra se faire au choix en rente ou en capital.

	PER individuel	PER collectif	PER obligatoire
Sortie	Rente ou capital		Rente obligatoire
Imposition de la rente	Rente viagère à titre gratuit	Rente viagère à titre onéreux	Rente viagère à titre gratuit

La sortie en capital diffère en fonction de l'origine du versement et des modalités d'entrée.

	PER individuel	PER collectif
Sortie en capital (versement avec déduction fiscale à l'entrée	Capital imposé IR Plus-value : PFU	PFU sur la plus value PS sur le capital
Sortie en capital (versement sans déduction fiscale à l'entrée)	Plus- value imposée au PFU	

Enfin, la transférabilité est la règle :tous les produits détenus actuellement pourront être transformés en PER et les PER seront transférables entre établissements.

3 La rente viagère

A Le calcul de la rente

La rente est calculée en appliquant un taux de conversion au capital acquis. Ce taux dépend de l'âge du crédit rentier au moment du versement de la première rente, de la probabilité de survie du crédit rentier et d'un taux d'intérêt technique qui permet d'anticiper sur la revalorisation de la rente.

La probabilité de survie est calculée en rapportant le nombre de survivants entre deux âges. Depuis le 1er janvier 2007, on utilise de nouvelles tables de mortalité en remplacement de la table TPRV 93 utilisée jusqu'alors par les assureurs. Les nouvelles tables (TGF 05 et TGH 05) ont été homologuées par le ministère de l'économie et des finances dans un arrêté du 1er août 2006 publié au *Journal officiel* le 26 août 2006 et modifient entre autre l'article A. 335-1 du Code des assurances.

À titre d'exemple, le tableau suivant donne pour différents âges du crédit-rentier et différents taux techniques la valeur des coefficients de conversion.

Coefficient de conversion en % (Table de conversion pour une femme née en 1965)

Âge	55	56	57	58	59	60	61	62	63	64	65
Taux technique											
0 %	2,796	2,870	2,947	3,029	3,115	3,206	3,303	3,405	3,515	3,631	3,754
1 %	3,351	3,464	3,577	3,696	3,821	3,954	4,095	4,247	4,409	4,581	4,764
2 %	3,954	4,120	4,279	4,447	4,624	4,813	5,014	5,232	5,465	5,714	5,979
3 %	4,599	4,834	5,052	5,283	5,527	5,788	6,066	6,371	6,699	7,050	7,425

Capital acquis	Montant de la rente annuelle perçue à 60 ans pour un homme né en 1987	Montant de la rente perçue à 60 ans pour une femme née en 1965
Pour un taux technique de 0 %		
10 000 €	2, 915 % × 10 000 = 291,50 € soit 24,30 € / mois	3 ,206 % × 10 000 = 320,60 € soit 26,71 € / mois
50 000 €	1 457,5 € soit 121,46 € / mois	1 603 € ou 133,58 € / mois
150 000 €	4 372,5 € soit 364,37 € / mois	4 809 € soit 400,75 € / mois

À titre de comparaison, le taux de conversion calculé à partir de l'ancienne table TPRV 93 donnait un coefficient de 3,42 % (pour un taux technique de 0 % et une rente versée à 60 ans).

B La fiscalité de la rente viagère

Origine de la rente viagère	Modalités d'imposition
Assurance-vie et PERCO (rente à titre onéreux)	► Seule une fraction de la rente en fonction de l'âge du crédirentier est imposable à l'impôt sur le revenu (IR) (voir le barème fiche 31). ► Prélèvements sociaux au taux en vigueur sur la fraction imposable à l'IR.
PERP (rente à titre gratuit)	► Imposition au titre de l'IR après abattement de 10 % (avec min. 379 € et max. 3 715 € par foyer fiscal). ► Prélèvements sociaux : CSG/CRDS/CASA au taux de 8,3 % dont 5,9 % de CSG déductible.

Origine de la rente viagère	Modalités d'imposition
PEA (sortie après 8 ans)	▸ Rente exonérée d'IR. ▸ Prélèvements sociaux sur une fraction de la rente selon le barème fiche 31).

APPLICATIONS

1 ÉNONCÉ

Quels sont les points forts et les points faibles du PERP ?

SOLUTION

Points forts	Points faibles
Gain fiscal important pour les contribuables fortement imposés (l'effort réel d'épargne est d'autant plus faible que le TMI est élevé). Les cotisations sont déductibles des revenus dans la limite de 10 % du revenu imposable et d'un plafond de 8 fois le PASS.	Pas de sortie anticipée possible sauf cas prévus par la loi. Capital bloqué.
Sécurité : les fonds versés sur un PERP font l'objet d'une comptabilité séparée chez l'assureur gestionnaire du produit. Sécurisation des placements au fur et à mesure que l'on se rapproche de l'échéance (départ à la retraite).	Capital bloqué jusqu'au départ à la retraite.
La loi n'impose aucun versement minimum par an. Le titulaire peut alimenter ou pas son plan.	Sortie en rente obligatoire.
Plan transférable dans un autre établissement sans frais 10 ans après l'ouverture.	Rente fiscalisée au même titre que la pension de retraite. Rente soumise aux prélèvements sociaux (7,4 %).
Possibilité de désigner un bénéficiaire pour profiter d'une rente de réversion.	Pas d'avance possible (contrairement à l'assurance-vie).

2 ÉNONCÉ

Monsieur Paul, célibataire, âgé de 43 ans vous demande d'estimer l'économie d'impôt qu'il réalisera en N sachant qu'il a versé en N–1, 3 000 € sur son PERP. Monsieur Paul est imposé au taux marginal de 41 %.

SOLUTION

Gain fiscal = 3 000 × 41 % = 1 230 €.

34 Comment augmenter la collecte d'épargne du réseau ?

La collecte est la pratique financière consistant à recueillir des dépôts de capitaux auprès du public. Elle alimente les ressources d'une banque (son passif).

Les agences du réseau sont objectivées sur le montant de la collecte à réaliser.

Outre la collecte à réaliser, le réseau se doit d'éviter la décollecte (fuite des capitaux vers la concurrence). Ainsi l'ensemble des collaborateurs (réseau d'agences + agences en ligne) est sensibilisé à la collecte et décollecte.

Le chargé d'accueil (agence de proximité), le téléassistant (agence en ligne) est souvent le premier à pouvoir éviter la décollecte des fonds du réseau vers un réseau concurrent (exemple : le client appelle pour connaître les modalités de transfert ou de clôture de compte). Le conseiller qui a dans son portefeuille le client en question essaiera alors de « récupérer la relation commerciale » à travers une mise au point de la relation actuelle.

Augmenter la collecte du réseau passe nécessairement par la souscription de nouveaux contrats, la mise en place d'abonnement et/ou l'augmentation de versements sur les produits d'épargne.

1 L'organisation du conseiller

En amont de l'entretien, le conseiller se pose deux questions fondamentales :

- comment vais-je m'organiser pour faire venir ou recevoir mon client ?
- comment vais-je réussir à vendre ?

Les outils d'aide à la vente sont nécessaires pour inciter le client à passer à l'action et conclure la vente. Ils permettent au conseiller de réagir rapidement aux demandes du client.

Réponses à ses interrogations	Outils à utiliser
Comment vais-je m'organiser pour faire venir ou recevoir mon client ?	
▸ Je planifie le ciblage.	▸ Agenda (se bloquer des plages horaires).
▸ Je repère dans mon portefeuille les clients ciblés par mon action en cours.	▸ Logiciel de gestion de portefeuille clients (étude des indicateurs de profil : produits détenus dans notre établissement, âge, PCS…).
▸ Je consulte les derniers comptes-rendus des entretiens avec ces clients.	▸ Logiciel de gestion de clientèle (fiches entretiens en agence, contacts avec la plateforme) .
▸ Je planifie les appels.	▸ Agenda (dans de nombreux réseaux, des plages horaires bloquées sont dédiées au phoning).

›››

Réponses à ses interrogations	Outils à utiliser
Comment vais-je réussir à vendre ?	
▸ Je vais accrocher mon client au téléphone ou à l'agence.	▸ Plan de phoning. ▸ Phrases d'accroche à l'agence.
▸ Je m'entraîne à la méthode de vente de mon réseau.	▸ Sketch de vente à multiplier avec mon moniteur des ventes ou mon directeur d'agence.
▸ Je mène des entretiens participatifs avec mon client.	▸ Questionnement varié (*cf.* fiche 11) ▸ Micro-ordinateur tourné vers le client (rubriques à traiter lors de l'entretien visibles par le client – saisie des réponses par le conseiller face au client). ▸ Plan de découverte (*cf.* l'ouverture de compte en face à face).
▸ J'interroge mon client pour mieux le découvrir.	▸ Recherche de ses motivations d'achat principales : Outil SONCAS (sécurité, orgueil, nouveauté, confort, argent, sympathie) ou SABONE (sécurité, affectivité, bien être, orgueil, nouveauté, économie).
J'étudie à travers son budget sa capacité d'épargne mensuelle pour optimiser son potentiel d'épargne.	**Calcul de la capacité d'épargne disponible = flux bancaires créditeurs – flux bancaires débiteurs = rentrées (revenus, rentrée exceptionnelle : prime, héritage) – sorties (charges : dépenses courantes, impôts, remboursement crédits, loisirs, étude des enfants…).** **Cette capacité d'épargne disponible va être affectée à la réalisation des besoins et des projets du client.**
▸ J'argumente en fonction de la situation de mon client.	▸ Caractéristique / Avantage client / Preuve ou Bénéfice client / Avantage produit / Caractéristique produit ou Situation / Conséquence / Solution (*cf.* fiche 11).
▸ J'évalue mon entretien vente après le départ de mon client.	▸ Fiche d'auto-évaluation.

2 La mise en œuvre d'actions commerciales

Dans le milieu bancaire, les actions commerciales sont souvent décidées par le siège (service marketing…). Cependant, lors d'un retard de la production bancaire (exemple : retard sur la collecte de l'agence), l'équipe commerciale de l'agence est amenée à mettre en œuvre rapidement des opérations commerciales pour atteindre ses objectifs. Les actions commerciales ont pour but d'améliorer les résultats des portefeuilles. Elles favorisent l'équipement des clients en produits et services.

Qui décide de la mise en œuvre d'opérations commerciales ?	Contextes possibles
Siège (service marketing, direction commerciale…)	▸ Lancement d'un nouveau produit. ▸ Modification fiscale, nouvelle mesure juridique… ▸ Opportunité commerciale à saisir pour informer et équiper la clientèle.
Directeur d'agence ou de groupe	▸ Ratios d'activité, de rentabilité de l'agence à améliorer[1]. ▸ Objectif à atteindre. ▸ Retard sur objectif au point de passage. ▸ Décalage significatif des résultats par rapport au groupe d'agences. ▸ Augmentation de la collecte. ▸ Anticipation de décollecte.
Conseiller	▸ Atteinte des objectifs. ▸ Retard sur objectifs.

[1] Comment améliorer les ratios de rentabilité ? Augmenter le taux d'équipement en produit des clients, proposer des produits à forte marge et générateurs de commissions, vendre des services commissionnés, stimuler l'équipe commerciale (rémunération challenge, formation etc.)… La réussite d'une action commerciale organisée au niveau de l'agence réside surtout dans la compétence collective des collaborateurs et non uniquement dans l'addition des compétences individuelles. Le système de rémunération mis en application dans plusieurs réseaux (prime par agence) œuvre dans ce sens.

3 Le recours à l'agence en ligne ou plateforme téléphonique

Afin que le chargé de clientèle gagne en productivité commerciale, les appels téléphoniques sortants lors des campagnes commerciales sont de plus en plus confiés à des téléassistants basés sur une plateforme téléphonique ou agence en ligne. Dans le cadre des campagnes commerciales, les listings des clients ou prospects à contacter sont soit donnés par le service marketing du siège, soit par l'agence. Le service marketing a de plus en plus recours aux plateformes dans la mesure où les campagnes de marketing direct trouvent leur aboutissement sur ces dernières (numéro vert…).

A Les intérêts pour la banque de ce recours

- **Optimiser la gestion de la relation client.** En effet, un chargé de clientèle recevant des clients dans son bureau, traitant des dossiers en cours… ne peut pas contacter autant de clients qu'un téléassistant dont c'est la mission principale.
- **Créer du trafic clientèle en agence** (adresser au conseiller des clients grâce à la prise de rendez-vous).
- **Professionnaliser la relation téléphonique banque-client.** Le téléassistant est formé et entraîné régulièrement aux méthodes de phoning. Il acquiert au fil du temps plus de réflexes opérationnels au téléphone que le conseiller basé en agence qui peut être tenté alors de prolonger la discussion avec son client. Le téléassistant ne laisse pas déborder le client.

- **Contribuer à atteindre les objectifs** de collecte par le traitement des événements liés aux clients et aux comptes (voir ci-dessous) et éviter la décollecte.
- **Gagner des parts de marché** (les plateformes peuvent appeler de nombreux prospects en une journée).
- **Augmenter la productivité** de l'activité phoning de la banque (voir ratios p. 184).
- **Étendre l'amplitude horaire des contacts avec la clientèle** (contacts avec les clients encore possibles en dehors des horaires d'ouverture de l'agence).
- **Toucher les clients difficiles à joindre** (clients indisponibles durant les horaires d'ouverture de l'agence, clients ne passant jamais à l'agence, clients n'ouvrant jamais les mailings envoyés par la banque…).
- **Venir en appui du réseau** pour réussir les campagnes commerciales.

REMARQUE

Une incompréhension entre les collaborateurs basés en agence et les collaborateurs basés en plateforme peut exister. Les conseillers en agence pensent souvent que la prise de RDV par la plateforme est « forcée » (le client oublie son RDV ou arrive à l'agence sans savoir pourquoi il vient). Incompréhension provenant souvent d'un manque d'empathie… d'où la nécessité de faire des stages ou un passage sur la plateforme quand on se destine au métier de conseiller en agence !

B Le métier de téléassistant

Le rôle des plateformes diffère selon les réseaux. Initialement, le téléopérateur avait une mission de preneur d'ordres alors qu'aujourd'hui sa mission migre vers celle de conseiller. La fonction de téléopérateur revêt des appellations différentes : télé conseiller, téléassistant…

Le métier de téléopérateur a longtemps été décrié – souvent par méconnaissance. Aujourd'hui, il est considéré dans le domaine bancaire comme un métier à part entière qui peut servir de tremplin vers un poste de conseiller financier en agence. En effet, durant cette expérience, le téléassistant acquiert des réflexes commerciaux et apprend à saisir rapidement au cours d'une conversation avec le client les opportunités commerciales. L'écoute, la réactivité et la maîtrise des techniques de l'entretien de vente sont les qualités que développe au quotidien le téléassistant – qualités essentielles au poste de conseiller financier en agence.

4 La gestion des contacts en mode multicanal sur les événements clés de la vie du client

A Les principaux motifs de contact du conseiller

Les principaux motifs d'appel lors d'une opération phoning :

- **événement lié aux comptes du client** (incident de paiement, mouvement créditeur ou débiteur important, décollecte, arrivée de l'échéance d'un contrat…) ;
- **événement lié au client** (atteinte d'un âge qui est une condition d'éligibilité à un produit (livret jeune à 12 ans…), déménagement, projet, succession…) ;
- **événement lié à l'environnement bancaire** (retard de l'agence sur objectifs, information du client sur un changement fiscal…) ;
- **campagne commerciale en cours** (volume important d'un produit à vendre dans une période donnée = « *opération one shot* »).

Afin de gérer les risques de décollecte, le conseiller a intérêt à traiter ces événements régulièrement (incidents de paiement : tous les jours – mouvements débiteurs ou créditeurs importants : toutes les semaines – événement lié au client : tous les mois).

Le thème des campagnes commerciales est récurrent. À chaque période de l'année correspond un temps fort en phoning. L'équipement des jeunes en livret jeune (à partir de 12 ans) et en package (à 12, 16, 18 et 26 ans) constitue un fil rouge annuel pour les conseillers chargés d'appeler les clients.

Lors des campagnes commerciales, le conseiller a souvent tendance à appeler les mêmes clients. Or, tous les clients du portefeuille doivent avoir le même taux de contact annuel.

B Les attentes du client lorsqu'il contacte sa banque

1 • Les missions du conseiller lors d'un contact à l'initiative d'un client

- La rapidité de sa prise en charge.
- La rapidité de la réponse à sa demande.
- L'efficacité de la réponse qui doit être précise, claire et exacte.
- La personnalisation de l'appel.
- L'amabilité de son interlocuteur.
- Le professionnalisme du conseiller au téléphone.

2 • Le traitement d'un appel entrant

Missions du téléassistant (ou du chargé d'accueil de l'agence)	Tâches réalisées
Véhiculer les valeurs et l'image de marque de la banque	▸ Accueillir de manière professionnelle le client. ▸ Traiter efficacement la demande du client.
Renseigner la clientèle et les prospects	▸ Authentifier le client (moyens de vérifier l'identité du client : n° de compte, code d'accès aux services à distance, date de naissance, dernières opérations effectuées sur le compte). ▸ Répondre aux demandes courantes (horaires, informations générales sur les offres de la banque…).
Renseigner la clientèle et les prospects *(suite)*	▸ Effectuer des consultations sur les comptes du client (montant du solde…). ▸ Prendre un rendez-vous avec le conseiller financier du client (remarque : la durée du rendez-vous varie selon le motif. ▸ Compter en moyenne 1 heure par rendez-vous sauf pour un prêt habitat ou un premier entretien : 1 h 30).
Filtrer les appels de la clientèle	▸ Orienter le client (= transfert d'appel) vers son conseiller après s'être assuré de ne pas pouvoir satisfaire la demande ou envoyer un mail au conseiller financier concerné lui demandant de rappeler directement le client en question entre deux entretiens.

›››

›››

Missions du téléassistant (ou du chargé d'accueil de l'agence)	Tâches réalisées
Conseiller la clientèle	► Effectuer les opérations courantes bancaires (commande de chéquier, virement interne…). ► Réaliser les transactions financières simples. ► Renseigner les dossiers clients. ► Saisir les opportunités commerciales pour vendre des produits (exemple : un client appelle pour commander des devises pour un voyage à l'étranger. Réflexe : proposition d'une carte internationale). ► Saisir lors de la conversation les opportunités commerciales pour proposer un rdv avec le conseiller (exemple : le client appelle pour demander un taux de crédit immobilier. Réflexe : proposer un rdv en agence pour une simulation de crédit immobilier en fonction du projet).
Transformer un prospect en client de l'établissement	► Proposer un rendez-vous en agence pour le prospect qui demande une information.

3 • Le traitement d'un appel entrant

1	**Saluer**	9	**Si besoin transférer l'appel vers le conseiller du client :** ► s'assurer de la présence du conseiller en agence ; ► transmettre au conseiller l'objet de l'appel avant le transfert ; ► proposer au client en cas d'indisponibilité du conseiller un rappel ultérieur de ce dernier ; ► contacter alors par mail le conseiller pour lui demander d'appeler le client.
2	**Se présenter**		
3	**Identifier** son interlocuteur		
4	**Qualifier l'appel** (qui ? quoi ? quand ? combien ? comment ? pourquoi ?)		
5	**Reformuler** la demande du client	10	**Rappeler au client les accords passés aujourd'hui** (date du rendez-vous, montant du virement…)
6	**Traiter la demande** en suivant les procédures de l'entreprise	11	**Prendre congé**
7	**Proposer des solutions adaptées** au besoin du client	12	**Compléter la fiche entretien client**
8	**Faire du rebond commercial** (proposer un rendez-vous en agence, augmenter le montant d'un virement programmé vers un compte d'épargne, vendre un produit…)	13	**Envoyer une confirmation du rendez-vous** avec la liste des documents à amener en agence

REMARQUE

Certains réseaux ou plateformes font souscrire à distance les clients. Le client ne sera alors pas vu physiquement (développement de la relation multicanal).
La loi sur la vente à distance et le démarchage à domicile s'applique. Lui sont envoyés après son accord donné à distance : la fiche d'information du produit (= fiche technique), les conditions générales du contrat, les conditions particulières avec les clauses d'acceptation, le bordereau de rétractation). Le délai de rétractation du client est de 14 jours pour un contrat de service et contrat financier, 30 jours pour un contrat d'assurance-vie et délais spécifiques pour crédit consommation et immobilier, délai à partir du retour à la banque du courrier signé par celui-ci.

5 Des astuces pour un bon phoning

- Prendre conscience qu'au téléphone, tout se voit, tout s'entend ! (impression de déranger ? démotivation ? bonne humeur ?).
- Maintenir l'écoute de l'interlocuteur par le rythme de la voix, les intonations et des phrases courtes et percutantes.
- Adopter une approche qualitative de l'appel et non quantitative des appels (ne pas appeler trop souvent la même personne).
- Prononcer le nom de son interlocuteur au début et à la fin de l'entretien.
- Écouter le client pour l'aider à s'exprimer.
- Mener l'entretien et non le subir.
- Traiter les appels pendant une plage de deux heures. Cette durée permet d'obtenir une bonne intonation, élocution, facilité à réfuter les objections.
- Analyser les causes de l'échec de l'opération phoning : Nombre d'appels traités insuffisants ? Il faut alors optimiser la cadence et passer moins de temps avec l'interlocuteur. Contenu du discours non accrocheur ? Il faut alors se recentrer, s'entraîner, retrouver un état d'esprit positif.

APPLICATIONS

1 ÉNONCÉ

Votre agence est située près d'une université dans une ville de province. Son portefeuille comprend de nombreux étudiants. Or, lorsque ces derniers terminent leurs études, ils quittent la ville. Ils laissent leur compte inactif ou clôturent à distance leur compte. La fin de l'année scolaire approchant…

Votre directeur d'agence vous demande d'organiser la mise en place d'une action phoning pour éviter une décollecte.

SOLUTION

La mise en place d'une action phoning

1re étape : définir l'objectif : conserver dans le portefeuille de l'agence les jeunes qui quittent la ville après leurs études supérieures et identifier la cible à contacter.

2e étape : rédiger un mode opérationnel (= processus à suivre dans le détail pour suivre la démarche envisagée par les décideurs de l'action).

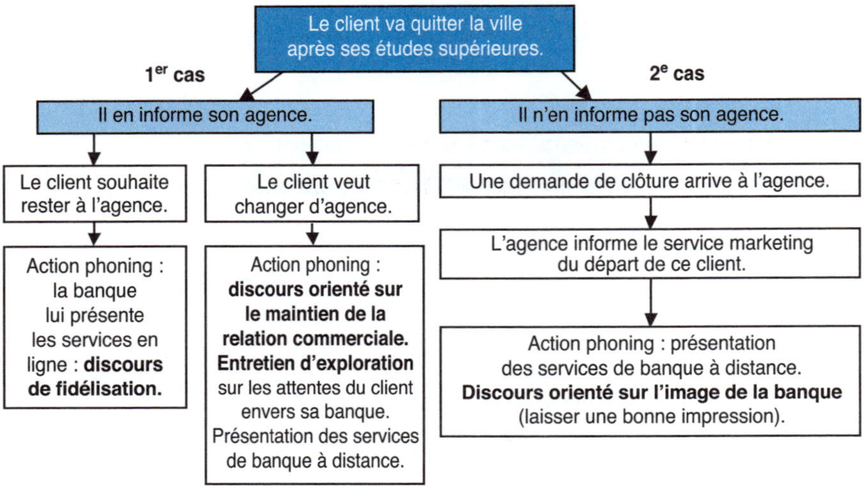

3e étape : approfondir la **connaissance de la cible visée** et **rédiger un scénario téléphonique** (= script téléphonique) pour personnaliser l'appel.

Le respect du scénario permet d'être efficace au téléphone (le conseiller ne cherche pas ses mots ; il oriente et dirige l'entretien).

4e étape : appeler une dizaine de clients appartenant à la cible pour roder l'organisation, **tester le scénario**.

5e étape : apporter les modifications nécessaires (rajout d'objections…).

6e étape : appeler les clients du listing.

7e étape : noter dans l'agenda les rdv, les noms des clients à rappeler et saisir la fiche client.

8e étape : reporter les résultats des appels dans un tableau d'activité.

Exemple de tableau d'activité

Nom prénom du client	N° de compte	Date et heure de l'appel	Appel abouti ou non	Réponse de l'intéressé	Rdv pris (date et horaires)	Client à rappeler à date et heure	Envoi courrier	Observations

9e étape : rappeler les clients qui n'étaient pas disponibles.

10e étape : évaluer les résultats de l'action phoning.

REMARQUE

Si les résultats n'arrivent pas, il est nécessaire de faire du training avec un moniteur des ventes.

EXEMPLE d'indicateurs pouvant servir à cette évaluation

- Taux de validité du fichier (nombre de bons numéros de téléphone/nombre de numéros à composer).
- Nombre d'appels argumentés (= appels décrochés et conversation avec la personne ciblée).
- Nombre d'appels concrétisés ou aboutis (atteinte de l'objectif : RDV accepté…).
- Taux d'acceptation de RDV (nombre d'appels concrétisés/nombre d'appels argumentés).
- Taux d'appels décrochés (nombre d'appels décrochés/nombre de numéros composés).
- Taux de non réponse (nombre d'appels non décrochés/nombre d'appels).
- Taux de multivente (nombre de produits, contrats vendus (banque à distance…)/client).
- Taux de transformation prospect en client (nombre de nouveaux clients/nombre de contacts prospect utilisés).
- Nombre de retours de bordereau de rétractation du contrat après envoi des documents au client (vente forcée ?).

2 ENTRAÎNEMENT À LA CERTIFICATION AMF

1 Comment est symbolisé le profil de risque et de rendement des FCP et des SICAV ?

☐ **a.** Par une échelle allant de 1 à 7, le niveau 1 correspondant aux niveaux de risque et de performance potentielle les plus faibles.

☐ **b.** Par une échelle allant de 1 à 5, le niveau 5 correspondant aux niveaux de risque et de performance potentielle les plus faibles.

☐ **c.** Par une échelle allant de 1 à 10, le niveau 1 correspondant aux niveaux de risque et de performance potentielle les plus faibles.

2 Comment s'appelle l'ampleur des variations du cours d'un instrument financier sur son marché ?

☐ **a.** La variabilité.

☐ **b.** L'amplitude de marché.

☐ **c.** La volatilité.

3 Le risque de baisse du prix d'une obligation à taux fixe dépend de :

☐ **a.** une hausse des taux.

☐ **b.** une baisse des taux.

☐ **c.** une stabilité des taux.

4 Le risque de défaillance de l'acheteur ou du vendeur au moment du règlement-livraison se nomme :

☐ **a.** le risque de liquidité.

☐ **b.** le risque de crédit.

☐ **c.** le risque de contrepartie lié à la transaction.

5 Parmi ces instruments financiers, lequel représente une créance sur l'émetteur ?

☐ **a.** L'action.

☐ **b.** L'obligation.

☐ **c.** L'OPC.

6 Qu'appelle-t-on un dividende ?
☐ **a.** La plus-value versée aux actionnaires par une société.
☐ **b.** La partie du bénéfice reversée aux actionnaires par une société.
☐ **c.** La plus-value versée par un OPC actions.

7 Que mesure le ratio de sharpe ?
☐ **a.** La rentabilité d'un portefeuille d'actifs financiers rapportée à son niveau de risque.
☐ **b.** La rentabilité d'un portefeuille rapportée à l'horizon de placement.
☐ **c.** La rentabilité d'un portefeuille rapportée à la diversité des actifs.

8 Les instruments financiers à terme comprennent notamment :
☐ **a.** les contrats d'options.
☐ **b.** les Titres de Créance Négociable.
☐ **c.** les OPCVM négociables sur les marchés : les ETF (Exchange Traded Funds).

9 Lorsque le risque d'un OPCVM est élevé, l'horizon de placement recommandé pour l'investissement dans cet OPCVM est :
☐ **a.** court (quelques mois).
☐ **b.** long (plusieurs années).
☐ **c.** dépend des projets de l'épargnant.

10 Quel type de risque se définit comme la perte que peut encourir un investisseur s'il n'a pas la possibilité de vendre un instrument financier à des conditions normales ?
☐ **a.** Le risque de contrepartie.
☐ **b.** Le risque de crédit.
☐ **c.** Le risque de liquidité.

SOLUTION

1a - 2c - 3a - 4c - 5b - 6b - 7a - 8a - 9b - 10c.

Partie 5

LES CRÉDITS

35 Les crédits de trésorerie et les crédits à la consommation

Lorsqu'un ménage éprouve des difficultés financières passagères ou souhaite acquérir un bien et qu'il n'a pas ou ne souhaite pas utiliser une épargne préalable, il pourra recourir au crédit de trésorerie ou au crédit à la consommation.

1 Les crédits de trésorerie

	Caractéristiques
Facilité de caisse	Autorisation ponctuelle de faire fonctionner le compte en solde débiteur. Montant et durée négociée avec la banque. Souplesse d'utilisation (demande écrite ou verbale). Taux d'intérêt élevé. Un solde débiteur prolongé doit conduire à la mise en place d'un découvert.
Découvert	Il peut être autorisé ou non. ► S'il est autorisé, ses modalités d'utilisation (montant, durée...) ont été précisées dans la convention de compte ou dans le cadre d'un avenant à la convention. Toute modification (montant) doit faire l'objet d'un avenant. Dans la pratique, il peut atteindre 50 % des revenus. ► Il peut être non autorisé. Soit le client n'a aucune autorisation, soit le client est en dépassement par rapport à ce que prévoit son contrat avec la banque.

Les crédits de trésorerie ne doivent pas être supérieurs à 3 mois. Dans le cas contraire, le découvert doit faire l'objet d'une offre préalable conformément aux dispositions prévues par la loi réglementation en vigueur.

2 Les crédits à la consommation

	Définition	Caractéristiques
Crédit personnel	Prêt non affecté. Les sommes peuvent être utilisées librement par l'emprunteur. Le prêt n'est donc pas lié à un bien en particulier.	Durée : 3 mois à 60 mois. Montant : pas de plafond. Remboursement par mensualité constante.
Crédit affecté	Prêt dédié à l'achat d'un bien en particulier.	Mêmes caractéristiques que le crédit personnel. La différence tient dans le fait que le contrat de prêt est lié à l'achat d'un bien (véhicule par exemple). Le contrat de prêt est annulé et inversement si le contrat d'achat du bien est remis en cause.

›››

	Définition	Caractéristiques
Crédit renouvelable	Réserve d'un montant variable (montant qui dépend de la qualité du dossier) dans laquelle le client va pouvoir puiser selon ses besoins.	Utilisation souple (réserve souvent adossée à une carte de crédit : le paiement d'un achat avec ladite carte déclenche l'utilisation de la réserve). La réserve se reconstitue au fur et à mesure des remboursements de l'utilisateur.
Location avec option d'achat (LOA)	Le client loue un véhicule (ou autre bien) auprès de la société de crédit qui en est propriétaire. Les obligations du locataire : ▸ assumer les frais de mise en circulation (taxe carte d'immatriculation) ; ▸ assurer le bien ; ▸ l'entretenir.	Une offre préalable doit permettre : ▸ d'identifier les parties au contrat, la valeur du bien, la durée et le montant de la location (possibilité d'un premier loyer majoré et de loyers plus faibles ensuite) ; ▸ de connaître la valeur résiduelle en cas d'achat en fin ou en cours de contrat.

3 Zoom sur le prêt étudiant

Toute personne pouvant justifier de son statut grâce à une inscription dans un établissement supérieur peut solliciter un tel prêt. Des critères d'âge sont également pris en compte (entre 18 et 29 ans selon les banques, voire jusqu'à 32 ans pour des études très longues : médecine, MBA). Les dépenses financées : dépenses liées au cursus, loyer, équipement informatique. En est exclu l'achat d'un véhicule. L'affectation des fonds doit être démontrée (devis à l'appui, plan de financement de la période des études, évaluation des loyers obtenue auprès d'agences immobilières). L'étudiant peut débloquer la totalité des fonds en une seule fois. Mais ce n'est pas souhaitable. La formule des appels de fonds successifs chaque année est préférable. Ainsi, l'argent n'est pas dilapidé et les intérêts sont calculés uniquement sur la partie débloquée. L'État a mis en place un fonds de garantie avec Oséo aujourd'hui Banque publique d'investissement, se portant caution à la place des parents. Dans ce cadre, 70 à 80 % des montants empruntés sont garantis.

4 Zoom sur le crédit renouvelable

Compléments en ligne

Depuis le 1er mai 2011, les crédits renouvelables sont plus strictement encadrés. En effet, à partir de 1 000 € d'achat, le consommateur recourant au crédit devra se voir proposer soit un crédit renouvelable, soit un crédit amortissable. La solvabilité de l'emprunteur devra également être vérifiée pendant toute la durée du crédit et non plus uniquement à la souscription du contrat de prêt. Enfin, le législateur a prévu que chaque échéance comporte un montant minimal de capital.

Dispositions de la loi	Commentaires
Limitation de la durée de remboursement	Jusqu'au vote de la loi, il n'y avait aucune limite de durée pour rembourser un crédit renouvelable. Dorénavant les limites fixées par le nouveau texte sont les suivantes : 3 ans pour un crédit ≤ 3 000 € ; 5 ans pour un crédit > 3 000 €.
Montant minimal du capital qui doit être remboursé	Le remboursement minimal du capital emprunté à chaque échéance prévu à l'article L. 312-65 correspond à la formule suivante : $\mathbf{R = \alpha \times K}$ **Dans cette formule :** R désigne le montant du remboursement minimal du capital ; K désigne le montant de capital restant dû après la dernière utilisation de l'ouverture de crédit ; α désigne le pourcentage de remboursement minimal, qui est calculé de la manière suivante : $\alpha = \frac{1 - \frac{1}{(1+R)^{\frac{1}{12}}}}{(1+R)^{\frac{1}{12}}\left[1 - \left(\frac{1}{(1+R)^{\frac{1}{12}}}\right)^{T}\right]} - \left((1+R)^{\frac{1}{12}}\right) - 1$ Pour les crédits renouvelables pour lesquels le contrat de crédit prévoit des échéances constantes, le pourcentage de remboursement minimal est calculé selon la formule suivante. **Dans cette formule :** R désigne le taux annuel effectif global, auquel s'ajoute, dans le cas où le contrat de crédit est assorti d'une assurance facultative ayant pour objet la garantie du remboursement du crédit, à laquelle a souscrit l'emprunteur, le taux correspondant au coût annuel de cette assurance rapporté au capital restant dû ; T désigne la durée de remboursement total du crédit, fixée dans les conditions suivantes : ***a)*** Pas plus de 36 mois pour les crédits renouvelables dont le montant total est inférieur ou égal à 3 000 euros ; ***b)*** Pas plus de 60 mois pour les crédits renouvelables dont le montant total est supérieur à 3 000 euros ; Pour les crédits renouvelables pour lesquels le contrat de crédit prévoit des échéances variables selon des rythmes de remboursement différents prévus par le contrat de crédit, le pourcentage de remboursement minimal est de : ***a)*** 1 % pour les crédits renouvelables dont le montant total est inférieur ou égal à 3 000 euros ; ***b)*** 0,5 % pour les crédits renouvelables dont le montant total est supérieur à 3 000 euros. *(Source : JO 23 mars 2011.)*

›››

Dispositions de la loi	Commentaires
Montant minimal du capital qui doit être remboursé (suite)	Enfin, un décret du 26 avril précise les modalités applicables aux crédits renouvelables souscrits avant le 1er mai 2011. Les dispositions concernant le calcul du montant minimal de remboursement du capital s'appliquent depuis le 1er août 2011. Le prêteur a l'obligation d'envoyer à son client une lettre 3 mois avant la date anniversaire du contrat l'informant des nouvelles modalités de remboursement. Si ces remboursements excédent de plus de 10 % (ou 20 €) le montant de l'échéance en cours, l'accord de l'emprunteur est obligatoire. À défaut d'obtenir cet accord, le contrat est résilié.

La loi Hamon votée le 13 février 2014 limite à un an contre deux jusqu'alors la durée de vie des crédits renouvelables non utilisés. Si une ligne de crédit renouvelable n'est pas utilisée pendant au moins un an et si l'emprunteur ne demande pas d'en lever la suspension dans un délai de 12 mois, le crédit est alors résilié de plein droit.

5 Le cadre juridique des crédits à la consommation

La loi Lagarde du 1er juillet 2010 a profondément modifié le cadre juridique des crédits à la consommation. Le cadre juridique des crédits à la consommation repose principalement sur deux lois : la loi Scrivener 1 du 10 janvier 1978 et la loi Lagarde du 1er juillet 2010. Les textes sont repris dans les articles du Code de la consommation et ont pour objectif de protéger l'emprunteur et ses éventuelles cautions. Le champ d'application de ces textes concerne les prêts de plus de 3 mois compris entre 200 € et 75 000 € (prêt personnel, renouvelable, découvert en compte), la location avec option d'achat et le regroupement de crédit à la consommation (dans ce cadre le montant peut dépasser 75 000 €).

Nature de l'information	Contenu
Publicité (mentions obligatoires)	Taux débiteur fixe ou variable, montant du crédit, TAEG, durée, coût total du crédit, une mention : « *Un crédit vous engage et doit être remboursé. Vérifiez vos capacités de remboursement avant de vous engager.* »
Informations précontractuelles	Remise d'une fiche d'information (la fiche est différente selon que le crédit est accordé ou non sur un lieu de vente ou à distance ; article L. 312-12 du Code de la consommation).
Explications fournies à l'emprunteur et étude de la solvabilité	L'emprunteur renseigne les éléments permettant d'apprécier sa solvabilité (revenus et charges). Le vendeur du crédit aura préalablement informé son client des caractéristiques du financement. D'ailleurs, le décret n° 2011-1871 du 13 décembre 2011 vient préciser les exigences minimales auxquelles doit répondre la formation. Le vendeur doit avoir :

Nature de l'information	Contenu
Explications fournies à l'emprunteur et étude de la solvabilité (suite)	▸ les connaissances nécessaires à la distribution de crédits à la consommation (le taux débiteur ; le taux annuel effectif global ; le coût total du crédit ; la durée du crédit ; le montant total dû par l'emprunteur ; le montant total du crédit ; le montant, le nombre et le contenu des échéances ; pour les locations avec option d'achat, le montant des loyers et le prix d'achat en cas d'exercice de l'option) ; ▸ la connaissance, pour les différentes formes de crédit à la consommation que la personne en formation est susceptible de commercialiser, des droits et obligations de l'emprunteur et du conjoint non co-emprunteur, en particulier : – les connaissances et diligences à accomplir ainsi que les explications à fournir pour assurer une bonne information de l'emprunteur ; – les connaissances et les démarches nécessaires à la prévention du surendettement. Cette formation est obligatoire depuis le 1er juillet 2012.
Formation du contrat	Article L. 312-18 du Code de la consommation : « *L'offre de contrat de crédit est établie par écrit ou sur un autre support durable.* » Le contenu de l'offre doit être conforme à l'article R. 311-5 du Code de la consommation : on doit y retrouver les coordonnées de l'emprunteur et des cautions éventuelles, les caractéristiques du crédit, le bordereau de rétractation… Article L. 312-19 : « *L'emprunteur peut se rétracter sans motifs dans un délai de quatorze jours calendaires révolus à compter du jour de l'acceptation de l'offre de contrat de crédit comprenant les informations prévues à l'article L. 312-18. Afin de permettre l'exercice de ce droit de rétractation, un formulaire détachable est joint à son exemplaire du contrat de crédit.* » L'offre de crédit est valable 15 jours à compter de sa date d'émission.

APPLICATIONS

1 ÉNONCÉ

1 Précisez le délai de validité d'une offre de crédit à la consommation.
2 Indiquez le délai et les modalités de rétractation après la signature d'une offre de crédit.
3 Précisez dans quel délai les fonds seront disponibles.

SOLUTION

1 Une offre de crédit à la consommation est valable 15 jours.

2 Le client dispose d'un délai de rétractation de 14 jours. Il devra alors compléter le bordereau de rétraction fourni avec l'offre de crédit et le renvoyer par LRAC à la banque avant la fin du délai de rétractation (article L. 312-19 du Code de la consommation).

3 Les fonds sont disponibles le 15ᵉ jour après acceptation de l'offre. Cependant, à la demande expresse de l'emprunteur, les fonds peuvent être mis à disposition le 8ᵉ jour suivant l'acceptation. En cas de rétractation entre le 8ᵉ et le 14ᵉ jour, l'emprunteur devra restituer le capital versé augmenté des intérêts courus entre la date de déblocage et la date de remboursement (article L. 312-26 du Code de la consommation).

2 ÉNONCÉ

Vous recevez ce jour Monsieur et Madame Merlin dont le fils souhaite acquérir un véhicule. Ils vous demandent de bien vouloir élaborer une solution de financement pour l'achat d'un véhicule de 7 500 €.

Vous êtes chargé de présenter le tableau d'amortissement du prêt remboursable sur 24 mois au taux fixe hors assurance de 5,2 % (le coût de l'assurance-décès invalidité est de 0,2 % du capital emprunté).

233

SOLUTION

Période	Capital début de période	Mensualité hors assurance	Intérêt	Assurance	Amortissement	Reste dû
1	7 500,00	329,71[1]	32,50	1,25[2]	297,21[3]	7 202,79
2	7 202,79	329,71	31,21	1,25	298,50	6 904,30
3	6 904,30	329,71	29,92	1,25	299,79	6 604,51
4	6 604,51	329,71	28,62	1,25	301,09	6 303,42
5	6 303,42	329,71	27,31	1,25	302,39	6 001,03
6	6 001,03	329,71	26,00	1,25	303,70	5 697,32
7	5 697,32	329,71	24,69	1,25	305,02	5 392,30
8	5 392,30	329,71	23,37	1,25	306,34	5 085,96
9	5 085,96	329,71	22,04	1,25	307,67	4 778,30
10	4 778,30	329,71	20,71	1,25	309,00	4 469,29
11	4 469,29	329,71	19,37	1,25	310,34	4 158,95
12	4 158,95	329,71	18,02	1,25	311,69	3 847,27
13	3 847,27	329,71	16,67	1,25	313,04	3 534,23

›››

〉〉〉

Période	Capital début de période	Mensualité hors assurance	Intérêt	Assurance	Amortissement	Reste dû
14	3 534,23	329,71	15,32	1,25	314,39	3 219,84
15	3 219,84	329,71	13,95	1,25	315,75	2 904,08
16	2 904,08	329,71	12,58	1,25	317,12	2 586,96
17	2 586,96	329,71	11,21	1,25	318,50	2 268,46
18	2 268,46	329,71	9,83	1,25	319,88	1 948,59
19	1 948,59	329,71	8,44	1,25	321,26	1 627,32
20	1 627,32	329,71	7,05	1,25	322,66	1 304,67
21	1 304,67	329,71	5,65	1,25	324,05	980,61
22	980,61	329,71	4,25	1,25	325,46	655,15
23	655,15	329,71	2,84	1,25	326,87	328,29
24	328,29	329,71	1,42	1,25	328,29	0,00

[1] 329,71 = (7 500 × 5,2 % / 12) / [1 – (1 + 5,2 % / 12)$^{-24}$].

[2] (7 500 × 0,002) / 12 = 1,25.

[3] 297,21 = 329,71 – 32,5.

3 ÉNONCÉ

Votre client vous sollicite également pour les études de leur fils qui va intégrer à la prochaine rentrée une école de commerce. La durée des études est de 3 ans ; chaque année coûte 7 000 €. Une solution a particulièrement retenu leur attention et ils vous demandent de simuler le coût de cette dernière sur la durée totale du crédit.

Caractéristiques du prêt :

- 21 000 € débloqués en 3 tranches annuelles.
- Durée : 7 ans dont 3 ans de différé partiel.
- Taux hors assurance 3,2 %.
- Assurance 0,2 % capital emprunté.

1. **Calculez le montant des mensualités les trois premières années.**
2. **Calculez le montant pendant les quatre dernières années.**
3. **Calculez le coût total de ce crédit.**

SOLUTION

Année	Cumul du montant débloqué	Mensualité hors assurance	Intérêt / mois	Assurance / mois	Coût total / mois
1	7 000 €	18,67 €	18,67 €	1,17 €	19,84 €
2	14 000 €	37,33 €	37,33 €	2,33 €	39,66 €
3	21 000 €	56,00 €	56,00 €	3,50 €	59,50 €
4 à 7	21 000 €	466,68 €		3,50 €	470,18 €
				Coût total	**2 996,24 €**

Au total, le crédit coûte 2 996,24 € dont 1 428 € pour la période de différé.

36 La vente de crédits à court terme

Le produit crédit à court terme proposé au client est celui qui correspond à son besoin. Or, comme le crédit n'est pas affecté, le client n'a pas à s'exprimer sur son achat futur. Le conseiller ne doit pas perdre une occasion de faire un prêt personnel même de faible montant.

L'approche commerciale vise à équiper le maximum de clients, le plus en amont du besoin pour éviter de les voir souscrire un crédit à court terme dans des établissements autres que bancaires.

La présentation au client de ce type de crédit s'exprime par une échéance et non par un taux de crédit.

Si les clients de l'agence détiennent un prêt personnel à la concurrence, le conseiller doit déployer une dynamique commerciale pour leur présenter sa gamme de crédits.

Les enjeux commerciaux pour l'établissement bancaire sont les suivants : augmenter la production de crédit court terme, développer dans l'esprit du client de l'agence le positionnement de la banque comme prêteur de crédit à court terme, accroître la rentabilité du réseau et la maîtrise du risque.

1 Sélection du crédit à court terme adapté au client

Questionnement au sujet du montant	Faible	Moyen	Important
Est-ce un besoin ponctuel ou envisagez-vous d'autres achats ?	Plusieurs achats	Plusieurs achats	Achats ponctuels
S'agit-il d'achats « coup de cœur » ou réfléchis ?	Achats spontanés	Achats spontanés	Achats réfléchis
Comment pensez-vous financer ces achats ou projets ?	Recherche d'une démarche simple	Recherche d'une démarche simple pour une utilisation régulière	▸ Arbitrage épargne/crédit ▸ Utilisation opportuniste
Au niveau de la nature du financement, quelle est la durée de remboursement souhaitée ?	30 jours maximum	Jusqu'à 60 mois	Plusieurs années
PRODUIT-RÉPONSE	Autorisation de découvert	Crédit renouvelable/ réserve d'argent	Prêt personnel

2 Présentation des arguments de vente de crédits à court terme

	Accroches commerciales	Profil client	Durée d'amortissement	Besoin	Principe
Le découvert	*« Rentrées d'argent plus faibles que prévues ou tardives, dépenses trop importantes ou imprévues… un découvert peut vite arriver ! »* *« En cas de retard d'une rentrée d'argent, si vous le souhaitez, nous pouvons contractualiser votre découvert. Cela vous donnera une marge de manœuvre en cas de besoin. »* *« Avec un découvert permanent, vous ferez des économies en évitant des frais ! »*	Client bancarisé avec flux récurrents	90 jours maximum	Un besoin de trésorerie ponctuel et immédiat	Donner de la souplesse au budget mensuel
La réserve d'argent	Achat coup de cœur : *« Pour faciliter un achat coup de cœur, rien de tel que la discrétion d'une carte ! »* Départ en vacances : *« Pour profiter au maximum de votre séjour, nous pouvons mettre une réserve spéciale à votre disposition avec une carte de paiement. »* Soldes : *« Si vous voulez profiter pleinement des soldes, sans déséquilibrer votre budget, nous avons le produit idéal ! »*	Client bancarisé utilisant une carte de paiement et/ou utilisation de découvert	Plusieurs mois	Un besoin de trésorerie récurrent, immédiat et variable en importance	Payer comptant, en échelonnant le remboursement sur plusieurs mois en fonction de son budget mensuel
Le prêt personnel	Virement d'un produit d'épargne : *« Savez-vous qu'il y peut-être mieux à faire que de vous séparer de cette épargne ? »* Plusieurs crédits : *« Si vous détenez plusieurs crédits à la consommation, je peux certainement vous faire faire des économies ! »* Élargissement de la famille : *« Savez-vous que si vous désirez financer l'achat d'un nouveau véhicule, vous bénéficiez chez nous d'un prêt pré-accepté de … € ? »*	Client bancarisé ou épargnant + flux récurrents ou surface financière stable	Plusieurs années	Un besoin de trésorerie ponctuel et important	Pouvoir projeter une dépense importante en l'intégrant dans son budget mensuel pour une durée déterminée
Le prêt étudiant	Les parents ou le jeune évoquent les charges liées aux études (hébergement, frais de scolarité…) : *« Pour financer ces études, une solution très souple : vous disposez de la somme empruntée en une seule fois ou par décaissements successifs ; vous pouvez commencer à ne rembourser qu'une fois entré dans la vie active. »*	Étudiant bancarisé ou non, enfants des clients	Plusieurs années	Un besoin de trésorerie immédiat et/ou ponctuel	Pouvoir financer les études supérieures d'un jeune et lui donner la possibilité de commencer à rembourser que lorsqu'il commencera à percevoir des revenus

3 Zoom sur la vente de l'autorisation de découvert

Comment expliquer à un client la gestion d'un découvert ?

En cas de solde négatif sur le compte, deux situations peuvent alors se présenter :

A Le client dispose déjà d'une autorisation de découvert mais ne comprend pas son fonctionnement

« Cette autorisation est accordée à l'ouverture du compte et donne la possibilité de gérer difficultés passagères et fins de mois difficiles. Son montant est défini avec votre conseiller, en fonction de vos revenus et de votre situation. Un découvert se rembourse dans les 3 mois. Il donne lieu au paiement de frais, qu'on appelle agios, à un taux annuel qui figure sur votre relevé de compte. »

Conseil à donner au client : dès que vous sentez que le mois va être difficile, il ne faut surtout pas hésiter à contacter votre conseiller pour l'en informer. D'abord parce qu'il appréciera le geste, ensuite parce qu'il peut envisager des solutions.

B Le client ne dispose pas d'une autorisation de découvert (ou le montant de ses dépenses dépasse le découvert autorisé)

« Cela risque d'entraîner le blocage de vos paiements par chèque et en plus des frais à votre charge liés aux rejets de vos paiements. À défaut de rendre le solde positif avant un mois, vous risquez de devenir interdit bancaire. »

Les arguments pour vendre le découvert autorisé sont les suivants :

- **simplicité** (mise en place rapide et simple) ;
- **souplesse** (montant du découvert réajustable, gestion des variations des dépenses mensuelles plus simple) ;
- **compétitivité** de l'offre si le taux des agios du découvert est l'un des moins élevé du marché bancaire.

APPLICATION

ÉNONCÉ

Vous êtes conseiller financier. Formulez les réponses aux objections suivantes de la part des clients à qui vous proposez des crédits à court terme.

- Proposition d'autorisation de découvert :
  « Je n'ai pas besoin d'autorisation de découvert ; je ne suis jamais à découvert ! »
- Proposition d'un crédit permanent :
  « Le crédit permanent que vous me proposez est trop coûteux ! »
  « Je ne prévois pas de dépense prochainement. »
- Proposition d'un crédit personnel :
  « Je vais financer mes achats avec mon épargne. »
  « Le taux de ce crédit est très élevé. »

SOLUTION

Objection de la part du client	Réfutation de l'objection
« Je n'ai pas besoin d'autorisation de découvert ; je ne suis jamais à découvert ! »	Sa mise en place est gratuite. Vous ne payez rien tant que votre compte n'est pas débiteur. Sachez que si votre compte était à découvert, ne serait-ce qu'une seule fois, cela vous éviterait de payer la commission de dépassement perçue pour les clients ne disposant pas d'autorisation de découvert.
« Le crédit permanent que vous me proposez est trop coûteux ! »	Ce crédit ne vous coûte rien tant que vous ne l'utilisez pas. Son taux se situe dans la moyenne des taux pratiqués sur le marché par les enseignes de distributeurs qui vous proposent ce type de financement. De plus, vous pouvez à tout moment rembourser les sommes restant dues.
« Je ne prévois pas de dépense prochainement. »	Cette réserve d'argent est en permanence disponible. Vous pouvez l'utiliser quand vous le voulez.
« Je vais financer mes achats avec mon épargne. »	En puisant dans votre épargne, vous risquez de perdre des avantages acquis voire d'être fiscalisé.
« Le taux de ce crédit est très élevé par rapport à la concurrence. »	Si vous parlez des taux promotionnels affichés à la concurrence, sachez qu'ils sont en général donnés pour un certain montant d'emprunt et sur une durée courte de remboursement. Le montant de la mensualité est donc élevé. Je vous propose d'étudier ensemble la mensualité adaptée à votre budget.

37 Les crédits immobiliers et la gestion du risque

Les crédits immobiliers seront mis en place pour l'acquisition de la résidence principale, d'une résidence secondaire ou bien d'un investissement locatif. Ils sont encadrés par la loi Scrivener 2 (voir point 3).

1 Typologie des crédits immobiliers

Types de prêts		Définition
Prêt aidés	Prêt taux zéro	Prêt sans intérêt accordé sous condition de ressources (voir fiche 39 « *Les prêts aidés* »).
	Prêt conventionné	Prêt accessible sans condition de ressources avec des taux maximum à ne pas dépasser. Seuls les prêts conventionnés accordés avant 2020 permettent de percevoir les APL.
	Prêt accession sociale	Prêt réservé aux personnes en activité, sous condition de ressources. Ces prêts sont compatibles avec la perception de l'allocation personnalisée au logement.
	Prêt épargne logement	Prêt pouvant être obtenu à un taux fixé en début de contrat après une phase d'épargne. Le montant et la durée de remboursement dépendent de droits acquis pendant la phase d'épargne (voir fiche 30 « *L'épargne logement* »).
	Autres (prêt action logement…)	Il existe une multitude d'autres possibilités d'emprunter à des conditions autres que celles du marché (prêt locatif social, prêt locatif à usage social, prêt locatif intermédiaire…).
Prêt classique		Prêt amortissable caractérisé par : ▸ une durée de remboursement ; ▸ un taux effectif global qui englobe outre le taux nominal (fixe ou variable), les frais de dossier, le coût des garanties, le coût des assurances.
Prêt relais		Prêt mis en place pour permettre l'achat d'un bien immobilier en attendant de percevoir les fonds relatifs à la vente d'un autre bien immobilier (voir fiche 42 « *Les prêts relais et prêts* in fine »).
Prêts *in fine*		Prêt dont le remboursement est constitué par les intérêts et l'assurance-décès invalidité. Le capital sera remboursé en 1 fois au terme du contrat. Ce type de prêt permet en particulier de financer certains investissements dans l'immobilier locatif (voir fiche 42 « *Les prêts relais et prêts* in fine »).
Prêt viager hypothécaire (ordonnance mars 2006)		Prêt réservé aux personnes âgées entre 65 et 95 ans. La banque va prêter entre 15 et 75 % de la valeur du bien. Capital et intérêts seront remboursés au décès de l'emprunteur par la vente de l'immeuble. Si le produit de la vente excède le montant dû à la banque, les héritiers perçoivent la différence. Le taux d'intérêt ne devra pas dépasser le seuil de l'usure.

2 Les étapes de mise en place d'un crédit

La mise en place d'un crédit immobilier est particulièrement encadrée (loi Scrivener 2). L'emprunteur devra fournir un ensemble de justificatifs qui permettront à la banque de mesurer le risque encouru et donc d'accepter ou de refuser d'éditer une offre préalable de crédit. En effet, la banque doit anticiper sur 3 risques, à savoir :

- **le risque de non-remboursement.** Il est avéré lorsque l'emprunteur ne peut plus faire face à ses échéances (momentanément ou définitivement). Certaines banques n'hésitent plus à mettre en avant des solutions de crédits qui intègrent la possibilité de suspendre pendant 1 ou 2 mensualités le remboursement du crédit ;
- **le risque d'immobilisation** lorsque la durée initiale du crédit est allongée ;
- **le risque de taux.** Il dépend des conditions de refinancement de la banque. Si la banque accorde des prêts à taux fixe et emprunte à taux variable, toute remontée des taux génère une perte pour la banque.

A L'appréciation du niveau de risque

Le risque que représente un client va d'abord s'apprécier au regard de sa capacité d'endettement et de remboursement.

Indicateur	Formule	Commentaire
Taux d'endettement	$\dfrac{\sum \text{Emprunts et charges permanentes}}{\sum \text{Revenus permanents}}$	▸ Charges permanentes ou récurrentes = loyer. ▸ Revenus permanents : salaires, pensions, rentes. ▸ Les allocations familiales seront parfois prises en compte lorsque les enfants sont en bas âge. ▸ Les dividendes qui peuvent être très variables d'une année sur l'autre ne sont pas pris en compte. ▸ Les revenus fonciers sont pris en compte à hauteur de 70 à 80 % de leur valeur.
Capacité de remboursement (reste à vivre)	Revenus – charges de remboursements de prêt – impôts	L'appréciation du reste à vivre est variable en fonction des banques. Cette somme doit permettre au ménage d'assumer les autres charges de la vie quotidienne.
Capacité de remboursement marginale	Revenus permanents × 33 % – charges de remboursements en cours	Permet de connaître la capacité d'un ménage à emprunter.

EXEMPLE

Un couple avec 2 enfants et 4 000 € de revenu par mois.

Situation	Montant	Taux d'endettement	Reste à vivre	Capacité de remboursement marginale
Revenu mensuel	4 000 €	$\frac{(800 + 100 + 270)}{4\,000} = 29{,}25\ \%$	2 580 € soit 645 € par personne	(33 % – 29,5 %) × 4 000 = 140 €
▸ Crédit consommation ▸ Crédit renouvelable ▸ Crédit immobilier ▸ Impôt	270 € 100 € 800 € 250 €			

En conclusion, le taux d'endettement est inférieur au taux habituellement retenu par la profession (35 %). De la même manière, le reste à vivre doit être au minimum de 350 € à 400 € par personne.

En pratique

Le Haut Conseil de Stabilité Financière (HCSF) a durci les règles d'accès au crédit immobilier. Ainsi, depuis le 1er janvier 2022, le taux d'endettement maximum ne pourra pas dépasser 35 % des revenus (ADI comprise). La durée des prêts est également limitée à 25 ans (27 ans en cas de différé). Les banques seront autorisées à déroger à cette règle dans 20 % des cas. Parmi ces dérogations, les primo accédants devront représenter au moins 30 % des dossiers.

Les autres éléments d'appréciation du risque

- L'ancienneté dans l'emploi.
- L'ancienneté dans la banque.
- Le montant de l'épargne.
- La durée du prêt.
- Le niveau de l'apport personnel.

B La constitution du dossier

	Pièces à fournir	Utilité
Emprunteur, co-emprunteur	Pièce d'identité, livret de famille.	S'assurer tant de l'identité des emprunteurs que de la nature du contrat de mariage et de la composition de la famille.
Ressources	Avis d'imposition, 3 derniers bulletins de salaires, dernière déclaration de revenus, attestation CAF, relevés bancaires (si emprunteur multibancarisé).	▸ Recenser l'ensemble des ressources. ▸ Mieux cerner le comportement bancaire de l'emprunteur.
Charges	▸ Ensemble des tableaux d'amortissement des prêts en cours (consommation, immobilier…). ▸ Charges de logement actuelles.	La confrontation des ressources et des charges permettra de calculer le taux d'endettement, le reste à vivre ainsi que la capacité de remboursement de l'emprunteur.

›››

	Pièces à fournir	Utilité
Autres	▸ Contrat de construction, récépissé de dépôt de permis de construire, promesse de vente, RIB et autorisation de prélèvement. ▸ Formulaire complété de demande d'assurance-décès invalidité. ▸ Formulaire d'assurance perte d'emploi.	▸ Permet le déblocage des fonds et la mise en place du remboursement du prêt. ▸ L'emprunteur n'est cependant pas obligé de souscrire l'assurance que lui propose la banque. Il peut choisir un autre assureur. ▸ L'emprunteur doit signaler qu'il a refusé de souscrire l'assurance perte d'emploi (si c'est le cas).

C Le plan de financement

C'est un tableau qui identifie les besoins d'un côté et les ressources de l'autre.

EXEMPLE

Besoins		Ressources	
Acquisition d'un logement neuf	135 000 €	Apport personnel	5 000 €
Frais de garantie (société de cautionnement)	2 680 €	Prêt bancaire classique	98 340 €
Frais de dossier	800 €	Prêt épargne logement	10 900 €
Frais de notaire	4 200 €	PTZ+	28 440 €
Total	**142 680 €**	**Total**	**142 680 €**

REMARQUE

Les frais de garantie (ici société de cautionnement) sont moins élevés pour les prêts aidés (PEL et PTZ+).

D L'édition de l'offre préalable

Après avoir étudié le dossier dans sa globalité, la banque est alors en mesure de proposer une offre préalable de prêt qui doit comprendre les éléments suivants :

- l'identité des parties et des cautions s'il y a lieu ;
- la nature, l'objet et les modalités du prêt ;
- le tableau d'amortissement, le coût total du crédit, les modalités de révision pour les prêts à taux variable.

3 Le cadre juridique des prêts immobiliers

Le cadre juridique repose sur la loi Scrivener 2, la loi Lagarde et la transposition en droit français de la directive européenne 2014/17 portant sur les contrats de crédits aux consommateurs relatifs aux biens immobiliers à usage résidentiel. L'objectif de ce dernier texte est d'homogénéiser le cadre juridique en imposant un même texte à tous les distributeurs et professionnels (banque, courtiers, mandataires, intermédiaires en opérations de banque et services de paiements).

La phase précontractuelle doit permettre à tout emprunteur de comparer les offres des prestataires. L'offre préalable matérialise les engagements des parties tandis que des délais imposent un temps de réflexion et déterminent une durée de validité de l'offre.

	Obligations du banquier
Phase précontractuelle	▶ Informations sur l'organisme prêteur. ▶ Remise d'une fiche d'informations standardisée Européenne (FISE) composée de 15 rubriques qui reprennent les caractéristiques du prêt proposé ; le TAEG remplace le TEG. ▶ Obligation de conseils en crédits. ▶ Obligations d'explications (renforcement de l'étude de solvabilité, évaluation du bien par un expert indépendant).
Offre préalable	Cette offre reprend le contenu de la Fiche d'informations standardisée européenne (contenu précisé dans l'article R. 313-4 du code de la consommation), c'est-à-dire les conditions particulières (identité des parties, l'objet du prêt, son montant, le taux débiteur ainsi que le TAEG, la durée, les modalités de remboursement) et les conditions générales (rappel du cadre légal, effets des impayés ou d'une défaillance de l'emprunteur).
Les délais	L'emprunteur dispose d'un délai de 10 jours à compter de la réception de l'offre. L'acceptation par l'emprunteur ne peut être signifiée qu'à partir du 11e jour et par voie postale obligatoirement. De même, l'offre de la banque est valable 1 mois à compter de sa réception par l'emprunteur. Enfin, « l'offre est toujours acceptée sous la condition résolutoire de la non conclusion, dans un délai de 4 mois à compter de son acceptation, du contrat pour lequel le prêt est demandé. » (Art. L. 313-36 du code de la consommation).

La loi PACTE du 22 mai 2019 revient sur le décret 2017-1099 du 14 juin 2017 qui permettait aux banques d'imposer une domiciliation des revenus obligatoires (10 ans maximum) en échange d'un crédit immobilier comportant un avantage individualisé. Désormais, la domiciliation est un élément de négociation commerciale et ne s'impose plus à l'emprunteur.

4 L'assurance-emprunteur pour un crédit immobilier

L'emprunteur est libre de choisir l'assurance de son prêt immobilier (loi Lagarde 2010). Et la banque n'a pas le droit de changer les conditions de son offre de prêt si son client choisit de ne pas s'assurer auprès d'elle. Le 26 juillet 2014, l'emprunteur pouvait changer d'assurance de prêt sans frais dans les 12 mois suivant la signature du contrat, le temps de trouver une assurance similaire avec des garanties équivalentes. Depuis le 1er mai 2015, tout refus d'équivalence doit être motivé par la banque. Le dispositif de droit à l'oubli est renforcé et devrait permettre aux anciens malades du cancer d'accéder à une assurance de prêt immobilier (voir fiche 40).

APPLICATION

ÉNONCÉ

Monsieur et Madame DEJEAN ont fait construire en N une maison individuelle. Votre banque avait alors financé cette acquisition pour un montant global de 122 000 € (achat du terrain, construction et frais de notaire compris). Les caractéristiques des prêts sont résumées dans le tableau suivant :

Nature du prêt	Montant	Date de mise en place	Taux	Durée	Capital restant dû au 16/12/N + 10	Mensualité hors assurance
Prêt amortissable principal	70 000 €	15/07/N	8,5 %	15 ans	31 309 €	689,32 €
Apport personnel	20 500 €	15/07/N				
Prêt PEL	8 000 €	15/07/N	6,25 %	15 ans	3 273 €	68,59 €
Prêt CEL	7 500 €	15/07/N	3,75 %	15 ans	2 935 €	54,54 €
Prêt taux zéro	16 000 €	15/01/N	0 %	16 ans	4 687 €	83,33 €
Total	122 000 €					895,78 €

L'arrivée d'un troisième enfant nécessite de transformer le logement. Ils envisagent d'effectuer une extension pour un montant de 45 000 €. Ils souhaiteraient également en profiter pour renégocier les conditions de leur prêt principal et éventuellement de leur prêt PEL et CEL. Votre banque n'est pas opposée à cette idée et fait la proposition suivante :

- taux fixe sur 8 ans 1,8 % ;
- assurance sur 2 têtes à 100 % : 0,36 % du capital emprunté ;
- pas de pénalité de remboursement anticipé ;
- frais de dossier : 795 €.

Par ailleurs, la société de cautionnement est d'accord pour effectuer le transfert de la caution sur le nouveau prêt. Vous savez par ailleurs que le couple dispose d'un revenu de 5 600 € par mois, et qu'il rembourse actuellement un crédit auto pour un montant de 385 €/mois (durée restante 2 ans).

1 Calculez le taux d'endettement actuel.

2 Que devront fournir vos clients pour justifier du montant des travaux et constituer le dossier de prêt ?

3 Présentez le plan de financement incluant le rachat du prêt principal, du prêt PEL ainsi que le montant des travaux et calculer le nouveau taux d'endettement.

SOLUTION

1. Taux d'endettement actuel : $\frac{(895,78 + 385)}{5\,600} \times 100 = 22,87\,\%$.
2. Les clients devront fournir un contrat de construction de maison individuelle sur lequel figure le prix de réalisation par le constructeur de l'extension. Les clients devront également produire un récépissé de dépôt de permis de construire.
3. Plan de financement et taux d'endettement :

Montant emprunté		Mensualité hors assurance	Assurance sur 2 têtes	Nouveau taux d'endettement
Rachat prêt principal	31 309 €			
Rachat prêt PEL et CEL	6 208 €			
Travaux	45 000 €	932,47 €	49,99	23,53 %
Frais de dossier	795 €			
Total opération	83 312 €			

Le nouveau taux d'endettement reste en dessous des normes habituellement admises. Par ailleurs le crédit auto s'arrêtant dans deux ans, le taux d'endettement retombera alors à 19,03 %.

38 La vente d'un crédit immobilier

L'achat de la résidence principale reste pour la majorité des clients bancarisés l'achat le plus important de leur vie. Aussi prennent-ils le temps de comparer les offres entre établissements de crédit. Le taux du crédit proposé sera bien souvent l'élément d'appel mais l'accompagnement du client dans son projet fera la différence à terme.

Aujourd'hui, l'immobilier constitue une réponse à la préparation de la retraite *via* l'investissement locatif. Il n'est donc pas rare de voir un client monter un prêt immobilier pour financer une telle opération alors qu'il n'est pas encore propriétaire de sa résidence principale.

En l'absence de capital de départ, le recours au crédit immobilier est un passage obligé. L'emprunteur bénéficie d'un effet de levier. Un investissement immobilier dont la valeur à l'achat est de 100 peut connaître une progression de sa valeur de x%. L'emprunteur obtient alors grâce au crédit une plus-value.

Déceler les opportunités de vente	Suivre les étapes clés de la vente	Réfuter les objections du client
Le client vous demande quel est le taux actuel des prêts immobiliers pour sa première acquisition.	▸ Mesurer le degré d'avancement du projet (contacts avec les constructeurs, agences immobilières, recherche d'un terrain…). ▸ Évaluer avec le client le coût de l'enveloppe du projet (montant acte en mains de l'achat, aménagement du terrain, travaux, décoration…). ▸ Présenter le principe de l'assurance-décès invalidité (ADI) : nombre de têtes à assurer, pourcentage sur chaque tête, questionnaire médical… ▸ Définir le plan de financement. ▸ Présenter les garanties possibles pour ce prêt. ▸ Présenter les avantages du crédit proposé. ▸ Faire une première simulation d'emprunt (calcul de mensualité, durée de l'emprunt…).	« *Le taux proposé est trop élevé. Je vais aller voir vos concurrents.* » Vous ne devez pas rechercher uniquement un taux. D'autres facteurs doivent intervenir dans votre prise de décision : le taux d'assurance ADI proposé, la possibilité de rembourser votre emprunt de manière anticipée sans frais de pénalité, le suivi de votre dossier, le conseil, l'accompagnement de la banque dans votre projet, la possibilité de moduler votre mensualité en cas de coup dur… (Voir application.)

›››

〉〉〉

Déceler les opportunités de vente	Suivre les étapes clés de la vente	Réfuter les objections du client
Le client déjà propriétaire de sa résidence principale, veut acquérir un autre bien immobilier dont la valeur est inférieure ou supérieure à sa résidence principale qu'il met en vente.	► S'intéresser au projet du client : délai entre l'achat et la revente, type de bien à financer… ► Proposer un crédit relais. ► Définir le plan de financement : calcul des mensualités de remboursement avant et après la revente du bien, faire des simulations en insistant sur l'impact de la date de revente sur la durée et le coût du crédit. ► Argumenter sur le crédit relais : moduler l'échéance qui permet de maîtriser son budget et le coût du crédit, reporter l'échéance pour anticiper sereinement les difficultés passagères.	« *Je ne vais pas pouvoir rembourser en même temps le crédit des deux biens !* » Pour vous permettre de continuer à assumer les charges de la vie quotidienne, les mensualités sont moins élevées tant que le crédit sur le bien que vous cherchez à vendre est en cours, ou le report d'échéance vous permet d'appréhender en toute quiétude les éventuels coups durs.
Le client (avec un taux marginal d'imposition élevé) cherche à acheter un bien immobilier en vue de le louer.	► Accompagner le client dans sa réflexion (empathie). ► Ancienneté du bien, localisation du bien, connaissance du marché locatif du secteur géographique concerné, chiffrage des travaux si besoin, connaissance du montant des charges éventuelles de la copropriété, futurs travaux des parties communes, prévision du montant du loyer, gestion confiée à un professionnel… ► Présentation des dispositifs fiscaux en vigueur sur l'investissement locatif. ► Définir un plan de financement et les garanties. ► Calculer avec le client le montant de la défiscalisation. ► Argumenter sur le prêt *in fine*.	► « *En quoi le prêt* in fine *me permet de défiscaliser ?* » La défiscalisation est possible grâce à des intérêts plus élevés que pour un prêt classique. De plus, le montant des intérêts est constant durant la durée de l'opération. ► « *Je devrais peut-être recourir à mon épargne pour financer une partie de ce bien.* » Vous avez la possibilité avec ce prêt de conserver et de valoriser votre épargne grâce à la souscription d'un contrat assurance-vie (*cf.* les risques de la fiche « *Les prêts relais et prêts* in fine »). ► « *J'ignore encore le montant du loyer accepté par les futurs locataires.* » Ce prêt est souple dans son fonctionnement. Il vous permet d'ajuster au mieux la mensualité de remboursement et le montant des loyers que vous allez percevoir. Vous avez encore le temps de vous renseigner sur le marché locatif de ce secteur géographique.

La constitution du dossier est une étape importante de la vente du crédit immobilier. Elle permet pour l'agence de gérer le risque. Voir « *Les étapes de mise en place d'un crédit* » (fiche 37 : « *Les crédits immobiliers et la gestion du risque* »).

APPLICATION

ÉNONCÉ

Un jeune client (25 ans, infirmier salarié en milieu hospitalier, client de l'établissement bancaire depuis l'âge de 18 ans) envisage d'acquérir un studio pour sa résidence principale. Il a un apport personnel de 8 000 €. Vous le recevez aujourd'hui pour un premier entretien autour de ce projet immobilier. Il vous paraît très opportuniste et prêt à changer de réseau bancaire pour le prêt immobilier. Vous répondez à ses objections.

1 **Quelle durée de crédit faut-il prendre aujourd'hui ?**

2 **Comment obtenir le meilleur taux de crédit dans votre établissement ?**

3 **Quel est, pour vous, un bon dossier immobilier ?**

4 **Quels sont les frais que je vais devoir supporter dans le cadre du crédit immobilier ?**

SOLUTION

Objection du client	Réfutation de l'objection
Quelle durée de crédit faut-il prendre aujourd'hui ?	Il n'y a pas de bonne durée de crédit. Cela dépend de la situation du demandeur. Si vous demandez une durée longue, vos mensualités vont pouvoir baisser ou le montant de l'emprunt augmenter. Mais plus la durée sera longue, plus vous supporterez des intérêts. Par exemple, un prêt de 150 000 € sur 25 ans présente un coût presque deux fois plus lourd en intérêts qu'un crédit d'un montant identique sur 15 années. Au-delà de 20 ans, les niveaux de tarification pratiqués ont tendance à être dissuasifs. Il est très difficile d'obtenir un prêt sur 30 ans, un peu moins sur 25 ans.
Comment obtenir le meilleur taux de crédit dans votre établissement ?	Tout dépend de votre profil, de la politique commerciale de la banque et de votre projet. Le taux est plus attrayant si votre profil d'emprunteur n'est pas à risque. En effet, la banque peut craindre pour certains clients un défaut de remboursement. Vous avez à votre âge dans votre situation professionnelle des perspectives de carrière. Le fait d'avoir démontré votre capacité d'épargne est un plus pour évaluer votre aptitude à faire face à vos échéances
Quel est, pour vous, un bon dossier immobilier ?	Un bon dossier immobilier repose sur l'étude de plusieurs points : un apport personnel important, un solide effort d'épargne sur les années antérieures, une durée courte de prêt, un achat de bonne qualité qui conforte la garantie hypothécaire, une situation professionnelle solide... Tous ces éléments facilitent l'obtention d'un bon taux de crédit immobilier.
Quels sont les frais que je vais devoir supporter dans le cadre du crédit immobilier ?	À l'exception du PEL, un prêt s'accompagne de frais de dossier. L'assurance-décès invalidité est imposée par la banque. On rajoute les frais d'hypothèque. Mais le privilège de prêteur de deniers ou la caution constituent des alternatives souvent moins onéreuses. Très souvent, la banque demande à l'emprunteur de financer les dépenses annexes telles que les frais de notaire, frais d'agence. L'idéal consiste à avoir un apport d'au moins 10 % du projet.

39 Les prêts aidés

Les prêts aidés regroupent des prêts qui permettent de profiter de conditions plus intéressantes au regard des prêts amortissables classiques. Ils peuvent être sans intérêt (prêt à taux zéro), bénéficier d'un taux réglementé (prêt conventionné), profiter d'une prime de l'État (prêt épargne logement). En général, les prêts aidés sont attribués sous conditions de ressources à l'exception du prêt épargne logement et du prêt conventionné ordinaire.

1 Le prêt à taux zéro

Compléments en ligne

Le fonctionnement du PTZ

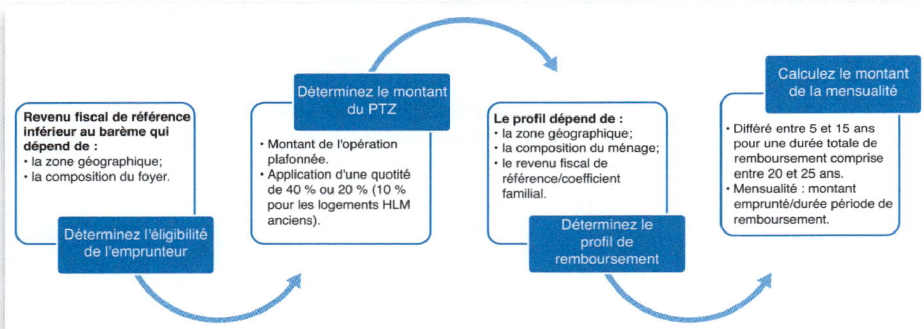

A Les caractéristiques

Qui ?	Les personnes physiques domiciliées en France et dans les DOM (avec des aménagements particuliers pour ces derniers).
Quoi ?	▸ Logements neufs (achat ou construction). ▸ Logements anciens nécessitant de gros travaux (ils seront alors assimilés à un logement neuf) destinés à l'habitation principale de l'emprunteur. ▸ Logements du parc social (HLM).
Conditions à remplir	Réservé aux primo accédants (l'emprunteur ne doit avoir été propriétaire de son logement dans les 2 ans qui précèdent la mise en place du PTZ) à l'exception des personnes : ▸ titulaire d'une carte d'invalidité; ▸ bénéficiaire de l'allocation adulte handicapé ou d'une allocation d'éducation spéciale; ▸ victime d'une catastrophe (naturelle ou technologique) rendant le lieu d'habitation inhabitable; ▸ respecter les conditions de ressources (voir tableau 1).

›››

〉〉〉

Conditions à remplir	**Exemple** : un célibataire avec un revenu fiscal de référence de 15 000 € souhaitant financer l'acquisition en zone C d'un logement de 220 000 € ne sera pas éligible au PTZ. En effet, le revenu de référence retenu est 24 444 (220 000/9) qui est alors supérieur à 24 000 € (seuil à ne pas dépasser – voir tableau 1).
Montant du prêt (tableau 2)	Le montant accordé fait l'objet d'un double plafonnement. Le premier plafond est fonction de plusieurs critères. Dans le cas d'un logement neuf, le prêt accordé sera fonction de la zone géographique (A, B1, B2, C), de la taille du ménage et de la nature du logement (bâtiment basse consommation (BBC) ou non). Le second plafond : le montant du prêt ne doit pas représenter plus de 100 % du montant des autres prêts de plus de 2 ans. Cela signifie que le montant du PTZ ne peut pas excéder la moitié du coût de l'opération.
Modalités de remboursement	Les modalités de remboursement dépendent du profil de l'emprunteur. Le profil est déterminé par le revenu fiscal de référence divisé par un coefficient familial. Le prêt sera remboursé sur une première période d'une durée comprise entre 20 et 25 ans. Les emprunteurs bénéficient d'une période de différé de remboursement allant de 5 à 15 ans. Profil = Max {revenu fiscal corrigé année N–2 ; Montant de l'opération, divisé par 9}.
Avantages	Pas de frais de dossier, pas de taxe de publicité foncière, minoration de la taxe locale d'équipement, possibilité de différé d'amortissement sans coût pour l'emprunteur, cumulable avec d'autres prêts aidés (PAS, PEL…).
Durée	De 20 à 25 ans.

B Les conditions de ressources

Les conditions de ressources et modalités d'octroi du prêt à taux zéro demeurent inchangées pour les prêts émis à compter du 1er janvier 2014.

Tableau 1 : les conditions de ressources depuis le 1er janvier 2016

Compléments en ligne

Taille du ménage	Zone A	Zone B1	Zone B2	Zone C
1	37 000	30 000	27 000	24 000
2	51 800	42 000	37 800	33 600
3	62 900	51 000	45 900	40 800
4	74 000	60 000	54 000	48 000
5	85 100	69 000	62 100	55 200
6	96 200	78 000	70 200	62 400
7	107 300	87 000	78 300	69 600
8 et plus	118 400	96 000	86 400	76 800

(Article R. 31-10-3-1 du Code de la construction et de l'habitation.)

Zone A : agglomération parisienne, Genevois français et une partie de la Côte d'Azur.

Zone B1 : agglomération de plus de 250 000 habitants, la grande couronne autour de Paris et des agglomérations chères (Annecy Bayonne, Chambéry, Cluses, La Rochelle, Saint-Malo, pourtour de la côte d'Azur, les DOM et la Corse).

Zone B2 : agglomérations de plus de 50 000 habitants, communes en bordure de l'agglomération parisienne, et certaines communes littorales et frontalières.

Zone C : toutes les communes qui ne sont ni classées en zone A, ni en zone B.

Source : www.logement.gouv.fr

REMARQUE

Les conditions de ressources seront modifiées en 2022. En effet, la loi de finances n° 2020-1761 prévoit que les ressources retenues seront celles à la date de la signature de l'offre de prêt et non plus les ressources de l'année N–2. Ainsi, le montant retenu sera le montant le plus élevé entre :

- les ressources à la date de la signature de l'offre de prêt ;
- le coût total de l'opération divisé par 9.

En pratique

Pour déterminer le montant du prêt, on applique une quotité de 40 % (pour les logements neufs ou anciens à rénover) sur le montant de l'opération dans la limite des plafonds indiqués dans le tableau 2 ou une quotité de 10 % s'il s'agit de l'achat d'un logement HLM ancien (Article R. 31-10-9 du Code de la construction et de l'habitation.)

C Le montant du prêt

Compléments en ligne

Tableau 2 : plafond de l'opération en € pour un logement neuf ou ancien depuis le 1er octobre 2014

Taille du ménage	Zone A	Zone B1	Zone B2	Zone C
1	150 000	135 000	110 000	100 000
2	210 000	189 000	154 000	140 000
3	255 000	230 000	187 000	170 000
4	300 000	270 000	220 000	200 000
5 et plus	345 000	311 000	253 000	230 000

(Article R. 31-10-10 du Code de la construction et de l'habitation).

Le plafond correspond au coût maximum de l'opération. Ce coût n'englobe pas les frais d'acte notarié, les frais de garantie, les frais d'enregistrement (logements anciens) et les frais bancaires. D'autre part, le montant du PTZ ne peut dépasser 50 % du coût de l'opération. Ainsi, en présence d'un apport personnel important, le montant financé à crédit sera moins important ce qui réduit d'autant le montant du PTZ.

Le montant du PTZ s'obtient en multipliant une quotité (tableau 2 bis) par le montant de l'opération (dans la limite des plafonds du tableau 2).

Tableau 2 bis : les quotités

	Zone A	Zone B1	Zone B2	Zone C
Logement neuf	40 %	40 %	20 %	20 %
Logement ancien			40 %	40 %
Logement HLM	10 %	10 %	10 %	10 %

À NOTER

Le PTZ concerne également les logements anciens à la condition d'y réaliser des travaux de rénovation qui doivent représenter au moins 25 % de l'opération.

Par ailleurs, le montant du PTZ ne doit pas représenter plus de 100 % du montant des autres prêts de plus de 2 ans.

D Le remboursement du prêt

Tableau 3 : les modalités de remboursement depuis le 1er janvier 2016

	Revenu fiscal corrigé				Durée	Durée du différé
Profil	Zone A	Zone B1	Zone B2	Zone C	Durée Totale	
1	≤ 22 000	≤ 19 500	≤ 16 500	≤ 14 000	25	15
2	≤ 25 000	≤ 21 500	≤ 18 000	≤ 15 000	22	10
3	≤ 37 000	≤ 30 000	≤ 27 000	≤ 24 000	20	5

Le revenu fiscal corrigé est obtenu en pondérant le revenu fiscal de référence par les coefficients ci-dessous :

Nombre de personnes	1	2	3	4	5 et plus
Coefficient	1	1,4	1,7	2	2,3

(Article R. 31-10-11 du Code de la construction et de l'habitation).

Le coefficient est majoré de 0,3 par personne au-delà de 5 personnes.

À NOTER

Les 4 zones ont été réaménagées (arrêté du 1er août 2014 – Article R. 304-1 du Code de la construction).

EXEMPLE 1

Un célibataire dont le revenu fiscal de référence est de 14 000 € finance un logement neuf d'une valeur de 150 000 € en zone C. L'opération est entièrement financée à crédit. Les frais non couverts par les emprunts sont financés grâce à l'apport personnel.

Montant du PTZ = 20 000 € (100 000 × 20 %)

Le montant du PTZ est inférieur au montant des autres prêts :

40 000 € < 150 000 – 40 000 = 110 000 €

Profil 3 : on retient le maximum entre 14 000 € et $\frac{100\,000}{9}$ = 16 667 €

Le prêt est donc remboursé sur 15 ans (20 ans – 5 ans de différé), soit 180 mensualités de 111,11 € $\left(\frac{20\,000}{180}\right)$.

EXEMPLE 2

Un couple avec deux enfants à charge disposant d'un revenu fiscal de référence de 48 000 € par an souhaite acquérir un appartement neuf en zone A d'une valeur de 190 000 €. L'opération est entièrement financée à crédit. Les frais non couverts par les emprunts sont financés grâce à l'apport personnel.

Montant du PTZ = 190 000 × 40 % = 76 000 €

Le montant du PTZ est inférieur au montant des autres prêts.

Coefficient familial retenu : 2

Revenu de référence : 48 000 €

Profil de remboursement : Tranche 2 car ($\frac{48\,000}{2}$ = 24 000 < 25 000) : remboursement avec différé de 10 ans. Le prêt est amorti sur 144 mois à raison de 527,78 € par mois.

2 | Les prêts conventionnés

<table>
<tr><th>Qui ?</th><td>Les personnes physiques domiciliées en France.</td></tr>
<tr><th>Quoi ?</th><td>
<ul>
<li>Logements neufs (achat ou construction) : le logement doit constituer la résidence principale du bénéficiaire ou une résidence locative.</li>
<li>Travaux d'amélioration dans un logement de plus de 10 ans et pour un montant de plus de 4 000 €, travaux d'adaptation du logement au handicap, travaux d'économie d'énergie pour des logements construits après le 1er juillet 1981.</li>
<li>Travaux d'agrandissement ou de rénovation.</li>
</ul>
</td></tr>
<tr><th>Conditions à remplir</th><td>Pas de conditions de ressources. L'endettement de l'emprunteur ne doit pas excéder 25 à 30 % de ses ressources.
Depuis le 6 août 2010, les logements anciens ne sont plus tenus de respecter les normes de surfaces et d'habitabilité définies par la réglementation.</td></tr>
<tr><th>Montant du prêt</th><td>L'intégralité du montant du projet (hors frais d'acte) . La durée de remboursement est comprise entre 5 et 30 ans.</td></tr>
<tr><th>Modalités de remboursement et taux[1]</th><td>Prêt amortissable sur une durée comprise entre 5 et 30 ans (possibilité d'augmenter la durée de remboursement de 5 ans).
Taux pratiqué pour les prêts conventionnés au 1er mars 2022 :
<table>
<tr><th>Durée (D)</th><th>Taux de référence (1)</th><th>Marge (2)</th><th>Taux fixe (3) = (2) + (1)</th></tr>
<tr><td>Inférieure ou égale à 12 ans</td><td rowspan="4">0,2 %</td><td>2,3 %</td><td>2,5 %</td></tr>
<tr><td>12 < D ≤ 15</td><td>2,5 %</td><td>2,7 %</td></tr>
<tr><td>15 < D ≤ 20</td><td>2,65 %</td><td>2,85 %</td></tr>
<tr><td>> 20 ans</td><td>2,75 %</td><td>2,95 %</td></tr>
</table>
Les prêts à taux révisables s'obtiennent en ajoutant au taux de référence une marge de 2,3 points quelle que soit la durée du prêt.</td></tr>
<tr><th>Remarque</th><td>Depuis le 1er juillet 2015, les taux des prêts conventionnés et des prêts PAS sont identiques.</td></tr>
</table>

[1] www2.sgfgas.fr (site de la société de gestion du fonds de garantie de l'accession sociale à la propriété).

3 | Le prêt à l'accession sociale

Ce prêt est une forme particulière de prêt conventionné qui profite de la garantie du fonds de garantie de l'accession sociale à la propriété. Il s'agit d'une garantie de l'État à l'égard des établissements de crédits. La loi de finances 2006 a modifié sensiblement les modalités de fonctionnement du fonds en particulier. Ainsi, les prêts octroyés à partir de 2007 sont garantis par l'intervention directe de l'État et non plus par une cotisation préalable au fonds. En cas de défaillance d'un emprunteur, l'État remboursera l'établissement de crédit victime de la défaillance pour une partie du capital, l'autre partie étant couverte par une mutualisation des risques des établissements de crédit. Ces prêts sont conditionnés par les ressources de l'emprunteur. Ils bénéficient également de frais de garantie réduits et d'une exonération de la taxe de publicité foncière.

A Conditions de ressources du bénéficiaire

Elles sont identiques à celles du prêt à taux zéro. Elles correspondent au revenu fiscal de référence de l'année N−2 pour une offre de prêt émise en N.

B Conditions d'utilisation

D'une part, le prêt devra servir à l'acquisition de la résidence principale de l'emprunteur (le PAS garanti pour l'État doit être au minimum de 4 000 €), des travaux d'agrandissement d'au moins 14 m² ou des travaux d'amélioration d'un montant supérieur à 1 500 €.

Le financement d'une opération par un PAS peut être complété par un prêt taux zéro (PTZ), un prêt épargne logement, le prêt action logement sous certaines conditions, et tout autre prêt à taux fixe dès lors que son taux est inférieur au taux des prêts des CEL.

APPLICATION

ÉNONCÉ

	Cas 1	Cas 2	Cas 3	Cas 4	Cas 5
Situation de famille	Couple sans enfant	Célibataire	Couple avec 1 enfant	Couple avec 3 enfants	Couple sans enfant
Revenu fiscal de référence	25 000 €	18 000 €	54 000 €	30 000 €	13 000 €
Zone	C	B2	A	B1	C
Valeur du logement	180 000 € (logement neuf)	108 000 € (logement ancien)	295 000 € (neuf)	150 000 € (neuf)	140 000 € (neuf)

Compléter le tableau suivant pour chaque situation :

	Calculs des droits				Vérification	Profil de remboursement			Modalités de remboursement
Situation	Plafond Max PTZ +	Montant opération retenu	Quotité	Montant PTZ +	Vérification du financement	Coefficient familial	Revenu de référence	Tranche	Remboursement
1									
2									
3									
4									
5									

SOLUTION

	Calculs des droits				Vérification	Profil de remboursement			Modalités de remboursement
Situation	Plafond Max PTZ +	Montant opération retenu	Quotité	Montant PTZ +	Vérification du financement	Coefficient familial	Revenu de référence	Tranche	Remboursement
1	140 000	140 000	20 %	28 000	180 000 – 28 000 = 152 000	1,4	25 000	3	155,56
2	110 000	108 000	40%	43 200	Oui	1	18 000	2	144 mensualités de 300 €
3	255 000	255 000	40 %	102 000	Oui	1,7	54 000	3	180 mensualités de 566,67 €
4	311 000	150 000	40 %	60 000	Oui	2,3	30 000	1	120 mensualités de 500 €
5	140 000	140 000	20 %	28 000	Oui	1,4	15 556 (1/9 de l'opération)	1	120 mensualités de 233,33 €

40 Le coût d'un crédit

Calculer le **coût d'un crédit** oblige à prendre en compte le coût des échéances (intérêt et amortissement) de l'assurance-décès invalidité, des frais de dossier et de garantie.

1 Le tableau d'amortissement

Le tableau d'amortissement doit obligatoirement figurer avec l'offre préalable de prêt envoyée par la banque. Ce tableau décompose le montant des échéances en intérêts, amortissement et assurance. Le tableau d'amortissement restera inchangé pendant toute la durée du prêt pour les prêts à taux fixe. En effet, les prêts à taux variable font l'objet de révision (annuelle en général sauf montage particulier) ; ce qui modifie les éléments du tableau d'amortissement (montant de la mensualité, durée du prêt). Un emprunt pourra être remboursé de deux manières :

- **amortissement constant.** L'annuité et les intérêts diminuent au fur et à mesure des remboursements ;
- **annuités constantes.** L'amortissement augmente tandis que les intérêts versés diminuent. Le montant consacré à l'amortissement en début de prêt sera d'autant plus fort que le taux d'intérêt est faible et que la durée de remboursement est courte. À l'inverse, plus la durée de remboursement est longue, moins le capital s'amortit rapidement.

2 Le remboursement par amortissement constant

L'annuité : c'est la somme versée périodiquement (mensuellement ou trimestriellement) par l'emprunteur au prêteur.

Emprunt 15 000 € sur 5 ans à 4 % remboursables en 5 annuités

Périodes	Capital restant dû en début de période	Amortissement[1]	Intérêts[2]	Annuité[3]	Capital restant dû en fin de période
1	15 000	3 000	600	3 600	12 000
2	12 000	3 000	480	3 480	9 000
3	9 000	3 000	360	3 360	6 000
4	6 000	3 000	240	3 240	3 000
5	3 000	3 000	120	3 120	0
	Total	**15 000**	**1 800**	**16 800**	

[1] Capital emprunté / durée du prêt.
[2] $I = t \times$ capital restant dû en début de période.
[3] Annuité = amortissement + intérêts.

3 Le remboursement par annuité constante

Emprunt de 80 000 € sur 10 ans taux fixe de 3,2 % hors assurance
Assurance 0,35 % du capital initial

Périodes	Capital dû en début de période	Mensualité	Intérêts	Amortis-sements	Assurance	Capital dû en fin de période
1	80 000	779,89	213,33	566,56	23,33	79 433,44
2	79 433,44	779,89	211,82	568,07	23,33	78 865,37
3	78 865,37	779,89	210,31	569,59	23,33	78 295,78
4	78 295,78	779,89	208,79	571,10	23,33	77 724,68
...	....	....	....	....	....	....
120	777,82	779,89	2,07	777,82	23,33	0,00

Au total le crédit aura un coût total de :

(779,89 × 120 + 23,33 × 120) – 80 000 = 16 386,40 €.

REMARQUE

Le calcul de l'annuité constante est obtenu par application de la formule suivante :

$$A = \frac{C \times t}{1 - (1 + t)^{-n}}$$

Il est possible d'utiliser des tables de correspondance comme celle présentée ci-dessous.

Durée en année	Durée en mois	3 %	3,20 %	4%	4,50%	5%
1	12	84,6 936 988	84,78 483	85,1 499 042	85,3 785 216	85,6 074 818
2	24	42,981 212	43,0 697 332	43,4 249 222	43,6 478 116	43,8 713 897
3	36	29,0 812 096	29,1 694 334	29,523 985	29,7 469 245	29,9 708 971
4	48	22,134 327	22,222 831	22,5 790 546	22,8 034 861	23,0 292 936
5	60	17,9 686 907	18,0 577 055	18,4 165 221	18,6 430 192	18,8 712 336
6	72	15,1 936 758	15,2 833 163	15,6 451 831	15,8 740 297	16,1 049 327
7	84	13,2 133 001	13,3 036 313	13,6 688 063	13,9 001 613	14,1 339 091
8	96	11,7 295 719	11,8 206 341	12,1 892 753	12,4 232 344	12,65 992
9	108	10,5 769 404	10,6 687 597	11,0 409 689	11,2 775 926	11,5 172 732
10	120	9,65 607 447	**9,74 866 872**	10,1 245 138	10,3 638 409	10,6 065 515

Si l'on reprend l'exemple du prêt de 80 000 € pendant 10 ans à 3,2 %, on obtient la mensualité en faisant le calcul suivant après lecture dans la table.

Mensualité = 80 × 9,74 866 872 = 779,89 €.

4 Les taux

A Taux proportionnel et taux équivalent

Le taux proportionnel s'obtient en divisant le taux annuel par le nombre de périodes souhaitées (12 s'il s'agit de mensualités, 2 pour des semestres et 4 pour obtenir un taux périodique trimestriel). Il correspond au taux périodique qui permet d'obtenir en intérêt simple la même valeur acquise que celle obtenue en utilisant le taux annuel.

Le taux équivalent périodique concerne les intérêts composés et s'obtient en appliquant la formule suivante :

Taux équivalent = (1 + Taux annuel) $^{1/n}$ – 1

EXEMPLE

Taux annuel de 4,2 %	
Taux mensuel proportionnel	0,35 %
Taux trimestriel proportionnel	1,05 %
Taux semestriel proportionnel	2,1 %
Taux équivalent mensuel $n = 12$	0,3 434 %
Taux équivalent trimestriel $n = 4$	1,0 334 %
Taux équivalent semestriel $n = 2$	2,078 %

B Le taux annuel effectif global : le TAEG

C'est un taux calculé pour rendre compte du coût réel d'un crédit. Outre le taux nominal, il intègre les frais de dossier, d'assurance et de garanties. Il s'obtient en résolvant l'équation égalisant le capital emprunté au coût total du crédit calculé avec le TAEG périodique. La résolution se fait par interpolation linéaire.

Les prêts à taux variable sont les prêts les plus sensibles à l'évolution du taux directeur de la banque centrale européenne.

Depuis le 1er janvier 2015, le taux annuel effectif d'assurance (TAEA) doit figurer sur chaque contrat d'assurance emprunteur. Il se calcule en soustrayant le taux effectif global du crédit (assurance comprise) du taux effectif global du crédit sans assurance. Ainsi, ce chiffre permet à l'emprunteur de savoir ce que pèse l'assurance sur le coût total de son crédit. Les garanties comprises par l'assurance décès, incapacité, perte d'emploi, ect. sont également mentionnées.

C Taux fixe ou taux variable ?

Le taux fixe : la plupart du temps les banques pratiquent des crédits à taux fixe. La mensualité est alors la même pendant toute la durée du crédit. En cas de difficultés de remboursement, certaines enseignes prévoient des aménagements comme la modulation à la baisse de la mensualité, la suspension pendant quelques mois du paiement de l'échéance.

Dans le contexte actuel de taux bas, les prêts à taux variable ne sont plus proposés par les enseignes.

Retour sur le principe du taux variable : le taux est révisé à chaque date anniversaire du prêt selon une règle d'indexation qui s'appuie sur les taux du marché interbancaire auquel la banque ajoute sa marge. Afin de limiter les effets de la hausse des taux, cette dernière est plafonnée contractuellement (on parle de prêts Capé). À l'inverse, il est également possible de limiter la baisse (taux floré).

D Le taux de l'usure

Selon l'article L. 313-3 du Code de la consommation : *« Constitue un prêt usuraire tout prêt conventionnel consenti à un taux effectif global qui excède, au moment où il est consenti, de plus du tiers, le taux effectif moyen pratiqué au cours du trimestre précédent par les établissements de crédit pour des opérations de même nature comportant des risques analogues. »*.

Taux de l'usure au 1er octobre 2022

Crédits immobiliers	
À taux fixe (durée 20 ans et plus)	3,05 %
À taux variable	2,92 %
Prêt-relais	3,40 %
Crédit consommation	
Prêt ≤ 3 000 €	21,16 %
Prêt compris entre 3 000 et 6 000 €	10,13 %
Prêt ≥ 6 000 €	5,33 %
Découvert en compte	15,83 %

5 L'assurance décès-invalidité

A Risques garantis et modalités d'indemnisation

Garanties	Modalités d'indemnisation
Décès	
Perte totale et irréversible d'autonomie (PTIA) = invalidité de catégorie 3 = taux d'invalidité = 100 %	Capital restant dû au jour du sinistre au prorata de la quotité assurée
Invalidité permanente totale (IPT) = invalidité de catégorie 2 avec un taux > 66 %	Prise en charge de la totalité des mensualités du prêt assuré
Invalidité permanente partielle comprise entre 33 % et 66 %	Prise en charge des mensualités à proportion de la quotité assurée
Incapacité temporaire de travail (ITT)	Prise en charge de la mensualité

L'assureur se substitue à l'emprunteur et rembourse la banque pendant la durée de l'incapacité (3 à 4 mois selon les contrats). En général, les contrats d'assurance prévoient :

- un délai de carence : délai pendant lequel l'assuré cotise mais n'a droit à aucune prestation en cas de réalisation du risque ;
- un délai de franchise : délai pendant lequel le risque est garanti. L'assureur verse les prestations une fois le délai écoulé. L'assuré est amené à devoir supporter financièrement une partie des conséquences de la réalisation du risque.

En pratique

- Les modalités d'indemnisation forfaitaire : l'assureur prend en charge les mensualités du prêt au prorata de la quotité assurée.
- Les modalités d'indemnisation Indemnitaire : l'assureur compense uniquement la perte de revenu consécutive à l'arrêt de travail.

B La délégation d'assurance et le devoir d'information

Depuis la loi Lagarde de 2010, les banques ne peuvent plus imposer à l'emprunteur la souscription du contrat groupe proposé par l'assureur de la banque. La délégation d'assurance est permise dès lors que le contrat apporte le même niveau de garanties. D'autre part, la loi de séparation et de régulation des activités bancaires de 2013, à travers son article 18, renforce les droits de l'emprunteur en matière de délégation et d'information sur le coût de l'assurance. Les banques doivent dorénavant indiquer un taux annuel effectif de l'assurance (TAEA), le montant en euros par mois ainsi que le coût global de l'assurance sur toute la durée du prêt. L'information de l'emprunteur est également renforcée grâce à la remise d'une fiche standardisée d'information qui doit indiquer à l'emprunteur la possibilité de recourir à une autre assurance que celle proposée par la banque. La banque qui refuse la délégation doit motiver son refus dans un délai de 8 jours à réception de la nouvelle proposition d'assurance.

C Le changement d'assureur (loi du 28 février 2022)

La loi Hamon prévoyait que dans un délai d'un an, l'emprunteur pouvait changer d'assureur s'il trouvait, pour des garanties identiques, une assurance moins chère. Jusqu'alors, la délégation d'assurance permettant de choisir un autre assureur que celui proposé par la banque ne pouvait intervenir qu'au moment de la mise en place du prêt.

La loi Lemoine du 28 février 2022 facilite le changement d'assureur en cours de contrat.

	Avant le 28 février 2022	Après le 1er mars 2022
Résiliation	À tout moment pendant les 12 premiers mois. À la date anniversaire de la signature de l'offre de prêt.	À tout moment. À partir du 1er juin 2022 pour les nouveaux prêts immobiliers. À partir de septembre 2022 pour les autres contrats en cours à cette date. Obligation d'information annuelle sur ce droit de résiliation et les modalités de sa mise en œuvre. Délai de 10 jours à compter de la demande de substitution pour éditer un avenant au contrat de prêt.
Questionnaire de santé	À compléter à l'occasion d'une demande de prêt immobilier.	À partir du 1er juin 2022, le questionnaire n'est plus une obligation pour les prêts dont la quotité assurée par tête est inférieure à 200 000 € et dont le remboursement intervient avant le 60e anniversaire de l'emprunteur

›››

	Avant le 28 février 2022	Après le 1er mars 2022
Droit à l'oubli	Dispense de déclaration d'un cancer 10 ans après la fin du protocole de soins.	Dispense de déclaration d'un cancer 5 ans après la fin du protocole de soin.
Convention AERAS	Droit à l'oubli = 10 ans. Encadrement des surprimes et exclusion de garanties Plafond d'emprunt à 320 000 €.	Élargir le droit à l'oubli à d'autres pathologies que le cancer. Élargir l'interdiction ou l'encadrement des surprimes et les exclusions de garantie à un nombre plus important de pathologies. Augmenter le plafond du montant de l'emprunt (320 000 € actuellement).

La loi Lemoine du 28 février 2022 a allégé les modalités de résiliation (résiliation par simple courrier, courriel ou via l'espace personnel client proposé en ligne par l'assureur) à tout moment et sans frais pour que l'emprunteur puisse souscrire un nouveau contrat avec les mêmes garanties auprès d'une autre compagnie. Cette loi contient des avancées importantes sur le droit à l'oubli et les conditions de mise en œuvre de la convention AERAS.

D Le calcul du TAEA et le coût de l'assurance emprunteur

EXEMPLE D'UN CALCUL DE COUT POUR UN PRET DE 100 000 € SUR 12 ANS

Le taux de l'assurance est de 0,4 %.

Modalité d'assurance	Coût de l'assurance par mois	Coût global sur la durée du prêt
1 emprunteur = 1 tête	(100 000 × 0,4 %) / 12 = 33,33 €	(100 000 × 0,4 %) × 12 = 4 800 €
2 emprunteurs 100 % sur chaque tête	33,33 × 2 = 66,66 €	4 800 × 2 = 9 600 €

EXEMPLE D'UN CALCUL DU TAUX ANNUEL EFFECTIF DE L'ASSURANCE (TAEA)

Soit un prêt consommation de 25 000 € au taux débiteur de 4 %. L'assurance est de 0,2 % sur le capital initial. La mensualité hors assurance est alors de 564,48 € (568,64 € assurance comprise)

Taux	Taux débiteur	TAEG hors assurance	TAEG avec assurance	TAEA
Avec 150 € de frais de dossier	4 %	4,39 %	4,78 %	0,39 %
Sans frais de dossier	4 %	4,07 %	4,36 %	0,39 %

REMARQUE

Les clients qui présentent un risque médical aggravé sont souvent exclus des mécanismes d'assurance. Ne pouvant pas s'assurer dans des conditions économiques habituelles, le législateur a prévu un dispositif pour faciliter l'accès au crédit de ces populations : la convention AERAS (s'Assurer et Emprunter avec un Risque Aggravé de Santé). Cette convention a remplacé le 6 janvier 2007 la convention Bellorgey de 2001. La convention AERAS ne s'applique qu'à un emprunteur qui aura moins de 70 ans en fin de prêt immobilier ou prêt professionnel.

Refuser un prêt pour des motifs liés à l'état de santé reste légal. En 2011, la révision de la convention BELLORGEY portait le montant des prêts concernés à 17 000 € pour un crédit à la consommation et à 320 000 € pour un crédit immobilier ou une création d'entreprise. Avec cette nouvelle convention, les emprunteurs qui ne rentraient pas dans une « assurance groupe » pouvaient accéder à une garantie décès mais aussi à une couverture invalidité même si celle-ci était la conséquence de leur pathologie. La surprime pouvait représenter quelquefois le quadruple d'un taux normal d'assurance. D'autre part, la convention prévoyait d'accélérer le délai de traitement des dossiers (5 semaines maximum.)
En principe, dans chaque établissement de crédit, un interlocuteur est dédié à la mise en place de ce dispositif.
Ainsi, la nouvelle convention prévoyait de porter à la connaissance du client les autres possibilités de garanties et les motivations de l'assureur en cas de refus.

6 Les autres frais

Nature des frais	Caractéristiques
Dossier	Environ 1 % du montant emprunté avec un seuil minimum et un maximum
Hypothèque	Garantie réelle (prise sur le bien immobilier) qui donne le droit à la banque de procéder à la revente du bien en cas de défaillance de l'emprunteur et ainsi de recouvrer les sommes prêtées. Constitution du coût : émoluments du notaire (rédaction de l'acte), et les services de publicité foncière.
Inscription en privilège de prêteur de deniers (IPPD)	Garantie réelle qui ne peut être prise que sur des biens anciens. Moins coûteuse que l'hypothèque car il n'y a pas de taxe de publicité foncière, ni de frais d'enregistrement.
Société de cautionnement mutuel	Le coût de la caution est composé d'une commission de caution définitivement acquise par la société de cautionnement, d'une participation au fond mutuel de garantie dont une partie (entre 70 et 80 %) est remboursée à la fin du prêt.

INFO

Un décret du 16 mai 2006 a fortement baissé le coût des garanties réelles.

Les taxes et droit d'enregistrement dû au profit de l'État et des collectivités locales

Nature du bien	Nature de la taxe	Taux	Total
Neuf	Taxe publicité foncière	0,6 %	0,715 %
	Frais d'assiette et de recouvrement	0,15 % = (2,5 % × 0 ,6 %)	
	Contribution de sécurité immobilière[1]	0,1 %	0,1 %
Ancien	Taxe au profit des communes	1,2 %	5,81 %
	Taxe publicité foncière[2]	4,5 %	
	Frais d'assiette et de recouvrement	0,10665 % = (2,37 % × 4,5 %)	
	Contribution de sécurité immobilière	0,1 %	0,1 %

›››

Terrain à bâtir	Taxe au profit des communes	1,2 %	5,09 %
	Taxe publicité foncière	3,8 %	
	Frais d'assiette et de recouvrement	0,095 % = (2,37 % × 3,8 %)	
	Contribution de sécurité immobilière	0,1 %	0,1 %

[1] Taxe payée à l'État pour l'accomplissement des formalités d'enregistrement avec un minimum de 15 €.

[2] 3,80 % minimum et 4,5% maximum au sens de l'article 77 de la loi de finances 2014 pour la période comprise entre le entre 1er mars 2014 et le 29 février 2016.

7 Le cautionnement mutuel

Le recours aux sociétés de cautionnement mutuel permet de récupérer au terme du remboursement du crédit une partie des sommes versées en début de prêt. Le fonctionnement de ces sociétés repose sur la mutualisation des risques d'impayés. Le client va en effet effectuer deux versements. Le premier est une commission qui permet la couverture des frais de fonctionnement de la société de cautionnement. La deuxième partie est constituée d'une participation à un fond mutuel de garantie. Ce fond est utilisé en cas de défaillance d'un client pour rembourser la banque partenaire. Sélectionnant les meilleurs dossiers, les sociétés de cautionnement mutuel sont donc amenées à supporter une faible sinistralité. Moins la sinistralité est forte, plus la part que récupérera le client sera élevée. En moyenne un client peut espérer récupérer 70 à 80 % des sommes initialement versées au fond de garantie.

APPLICATIONS

1 ÉNONCÉ

Vous disposez de l'extrait suivant d'un tableau d'amortissement

N° et date Échéance	Capital début de période	Mensualité Hors assurance	Intérêts	Amortissement	Assurance sur 2 têtes à 100 %
1 - 15/07/2015	145 000	840,94	422,92	418,02	72,5
2 - 15/08/2015	144 581,98	840,94	421,7	419,24	72,5
3 - 15/12/2020	115 129,86	840,94	335,8	505,14	72,5

1 **Retrouvez les caractéristiques de ce prêt effectué sur une durée de 20 ans.**

2 **Vos clients envisagent de faire racheter leur crédit par une autre banque. Quel est le capital restant dû le 15 janvier 2021 ?**

3 **Quelle sera l'économie réalisée par vos clients s'ils empruntent 117 300 € au taux de 1,5 % pendant 10 ans ? L'assurance sur 2 têtes coûte 49 € par mois.**

SOLUTION

1 Le prêt de 145 000 € est réalisé sur 20 ans au taux de 3,5 %.
En effet (422,92/145 000) × 12 donne un taux de 3,5 %. La mensualité assurance comprise est de 913,44 €.

2 Le KRD au 15 janvier 2021 = KRD 15 décembre moins la valeur de l'amortissement soit : 115 129,86 – 505,14 = 114 624,72 €.

3 Le nouveau prêt coûte : 120 mois × 1 102,25 – 117 300 = 14 970 €. L'ancien prêt aurait coûté 913,44 × 174 mois – 114 624,72 = 44 313,84.
D'une part ce rachat permet de diminuer le coût du crédit (44 314 – 14 970 = 29 344) et permet d'autre part de diminuer la durée de remboursement de 54 mois.

2 ÉNONCÉ

Vous rencontrez ce jour un couple au sujet de la révision de leur prêt à taux révisable. Ils vous avouent ne pas avoir bien compris la teneur du courrier qu'ils viennent de recevoir.

Les caractéristiques du prêt sont les suivantes : capital : 100 000 €; durée : 20 ans; un taux hors assurance de 4 % révisable annuellement. L'assurance-décès invalidité a été prise sur 2 têtes : son coût est de 0,38 % sur le capital initial. L'amortissement du prêt a débuté le 15 septembre 200N.

La révision du taux se fait sur la base de la règle suivante :

Taux révisé = Taux Euribor 12 mois + 1,5 point.

Le taux retenu est celui du 15 septembre 200N+1 (soit 1,256 %).

Le taux obtenu est ensuite arrondi au dixième de point supérieur.

1 **Justifier le nouveau taux pour la période du 15 octobre 200N+1 au 15 septembre 200N+2.**

2 **Pourquoi la durée restant à courir après la première révision est-elle inférieure à 228 mois ? Retrouvez par le calcul la valeur exacte de la durée de remboursement à l'issue de la première révision.**

3 **Justifiez par le calcul le montant mensuel de l'assurance. Pourquoi celle-ci est elle invariable ? Le coût de l'assurance aurait il pu être moins élevé ? Justifiez.**

Annexe : Courrier reçu par vos clients

Cher client,

Conformément aux dispositions contractuelles, nous avons procédé à une révision des modalités de remboursement de votre prêt n° 3641 888 99. Vous trouverez ci-dessous le montant de vos échéances jusqu'à la prochaine révision.

Nouveau taux : 2,8 %

Tableau d'amortissement (en €)

Échéance	Capital début de période	Mensualité hors assurance	Intérêt	Amortis-sement	Assurance	Mensualité assurance comprise	Capital fin de période
13	96 667,58	605,98	225,56	380,42	63,33	669,31	96 287,16
14	96 287,16	605,98	224,67	381,31	63,33	669,31	95 905,85
15	95 905,85	605,98	223,78	382,20	63,33	669,31	95 523,64
16	95 523,64	605,98	222,89	383,09	63,33	669,31	95 140,55
17	95 140,55	605,98	221,99	383,99	63,33	669,31	94 756,56
18	94 756,56	605,98	221,10	384,88	63,33	669,31	94 371,68

Échéance	Capital début de période	Mensualité hors assurance	Intérêt	Amortis-sement	Assurance	Mensualité assurance comprise	Capital fin de période
19	94 371,68	605,98	220,20	385,78	63,33	669,31	93 985,90
20	93 985,90	605,98	219,30	386,68	63,33	669,31	93 599,22
21	93 599,22	605,98	218,40	387,58	63,33	669,31	93 211,64
22	93 211,64	605,98	217,49	388,49	63,33	669,31	92 823,15
23	92 823,15	605,98	216,59	389,39	63,33	669,31	92 433,76
24	92 433,76	605,98	215,68	390,30	63,33	669,31	92 043,45

Simulation : À titre indicatif, compte tenu du taux actuel de votre prêt et dans l'hypothèse où celui ci demeurerait inchangé, la durée restant à courir est de 16 ans et 8 mois (soit exactement 199,76 mois).

SOLUTION

1 1,256 + 1,5 = 2,756 % soit 2,8 % en arrondissant au dixième de point supérieur.

2 La durée est plus courte en raison de la baisse des taux. Quand les taux baissent et lorsque la mensualité reste inchangée, alors la durée du prêt diminue. Pour le démontrer, il suffit de résoudre l'équation suivante :

605,98 = (96667,58 × 2,8 % / 12) / (1 – (1 + 2,8 % / 12)$^{-n}$ où n est alors l'inconnu qu'il faut retrouver.

1 – (1 + 2,8% / 12)$^{-n}$ = 225,576867 / 605,98 = 0,372219688

n = – log (1 – 0,372219688) / log (1 + 2,8 % / 12) = 199,76 mois.

3 Le coût mensuel de l'assurance [(0,38 % × 100 000) / 12] × 2 = 63,33 €

Le coût de l'assurance aurait pu être moins élevé si l'assurance avait été calculée sur le capital restant dû : l'assurance serait alors dégressive pendant toute la durée de remboursement du prêt. Le coût aurait été divisé par deux si le prêt avait été assuré qu'à 100 % répartis sur deux têtes (50 % / 50 %). L'économie ainsi réalisée sur 20 ans s'élèverait à 7 599,6 €.

41 Les opérations sur crédit

La vie d'un crédit s'accompagne d'un certain nombre d'évènements. Du déblocage des fonds au remboursement anticipé, rares sont les crédits qui sont conduits à leur terme : Cela vaut principalement pour les crédits immobiliers, les crédits à la consommation étant moins sujets à certaines opérations. D'autres opérations peuvent être envisagées dans certains cas particuliers et nécessitent des montages plus complexes. Il s'agit d'opérations de restructuration de crédit (cas proche du surendettement) et des lissages de crédit.

1 Le déblocage des fonds

Le déblocage, c'est à dire la mise à disposition des fonds par la banque à son client peut s'effectuer en 1 fois (à la signature de l'acte authentique chez un notaire pour l'acquisition d'un bien existant) ou en plusieurs étapes (travaux, construction neuve, vente en état futur d'achèvement [VEFA]). Dans le premier cas, le prêt passe en phase d'amortissement dès que l'ensemble du prêt est débloqué, dans le second la banque calculera et prélèvera des intérêts intercalaires sur les sommes débloquées au prorata temporis.

Prenons l'exemple d'un prêt pour la construction d'une maison individuelle. Coût de l'opération : 120 000 € ; prêt effectué : 100 000 € ; 4,2 % sur 15 ans. À chaque étape de la construction, un pourcentage du prix de vente stipulé au contrat sera demandé par le promoteur, ce qui déclenchera des appels de fonds et donc générera le paiement d'intérêts intercalaires. Échéance : 1er de chaque mois.

Appels de fonds	100 000 € à 4,2 % pendant 15 ans	
	Déblocage cumulé	Échéance prélevée le 1er de chaque mois
5 % (signature du contrat) 1er septembre N	5 000 €	17,50 € prélevés le 1er octobre et le 1er novembre
20 % (démarrage et fondations) 4 novembre N	5 000 € pendant 4 jours 25 000 € pendant 26 jours	Échéance du 1er décembre : 5 000 × 4 / 360 × 4,2 % + 25 000 × 26 / 360 × 4,2 % = 78,17 €
15 % Élévation des murs (4 décembre N)	25 000 € pendant 4 jours 40 000 € pendant 26 jours	Échéance du 1er janvier : 40 000 × 4,2 % × (26 / 360) + 25 000 × 4,2 % × 4 / 360 = 133 €
20 % mise hors d'eau (10 janvier N+1)	40 000 € pendant 10 jours 60 000 € pendant 20 jours	Échéance du 1er février : 40 000 × 4,2 % × 10 / 360 + 60 000 × 4,2 % × 20 / 360 = 186,67 €
15 % mise hors d'air (30 janvier N+1)	75 000 € pendant 30 jours	Échéance du 1er mars : 75 000 × 4,2 % × 30 / 360 = 262,50 €

Appels de fonds	100 000 € à 4,2 % pendant 15 ans	
	Déblocage cumulé	Échéance prélevée le 1er de chaque mois
20 % aménagement intérieur (15 mars N+1)	75 000 € pendant 15 jours 95 000 € pendant 15 jours	Échéance au 1er avril : 75 000 × 4,2 % × 15 / 360 + 95 000 × 4,2 % × 15 / 360 = 297,50 €
5 % livraison remise des clés (15 avril N+1)	95 000 € pendant 15 jours 100 000 € pendant 15 jours	L'échéance du 1er mai comprendra une part d'intérêt et une part d'amortissement.

Au total, l'emprunteur aura acquitté 992,84 € d'intérêts intercalaires.

2 Le différé d'amortissement

L'emprunteur peut choisir un différé total ou partiel. Le différé total s'apparente à un amortissement négatif. Il consiste à ne rembourser que l'assurance du prêt et à reporter le remboursement du capital et des intérêts de quelques mois. Dans le cas d'un emprunt de 50 000 € sur 10 ans à 5 % avec un différé total de 12 mois, le capital à amortir sera de 52 558,10 € c'est-à-dire : $50\,000 \times (1 + 5\,\% / 12)^{12}$.

Le différé partiel consiste à ne rembourser que les intérêts et l'assurance du prêt. L'amortissement débute à l'issue de cette phase de différé. Si l'on reprend le même exemple, l'emprunteur ne remboursera que 208,33 € par mois pendant 12 mois. Ensuite le prêt se comporte comme un prêt amortissable classique.

3 Les incidents de remboursement

Un incident est caractérisé par un retard dans le paiement d'une ou plusieurs échéances. Les différents cas sont reproduits dans le tableau ci-dessous. L'incident est caractérisé si deux échéances restent impayées après la mise en demeure effectuée par la banque. La conséquence sera l'inscription au FICP (voir fiche 1 « *L'organisation du système bancaire* »). Néanmoins, tout retard donnera lieu au paiement d'intérêts de retard voire de pénalités (crédit consommation).

Nature du prêt	Règle si incident de remboursement	Exemple
Prêt à la consommation	**Cas 1 :** pas de déchéance du terme : le prêt est maintenu. La banque pourra percevoir : ▸ des intérêts de retard au taux du prêt hors assurance ; ▸ des pénalités de retard : 8 % de l'échéance assurance comprise.	▸ Échéance hors assurance : 277 € (assurance 5 €). ▸ Taux 5,2 % ; 1 échéance en retard depuis 20 jours. 277 × 5,2 % × (20 / 365) = 0,79 €. 8 % × 282 € = 22,56 €. Soit un total de : 23,35 €.
	Cas 2 : la banque prononce la déchéance du terme (résiliation du contrat de prêt). Dans ce cas, elle exige : ▸ le remboursement du capital restant dû ; ▸ des pénalités : 8 % capital restant dû.	Si le capital restant dû est de 5 200 € alors : 5 200 € 5 200 € × 8 % = 416 € Soit au total le remboursement de la somme de 5 616 €.

Nature du prêt	Règle si incident de remboursement	Exemple
Prêt immobilier	**Cas 1 :** pas de déchéance du terme : le prêt est maintenu. Intérêts de retard calculés sur la base du taux du prêt majoré de 3 points.	Échéance de 754 € impayés depuis 30 jours. Le prêt avait été consenti au taux de 3,5 %. 754 € × 6,5 % × (30 / 365) = 4,03 € d'intérêts de retard.
	Cas 2 : la banque prononce la déchéance du terme (résiliation du contrat de prêt). Dans ce cas, elle exige :	Si le capital restant dû est de 95 000 €.
	▸ le remboursement du capital restant dû ;	95 000 €
	▸ pénalités : 7 % capital restant dû.	95 000 × 7 % = 6 650 €. Soit au total : 101 650 €.

INFO

Pour les prêts à taux zéro, les pénalités de retard sont calculées en prenant le taux plafond des prêts à l'accession sociale (PAS).

4 Le remboursement anticipé

Il convient de distinguer deux cas : celui des prêts à la consommation et celui des prêts immobiliers.

- Depuis la loi Lagarde de juillet 2010, les banques peuvent demander à leurs clients de supporter des pénalités lors du remboursement anticipé d'un crédit à la consommation. Les modalités sont celles prévues par l'article L. 312-34 du Code de la consommation, à savoir : 267

« *Le prêteur peut exiger une indemnité qui ne peut dépasser 1 % du montant du crédit faisant l'objet du remboursement anticipé si le délai entre le remboursement anticipé et la date de fin du contrat de crédit est supérieur à un an. Si le délai ne dépasse pas un an, l'indemnité ne peut pas dépasser 0,5 % du montant du crédit faisant l'objet d'un remboursement anticipé. En aucun cas l'indemnité éventuelle ne peut dépasser le montant des intérêts que l'emprunteur aurait payés durant la période comprise entre le remboursement anticipé et la date de fin du contrat de crédit convenue.* »

- Il en va de même pour les crédits immobiliers. En cas de remboursements anticipés (partiel ou total), la banque exigera la perception d'une indemnité de remboursement anticipé équivalente à 6 mois d'intérêts sur le capital remboursé sans pouvoir excéder 3 % du capital restant dû.

EXEMPLE

Crédit immobilier : taux 4,8 %, capital restant dû : 52 000 €	
Remboursement partiel de 20 000 €	6 mois d'intérêts calculés sur le capital remboursé : 20 000 € × 4,8 % × 1/2 = 480 € 3% capital restant dû : 3 % 52 000 € = 1 560 € L'indemnité de remboursement sera de 480 €.
Remboursement total : 52 000 €	6 mois d'intérêt : 52 000 € × 4,8 % × 1/2 = 1 248 € 3% capital restant dû : 3 % × 52 000 € = 1 560 € L'indemnité de remboursement sera de 1 248 €.

PIÈGE À ÉVITER

Les remboursements partiels doivent être au moins de 10 % du capital restant dû et les 6 mois d'intérêts seront calculés sur le montant du capital remboursé contrairement aux 3 % qui sont toujours calculés sur le capital restant dû.

5 Les autres opérations

- **Restructuration et rachat de crédit :** lorsque les charges liées au crédit deviennent trop lourdes à supporter (accumulation des crédits immobiliers, crédit renouvelable, crédit à la consommation), il est possible de regrouper ses prêts en un seul en allongeant la durée de ce dernier. Il faut cependant noter que ces restructurations sont coûteuses et que les conditions de taux seront parmi les moins intéressantes du marché.
- **Lissage de crédit :** le financement d'une acquisition immobilière se fait en emboîtant des prêts d'une durée différente (prêt principal et prêt épargne logement, prêt à taux zéro). La mensualité pourra donc être plus forte pendant les premières années de remboursement. Pour éviter cela et afin de garantir une mensualité identique pendant toute la durée de l'opération, un prêt à paliers lissé peut être mis en place. Les paliers vont correspondre à la durée de remboursement des différents prêts.

EXEMPLE de mensualités après lissage

Financement de 100 000 €	Années 1 à 8	Années 9 à 12	Années 13 à 15	Coût total
PTZ : 15 000 € remboursable sur 8 ans	156,25 €	0,00 €	0,00 €	0,00 €
PEL : 9 000 € remboursable sur 12 ans 4,2 %	79,67 €	79,67 €	0,00 €	2 472,48 €
Prêt principal non lissé : 76 000 €, 4,6 %, 15 ans	585,29 €	585,29 €	585,29 €	29 352,20 €
Total	**821,21 €**	**664,96 €**	**585,29 €**	**31 824,40 €**
Prêt lissé	513,66 €	669,91 €	749,58 €	
Total	**749,58 €**	**749,58 €**	**749,58 €**	**32 451,00 €**

Sans lissage, un couple dont les revenus seraient de 2 300 € par mois atteindrait un taux d'endettement de 35,7 % (821,21 / 2 300) dépassant la norme des 33 %. En optant pour un crédit à paliers et en lissant la charge de crédit de façon à supporter une charge constante, le taux d'endettement repasse sous la barre des 33 % (32,59 %). Cette opération de lissage s'avère cependant plus coûteuse.

6 Le surendettement

A Définition

L'état de surendettement se caractérise par une situation dans laquelle un particulier n'est plus en mesure de faire face à ses remboursements de crédit. Il peut alors saisir la commission de surendettement auprès de la Banque de France. L'article L. 711-1 du Code de la consommation précise :

> Le bénéfice des mesures de traitement des situations de surendettement est ouvert aux personnes physiques de bonne foi. La situation de surendettement est caractérisée par l'impossibilité manifeste de faire face à l'ensemble de ses dettes non professionnelles exigibles et à échoir. Le seul fait d'être propriétaire de sa résidence principale dont la valeur estimée à la date du dépôt du dossier de surendettement est égale ou supérieure au montant de l'ensemble des dettes non-professionnelles exigibles et à échoir ne fait pas obstacle à la caractérisation de la situation de surendettement.
> L'impossibilité de faire face à un engagement de cautionner ou d'acquitter solidairement la dette d'un entrepreneur individuel ou d'une société caractérise également une situation de surendettement.

B Procédure

- La personne surendettée devra constituer un dossier disponible auprès de la Banque de France. Pour ce faire, elle pourra se faire accompagner par les services sociaux.
- Une fois le dossier déposé, la commission départementale de la Banque de France aura 3 mois (contre 6 mois avant la loi Lagarde) pour décider de sa recevabilité.
- Dès que la demande est jugée recevable, la commission examine les charges et les ressources du surendetté afin de calculer la capacité de remboursement de ce dernier et donc d'apprécier son degré de solvabilité.
- Trois situations sont alors possibles, qui dépendent du niveau de solvabilité de la personne surendettée. La phase amiable n'est plus un passage obligé dès lors que la commission de la Banque de France estime qu'aucun accord entre le débiteur et ses créanciers ne pourra être trouvé et qu'il sera alors impossible de s'entendre sur un plan de redressement.

Cependant, la présence d'un bien immobilier impose une phase de conciliation. Si les parties s'entendent, un plan conventionnel est alors proposé. Sinon, on s'oriente vers des mesures imposées par la commission de surendettement.

C Les mesures

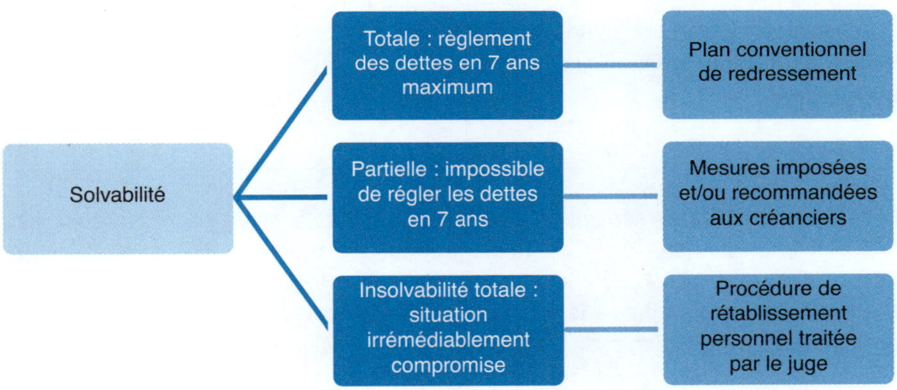

Ce sont les articles du livre VII du Code de la consommation qui encadrent la procédure de surendettement. Les mesures sont précisées dans les articles L. 711-1 à L. 742-25 du Code de la consommation.

Le plan conventionnel de redressement

> **Art. L. 732-2 du Code de la consommation**
>
> Le plan conventionnel peut comporter des mesures de report ou de rééchelonnement des paiements des dettes, de remise des dettes, de réduction ou de suppression du taux d'intérêt, de consolidation, de création ou de substitution de garantie.
>
> Ce plan peut subordonner ces mesures à l'accomplissement par le débiteur d'actes propres à faciliter ou à garantir le paiement de la dette. Il peut également les subordonner à l'abstention par le débiteur d'actes qui aggraveraient son insolvabilité.

La durée du plan ne peut excéder 7 ans sauf lorsque le plan contient des dettes contractées pour l'achat de la résidence principale. En effet, la loi de séparation et de régulation des activités bancaires du 26 juillet 2013 comporte des mesures qui permettent d'éviter la vente de la résidence principale du surendetté. L'inscription au FICP sera de 5 ans maximum (7 ans si le plan n'est pas respecté).

Les mesures imposées ou recommandées

- Rééchelonner le paiement des dettes ;
- imputer les paiements en priorité sur le capital ;
- réduire le taux d'intérêt : en cas de report ou de rééchelonnement, le taux d'intérêt sera inférieur ou égal aux taux d'intérêt légal ;
- moratoire des dettes hors alimentaire (pension alimentaire par exemple) pendant une durée maximum de 2 ans. Pendant cette période de suspension des créances, l'éventuel taux d'intérêt sur les sommes dues ne pourra pas dépasser le taux d'intérêt légal ;
- la réduction des sommes dues aux créanciers après imputation du prix de la vente du bien en cas de vente du bien immobilier (vente forcée ou amiable) et après rééchelonnement compatible avec la capacité du surendetté ;
- l'effacement partiel des créances.

Lorsque ces deux dernières mesures sont combinées à tout ou partie des autres mesures, l'ensemble n'est exécutable qu'après l'homologation par le juge. La personne surendettée sera inscrite au FICP pendant toute la durée des mesures dans la limite de 7 ans.

La procédure de rétablissement personnel (loi Borloo)

- **Sans liquidation judiciaire :** en l'absence d'actif et avec l'accord du juge, toutes les dettes sont effacées (à l'exception des dettes alimentaires, des amendes et réparations pécuniaires conséquence d'une condamnation pénale).
- **Avec liquidation judiciaire :** effacement des dettes après la vente de l'actif existant.

REMARQUE

L'inscription au FICP sera de 5 ans.

Enfin, la loi de 2013 de séparation et de régulation des activités bancaires prévoit de renforcer la prévention du surendettement en faisant adopter « *une charte d'inclusion bancaire et de prévention du surendettement* » homologuée par arrêté du ministre chargé de l'économie, après avis du Comité consultatif du secteur financier et du Comité consultatif de la législation et de la réglementation financières.

APPLICATIONS

1 ÉNONCÉ

Situation 1 : prêt de 15 000 € au taux de 5 % remboursable sur 5 ans (dont 2 ans de différé total).

1 Présentez la première ligne du tableau d'amortissement une fois écoulé le délai de 24 mois.

Situation 2 : prêt de 100 000 €, 3,8 % sur 25 ans dont 2 ans de différé partiel.

2 Présentez la 1re et la 25e ligne du tableau d'amortissement.

SOLUTION

Situation 1

Capital restant dû en début de période	Amortissement	Intérêt	Mensualité (hors assurance)	Capital restant dû en fin de période
16 574,12 €	427,68 €	69,06 €	496,74 €	16 146,44 €

Ayant bénéficié d'un différé total, la somme empruntée est augmentée des intérêts dus à la banque pendant cette période de 2 ans (15 000 × (1 + 5 % / 12)^{24} = 16 574,12 €).

Capital de fin de période : 16 146,44 = 16 574,12 – 427,68.

Situation 2

Échéance	Capital restant dû début de période	Amortis-sement	Intérêt	Mensualité (hors assurance)	Capital restant dû fin de période
1	100 000 €	0 €	316,67 €	316,67 €	100 000 €
25	100 000 €	227,3 €	316,67 €	543,97 €	99 772,7 €

L'échéance de 543,97 € sera payée pendant 23 ans.

2 ÉNONCÉ

Monsieur Henri Cayuela a emprunté 20 000 € au taux de 4,5 % sur 4 ans dans le cadre d'un crédit à la consommation. L'assurance est de 2,50 € par tranche de 10 000 €. L'échéance est débitée par prélèvement automatique le 17 de chaque mois.

1 **Calculez la mensualité assurance comprise.**

2 **Le 17 du mois courant vous constatez que le solde du compte est débiteur de 600 € (l'autorisation de découvert est de 550 €). Que doit faire la banque ?**

3 **Le 1er du mois suivant, le salaire de 1 800 € est versé. Le solde est alors créditeur de 1 200 €. Calculez le solde du compte après le prélèvement de l'échéance en retard et des pénalités appliquées par la banque.**

SOLUTION

1 Mensualité assurance comprise : 456,07 € + 5 = 461,07 €/mois

456,07 = (20 000 × 4,5 % / 12) / (1 – (1 + 4,5 % / 12)$^{-48}$).

2 Le solde du compte ne permet pas le prélèvement de l'échéance à la date prévue au contrat. La banque va donc envoyer un courrier dans lequel elle constatera l'insuffisance de la provision et invitera son client à régulariser sa situation dans les meilleurs délais.

3 La régularisation s'effectue avec le versement du salaire. L'échéance est donc réglée mais avec un retard de 13 jours. La banque va donc facturer des intérêts de retard et des pénalités de retard.

Intérêt de retard : Échéance hors assurance × taux du prêt × nombre de jours de retard / 365 c'est-à-dire : 456,07 × 4,5 % × 13 / 365 = 0,73 €

Pénalités de retard = échéance avec assurance × 8 % ; Pénalités = 461,07 × 8 % = 36,89 €

Au total la banque prélèvera : 37,62 €.

3 ÉNONCÉ

Monsieur et Madame Dégats ont 3 enfants. Ils ont fait construire il y a 5 ans une maison individuelle en empruntant 120 000 € sur 20 ans. Depuis, ils ont accumulé des crédits à la consommation (9 crédits renouvelables). Ils ont de plus en plus de difficultés à honorer leurs échéances : ils ont accumulé 3 retards sur l'échéance de leur crédit immobilier et la banque a déjà dû rejeter des chèques pour défaut de provision. À chaque fois, l'interdiction bancaire a été levée car l'incident a été régularisé. L'autorisation de découvert est systématiquement dépassée et les frais bancaires s'accumulent. L'ensemble des charges et ressources du couple sont indiquées dans le tableau suivant.

Charges	Montant mensuel	Revenus	Montant mensuel
Remboursement prêt immobilier : capital restant du : 98 000 € (taux 5,5 %)	780 €	Monsieur	1 700 €
Crédit consommation Capital restant dû : 41 100 €	1200 €	Madame	800 €
IR	0 €	CAF	300 €
Impôts locaux	120 €		
Assurance (auto, habitation)	80 €		
Charges courantes	850 €		

1 Analysez la situation de ce couple. Quelles sont les conséquences des retards sur le remboursement du crédit immobilier ?

2 Qu'est-ce qu'une situation de surendettement ? Peuvent-ils saisir la commission de surendettement ?

3 Ils envisagent de restructurer l'ensemble de leurs crédits. Ils ont donc contacté une nouvelle banque qui leur propose un prêt sur 28 ans à 6 % (les frais de garantie s'élèvent à 2 500 €). Que faut-il penser de cette proposition ?

SOLUTION

1 L'ensemble des dépenses s'élève à 3 030 € par mois alors que les ressources du ménage sont 2 800 €. Le taux d'endettement atteint 70,7 % [(1 980 / 2 800) × 100] des revenus. Compte tenu des retards, la banque est en droit de facturer des pénalités de retard, ce qui ne va pas manquer d'aggraver la situation et d'inscrire ces clients au FICP.

2 Les clients peuvent donc saisir la commission de surendettement pour demander une suspension temporaire des remboursements. Ils sont en effet en état de surendettement (leurs revenus ne suffisent plus pour faire face à leurs engagements), et de bonne foi. Ce n'est qu'après examen de leur dossier par la commission que sera établi l'état de surendettement.

- Le risque de cette situation est de se voir imposer un plan conventionnel de redressement en contrepartie duquel la commission peut demander la vente d'un bien. Ce plan conventionnel nécessite l'accord des parties (débiteurs et créanciers).
- La seconde solution consiste à ce que la commission recommande un certain nombre de mesures (allongement de la durée de remboursement, réduction de la dette (baisse du taux d'intérêt)…), les communique au juge afin de les rendre exécutoire.
- En troisième lieu, un moratoire d'une durée inférieure à deux ans peut être envisagé.

Enfin, si la situation financière est telle qu'aucune des solutions précédentes ne peut être mise en œuvre, une procédure de rétablissement personnel est alors envisagée.

3 La mise en place d'un plan de restructuration des dettes est étudiée. La dette s'élève à 139 100 €. Il faut ajouter les pénalités de remboursement anticipé (1 semestre d'intérêts au taux du prêt soit 2 695 €) ainsi que les frais de garanties (2 500 €). Au total le nouvel emprunt doit être de 144 295 €.

Le couple décide de répondre favorablement à la proposition d'un prêt de 145 000 € à 6 % hors assurance sur 28 ans. La mensualité sera de 891,93 € compatible avec l'endettement maximum de 33 % (le couple peut consacrer jusqu'à 924 € (2 800 × 33 %) au remboursement de ses crédits.) Le nouveau contrat de prêt proposé par la nouvelle banque comporte une clause qui n'autorise pas le débiteur à souscrire de nouveaux prêts sans l'accord préalable de la banque principale.

42 Les prêts relais et prêts *in fine*

Le prêt relais permet de régler le problème de trésorerie auquel l'acheteur d'un bien immobilier est confronté. En effet, il est assez rare de pouvoir vendre un bien et financer l'achat d'un nouveau logement grâce au produit de la vente simultanément. Il y a nécessairement un décalage dans le temps entre l'achat (une décision rapide s'impose quand plusieurs acheteurs convoitent le même bien) et la vente (il convient de ne pas vendre au rabais le bien qui servira à financer une nouvelle acquisition).

Le prêt *in fine* est principalement utilisé par les investisseurs souhaitant effectuer un ou plusieurs investissements locatifs et étant positionnés sur des tranches d'imposition élevées (30 ou 45 %). Ce prêt permet de financer l'achat d'un bien en ne remboursant pendant toute la durée du prêt que les intérêts et l'assurance. Le capital est remboursé en fin de contrat en une fois. Ce type de prêt est souvent adossé à la souscription d'un contrat d'assurance-vie qui fera l'objet d'un nantissement au profit du créancier.

1 Le prêt relais

Ce prêt permet de financer l'achat d'un bien en attendant la vente d'un autre bien. La banque va avancer sous la forme du prêt relais la somme correspondante (en général entre 70 et 80 % du prix de vente du bien). Le prix est validé par une estimation d'un notaire et/ou d'une ou plusieurs agences immobilières.

A Les caractéristiques

Le prêt est en général de courte durée (entre 6 et 24 mois). La banque ne financera qu'une quotité (entre 50 et 80 %) de la valeur du bien à vendre. Le pourcentage s'appliquera sur le montant du bien vendu déduction faite des éventuels encours de crédit. Cette valeur devra avoir été confirmée par une estimation d'agence immobilière et/ou d'un notaire. Enfin, le prêt pourra s'accommoder soit d'une franchise totale (l'emprunteur n'a alors que le montant de l'assurance à payer), soit d'une franchise partielle (l'emprunteur paie l'assurance et les intérêts). Dans tous les cas de figure, le solde du prêt est remboursé *in fine*, c'est-à-dire au moment où la vente du bien est réalisée.

B Les montages possibles

Montage	Commentaire
Montage 1 : prêt relais seul.	À utiliser lorsque le prix du bien vendu est supérieur au prix du bien acheté.
Montage 2 : prêt relais franchise totale + prêt classique amortissable.	Mensualité : ADI sur prêt relais + annuité (amortissement intérêt et assurance du prêt classique). Le prêt relais est ensuite soldé par le produit de la vente du bien.

›››

Montage	Commentaire
Montage 3 : prêt relais (franchise partielle) + prêt classique (amortissable).	Mensualité = ADI + intérêts du prêt relais + annuité du prêt amortissable. Le prêt relais est ensuite soldé par le produit de la vente du bien.
Montage 4 : Montage 2 ou 3 avec la possibilité d'un différé d'amortissement sur le prêt amortissable.	Mensualité = ADI + intérêts prêt relais + intérêts prêt amortissable. Les charges liées au remboursement des crédits sont allégées pendant la période de vente du bien immobilier.

EXEMPLE

Le bien vendu vaut 550 000 € (il reste un encours de crédit de 120 000 €).

Nature du projet		Financement	
Acquisition immeuble ancien	395 000 €	Apport personnel	27 580 €
Frais de dossier	300 €	Prêt relais (24 mois à 2,1 %)	301 000 €
Garantie (PPD)	1 280 €		
Frais d'agence	15 000 €		
Notaire	27 000 €	Prêt amortissable	
Travaux	100 000 €	(sur 20 ans à 1,9 %)	210 000 €
Total	**538 580 €**	**Total**	**538 580 €**

Montant du prêt relais : 70 % de (valeur du bien vendu – encours de crédit)
soit 70 % (550 000 – 120 000) = 301 000 €.
Coût de l'assurance : 7 € par tranche de 10 000 € empruntés.

Mensualité assurance comprise (€)	Période 1 (de 0 à 24 mois)	Période 2 (du 25ᵉ mois au 240ᵉ mois)
Prêt relais	210,70 € (30,1 x 7)	0,00 €
Prêt amortissable	1 199,44 € (dont 147 € assurance)	1 199,44 €
Total	**1 410,14 €**	**1 199,44 €**

Au terme des 24 mois le client devra rembourser les 301 000 € augmentés des intérêts capitalisés mensuellement au taux de 2,1 % pendant la période d'utilisation du prêt relais, soit :
$301\,000\,(1 + 2{,}1\,\% : 12)^{24} = 313\,899{,}72$ €.

À NOTER

L'exemple traité est celui d'une franchise totale pour le prêt relais : seule l'assurance est due. Les intérêts sont ajoutés au capital emprunté.

ATTENTION

Penser à transformer le taux annuel en taux équivalent mensuel.
Si le client réalise la vente de son bien avant la fin prévue du prêt relais, il pourra rembourser ce dernier par anticipation sans avoir à supporter les indemnités de remboursement anticipé.

2 Le prêt *in fine*

A Les avantages

Le prêt permet de profiter à plein du mécanisme du déficit foncier lié à une opération de défiscalisation. En effet, le montant des intérêts est identique sur toute la période de l'opération alors que ce montant est dégressif avec un prêt amortissable classique. D'autre part, les remboursements mensuels sont plus faibles.

> EXEMPLE
>
> Un investisseur imposé dans la tranche à 41 % souhaite réaliser un investissement locatif en profitant d'une des lois de défiscalisation (voir fiche 26 « *Les produits de défiscalisation* »). Il envisage donc de se porter acquéreur d'un immeuble d'une valeur de 140 000 € financé par un crédit *in fine* sur 12 ans au taux de 1,75 %. Sa mensualité sera composée du montant des intérêts soit [(1,75 % × 140 000 €) / 12] = 204,17 €. Au total sur 12 ans, notre investisseur pourra déduire 29 400 € (204,17 × 144) de ses revenus locatifs au seul titre des intérêts payés. À titre de comparaison, un investissement identique financé par un crédit amortissable sur 12 ans au taux de 1,75 % ne générerait que 15 315 € d'intérêts.

B Les risques

Ce type de montage n'est pas sans risque. Les risques seront naturellement fonction de la façon dont le prêt sera soldé.

Si le prêt est remboursé par la revente du bien, il existe toujours un risque de moins-value sur l'immeuble (vente effectuée dans un contexte de chute des prix dans le secteur immobilier).

Si le prêt est adossé à une assurance-vie dont les fonds devront servir au remboursement du prêt, tout dépendra du rendement du contrat pendant la période. Ce rendement est fonction des orientations des marchés financiers. Il faudrait par exemple verser environ 700 €/mois pendant 12 ans sur un contrat d'assurance-vie rémunéré à 4 % en moyenne et verser un capital initial de 5 000 € pour constituer un capital de 136 519,52 €.

APPLICATIONS

1 ÉNONCÉ

Un client souhaite vous entretenir au sujet d'un projet d'acquisition immobilière. Il voudrait acheter un pavillon d'une valeur de 250 000 €, somme majorée de 1 500 € de frais de notaire. L'acquisition doit être financée par la vente de la résidence principale estimée à 180 000 €. Âgé de 50 ans votre client ne souhaite pas s'endetter sur une trop longue période, et aimerait avoir terminé de rembourser ses emprunts avant 60 ans, date prévisible de son départ à la retraite.

Les conditions pratiquées par votre banque sont les suivantes :

- Prêt relais : maximum 70 % de la valeur du bien vendu.
- Taux du prêt relais : 2 % hors assurance ADI 0,4 %.
- Prêt amortissable classique : 1,4 % fixe sur 10 ans (coût de l'assurance : 0,36 % capital emprunté).

- Taux d'endettement maximum : 33 %.
- Frais de dossier : 1 % capital emprunté avec un maximum de 950 €.
- Revenus du couple : Monsieur : 2 800 €/mois sur 13 mois ; Madame 1 600 €/mois sur 13 mois.
- Apport personnel : 17 000 € en provenance d'un contrat assurance-vie.

Établissez le plan de financement de cette opération et indiquez la faisabilité du projet.

SOLUTION

Acquisition	250 000 €	Crédit relais	180 000 × 70 % = 126 000 €
Notaire	1 500 €	Crédit amortissable	109 450 €
Frais de dossier	950 €	Apport personnel	17 000 €
Total	252 450 €		252 450 €

Mensualité crédit relais (2 ans max)	(126 000 × 2 %)/12 = 210 €/mois Assurance : 42 €/mois Total : 252 €
Mensualité crédit amortissable (10 ans)	982,77 € Assurance : 32,83 €/mois Total : 1 015,6 €
Mensualité totale assurance comprise	1 267,6 €
Capacité d'emprunt	33 % (2 800 × 13 + 1 600 × 13) = 18 876 € Soit 1 573 €/mois

La mensualité est inférieure à la capacité de remboursement. Le projet est donc faisable. Il n'est pas nécessaire d'envisager une franchise totale d'intérêts pour le prêt relais.

2 ENTRAÎNEMENT À LA CERTIFICATION AMF

1 Le champ d'application du Règlement dit « abus de marché » inclut les instruments financiers négociés sur :

☐ **a.** les marchés financiers exclusivement.
☐ **b.** les marchés financiers exclusivement et les systèmes multilatéraux de négociation.
☐ **c.** tout type de marché et tout type de comportement ou d'action susceptible d'avoir un effet sur un Instrument financier.

2 Une personne qui vend ou achète des titres d'une société cotée, pour elle-même ou pour un tiers, car elle a eu connaissance d'une information encore confidentielle grâce à sa profession, réalise :

☐ **a.** une diffusion de fausse information.
☐ **b.** une manipulation de cours.
☐ **c.** un délit d'initié.

3 Le market timing est l'opération qui consiste à :

☐ **a.** tirer profit d'un décalage entre la valeur comptable et la valeur de marché d'un fonds.
☐ **b.** transmettre un ordre après l'heure limite inscrite sur le prospectus.
☐ **c.** fermer le marché à la clôture.

4 Quel objectif poursuit, notamment, la réglementation « abus de marché » ?
☐ **a.** Assurer l'intégrité des marchés.
☐ **b.** Assurer la liquidité des marchés.
☐ **c.** Préserver la volatilité des marchés.

5 Quelle proposition, parmi les suivantes, est une manipulation de marché ?
☐ **a.** Les opérations d'initiés.
☐ **b.** La diffusion de fausses informations.
☐ **c.** La mise en place d'une convention de liquidité conclue avec un prestataire.

6 Le démarchage financier est interdit pour :
☐ **a.** les actions.
☐ **b.** les obligations.
☐ **c.** les warrants.

7 La mise en œuvre du droit de rétractation impose au client :
☐ **a.** d'indiquer ses motifs.
☐ **b.** de payer le prix correspondant à l'utilisation du produit ou du service financier fourni prorata temporis, sans motif ni pénalité.
☐ **c.** les deux.

8 Quel est le délai de rétractation dont dispose un client qui aurait signé un contrat d'ouverture de compte de dépôt à la suite d'une action de démarchage à domicile ?
☐ **a.** 7 jours.
☐ **b.** 14 jours.
☐ **c.** 30 jours.

9 Qui définit dans MIF 2, la cible d'un produit financier ?
☐ **a.** Le producteur.
☐ **b.** Le distributeur.
☐ **c.** Le conservateur.

10 Qu'est-ce que le DICI - document d'information clé pour l'investisseur ?
☐ **a.** Un document promotionnel simple remis aux investisseurs potentiels.
☐ **b.** Un document pré-contractuel qui doit être remis à l'investisseur préalablement à sa souscription.
☐ **c.** Le document descriptif d'un OPCVM produit par l'AMF.

SOLUTION

1c - 2c - 3a - 4a - 5b - 6c - 7b - 8b - 9a - 10b.

Partie 6

LES MARCHÉS FINANCIERS

43 L'organisation des marchés financiers

Les marchés financiers ont comme mission principale de participer au financement de l'économie, c'est-à-dire d'organiser la rencontre entre les agents à besoin de financement (investissement des entreprises, financement de la dette de l'État) et ceux à capacité de financement (habituellement les ménages). Le marché est un lieu d'échange sur lequel l'épargnant doit pouvoir être assuré de retrouver la liquidité de ses avoirs en cas de nécessité en vendant ses valeurs mobilières.

1 La structure des marchés financiers

A La typologie des marchés

On distingue habituellement les marchés réglementés des marchés non réglementés mais cependant organisés.

Un marché réglementé est un marché organisé (centralisé) et supervisé par une autorité de contrôle. En France, les marchés réglementés sont gérés par Euronext et sont caractérisés par l'existence d'infrastructures de marché comme :

- une plateforme de négociation (UTP = *Universal Trading Plateform*) : elle centralise et transmet l'ordre au marché ;
- une chambre de compensation : elle garantit que les acheteurs seront livrés et les vendeurs payés dans les délais prévus par les règles de fonctionnement du marché. Une chambre de compensation intervient comme une contrepartie centrale qui s'interpose entre le vendeur et l'acheteur ;
- un dépositaire central dont le rôle est d'enregistrer, de conserver et d'assurer l'échange des titres financiers grâce au système de règlement/livraison.

À l'inverse, sur les marchés non réglementés, les échanges sont décentralisés et gérés par des systèmes multilatéraux de négociation (SMN). Ces marchés permettent d'accueillir et de coter des valeurs de petites et moyennes entreprises qui ne remplissent pas les conditions pour accéder au marché réglementé.

On trouve également des marchés de gré à gré (OTC) avec absence de chambre de compensation (on parle d'échanges bilatéraux). Ils concernent principalement le marché des changes, le marché obligataire et le marché des produits dérivés.

B Les marchés de la place financière de Paris

1 • Les marchés réglementés

Les marchés réglementés gérés par Euronext le sont au sens de la directive MIF. L'organisation est identique sur les 6 marchés européens : les mêmes règles concernent aussi bien l'admission des valeurs, la négociation (même plateforme de négociation : UTP – *Universal Trading Plateform*), la compensation et le processus de règlement/livraison des titres. Enfin, les valeurs sont classées en 3 compartiments comme indiqué ci-après.

Compartiment A	Sociétés dont la capitalisation est supérieure à 1 milliard €
Compartiment B	Sociétés dont la capitalisation est comprise entre 150 millions € et 1 milliard €
Compartiment C	Sociétés dont la capitalisation est inférieure à 150 millions €

2 • *Les marchés non réglementés*

- **Euronext Growth** (Alternext jusqu'en 2017) **:** marché qui accueille des établissements de taille intermédiaire (ETI), des *scale-up* (entreprises ayant dépassé le stade de la *start-up* et en forte croissance) et enfin des petites et moyennes entreprises.
- **Euronext Access** (ex marché libre) **:** marché ouvert à toutes les entreprises souhaitant lever des capitaux et qui ne remplissent pas les conditions d'accès au marché réglementé.

En définitive, Euronext gère 5 marchés de titres et 4 marchés de dérivés.

3 • *Les internalisateurs systématiques*

Ce sont des prestataires de services d'investissement (PSI) qui exécutent des ordres de gré à gré en se portant contrepartie en compte propre.

2 Le rôle des différents acteurs

Intervenants	Rôle
Autorité des marchés financiers (depuis 2003) succédant à : la commission des opérations de bourse (COB), au conseil des marchés financiers (CMF) et au conseil de discipline de la gestion financière (CDGF)	▸ Régule les marchés. ▸ Protège l'épargne investie. ▸ Informe les investisseurs. ▸ Veille à la transparence des marchés. ▸ Sanctionne les infractions (délits d'initié, manipulations de cours…). ▸ Autorise la création des OPCVM (vérifie le contenu des prospectus à destination des clients).
Euronext SA	▸ Instruit et prononce l'admission des sociétés à la cote. ▸ Permet la cotation des valeurs en gérant le système central de cotation. ▸ Facilite la négociation. ▸ Favorise la diffusion de l'information (gage de transparence du marché).
Euroclear	C'est une société filiale à 100 % d'Euronext dont le rôle est de procéder au règlement et à la livraison des titres et de conserver les titres.

3 Le cheminement d'un ordre de bourse

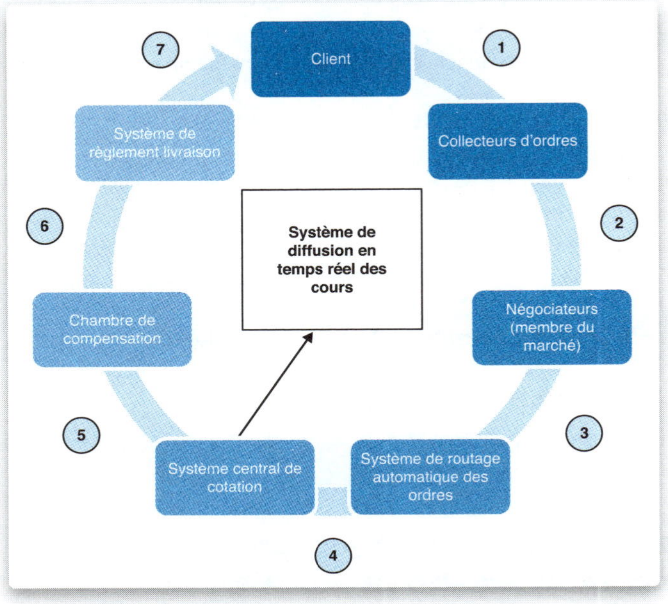

Étape	Explications
①	Le client transmet un ordre d'achat ou de vente à son établissement de crédit ou courtier qui assume la fonction de collecteur d'ordres. Les collecteurs ne sont pas membres du marché.
②	Les collecteurs transmettent ensuite aux négociateurs (membre du marché) seuls habilités à transmettre des ordres sur le marché. Les négociateurs peuvent ouvrir des comptes au nom de leurs clients, recevoir et conserver titres et espèces.
③	Les ordres sont ensuite acheminés *via* un système de routage automatique vers le système central de cotation.
④	Le système de cotation diffuse ensuite l'information en temps réel *via* des professionnels de l'information (Bloomberg, Reuters…).
⑤	L'ordre parvient ensuite à la chambre de compensation (LCH Clearnet). Il s'agit d'un établissement de crédit qui agit comme une interface entre le vendeur et l'acheteur. Cet établissement garantit au vendeur qu'il recevra ses liquidités et à l'acheteur qu'il sera bien livré de ses titres. C'est LCH Clearnet qui assume le risque de défaillance de l'une ou l'autre des parties. Cette fonction est rémunérée par une commission de compensation. C'est un élément clé de la sécurité du marché.
⑥	Une fois la compensation assurée, il convient d'effectuer le règlement et livraison des titres. Cette opération est réalisée par la société Euroclear à J + 3 après passage en chambre de compensation.
⑦	Le client va dans un premier temps voir son compte espèces crédité (cas d'une vente de titres) ou débité (cas d'un achat). Simultanément, le compte titre est symétriquement débité (vente de titres) ou crédité (achat de titres). Dans un second temps (J + 7), le client reçoit un avis d'opéré qui détaille le contenu de la transaction (achat ou vente, montant brut, montant des commissions, de la TVA et enfin montant net sur le compte).

44 La cotation et le fonctionnement des marchés

Depuis 1986, la bourse s'est considérablement modernisée. On est ainsi passé de la « Corbeille » du palais Brongniart à la cotation assistée en continu (CAC). On distingue deux groupes de cotation (continu et fixing) et deux modes de règlement des transactions : règlement au comptant qui est la règle ou le règlement différé (mécanisme du SRD).

1 Les horaires de cotation et les règles de réservation

Il existe deux groupes de cotation : la cotation en continu et le *fixing*.

A La cotation en continu

1 • La préouverture du marché : 7 h 15 à 9 h 00

Les ordres passés depuis la fermeture de la veille sont saisis, ce qui permet de calculer un cours d'ouverture théorique. Aucune transaction n'est effectuée à ce stade.

Le cours d'ouverture doit être compris entre + et – 10 % du cours de référence (en général le dernier cours côté). Si tel n'est pas le cas la valeur est réservée pendant 5 minutes. L'ouverture de la séance est décalée d'autant. Une valeur sera réservée à la hausse ou à la baisse dès lors qu'il est impossible d'ajuster l'offre à la demande. Euronext a donc défini des marges de fluctuation autorisée autour du cours de référence (+/– 10 %) pour les seuils statiques et +/– 2 % pour les seuils dynamiques en cas de réservation.

> EXEMPLE
> Dernier cours action Z : 62 €.
> Cours de référence : 62 €.
> Le premier cours doit être compris entre 55,80 € et 68,20 €.
> Si le cours théorique d'ouverture se situe à 70 €, la valeur est réservée à la hausse 5 minutes. Les nouveaux seuils statiques sont définis par rapport au seuil de 68,20 € (limite supérieure de l'intervalle précédent). Les nouveaux seuils deviennent : 61,38 € et 75,02 €.
> Dans le cas d'une réservation à la baisse, c'est à partir de la limite inférieure du premier intervalle que se calculent les nouveaux seuils statiques.

2 • La séance de cotation : 9 h 01 à 17 h 30

Les transactions ont lieu et la cotation se poursuit en continu tant que les seuils statiques et dynamiques de réservation sont respectés.

Pour mieux contrôler la volatilité des cours, Euronext a créé des seuils dynamiques qui s'emboîtent à l'intérieur des seuils statiques. Chaque nouveau cours devient cours de référence qui permet de déterminer les nouveaux seuils dynamiques.

EXEMPLE

Cours de référence : 62 € : les seuils statiques sont alors : [55,8 ; 68,2].
Seuils dynamiques : 62 – 2 % = 60 76 ; 62 + 2 % = 63,24.
Si le cours devient 63 € alors les seuils statiques restent inchangés alors que les seuils dynamiques deviennent :
63 – 2 % = 61, 74 €.
63 + 2 % = 64,26 €.

3 • La préclôture : 17 h 30-17 h 35

Plus aucune transaction : les ordres sont centralisés.

4 • La clôture : 17 h 35

5 • Négociation au dernier prix : 17 h 35 - 17 h 40

Si des contreparties existent, les ordres sont exécutés au dernier cours.

B Le *fixing*

Une pré-ouverture se déroule à 7 h 15 : les ordres s'accumulent dans le carnet d'ordres. Un premier *fixing* intervient à 11 h 30, un second à 16 h 30 : négociation au dernier cours entre 11 h 30 et 15 heures pour le *fixing* de 11 h 30 et entre 16 h 30 et 17 h 30 pour le *fixing* de 16 h 30.

2 Le cours d'une action

Le calcul du cours résulte de la confrontation entre l'offre et la demande sur le marché. Les transactions se feront au prix qui permet le plus grand nombre d'échanges.

Achat			Vente		
Quantité	Prix	Cumul	Quantité	Prix	Cumul
10	18	10	5	13	5
15	17	25	12	14	17
5	16	30	32	**15**	**49**
20	15	**50**	**17**	16	66

Le prix d'équilibre sera ici de 15 €. En effet, à ce prix 50 actions sont demandées et 49 sont offertes. Il y aura donc 49 actions d'échangées au prix de 15 € qui devient le *fixing* d'ouverture.

3 Le service à règlement différé

A Définition

La négociation au comptant est de rigueur sur tous les marchés depuis le 25 septembre 2000. Le transfert de propriété des titres échangés s'effectue le jour de la négociation alors que le règlement/livraison est à J+3. Cependant, une exception à cette règle du comptant existe : il s'agit du règlement différé. Toutes les valeurs ne peuvent profiter de ce système. En effet, seules les valeurs appartenant à l'indice SBF 120, dont la capitalisation boursière est supérieure à 1 milliard d'euros et dont le volume de transactions journalier est supérieur à 1 million d'euros peuvent bénéficier du règlement différé.

Le règlement des titres acquis au SRD s'effectue le dernier jour ouvré du mois civil.

B SRD et couverture financière

Le SRD est un mécanisme de crédit. Il permet d'acheter des titres pendant le mois boursier en effectuant le règlement non pas au comptant mais le dernier jour ouvré du mois. Cependant, pour profiter de ce mécanisme, l'investisseur doit disposer d'une couverture financière préalable dont le montant, variable, dépend de la nature des actifs détenus. Par ailleurs, l'investisseur devra s'acquitter de la commission de règlement différé (CRD).

Nature des actifs en portefeuille	Couverture financière	Effet de levier autorisé
Liquidité, OPCVM monétaires	20 % au minimum	5 fois la valeur des actifs détenus
Obligations ou OPCVM obligataires	25 %	4 fois la valeur des actifs détenus
Actions françaises ou OPCVM actions	40 %	2,5 fois la valeur des actifs détenus

EXEMPLE

Un portefeuille de 10 000 € avec 1 000 € de liquidités, 5 000 € d'obligations et 4 000 € d'actions permet un investissement maximum de : 1 000 × 5 + 5 000 × 4 + 4 000 × 2,5 = 35 000 €. Au total, l'effet de levier est de 3,5.

En cas de perte, la couverture va devenir insuffisante dans la mesure où les liquidités seront amputées du montant de la perte. L'investisseur devra alors réinjecter des liquidités ou vendre des titres pour retrouver le niveau de couverture minimal exigé par l'intermédiaire qui accorde le crédit.

À l'inverse, en cas de gain, le SRD permet d'encaisser la plus-value sans avoir eu besoin de décaisser la totalité de l'achat.

Au moment de la liquidation, l'investisseur peut :

- lever les titres, c'est-à-dire effectuer le règlement et prendre possession des titres ;
- reporter sa position sur le mois suivant. Le cours a pu baisser entre le jour d'achat et la liquidation. Dans ce cas, l'investisseur ne réglera ces titres qu'à la fin du mois suivant. Cette possibilité vient augmenter les frais de courtage du montant du coût du report.

REMARQUE

Les opérations de report sont comptabilisées comme une cession au cours de compensation. En effet, reporter sa position revient à acheter puis à revendre immédiatement les titres à un cours dit de compensation.

APPLICATION

ÉNONCÉ

Vous disposez des informations suivantes sur le titre BNP PARIBAS (voir tableau) :

1 **Comment a évolué le cours de l'action entre le 2 janvier N+1 et le 21 février N+1 ?**

2 **Quelles indications donnent la statistique sur les volumes échangés ?**

3 **Complétez le tableau suivant.**

Critères	Données le 21 février N+1	Signification
Code ISIN	FR0000131104	
Volumes échangés	1 671 283	
Valorisation	69 832,15 millions EUR	
Nombre de titres	1 247 002 653	
Marché	Eurolist Compartiment A	
Place de cotation	NYSE Euronext Paris	
Éligibilité PEA/SRD	OUI / OUI	
Dernier coupon	2,31 € (2 juin N)	
PER N PER N+1	9,18 9,2	
BNPA (bénéfice net par action) N N+1	 6,08 € 6,06 €	
Rendement N N+1	 4,84 % 5,01 %	
Cours de l'action le 21/02/N+1	56,15 €	
Cours de l'action le 02/01/N+1	60,35 €	

SOLUTION

Les volumes échangés permettent de caractériser la liquidité d'une valeur. Les valeurs du SRD sont en effet les valeurs les plus liquides ; ce qui est loin d'être le cas pour certaines valeurs appartenant à d'autres compartiments.

Critères	Données le 21 février N+1	Signification
Code ISIN	FR0000131104	Il s'agit d'un code d'identification de la valeur. Cette dernière peut être recherchée grâce à son code ou son nom.
Volumes échangés	1 671 283	Nombre de titres échangés pendant la journée de cotation. C'est un indicateur de la liquidité d'un titre (capacité à être échangé rapidement sur le marché).

›››

〉〉〉

Critères	Données le 21 février N+1	Signification
Valorisation	69 832,15 millions EUR	C'est la capitalisation boursière, c'est à dire ce que vaut l'entreprise compte tenu du cours de l'action et du nombre d'actions en circulation : cours × nombre de titres.
Nombres de titres	1 247 002 653	Il s'agit de l'ensemble des titres composant le capital de l'entreprise.
Marché	Eurolist Compartiment A	BNP PARIBAS fait partie des plus grosses capitalisations de la place de Paris (plus d'1 milliard d'euros de capitalisation).
Place de cotation	NYSE Euronext Paris	Lieu où l'entreprise est cotée et où les échanges s'effectuent.
Éligibilité PEA/ SRD	OUI/OUI	L'action peut être détenue dans un plan d'épargne en actions. Elle peut également faire l'objet d'un règlement différé lors de son acquisition, sous réserve que l'acheteur remplisse les conditions de couverture financière (voir fiche précédente).
Dernier coupon	2,31 € (2 juin N)	Un dividende de 2,31 € par action a été distribué le 2 juin dernier.
PER N PER N+1	9,18 9,2	***Price Earning Ratio :*** **Cours de bourse / bénéfice net par action** Le PER est le reflet des anticipations de croissance des bénéfices. Les cours des titres incorporent les anticipations de profit des investisseurs. D'une manière générale, plus le PER est faible, plus l'action est bon marché (signal d'achat). À l'inverse, un PER élevé indiquera un signal de vente pour encaisser une plus-value sur un titre dont la société est en croissance ou vente par anticipation de la chute du cours (un PER élevé peut être le résultat d'une chute des bénéfices).
BNPA N N+1	 6,08 € 6,06 €	▸ Bénéfice / nombre d'actions de la société. ▸ Le bénéfice par action attendu en N+1 est stable.
Rendement N N+1	 4,84 % 5,01 %	▸ Dividende / Cours de l'action. ▸ Un rendement élevé, résultat d'un dividende élevé, constitue un signe d'achat. ▸ Un rendement élevé peut aussi être provoqué par une baisse du cours de l'action, reflétant des anticipations défavorables sur le titre en raison de difficultés qui pourraient conduire à un rendement nul en l'absence de bénéfices.
Cours de l'action le 21/02/N+1	56,15 €	L'action a baissé de 6,95 % depuis le début de l'année N.
Cours de l'action le 02/01/N+1	60,35 €	

45 Les ordres de bourse

Il existe plusieurs types d'ordre de bourse. Le choix se fera en fonction de la priorité de l'investisseur entre la rapidité d'exécution, le prix et la quantité. Il est impossible de satisfaire ces trois critères simultanément

Préalablement au passage d'un ordre, il convient de lire attentivement le carnet d'ordre. Le carnet d'ordre indique les 5 meilleures offres (vente) et les 5 meilleures demandes (achat) sur le marché.

EXEMPLE

Achat			Vente			Dernières transactions		
Nombre d'ordres	Quantité	Prix	Nombre d'ordres	Quantité	Prix	Heure	Quantité	Prix
3	278	89,53	1	45	89,6	10 h 54	16	89,53
1	72	89,5	2	107	89,7	10 h 54	15	89,60
1	91	89,48	3	528	89,75	10 h 54	23	89,53
2	301	89,46	1	70	89,78	10 h 54	18	89,53
3	103	89,45	1	16	89,79	10 h 53	355	89,63

1 Les ordres de bourse

Un ordre de bourse doit préciser :

- le nom de la valeur ou son code ISIN ;
- sa nature (cours limité, au marché, à la meilleure limite, à déclenchement) ;
- le sens : achat ou vente ;
- la quantité ;
- une durée de validité (un jour, à révocation (dernier jour du mois pour les valeurs hors SRD, jour de liquidation du mois boursier pour les valeurs admises au SRD), à une date fixée sans pouvoir aller au-delà de la liquidation (SRD) ou de la fin du mois).

L'exécution d'un ordre repose sur trois contraintes : le prix, la quantité et le délai d'exécution. Il n'est pas possible d'atteindre ces trois critères en même temps. Ainsi, le libellé de l'ordre va dépendre des priorités.

Si la priorité est le prix : ordre à cours limité.

Si la priorité est la quantité : ordre au marché.

Si la priorité est la rapidité d'exécution, il conviendra de **retenir un ordre au marché.**

A L'ordre à cours limité en séance

En reprenant le carnet d'ordre ci-dessus, voyons ce qui se passe si un ordre d'achat de 300 titres à cours limité de 89,75 € arrive à 10 h 55. Cet ordre vient se placer en tête des ordres d'achat puisque c'est la meilleure demande sur le marché. Comme il existe une contrepartie (des vendeurs acceptent de vendre à un cours inférieur ou égal à la limite fixée par l'acheteur), la transaction va pouvoir se dénouer.

- 45 titres seront cédés à 89,6.
- 107 titres à 89,7.
- 148 titres à 89,75.

Le carnet d'ordre devient alors :

Achat			Vente			Dernières transactions		
Nombre d'ordres	Quantité	Prix	Nombre d'ordres	Quantité	Prix	Heure	Quantité	Prix
3	278	89,53	3	380	89,75	**10 h 55**	**45**	**89,6**
1	72	89,5	1	70	89,78	**10 h 55**	**107**	**89,7**
1	91	89,48	1	16	89,79	**10 h 55**	**148**	**89,75**
2	301	89,46				10 h 54	16	89,53
3	103	89,45				10 h 54	15	89,60

B L'ordre à la meilleure limite

On considère toujours le même carnet d'ordre que celui utilisé initialement. À 10 h 55, un ordre d'achat de 100 titres à la meilleure limite arrive sur le marché.

Achat			Vente			Dernières transactions		
Nombre d'ordres	Quantité	Prix	Nombre d'ordres	Quantité	Prix	Heure	Quantité	Prix
1	**100**	**AML**	1	45	89,6	10 h 54	16	89,53
3	278	89,53	1	107	89,7	10 h 54	15	89,60
1	72	89,5	2	528	89,75	10 h 54	23	89,53
1	91	89,48	3	70	89,78	10 h 54	18	89,53
2	301	89,46	1	16	89,79	10 h 53	355	89,63

L'ordre est exécuté pour 45 actions à 89,60 €. Cet ordre est alors transformé en ordre à cours limité au prix de la dernière transaction. Le carnet d'ordre devient alors :

Achat			Vente			Dernières transactions		
Nombre d'ordres	Quantité	Prix	Nombre d'ordres	Quantité	Prix	Heure	Quantité	Prix
1	**55**	**89,6**	1	107	89,7	**10 h 55**	**45**	**89,6**
3	278	89,53	2	528	89,75	10 h 54	16	89,53
1	72	89,5	3	70	89,78	10 h 54	15	89,60

Achat			Vente			Dernières transactions		
Nombre d'ordres	Quantité	Prix	Nombre d'ordres	Quantité	Prix	Heure	Quantité	Prix
1	91	89,48	1	16	89,79	10 h 54	23	89,53
2	301	89,46				10 h 54	18	89,53

Les ordres à la meilleure limite sont exécutés après les ordres au marché et les ordres limités à des cours plus élevés. L'ordre, n'ayant pas été servi totalement, reste pour le solde (soit 55 actions) dans le carnet d'ordre.

C L'ordre au marché

Achat			Vente			Dernières transactions		
Nombre d'ordres	Quantité	Prix	Nombre d'ordres	Quantité	Prix	Heure	Quantité	Prix
1	**800**	**MO**	1	45	89,6	10 h 54	16	89,53
3	278	89,53	2	107	89,7	10 h 54	15	89,60
1	72	89,5	3	528	89,75	10 h 54	23	89,53
1	91	89,48	1	70	89,78	10 h 54	18	89,53
2	301	89,46	1	16	89,79	10 h 53	355	89,63

Cet ordre est exécuté en totalité au fixing dès lors que la contrepartie existe. En séance, l'ordre sera exécuté totalement ou partiellement selon les quantités disponibles sur le marché.

EXEMPLE

Achat de 800 actions au marché. L'ordre va s'afficher dans le carnet avec la mention « MO » pour « *market order* ».

Le carnet devient :

Achat			Vente			Dernières transactions		
Nombre d'ordres	Quantité	Prix	Nombre d'ordres	Quantité	Prix	Heure	Quantité	Prix
1	**34**	**MO**				10 h 55	45	89,6
3	278	89,53				10 h 55	107	89,7
1	72	89,5				10 h 55	528	89,75
1	91	89,48				10 h 55	70	89,78
2	301	89,46				10 h 55	16	89,79

Comme la quantité à la vente n'était pas suffisante, il reste 34 actions. Si la quantité avait été suffisante, l'ordre aurait totalement disparu de la feuille de marché.

D Les ordres à déclenchement

À la différence des ordres présentés précédemment, ces ordres (qu'il s'agisse des ordres à seuil ou à plage de déclenchement) n'apparaissent pas dans le carnet d'ordre.

1 • Seuil de déclenchement

Un ordre d'achat à seuil de déclenchement devra d'abord être accepté par le système de cotation. Ce sera le cas si le seuil de déclenchement retenu est supérieur au cours de la dernière transaction. L'ordre sera ensuite exécuté après que le système ait enregistré une transaction à un cours égal au seuil. Dès que le seuil est atteint, l'ordre est déclenché et exécuté comme un ordre au marché.

Un client veut acheter 150 titres à partir de 89,65 €. L'ordre sera exécuté après qu'une transaction à 89,65 ait été effectuée.

Achat			Vente			Dernières transactions		
Nombre d'ordres	Quantité	Prix	Nombre d'ordres	Quantité	Prix	Heure	Quantité	Prix
1	50	89,65	1	**45**	**89,6**	10 h 54	16	89,53
3	278	89,53	2	107	89,7	10 h 54	15	89,60
1	72	89,5	3	528	89,75	10 h 54	23	89,53
1	91	89,48	1	70	89,78	10 h 54	18	89,53
2	301	89,46	1	16	89,79	10 h 53	355	89,63

À 10 h 55, un ordre d'achat de 50 titres à 89,65 € est passé. La feuille devient :

Achat			Vente			Dernières transactions		
Nombre d'ordres	Quantité	Prix	Nombre d'ordres	Quantité	Prix	Heure	Quantité	Prix
1	**5**	**89,65**	2	107	89,7	**10 h 55**	**45**	**89,6**
3	278	89,53	3	528	89,75	10 h 54	16	89,53
1	72	89,5	1	70	89,78	10 h 54	15	89,60
1	91	89,48	1	16	89,79	10 h 54	23	89,53
2	301	89,46				10 h 54	18	89,53

L'ordre à seuil de déclenchement est alors activé et sera exécuté pour 107 titres à 89,70 € et 43 titres à 89,75 €.

2 • L'ordre à plage de déclenchement

Pour atténuer les risques des ordres à seuil de déclenchement, les ordres à plage de déclenchement comportent un cours maximum à ne pas dépasser à l'achat et un cours minimum à la vente. Dès que la plage est atteinte, l'ordre est déclenché et exécuté comme un ordre à cours limité.

291

3 • Ordre au dernier cours

Cet ordre concerne les valeurs les plus liquides et sera exécuté entre 17 h 35 et 17 h 40 au *fixing* de clôture.

2 Synthèse : avantages et inconvénients des différents ordres de bourse

Types d'ordre	Avantages	Inconvénients	Illustration
À cours limité	Maîtrise du prix	▸ Ordre non prioritaire ▸ Exécution aléatoire, partielle. Un cours limité atteint mais non exécuté est dit à cours touché	Dans notre exemple, le cours moyen des 300 actions est de 89,71 € (ordre à cours limité 89,75 €).
À la meilleure limite	Simplicité, rapidité d'exécution	▸ Faible contrôle du prix en séance ▸ Non prioritaire ▸ Risque d'exécution fractionné	45 titres sur 100 demandés obtenus à 89,6.
Au marché	Ordre prioritaire Simplicité	▸ Pas de maîtrise du prix ▸ Risque de fractionnement	Prix moyen d'achat 89,73 € pour 766 actions sur 800 demandées.
À seuil de déclenchement	▸ Évite une surveillance quotidienne des valeurs ▸ Permet de se prémunir d'une baisse brutale ▸ Permet de profiter des mouvements haussiers du marché	▸ Pas de maîtrise du prix ▸ Risque de non-exécution si le seuil n'est pas atteint	Voir page précédente.
À plage de déclenchement	▸ Maîtrise prix moyen (une fourchette de prix est déterminée) ▸ Un ordre à plage permet également de protéger une plus-value	Non prioritaire	

3 Les frais liés au passage d'un ordre

À l'occasion du passage d'un ordre de bourse, l'intermédiaire va prélever une commission (généralement un pourcentage sur le montant de la transaction) tant à l'achat qu'à la vente. Ainsi, le prix de revient s'obtiendra en ajoutant au prix d'achat sur le marché le coût de la transaction. À l'inverse, le prix net d'une vente résultera de la différence entre le prix de vente et la commission perçue par l'intermédiaire.

APPLICATION

ÉNONCÉ

Vous disposez de la feuille de marché suivante à 16 h 14 :

Achat		Vente		Derniére transaction
Quantité	Prix	Quantité	Prix	16 h 13 25,50 € 600 actions
300	25,5	200	25,51	
600	25,49	100	25,52	
100	25,48	84	25,53	
72	25,47	42	25,54	
86	25,46	36	25,55	

et de la feuille de marché suivante à 16 h 21 :

Achat		Vente		Derniére transaction
Quantité	Prix	Quantité	Prix	16 h 20 25,49 € 520 actions
256	25,45	145	25,5	
210	25,47	269	25,51	
100	25,46	254	25,53	
365	25,43	658	25,54	
42	25,42	92	25,55	

1 Vous souhaitez acheter 250 actions sans dépasser le prix de 25,50 €. Compte tenu de la feuille de marché, votre ordre sera t-il exécuté à 16 h 14 ?

2 Que va t-il se produire à 16 h 20 ? Quel type d'ordre vous faut-il passer pour ne pas dépasser le cours de 25,50 € ?

3 Comment pourriez-vous faire pour obtenir la quantité souhaitée ?

SOLUTION

1 L'ordre ne pourra pas être exécuté : il y a d'autres ordres prioritaires à 25,50 € et il n'y a pas la contrepartie suffisante sur le marché à 16 h 14.

2 À 16 h 20, votre ordre d'achat à 25,50 € est la meilleure demande sur le marché. Il y a 145 titres en vente à 25,50 €. Pour maîtriser le prix il faut passer un ordre à cours limité. Dès lors, 145 actions seront achetées à 25,50 €. Il restera 105 actions à acheter.

3 Un ordre d'achat au prix du marché permettra (selon les quantités disponibles) d'obtenir le nombre de titres voulu. Ainsi 145 titres seront achetés à 25,50 € et 105 titres à 25,51 €.

46 Les actions et opérations sur actions

Une action est une fraction du capital social d'une société de capitaux (société anonyme, société en commandite par action).

1 Les caractéristiques d'une action

- Une action est avant tout caractérisée par **une valeur nominale égale au montant du capital de la société rapporté au nombre d'actions émises**. La valeur d'émission à la valeur nominale est dite au pair, dans le cas contraire les actions peuvent être émises avec une prime d'émission.
- Les actions sont dites au porteur lorsque l'identité de l'actionnaire est connue par l'établissement teneur du compte titre ou nominative lorsque cette même identité est connue de la société émettrice.

2 Les droits des actionnaires

Droits	De vote	Une action = un vote (certaines actions procurent des droits de vote double).
	De regard sur la gestion	Les actionnaires ont la possibilité d'interroger par écrit la direction à l'occasion des assemblées générales et de se faire communiquer les documents relatifs à la situation financière de l'entreprise (bilan, compte de résultats).
	De rémunération	Les entreprises peuvent redistribuer une partie de leurs bénéfices sous la forme d'un dividende. La politique des entreprises se mesure en calculant le taux de distribution (dividendes / bénéfices nets). Le dividende est imposé au titre de l'IR après abattement de 40 %.
	De cession	L'actionnaire a la possibilité d'effectuer une donation de titre ou de vendre l'action. Dans ce cas, il peut réaliser une plus-value ou une moins-value (voir fiche 23 sur les revenus des capitaux mobiliers).
	Sur actif net de la société	En cas de liquidation de la société, les actionnaires se partagent proportionnellement au nombre d'actions détenues l'actif net de la société, actif après règlement des dettes (bas de bilan).
	De souscription	À l'occasion d'une augmentation de capital à titre onéreux, l'actionnaire est prioritaire pour acquérir les nouvelles actions émises. Pour exercer ce droit, il dispose d'un droit de souscription dont la particularité est qu'il peut être vendu sur le marché.
	D'attribution	À l'occasion d'une augmentation de capital par incorporation des réserves, l'actionnaire a la possibilité de recevoir des actions gratuites.

3 Les opérations sur action

Nature des opérations	Analyse
La division du nominal *(Split)*	Elle consiste à diviser la valeur boursière du titre, du dividende et des droits de vote dans les mêmes proportions. Exemple : division par 2 le 13/06/200N du nominal de l'action alpha (5,50 € pour un total de titres de 241 602 846). ▸ **Avantages :** rendre le titre plus accessible et élargir l'actionnariat en baissant sa valeur unitaire. Le titre devient plus liquide. ▸ **Inconvénient :** Coût pour l'entreprise.
L'attribution gratuite d'action	Elle intervient à l'occasion d'une augmentation de capital par intégration des réserves. Exemple : alpha (12 06 200N), 1 action nouvelle pour 10 actions anciennes. Si je dispose de 85 actions, je recevrai alors 8 actions gratuites (8 × 10) et pour le solde des 5 actions des droits d'attribution que je peux céder sur le marché. L'actionnaire peut également choisir d'acquérir d'autres droits pour se voir attribuer une neuvième action gratuite. ▸ **Avantages :** plus grande liquidité du titre (augmentation du nombre d'actions en circulation), gain pour l'actionnaire si l'entreprise ne modifie sa politique de distribution du dividende. Droit d'attribution = Cours action × ratio d'échange. Si une action nouvelle est attribuée pour 10 anciennes et que l'action côte 110 € alors le droit d'attribution est égal à $110 \times (1/10+1) = 10$, le nouveau cours est alors : $110 - 10 = 100$ €. ▸ **Inconvénient :** la gratuité n'est qu'apparente (simple jeu d'écriture comptable).
Le rachat d'action (réduction du capital)	Une société rachète ses propres titres pour les annuler. Cette procédure doit être visée par l'AMF. Cette opération permet de profiter de l'effet relutif (diminution du PER, augmentation du bénéfice net par action : l'action devient moins chère donc plus attractive). Elle permet également de constituer une réserve de titres dans la perspective d'une acquisition par offre publique d'échange (OPE).
Les offres publiques	▸ **OPA (offre publique d'achat) :** procédure qui consiste à rendre publique l'intention pour une personne morale d'acquérir tout ou partie du capital d'une société. ▸ **OPE (offre publique d'échange) :** procédure qui consiste à proposer ses propres titres en échange des titres de la société cible. ▸ **OPR (offre publique de retrait) :** l'actionnaire de référence propose le rachat de toutes les actions détenues par les actionnaires minoritaires.

PIÈGE À ÉVITER

Ne pas confondre le nominal d'une action (valeur faciale purement théorique) et la valeur boursière.

4 Les indices boursiers

Le souci d'une plus grande lisibilité était déjà à l'origine de la définition de nouveaux indices en 2005. La réforme engagée par Euronext voulait également satisfaire le besoin d'accorder une plus grande place aux entreprises moyennes jusqu'alors peu représentées dans les indices existants.

En 2011, NYSE Euronext a redéfini sa base d'indices, la faisant passer de 11 à 9 indices. La logique est que les indices soient représentatifs des trois types de capitalisation (petite, moyenne et grande) présentes sur le marché. Ils sont rapidement présentés dans le tableau ci dessous.

Indice	Définition
CAC 40	Base 1 000 = 31/12/1987. Cet indice est représentatif des 40 plus grosses capitalisations de la bourse de Paris choisies parmi les 100 premières capitalisations du marché parisien. Il sert de support aux contrats à termes ou options négociées sur Euronext-Liffe. C'est également une base d'indexation pour les OPCVM. Une entreprise ne peut peser pour plus de 15 % dans l'indice. Sa composition est revue tous les trimestres par un conseil scientifique composé de représentants de la Banque de France, de l'AMF, de l'INSEE et d'instituts de conjoncture. Un nouvel indice (CAC 40 ESG) a vu le jour le 23 mars 2021. Les 40 valeurs qui le composent sont choisies en fonction de critères environnementaux, sociaux et de gouvernance parmi les valeurs du CAC 40 et du CAC Next 20.
CAC Next 20	Ce sont les 20 valeurs les plus représentatives en termes de liquidité et de capitalisation flottante. Il accueille des valeurs susceptibles de figurer dans l'indice CAC 40.
CAC Large 60	Créé en mars 2011, il regroupe le CAC 40 et le CAC next 20.
CACMID 60	Créé en 2011 pour remplacer le CAC Mid 100 lui même créé le 3 janvier 2005 (base 3 000 = 31/12/2002). Il est représentatif des 60 premières valeurs moyennes.
CAC SMALL	Remplace depuis 2011 le CAC SMALL90 créé le 3 janvier 2005, (base 3 000 = 31/12/ 2002). 238 valeurs au 31 mars 2011.
SBF 120	Créé en 1991 (base 1 000 = 28/12/1990), il regroupe 120 valeurs (CAC Large 60 + CAC MID 60. Les valeurs sont sélectionnées en fonction de leur capitalisation (sont éliminées de l'indice les valeurs se situant au delà de la 200e capitalisation et en fonction de leur liquidité). Calculé et diffusé en continu.
CACMID & SMALLMS 190	En remplacement du CAC MID et SMALL 90.
CAC ALL-TRADABLE	Remplace le SBF 250 et regroupe SBF 120 et CAC SMALL.
CAC ALL SHARE	Indice de l'ensemble des valeurs côtées sur Euronext à l'exception des valeurs du marché libre.
CAC PME **(code ISIN : FR0011710375)**	Indice créé par Euronext en février 2014, représentatif des valeurs qui entrent dans le nouveau PEA-PME. Les sociétés doivent : ▸ employer moins de 5 000 salariés ; ▸ réaliser un chiffre d'affaires inférieur à 1,5 milliard d'euros ; ▸ avoir un bilan de moins de 2 milliards d'euros ; ▸ l'indice comprend entre 20 et 40 valeurs et sa composition est revue chaque trimestre.

APPLICATIONS

1 ÉNONCÉ

Quelles précautions un chargé de clientèle doit-il prendre à l'occasion de la vente d'un produit financier pour ne pas être poursuivi pour défaut de conseils ?

SOLUTION

Depuis l'entrée en vigueur de la directive MIF (Marchés des instruments financiers) le 1er novembre 2007, les banques doivent :

- informer le client sur le niveau de risque des placements proposés ;
- apprécier le niveau d'expertise du client : quel est son degré de connaissance et de maîtrise des instruments financiers ? Cette appréciation doit conduire la banque à classer les clients. Ces derniers sont également invités à renseigner la banque sur la nature des placements détenus ;
- classifier ses produits en fonction de leur niveau de complexité. Ainsi, un client ne pourra pas se voir proposer en face à face des produits ne correspondant pas à son profil (performance, risque horizon d'investissement). Un client pourra néanmoins souscrire des produits complexes en utilisant un autre canal (Internet) ;
- communiquer à leurs clients leurs conclusions et conserver trace de ces entretiens.

2 ÉNONCÉ

Quels conseils donneriez-vous à un client souhaitant ouvrir un compte titres afin de constituer et gérer un portefeuille de titres ?

SOLUTION

L'investisseur doit préalablement dresser un diagnostic de sa situation financière, s'interroger sur les objectifs poursuivis ainsi que sur l'horizon de placement envisagé.

Le diagnostic financier doit permettre d'identifier la répartition du patrimoine actuel entre les différents actifs (immobilier, assurance-vie, épargne de précaution, épargne logement). Il devra ensuite s'interroger sur ses objectifs (rechercher un complément de revenus, constituer un capital, valoriser un capital existant, diversifier ses actifs, réduire sa fiscalité).

Enfin, la réflexion devra conduire l'investisseur à s'interroger sur l'horizon du placement (court terme, moyen terme ou long terme).

Les autres conseils :

- n'investir sur les marchés financiers que des capitaux dont on sait qu'ils peuvent être immobilisés plusieurs années ;
- diversifier le niveau de risque ;
- diversifier sectoriellement et géographiquement ses placements ;
- consulter des spécialistes, se tenir informé de l'évolution des marchés, être réactif.

47 Les obligations

Une obligation est un titre de créance émis en contrepartie d'un emprunt réalisé par l'émetteur. Les émetteurs sont des entreprises, des collectivités locales, l'État – voir les obligations assimilables du Trésor (OAT) – qui trouvent dans ces émissions un moyen de capter l'épargne publique pour financer leurs projets. À la différence du dividende versé en contrepartie de la détention d'une action, l'obligation donne droit à une rémunération fixe prévue initialement dans le contrat d'émission (même pour les obligations à taux variable) : le coupon. L'épargnant qui conserve l'obligation pendant toute la durée de vie du titre ne risque pas de perte en capital.

1 Les caractéristiques d'une obligation

Caractéristiques	Analyse	Exemple
Identité	Comme tout produit côté et échangé sur le marché, une obligation est identifiable par un code ISIN (2 lettres + 10 chiffres).	FR0010395845
Valeur nominale	Valeur faciale de l'obligation.	1 €, 100 €, 1 000 €.
Prix d'émission	C'est le prix auquel l'acheteur se procurera le titre. Le prix d'émission est dit au pair s'il correspond à la valeur faciale de l'obligation. Au contraire, si le prix d'émission est inférieur au nominal, une prime d'émission est accordée : l'émission est dite au dessous du pair.	
Nombre de titres émis	Le nombre de titres est égal au montant de l'emprunt divisé par la valeur nominale de l'obligation.	Pour un emprunt d'1 million d'euros avec un nominal de 100 €, N = 10 000.
Taux d'intérêt nominal	Il s'agit du taux qui permet de calculer l'intérêt versé, c'est dire la valeur du coupon attaché à chaque titre.	Si $t = 4\,\%$ et si la valeur faciale est de 100 €, le coupon sera de 4 €.
Taux de rendement actuariel	C'est le rendement réel de l'obligation compte tenu : ▸ des fluctuations de cours liées aux variations des taux d'intérêt ; ▸ de l'existence de prime d'émission ou de remboursement ; ▸ de la durée de vie de l'obligation. Ce taux de rendement se calcule par la résolution de l'équation qui égalise la valeur actualisée des revenus futurs au coût réel d'acquisition du titre.	Taux nominal : 4 % Valeur faciale 100 € Prime d'émission : 5 % Coût d'acquisition : 95 € Durée de vie : 5 ans Valeur du coupon : 4 € Rendement actuariel : $95 = 100\,(1+r)^{-5} + \frac{1-(1+r)^{-5}}{r} \times 4$ La résolution de cette équation par interpolation linéaire donne $r = 5{,}16\,\%$.

〉〉〉

Caractéristiques	Analyse	Exemple
Date d'émission	Date de publication au Bulletin des annonces légales.	10 novembre 200N.
Date de règlement	Date à laquelle le montant souscrit sera débité du compte du souscripteur.	24 novembre 200N.
Date d'échéance	Date à laquelle l'emprunt sera totalement amorti compte tenu des dispositions particulières liées à son remboursement. Dans le cas d'un remboursement *in fine*, c'est la date à laquelle le montant du nominal sera reversé au prêteur en même temps que le dernier coupon.	16/01/200N + 11 : pour cette obligation le coupon est versé chaque année le 16 janvier.
Cotation	Elle s'effectue en % de la valeur nominale. Le cours d'une obligation varie inversement au taux d'intérêt. Si les taux montent, les nouvelles obligations émises offrent un coupon plus élevé et seront préférées aux anciennes obligations émises à des conditions de taux moins favorables. La demande pour ces obligations diminue et leur cours baisse. À l'inverse en période de baisse des taux, les nouvelles obligations offrent une rémunération moindre que les anciennes ; ces dernières sont donc plus demandées, leur cours augmente.	
Coupon couru	C'est la valeur du coupon prorata temporis entre deux dates de paiement du coupon.	Si le coupon est versé le 15 mai 200N, la valeur du coupon couru le 15 juillet d'une obligation émise au taux de 4 % sera : 4 % × 60 / 360 = 0,667 %.
Duration	C'est une mesure de la réaction de l'obligation aux variations de taux d'intérêt ; elle exprime également le délai de récupération de l'investissement. $$D = \frac{\sum_{t=1}^{n} \frac{R_t \times t}{(1+r)^t}}{\sum_{t=1}^{n} \frac{R_t}{(1+r)^t}}$$ Avec R_t les revenus perçus (coupon + remboursement de l'obligation *in fine*) et r le taux d'intérêt.	En reprenant le même exemple que précédemment $D = 1/100\,[4/1{,}04 + (2 \times 4/1{,}04^2) + \ldots + [(5 \times 104)/1{,}04^5] =$ 4,87 961 833.

〉〉〉

Caractéristiques	Analyse	Exemple
Sensibilité	Mesure de la variation d'une obligation aux variations des taux d'intérêt. On la déduit de la duration S = – D / 1 + *r*. Plus la durée est forte, plus la sensibilité est élevée.	S = –4,87961833 / 1,04 = 4,6919 Interprétation : toute augmentation de 1 point du taux d'intérêt entraîne une variation de 4,69 % du cours de l'obligation.
Remboursement de l'obligation	*In fine*, c'est-à-dire à l'échéance du contrat d'émission. Par annuité constante. Une tranche de l'emprunt obligataire est tirée au sort et remboursé. Le remboursement peut s'effectuer au pair ou au-dessus du pair (il y a alors une prime de remboursement).	
Fiscalité des obligations	Revenus : PFU 30 % ou option IR + PS	
	Plus-value : PFU 30 % ou option IR + PS	

Compléments en ligne

En pratique

Le calcul du taux de rendement actuariel d'une obligation pourra s'obtenir très simplement à l'aide de la fonction « TAUX » d'un tableur.

Exemple : une obligation de 100 € émise au taux de 4 % avec une valeur d'émission de 98 et de remboursement de 101 et pour une durée de 6 ans donne un taux actuariel de 4,54 %. Pour obtenir ce résultat, on utilisera la fonction « TAUX » d'un tableur =TAUX (durée ; valeur du coupon ; valeur d'émission ; valeur de remboursement).

=TAUX (6 ; –4 ; 98 ; –101)

2 Les principales catégories d'obligation

Catégorie	Analyse
Obligation à taux fixe	Le taux d'intérêt est identique pendant toute la durée de vie de l'obligation. Peu de risque si l'obligation est conservée jusqu'à son terme. Cependant ce type d'obligation est très sensible aux variations de taux d'intérêt.
Obligation à taux variable	Le taux de rémunération est susceptible d'être révisé à chaque échéance en fonction de l'évolution d'un taux de référence.
Obligation convertible en action	Le détenteur a la possibilité à certains moments de convertir les obligations en actions de la société émettrice. La rémunération est moindre ; le porteur pourra cependant profiter d'un marché action haussier pour réaliser une plus-value.
Obligation assimilable du trésor (OAT)	Ce sont des obligations émises en contrepartie des emprunts d'État. Risque quasi nul.

3 Précisions fiscales

Les coupons sont des revenus fixes et donc soumis au PFU de 30 % ou sur option imposés au barème de l'IR + PS.

Les contribuables qui en font la demande et dont le revenu fiscal de référence est inférieur à 25 000 € pour une personne seule et 50 000 € pour un couple sont dispensés du paiement de l'acompte de 12,8 %.

APPLICATIONS

1 ÉNONCÉ

Une entreprise décide le 16 janvier N d'émettre un emprunt obligataire de 2 millions d'euros. La valeur nominale de chaque obligation est de 100 €. Elle doit rapporter 4 %. Elle est émise à 96 % de sa valeur nominale et l'entreprise a prévu un remboursement dans 6 ans 1 % au-dessus du pair.

1 **Quel est le nombre d'obligations correspondant à cet emprunt ?**
2 **Calculez la prime d'émission et la prime de remboursement.**
3 **Quelle est la valeur du coupon versé ? À quel moment ce coupon sera-t-il versé ?**
4 **Calculez le rendement actuariel de cette obligation.**

301

SOLUTION

1 20 000 obligations ont été émises (2 000 000 / 100).

2 La prime d'émission est de 100 – 96 = 4 € par obligation. La prime de remboursement est de 101 – 100 = 1 € par obligation.

3 Chaque obligation rapporte un coupon de 4 € (4 / 100). Chaque coupon est versé le 16 janvier de chaque année pendant la durée de vie de l'obligation, c'est-à-dire 6 ans.

4 Le rendement actuariel de l'obligation s'obtient en égalisant le coût d'obtention de l'obligation à la somme actualisée des revenus futurs générés par l'obligation.

$$\frac{101}{(1+r)^6} + \left[\frac{1-(1+r)^{-6}}{r}\right] 4 = 96$$

Résoudre cette équation, c'est trouver la valeur r (rendement actuariel). La résolution se fera par interpolation linéaire.

Pour r = 4% l'équation donne une valeur de 100,79.

Pour r = 5% l'équation donne une valeur de 95,67.

Donc 95,67 < 96 < 100,79 ce qui signifie que le rendement actuariel r est compris entre 4 et 5 %.

On obtient donc :

(5 % – 4 %) / (r – 4 %) = (95,67 – 100,79) / (96 – 100,79) ⇒ r = 0,2 527 / 5,12 = 0,0493 soit 4,93 %.

Le rendement actuariel est donc de 4,93 %. Il est plus élevé en raison de l'existence de prime d'émission et de remboursement.

On pourra vérifier que le calcul du rendement actuariel est facilité par l'utilisation d'un tableur. Dans notre exemple, TAUX (6, – 4 ; 96 ; – 101) = 4,934 %.

2 ÉNONCÉ

Vous disposez des informations suivantes :

OAT 3,75 % 05-21	OAT aux particuliers taux fixe
Date d'émission	3 mai 2005
Achat	93,47 %
Vente	93,77 %
Nominal	1 €
Coupon couru	2,1 %
Date de remboursement	25 avril 2021

1 De quel type d'obligation s'agit-il ?
2 Qu'est ce que le coupon couru ? Quel est le montant du coupon ?
3 Quelle somme devra verser un investisseur souhaitant acquérir 1 000 titres ?

SOLUTION

1 Il s'agit d'une obligation assimilable du trésor émise au nominal de 1 € et dont le remboursement sera effectué le 25 avril 2021. Cette obligation a un rendement de 3,75 %.

2 Le coupon couru est la fraction du coupon entre deux dates de détachement (paiement du coupon), c'est-à-dire la rémunération fixe obtenue en contrepartie de la détention de l'obligation. Chaque obligation va générer un coupon de 0,0375 €.

3 1 000 × (93,47 % + 2,1 %) = 955,70 €. Cette somme intègre le prix de marché de l'obligation le jour de la transaction ainsi que le montant correspondant à la part du coupon qu'aurait dû recevoir le vendeur.

3 ÉNONCÉ

Quels sont les risques encourus lorsque l'on détient des obligations ?

SOLUTION

- Risque de signature (non-remboursement).
- Risque de moins-value en cas de revente avant l'échéance.
- Risque lié à l'inflation (le coupon est un revenu fixe dont le pouvoir d'achat est amputé du montant de l'inflation).
- Risque de liquidité en cas de hausse des taux longs. Si les taux augmentent, les nouvelles obligations émises offrent un coupon plus élevé et sont donc plus recherchées au détriment des obligations anciennes dont le cours diminue car moins demandées. Il est alors difficile pour les acheteurs de trouver une contrepartie sur le marché.

48 Les organismes de placements collectifs (OPC)

Il existe deux catégories d'OPC : les OPCVM et les FIA.

- Les **OPCVM** sont des placements collectifs relevant de la directive OCPVM IV (SICAV-FCP) soumis à des règles d'investissement coordonnées au niveau européen.
- Les **FIA** (fonds d'investissement alternatif) relèvent de la directive AIFM : il s'agit de fonds d'investissement à vocation générale, FCPR, FCPI et FIP, OPCI, SCPI, SICAF, fonds de fonds alternatifs (FFA), FCPE, fonds professionnels…

Ces organismes de placement collectif peuvent prendre deux formes juridiques différentes : SICAV ou FCP.

Les SICAV sont des sociétés anonymes dont l'objectif est de gérer un portefeuille de valeurs mobilières pour le compte des clients qui trouvent dans cette formule un moyen d'investir indirectement sur les marchés financiers. La gestion du placement en bourse est déléguée à la SICAV. Ces sociétés ne peuvent être constituées qu'avec 7,6 millions d'euros de capital au minimum. Les épargnants qui acquièrent des parts de SICAV sont des actionnaires. Quand un épargnant achète une SICAV, il contribue à l'augmentation du capital de cette dernière qui utilise les liquidités pour acheter des titres sur les marchés. Quand l'épargnant vend la SICAV, cette dernière doit vendre des titres pour récupérer des liquidités.

Les FCP sont eux des copropriétés de valeurs mobilières au capital de 400 000 € minimum. Les souscripteurs sont des porteurs de part.

1 Classification institutionnelle des OPC (classification AMF)

OPC monétaire : monétaire euro ou monétaire internationale	Les supports sont des titres monétaires de la zone Euro (trésorerie des entreprises). La performance de ces produits est en étroite relation avec les taux à court terme. *Idem* pour les OPC monétaire internationale avec un risque supplémentaire lié aux variations de taux de change puisque les investissements sont réalisés en dehors de la zone euro.
OPC actions	Les OPC investissent leurs fonds en action d'entreprises françaises ou internationales.
OPC obligations : euro et internationale	Les fonds sont investis en obligations de la zone euro dont les échéances sont variables. Les fonds sont investis en obligations du reste du monde.
OPC diversifiés	Les investissements combinent des titres monétaires, des actions et des obligations. La proportion de ces actifs détermine le profil de l'OPC (gestion prudente, équilibrée ou dynamique). Plus un OPC comporte de fonds investis en action, plus le niveau de risque augmente.

›››

OPC garanties dits « fonds à formule »	Les fonds sont investis sur différents supports avec une garantie contractuelle de protection des capitaux investis. Cette garantie à une date déterminée repose sur une formule mathématique plus ou moins complexe. La garantie peut être liée à une certaine durée de détention. En cas de revente anticipée, le mécanisme de garantie contractuelle peut devenir inopérant.
OPC « fonds alternatifs »	Investissement à plus de 10 % dans d'autres OPC dont la gestion est dite alternative car non adossée aux indices de marché.

Cette classification peut être complétée par une distinction entre les OPC de distribution et les OPC de capitalisation.

OPC de distribution : ces OPC redistribuent les revenus tirés des titres détenus (intérêts, dividende).

OPC de capitalisation : les revenus ne sont pas distribués mais réinvestis.

2 Fonctionnement des OPC

Caractéristiques OPCVM	Explication
Cadre de détention	Compte titre ordinaire, PEA pour les OPC éligibles. Sont éligibles au PEA les SICAV dont 60 % des titres qui la composent sont eux même éligibles (sont exclus les titres étrangers hors union européenne, les SICAV et FCP hors Union européenne). Sont également éligibles les FCP composés pour au moins 75 % de valeurs éligibles.
Identification OPCVM : code ISIN	Deux lettres et 10 chiffres soit FR0000000155.
Intervenants	Société de gestion habilitée par l'AMF et dont le rôle est d'assurer la gestion administrative et financière de l'OPC. ▶ Dépositaire : en charge du contrôle de la régularité de la décision de gestion pour le compte de l'OPC, et également responsable de la conservation des actifs. ▶ Promoteur : établissement à l'origine de la création et de la commercialisation de l'OPC. ▶ Distributeur : ensemble des établissements bancaires et financiers en charge de la vente auprès du public.
Règles de souscription	À chaque souscription, le client doit se voir remettre une notice (prospectus) reprenant les caractéristiques du produit (classification, objectif de gestion, niveau de risque, la valeur liquidative, le montant des frais et commission, la fiscalité). Auparavant, l'entretien de vente aura permis de renseigner le questionnaire AMF qui permet entre autre de connaître le degré de risque que le client est prêt à prendre. Ce questionnaire permet également d'avoir une vue d'ensemble du patrimoine du client. Le choix du support d'investissement est alors plus aisé à effectuer en même temps que le banquier se prémunit contre le risque d'être mis en cause pour défaut de conseil.

Caractéristiques OPCVM	Explication
Valeur liquidative	$\frac{\text{Valeur totale de l'OPC}}{\text{Nombre d'actions ou de parts}}$ La valeur totale de l'OPC ou l'actif net est composé de la valeur boursière du portefeuille de valeurs mobilières, des coupons échus non encore crédités, des liquidités, des immobilisations. On enlèvera les dettes et frais de gestion connus. Cette valeur est quotidienne pour les OPC les plus importants, hebdomadaire pour les autres. Lors de la souscription, un client n'a pas toujours connaissance de la valeur liquidative.
Frais	Commission à la souscription : en général un % assis sur la valeur liquidative × nombre d'actions ou de parts. ▸ Frais de fonctionnement et de gestion calculés en appliquant un % sur l'actif net. Ce sont les frais facturés à l'OPC. Ils ne comprennent pas les frais de transaction (frais d'intermédiation et éventuellement commission de mouvement perçue par le dépositaire et la société de gestion). ▸ Frais de rachat ou de sortie qui s'appliquent sur la revente des parts.

3 La fiscalité des OPC

Type d'OPC		Revenus		Plus-values	
		Prélèvements fiscaux	Prélèvements sociaux	Prélèvements fiscaux	Prélèvements sociaux
OPC de capitalisation		Sans objet	Sans objet	PFU 12,8 % ou IR sur option	17,2 %
OPC de distribution	Dont part d'action française	Acompte 12,8 % puis PFU ou barème IR sur option[1]	17,2 %	PFU ou barème IR sur option[2]	17,2 %
	Dont part d'obligation française	Acompte 12,8 % puis PFU ou barème IR sur option	17,2 %	PFU ou barème IR sur option	17,2 %

[1] Dans ce cas, les revenus de parts d'action bénéficient de l'abattement de 40 % (même fiscalité que les actions).

[2] En cas d'imposition à l'IR, il y a un abattement pour durée de détention pour les titres acquis avant le 1er janvier 2018.

4 Commercialisation des OPC

Sur un plan commercial, les intermédiaires financiers commercialisent des OPC en les regroupant selon des profils de risque.

A Les catégories

Catégorie	Composition
OPC « gestion prudente »	95 % de fonds obligataires, 5 % action risque quasi nul, rendement faible.
OPC « gestion équilibre »	70 à 85 % de fonds obligataires, 15 % à 30 % en actions. Le risque est plus élevé et va dépendre de la proportion investie en actions. En contrepartie de ce risque, la rémunération est plus attractive.
OPC « gestion dynamique »	Une majorité des fonds est investie en actions.

B Les arguments de vente avancés

- **Répartition des risques** satisfaisante (OPC composé de supports variés).
- **Diversification sectorielle et géographique** des investissements : les OPC offrent au particulier la possibilité d'investir sur des marchés étrangers parfois plus difficiles d'accès ou sur des secteurs particuliers.
- **Les fonds sont confiés et gérés par des spécialistes.**
- **Une réglementation soucieuse de protéger l'investisseur :** chaque OPC reçoit un agrément de l'AMF, et est contrôlé par un commissaire aux comptes.
- Les OPCVM ont une **bonne liquidité** (SICAV en particulier).
- Le détenteur d'une SICAV a également un droit de vote.

REMARQUE

La commercialisation de ces produits financiers est soumise à des règles strictes. Le banquier devra en particulier faire remplir à son client un questionnaire patrimonial pour apprécier son profil, son niveau de connaissance des marchés financiers et le niveau de risque que le client est prêt à assumer. Le banquier interrogera à cette occasion le client sur les objectifs qu'il poursuit en réalisant cet investissement.

La réglementation issue des directives MIF (marchés et instruments financiers) prévoit depuis le 1er novembre 2007 que les documents commerciaux « *doivent présenter un contenu exact, clair et non trompeur.* » Cette obligation de transparence a été renforcée le 1er juillet 2011, date à partir de laquelle le DICI (document d'information clé pour l'investisseur) a remplacé l'ancien prospectus simplifié. Ce nouveau document pré-contractuel doit renseigner l'investisseur avant la souscription sur les objectifs et la politique d'investissement de l'organisme, le rendement et niveau de risque (échelle de 1 à 7), les frais, les performances passées ainsi qu'un ensemble d'informations pratiques (dépositaire, valeur liquidative, fiscalité...). Ces principes figurent également dans le règlement de l'AMF. Pour plus de détails, on pourra se rendre sur le site www.amf.france.org.

5 Les autres produits financiers

A Les autres OPC

La déréglementation qui a suivi la loi bancaire de 1984 a ouvert une période à partir de laquelle les financiers ont rivalisé d'imagination pour proposer des produits de plus en plus sophistiqués. Parmi ces produits, les *Trackers* (ETF pour « *Exchange Traded Funds* ») sont des OPC indiciels qui proposent de répliquer la performance d'un sous-jacent (un indice, un panier d'actions). Ces trackers sont côtés en continu de 9 h 05 à 17 h 35, sont identifiables par un code ISIN, et sont négociables comme les actions. Leur cotation est assurée par Euronext une fois par jour.

Il existe également des FCPR (fonds commun de placement à risques) et des fonds communs de placement dans l'innovation (FCPI). L'objectif est de participer et d'accompagner la croissance de petites et moyennes entreprises. En contrepartie d'un risque élevé, le souscripteur bénéficie d'une fiscalité avantageuse dans la mesure où les sommes investies permettent une économie d'impôt égale à 18 % des sommes investies dans la limite d'un plafond de 4 320 €. Ainsi un couple pourra investir jusqu' à 24 000 € et profiter d'une réduction d'impôt de 4 320 €. Ce type de placement particulièrement risqué s'accompagne d'objectifs de gains de plus de 10 % par an et s'adresse aux épargnants fortement imposés et qui ont déjà constitué un patrimoine important.

B Un exemple de produit dérivé : le *warrant*

1 • *Définition d'un* warrant

Les *warrants* sont des valeurs mobilières négociables qui donnent le droit d'acheter (on parle alors de « *Call warrant* ») ou de vendre (« *Put warrant* ») un actif, un indice, un taux à un prix fixé jusqu'à une échéance donnée.

2 • *Les composantes d'un* warrant

Composantes	Explication	Exemple
Sous-jacent	C'est la valeur sur lequel repose le *warrant*. Il peut s'agir d'une action, d'un indice.	Call CAC 40
Prix d'exercice *(strike)*	Prix, fixé par l'émetteur du *warrant*, auquel on peut se procurer le sous-jacent, c'est-à-dire exercer le *warrant*.	CAC 40 : 3 825 points
Échéance	Date limite fixée par l'émetteur pour exercer le *warrant*. Les *warrants* ne sont plus négociables 6 jours de bourse avant cette date d'échéance.	Call CAC 40 : 3 825 points 19/04/2013 Signification : Ce *warrant* permet d'acheter du CAC 40 valorisé à 3 825 points jusqu'au 19 avril 2013.

›››

〉〉〉

Composantes	Explication	Exemple
Parité	Nombre de *warrants* nécessaires pour activer l'option d'achat ou de vente.	Reprenons l'exemple ci -dessus : Parité = 1/200 Signification : il faut 200 warrants pour 1 indice CAC 40.
Prime du *warrant*	C'est le cours du *warrant*. Son cours va dépendre de deux facteurs : ▸ le temps pour lequel on calculera une valeur temps. ▸ la valeur intrinsèque du *warrant* = prix du sous-jacent – prix d'exercice.	▸ Le 15 mars 2013 : 1 *warrant* CAC 40 3 825 au 19 /04/2013 valait 0,45 € à l'ouverture. ▸ Le 15 mars le CAC 40 côté 3 844 points.
Le delta	Indicateur de variation du prix du *warrant* en fonction d'une variation de 1 unité du sous-jacent. Plus le *warrant* est en dehors de la monnaie, moins il est sensible aux variations du support et plus le delta est proche de zéro.	45,22 % pour un *call* CAC 40.

3 • *L'utilisation des* warrants

Investir dans un *warrant* permet :

- de profiter de l'effet de levier propre à cette famille de produits financiers (cas 1) ;
- de couvrir un portefeuille de titres (cas 2).

	Situation initiale	Situation à l'échéance
Cas 1 : profiter de l'effet de levier	▸ Anticipation d'une hausse du cours d'une action. ▸ Achat de 1 000 *call warrant* action alpha le 10 août 200N. ▸ Prix d'exercice 55 €. ▸ Cours de l'action alpha le 10 août : 61 €. ▸ Échéance 20 mars 200N+1. ▸ Parité 1/10. ▸ Prime : 1,40 €. ▸ Investissement réalisé : 1 000 × 1,40 € = 1 400 €.	**Situation 1 :** mon anticipation s'est réalisée : le cours de l'action est de 71,50 €. Vente du *call warrant* dont la prime est de 2,50 € (soit sa valeur intrinsèque) : (71,5 – 55 – 10 × 1,4 = 2,50 €). Gain sur la revente du *warrant :* (2,5 – 1,4) × 1 000 = 1 100 €. Performance : 1 100 / 1 400 × 100 = 78,5 %. Dans le même temps l'action a progressé de 17,2 % (10,5 / 61). Effet de levier = 78,5 % / 17,2 % = 4,56. **Situation 2 :** le cours de l'action a baissé en dessous du prix d'exercice ; mes *warrants* n'ont plus aucune valeur : perte = 1 400 €.

〉〉〉

›››

	Situation initiale	Situation à l'échéance
Cas 2 : couvrir un portefeuille de titres diversifiés	Anticipation d'une baisse des marchés financiers. Valeur du portefeuille : 30 000 €. Indice CAC 40 5 600 points juin 200N. Moyen : achat Put CAC 40 5 600 points (à la monnaie) échéance décembre 200N. Parité 1/200. Delta = – 0,50. Évaluation de mon portefeuille en indice : 30 000 / 5 600 = 5,35. Nombre de warrants nécessaire : (nombre d'indice × parité) / delta = (6 × 200) / 0,5 = 2 400 (je vais devoir acheter 2 400 *Put warrant* à 1,45 € pour un coût total de 3 480 €).	**Situation 1** : mes anticipations ont été vérifiées et à l'échéance le CAC 40 est à 5 000 points soit une baisse de 10,71 %. Mon portefeuille n'est plus valorisé qu'à hauteur de 26 785 € (perte potentielle de 3 215 €). Dans le même temps mon *Put warrant* s'est apprécié : sa valeur intrinsèque est alors de (5 600 – 5 000) / 200 = 3. Gain : (3 – 1,45) × 3 000 = 4 650 €. Malgré la baisse de la valeur de mon portefeuille je réalise un gain de 4 650 – 3 215 soit 1 435 €. **Situation 2** : le CAC a augmenté, perte totale de mon investissement en warrant. Mon portefeuille est alors valorisé à la hauteur des gains du CAC 40. **Situation 3** : le CAC 40 n'a ni baissé ni augmenté : perte globale de 3 480 €.

4 • *La fiscalité des* warrants

Les plus-values sont taxées dès le 1er euro au PFU ou sur option à l'IR. Elles supportent également les prélèvements sociaux au taux en vigueur.

6 Les obligations du conseiller clientèle

Les clients sont classés en trois groupes : les clients non professionnels, les clients professionnels et les contreparties éligibles. Cette classification permet de définir le niveau de protection de l'investisseur. Un client non professionnel bénéficie du niveau de protection le plus élevé.

La réglementation (MIF, puis MIF II) impose au conseiller bancaire de s'assurer de l'adéquation d'un produit au profil du client. Le questionnaire investisseur (encore appelé question MIF) doit reprendre les informations suivantes :

- Les objectifs d'investissement et l'horizon de placement (constitution ou valorisation d'un capital en vue de préparer la retraite, de financer un projet, percevoir des revenus réguliers, préparer la succession et transmettre son patrimoine).
- La situation financière du client : il s'agit d'identifier les sources de revenus, le montant des dépenses, la capacité d'épargne. Le conseiller sera attentif à la composition et structure du patrimoine (part de l'immobilier, de l'épargne bancaire et financière).
- La situation personnelle et professionnelle.
- Le niveau de risque accepté par le client. Il convient de rappeler ici qu'un rendement élevé s'accompagne d'un risque de perte en capital important. Un contrat d'assurance vie investi en unités de compte, une action achetée en direct sur les marchés sont des investissements risqués à la différence de l'épargne investie sur un livret A.
- L'appétence au risque s'appréciera également au regard de la réaction de l'investisseur confronté à une baisse brutale des marchés financiers.

Que feriez-vous en cas de baisse de 15 % des marchés ?

- Vous vendez votre portefeuille.
- Vous attendez que les cours remontent.
- Vous profitez de cette baisse pour saisir des opportunités et augmenter vos placements.

La connaissance et l'expérience de l'investisseur : Le conseiller doit interroger son client sur son niveau de connaissance des produits financiers mais également sur son expérience (A-t-il déjà investi dans tel ou tel produit ?).

REMARQUE

Depuis le 2 août 2022, les conseillers doivent également veiller à ce que les supports d'investissement proposés respectent les exigences de durabilité et les critères ESG (environnementaux, sociaux et gouvernance) exprimés par le client. Cette évolution de MIF 2 est directement liée à la mise en œuvre du règlement européen SFDR (Sustainable Finance Disclosure Regulation) qui identifie les produits valorisant les critères ESG et les produits finançant le développement durable.
Plus précisément, le questionnaire devra permettre d'identifier les préférences des clients entre les critères E, S ou G. En d'autres termes, le client devra indiquer s'il préfère investir dans des fonds constitués d'entreprises respectueuses de l'environnement (E), ayant des pratiques sociales vertueuses (S) ou bien mettant en avant une gouvernance bienveillante (G).

À NOTER

La responsabilité du conseiller ne sera pas engagée dès lors que le client a souhaité investir sans vouloir répondre au questionnaire.

APPLICATION

ÉNONCÉ

Après avoir rappelé le fonctionnement d'une SICAV, vous indiquerez les avantages et les inconvénients de cette forme de placement.

SOLUTION

L'épargnant confie son épargne à une société d'investissement qui a la charge de constituer et de gérer un portefeuille de valeurs mobilières. L'épargnant reçoit alors des actions de la SICAV dont la particularité est d'avoir un capital qui augmente avec les souscriptions et qui diminue à l'occasion des cessions de parts détenues par les épargnants. La plus-value réalisée est la différence entre le prix de vente de l'action de la SICAV et son prix d'achat.

Avantages	Inconvénients
Placement diversifié	Frais d'entrée
Portefeuille géré par des spécialistes	Pas d'arbitrage possible
Bonne liquidité	Rendement parfois faible (support monétaire en période de baisse des taux)
Rentabilité : elle dépend de l'horizon de placement et de l'orientation du portefeuille géré par la SICAV.	

49 Le plan d'épargne en actions (PEA)

Le PEA est une enveloppe fiscale qui offre un cadre fiscal avantageux en matière de placement boursier. C'est avec les produits d'assurance-vie le seul moyen d'investir en bourse tout en profitant d'une fiscalité allégée. C'est un instrument d'épargne qui permet d'acheter et de vendre des titres (actions, FCP, SICAV). Les titres éligibles au PEA doivent être des titres de sociétés françaises ou de pays de l'Union européenne. Un plan par contribuable ayant son domicile fiscal en France peut être ouvert. Les non-résidents sont donc exclus du dispositif. Un plan peut recueillir au maximum 150 000 €, pour une durée conseillée minimum de 5 ans sans limite de temps par ailleurs.

1 Le PEA : une enveloppe fiscale

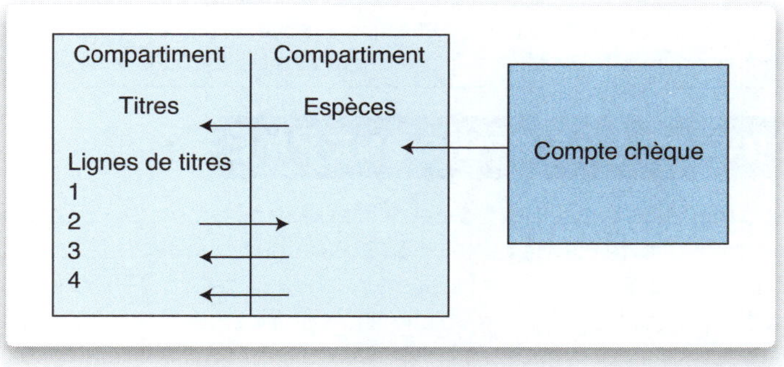

Compléments en ligne

Le PEA est alimenté en numéraire à partir d'un compte chèques associé. Les liquidités permettent ensuite d'acquérir des titres qui peuvent être revendus, qui peuvent générer intérêts et dividendes. Les revenus perçus sont conservés dans le compartiment espèce et ne peuvent pas sortir de l'enveloppe fiscale sous peine de remettre en cause les avantages fiscaux du PEA. En effet les revenus perçus sont exonérés, les plus-values le sont également. La rente viagère obtenue au terme de 8 ans est également exonérée.

2 Les conséquences fiscales des retraits sur un PEA

Retrait effectué	Imposition	Sort du Plan
Avant 5 ans	IR 12.8 % + PS ou option IR	Clôture
Après 5 ans	Exonéré IR mais Prélèvements sociaux	Retrait total = clôture Retrait partiel n'empêche pas de nouveaux versements

REMARQUE

Les gains réalisés avant le 1er janvier 2018 sont soumis aux prélèvements sociaux au taux historique.

En pratique

La loi PACTE a assoupli le fonctionnement du PEA en autorisant retraits et versements après 5 ans. Un retrait entre 5 et 8 ans n'entraîne plus la clôture du PEA.
Il convient de noter également la création d'un PEA jeune (réservé aux 18-25 ans fiscalement à charge de leurs parents). Son plafond de versements est de 20 000 €.

En pratique

Le taux des prélèvements sociaux est celui en vigueur au moment du rachat. Cette règle vaut pour les PEA ouverts après le 1er janvier 2018.
Pour les PEA de plus de 5 ans ouverts avant cette date, la règle des taux historiques s'applique aux gains réalisés. Si le retrait est effectué sur un PEA de moins de 5 ans (par exemple un PEA ouvert en 2015), le taux historique de PS s'applique aux gains des 5 premières années.

REMARQUE

Les dividendes ne sont pas imposables. Il n'est pas possible de transférer directement des titres détenus sur un compte titre vers un PEA. Il faut procéder à la vente des titres, alimenter le compte espèce et ensuite procéder à l'achat des titres que l'on souhaite détenir dans le PEA.

3 Un nouveau PEA dédié aux PME

La réforme du PEA a été publiée au journal officiel le 30 décembre 2013. La loi de finances 2014 a relevé le plafond du PEA de 132 000 € à 150 000 € au 1er janvier. Un PEA-PME a été créé. Il est plafonné à 75 000 €. Son régime fiscal est identique à celui du PEA classique avec une exonération d'impôt sur les gains après 5 ans et des prélèvements sociaux au taux normal.

	Deux PEA		
	Plafond	**Titres éligibles**	**Nombre par foyer**
PEA	150 000 €	Valeurs européennes, fonds investis à 75 % dans ces valeurs	▸ 1 par personne ▸ 2 maximum par foyer fiscal
PEA PME	75 000 €	PME-ETI européennes, fonds investis à 75 % (dont actions 50 % minimum)	▸ 1 par personne ▸ 2 maximum par foyer fiscal

Le gouvernement continue à favoriser l'investissement productif. La loi de finances prévoit que les épargnants détenant des SICAV monétaires pourraient être exonérés d'impôts sur leurs gains s'ils réinvestissaient le produit de la vente dans un PEA/PME.

REMARQUE

La loi PACTE du 22 mai 2019 augmente le plafond du PEA PME à 225 000 € (on cumule le plafond du PEA à l'ancien plafond du PEA PME). Ainsi, le titulaire d'un PEA PME et d'un PEA pourra verser sur son PEA PME 225 000 € moins les sommes déjà versées sur un PEA classique.

4 La fiscalité sur les produits d'épargne et l'immobilier

Revenus	Assiette d'imposition	Droit commun	Option	CSG Déductible
Revenus des capitaux mobiliers variables (dividendes)	Montant brut versé ; si option IR abattement de 40 %	Acompte 12,8 % puis PFU + PS	IR + PS	6,8 % si option choix IR sinon aucune déductibilité
Placements à revenus fixes (CSL, CAT, coupons)	Montant brut versé	Acompte 12,8 % puis PFU + PS	IR + PS	6,8 % si option IR
CEL ouverts avant 1er janvier 2018	Intérêts bruts	PS tous les ans	Sans objet	Sans objet
CEL ouverts après le 1er janvier 2018	Intérêts bruts	Acompte 12,8 % puis PFU + PS	IR + PS	Aucune déductibilité
PEL de moins de 12 ans ouverts entre mars 2011 et décembre 2017	Intérêts bruts	PS tous les ans au taux en vigueur	Sans objet	Sans objet
PEL de plus de 12 ans ouverts entre mars 2011 et décembre 2017	Intérêts bruts	Acompte 12,8 % puis PFU + PS	IR + PS	Aucune déductibilité
PEL ouverts après le 1er janvier 2018	Intérêts bruts	Acompte 12,8 % puis PFU + PS	IR + PS	Aucune déductibilité
Plus-values mobilières sur titres acquis avant le 1er janvier 2018	Prix de cession net – coût d'acquisition	PFU 30 %	IR (après abattement 50 % sur la plus-value si durée de détention comprise en 2 et 8 ans ; 65 % pour une durée > 8 ans) + PS	6,8 % si option choix IR sinon aucune déductibilité
Plus-values mobilières sur titres acquis après le 1er janvier 2018	Prix de cession net – coût d'acquisition	PFU 30 %	IR + PS	6,8 % si option choix IR sinon aucune déductibilité
Revenus fonciers	Montant net frais et charges après imputation des déficits ou déductions forfaitaires	IR + PS[1]	Sans objet	6,8 %
Plus-value immobilière (hors résidence principale)	Plus-value imposable[2]	IR 19 % + surtaxe pour les plus-values de plus de 50 000 € + PS	Sans objet	CSG non déductible

[1] Les prélèvements sociaux sont perçus par voie de rôle (imposition séparée). Ils sont à payer le 15 novembre de l'année suivant la perception des revenus.

[2] Des abattements pour durée de détention sont applicables.

APPLICATION

ÉNONCÉ

Présentez les avantages et les inconvénients du PEA.

SOLUTION

Avantages	Inconvénients
▸ Versements libres. ▸ Revenus exonérés. ▸ Pas de prélèvements fiscaux après 5 ans.	▸ En cas de sortie avant 5 ans la fiscalité est pénalisante (surtout au cours des deux premières années). ▸ L'exonération fiscale réservée aux revenus perçus dans le cadre d'un PEA n'est véritablement significative que pour les portefeuilles encaissant plus de 5 000 € de dividendes par an.

50 La vente d'un PEA

Les marchés financiers connaissent régulièrement des perturbations. Aussi, dans l'esprit du client bancarisé non initié aux mécanismes de la bourse, investir en bourse peut paraître risqué. Or, devant les rendements décevants de l'épargne monétaire et obligataire, il s'avère que la bourse offre à moyen terme une bonne rentabilité. Le professionnalisme du conseiller est alors primordial pour accompagner le client dans ses choix boursiers.

Le plan d'épargne en actions (PEA) est une solution idéale pour constituer ou valoriser une épargne financière dans un cadre fiscal unique. Il revient alors au conseiller de convaincre le client non initié à la bourse de souscrire un PEA.

1 Déceler des opportunités de vente

Situation 1 : Le client souhaite diversifier son épargne et bénéficier d'une meilleure rentabilité.

Situation 2 : Le client veut se constituer une épargne à moyen ou long terme.

Situation 3 : Le client recherche un produit d'épargne défiscalisé.

Situation 4 : Une prochaine rentrée d'argent chez le client est détectée.

2 Suivre les étapes de la vente

A Le conseiller s'assure de l'éligibilité de son client au PEA

Le client est bien domicilié fiscalement en France. Il n'est pas titulaire d'un PEA dans une autre banque.

Si le client n'est pas éligible au PEA, le conseiller lui propose un autre produit d'épargne :

- **Le client recherche la sécurité et la disponibilité :** un produit d'épargne liquide (livret de développement durable, compte sur livret…) lui est proposé.
- **Le client recherche la défiscalisation :** un investissement immobilier (type loi Pinel) lui est présenté.
- **Le client recherche la rentabilité :** des OPCVM dans un compte titre peuvent lui convenir.

B Le conseiller formule une accroche sur le PEA selon l'opportunité de vente décelée

Reprendre les situations décrites dans la partie A ci-dessus.

Situation 1 : « *Grâce au PEA, vous diversifiez vos placements et optimisez les performances de votre portefeuille en investissant sur les marchés français et européens. Vous composez vous-même votre portefeuille.* »

Situation 2 : « *Pour diversifier votre épargne à moyen ou long terme et profiter des opportunités des marchés financiers dans un cadre fiscal privilégié, je vous propose de souscrire un PEA et de mettre en place un abonnement d'épargne.* »

Situation 3 : « *Je vous recommande le PEA : son cadre fiscal unique vous permettra de vous constituer une épargne financière dans des conditions très avantageuses.* »

Situation 4 : « *Vous allez disposer bientôt d'une somme importante. Je vous conseille d'ouvrir un PEA pour prendre date dès maintenant.* »

C Le conseiller expose les avantages du PEA

- La perspective de performances à moyen ou long terme.
- La fiscalité avantageuse.
- La souplesse des versements (libres ou programmés).
- La diversification de l'épargne.

D Le conseiller fait un diagnostic de la situation du client

Il sélectionne avec son client les supports d'épargne les mieux adaptés à ses objectifs (rentabilité, degré de risque accepté, horizon de placement).

E Le conseiller propose de mettre en place un abonnement d'épargne

Argumentation possible :

- « *L'abonnement d'épargne PEA permet d'optimiser le prix de revient des titres.* »
- « *Si vous voulez compléter votre PEA, l'abonnement d'épargne vous permet d'investir régulièrement dans l'OPCVM de votre choix. En étalant vos versements dans le temps, vous bénéficiez du lissage du prix de revient de vos titres.* »

3 Répondre à l'objection récurrente des clients

Objection : « *Investir en bourse, c'est trop risqué !* »

Réfutation :

- « *Vous bénéficiez d'un cadre privilégié pour investir en bourse. Votre épargne est gérée par des spécialistes des marchés financiers. Vous êtes aidé pour choisir les supports en fonction du risque que vous êtes prêt à accepter. En réalisant des abonnements d'épargne en OPCVM, les variations de la bourse sont atténuées.* »
- « *À moyen terme, historiquement, les marchés actions constituent le placement le plus rentable comparé aux placements monétaires et obligataires. En investissant une partie de votre épargne sur les marchés action, vous bénéficiez des performances de ces derniers.* »

4 Proposer par téléphone un rendez-vous avec le conseiller pour une présentation du PEA

A Les étapes du scénario téléphonique

Entrer en relation : prise de contact : salutations – présentation – identification de l'interlocuteur.

Traitement des barrages (c'est à quel sujet ? il est absent…).

Rebondir sur un événement : faire une accroche.

Réussir à intéresser le client : argumentation – synthèse – traitement des objections.

REMARQUE

Lors de l'argumentation, utiliser 1/3 de « nous » et 2/3 de « vous ».

Conclure : prise de RDV – reformulation du RDV – remerciement pour l'attention – salutations.

Ce scénario est souvent présenté sous forme de logigramme.

B Le traitement des objections

Les objections traduisent souvent l'intérêt du client. Il faut donc les utiliser comme une aide à la prise de RDV. La principale difficulté à réfuter une objection est de découvrir si l'objection est un prétexte (= objection positive qui permet au conseiller de rebondir) ou si elle est bien réelle (= objection bloquante qui indique que l'interlocuteur ne trouve aucun intérêt à la proposition et souhaite cesser la conversation). Il faut donc bien identifier ce qui gêne vraiment la personne pour réussir à rebondir sur la prise de RDV.

C La réfutation des objections courantes lors de la prise de RDV (ou de vente de produits)

Pour chaque action phoning portant sur un produit précis, il faut prévoir les objections possibles et trouver des arguments de réponse avant d'appeler les premiers clients.

Objections	Réfutation de l'objection
« Je passerai à l'agence. »	*« Pour que vous n'attendiez pas, nous pouvons convenir dès maintenant d'un RDV. À quel moment seriez-vous disponible pour passer à l'agence ? »*
« J'ai déjà rencontré dernièrement mon conseiller. »	*« Vous a t-il parlé de notre offre actuelle ? »*
« Cela ne m'intéresse pas. »	*« Vous pouvez me préciser pourquoi ? »*
« C'est trop cher. »	*« Nous avons différentes formules adaptées aux besoins et situations de nos clients. »*
« Je vais réfléchir. »	*« Très bien. Cependant la période de commercialisation de ce produit se termine le … »*

›››

Objections	Réfutation de l'objection
« Je n'ai pas d'argent actuellement à placer. »	*« Vous n'en avez pas pour le moment mais êtes-vous sûr que les produits que vous détenez actuellement correspondent toujours à vos besoins et à vos attentes ? »* ou *« des produits d'épargne sont accessibles qu'avec … €. »*
« Je veux en parler à mon époux/épouse. »	*« Puis-je vous rappeler demain à la même heure ? »*

D La prise de rendez-vous

Un silence du client au téléphone indique que celui-ci réfléchit. Il faut alors enchaîner sur la prise de RDV.

La technique de l'entonnoir est très utilisée pour cette étape de l'entretien. Au fil de cette phase, les questions posées au client deviennent de plus en plus précises pour aboutir à une question alternative du type « *à quel moment êtes-vous le plus disponible : en début ou en fin de semaine ?* ». Si le client répond, cela indique qu'il ne refuse pas le motif de la rencontre avec son conseiller. « *Je peux vous proposer le … à … heures ou le … à … heures* ».

Le rendez-vous est reconfirmé lors de la prise de congés. Les éléments à rappeler au client sont : jour et horaires du RDV, nom du client, nom du conseiller, adresse de l'agence, coordonnées du client si envoi par écrit d'une confirmation, documents à apporter.

Si l'interlocuteur décline le rendez-vous ou le produit proposé, une question ouverte peut alors être posée « *qu'est-ce qui vous retient dans mon offre ?* ». Après écoute de la réponse, les coordonnées du conseiller sont laissées au client. Une bonne image du réseau doit être laissée. L'entretien doit se terminer positivement en conservant un ton courtois.

Lors des opérations phoning, des banques établissent un protocole de relation avec leurs clients. Les jours et horaires de contact par téléphone au domicile sont demandés au client afin de ne pas le déranger. « *Je vous appelle aujourd'hui mais un autre horaire vous conviendrait-il mieux ?* ».

APPLICATIONS

1 ÉNONCÉ

Lors d'une action commerciale « ouverture de PEA », vous êtes chargé de mettre en place pour l'assistant commercial de votre agence une opération phoning « prise de rendez-vous ».
Vous réfléchissez à la réfutation d'objections possibles de la part du client qui répond au téléphone à l'assistante… Cette dernière aura formulé au préalable une accroche sur le PEA.

Objection possible de la part du client	Réfutation à l'objection
« Je n'ai pas d'argent à placer. »	
« Je ne connais rien à la bourse. »	
« Ce n'est pas le moment d'investir en bourse. »	
« Mon conseiller m'a déjà contacté il y a un mois. »	
Question et objection techniques.	

SOLUTION

Objection possible de la part du client	Réfutation à l'objection
« Je n'ai pas d'argent à placer. »	*« Je vous propose de rencontrer votre conseiller pour étudier avec lui les meilleurs moyens d'en gagner ou de peut-être revoir la répartition de vos placements. »*
« Je ne connais rien à la bourse. »	*« Les produits que la banque vous propose ont été conçus pour que vous ne vous occupiez pas de la gestion. Nos spécialistes des marchés financiers vous font bénéficier de leur expérience. »*
« Ce n'est pas le moment d'investir en bourse. »	*« Les placements boursiers ne progressent pas en effet d'une manière régulière. Mais sur le long terme, ils sont gagnants. En plus, il est toujours intéressant d'acheter quand la bourse baisse. »*
« Mon conseiller m'a déjà contacté il y a un mois. »	*« C'est tout à fait possible. Il est normal d'avoir une relation suivie avec nos clients privilégiés et de faire régulièrement le point. »*
Question et objection techniques.	*« Pour en savoir davantage, je vous propose de nous rencontrer. Nous pourrons étudier avec plus de précision les points que vous venez d'aborder. »*

2 ENTRAÎNEMENT À LA CERTIFICATION AMF

1 **Le Price Earning Ratio (PER) :**
☐ **a.** augmente quand la valeur de l'action augmente.
☐ **b.** augmente quand la valeur de l'action baisse.
☐ **c.** ne dépend pas de la valeur de l'action.

2 **Le coupon couru d'une obligation est calculé à partir :**
☐ **a.** du taux nominal (ou facial) de l'obligation.
☐ **b.** du taux actuariel de l'obligation.
☐ **c.** du prix de l'obligation.

3 **Comment s'exprime le cours des obligations ?**
☐ **a.** En pourcentage de leur valeur nominale.
☐ **b.** En pourcentage du coupon.
☐ **c.** En euro.

4 **Un Negotiable european commercial paper (NEU CP) :**
☐ **a.** est un titre de créance négociable.
☐ **b.** est négociable sur le marché primaire.
☐ **c.** à une durée de dépôt supérieure à 1 an.

5 **Les livrets d'épargne populaire :**
☐ **a.** sont réservés aux personnes ne dépassant pas un certain plafond de revenu.
☐ **b.** sont réservés aux personnes ne payant pas d'impôt.
☐ **c.** sont des produits de placement dont la rémunération est librement fixée par les établissements qui les proposent.

6 Qu'est-ce qu'un « Contracts for difference » (CFD) ?

☐ **a.** Un instrument financier qui donne à son détenteur le droit d'acheter ou de vendre un actif financier à un prix et jusqu'à (ou à) une date d'échéance (maturité) fixés à l'avance.

☐ **b.** Un droit d'acheter ou de vendre une quantité d'actifs pendant une période et à un prix convenu à l'avance.

☐ **c.** Un produit financier qui permet de parier sur les variations à la hausse ou à la baisse d'un «actif sous-jacent» sans jamais le détenir.

7 Les cryptos-actifs font partie :

☐ **a.** de la famille des actifs numériques.

☐ **b.** de la famille des instruments financiers.

☐ **c.** aucune réponse ne convient.

8 Comment fonctionne la cotation au fixing ?

☐ **a.** Le fixing ne peut pas être utilisé pour les actions à moindre liquidité d'Euronext Access.

☐ **b.** Le fixing est utilisé, entre autres, pour les actions à moindre liquidité d'Euronext Access.

☐ **c.** Le fixing permet d'établir un cours quatre fois par jour.

9 Quel ordre de Bourse est le plus simple et le plus sûr pour les investisseurs non avertis?

☐ **a.** L'ordre « à cours limité ».

☐ **b.** L'ordre « à la meilleure limite ».

☐ **c.** L'ordre « au marché ».

10 Un ordre « à cours limité » comporte :

☐ **a.** l'indication d'un prix maximum (à l'achat) ou d'un prix minimum (à la vente).

☐ **b.** l'indication d'une quantité maximale de titres à vendre ou à acheter au cours d'une journée.

☐ **c.** une priorité d'exécution.

11 Le rôle principal d'un teneur de marché (« market maker ») est :

☐ **a.** d'assurer la liquidité d'instruments financiers en proposant en permanence des prix à l'achat et à la vente.

☐ **b.** d'assurer la garantie de bonne fin des transactions qu'il négocie.

☐ **c.** de surveiller la transparence des marchés.

12 Comment appelle-t-on les titres financiers inscrits dans un compte-titre tenu par l'émetteur lui-même ?

☐ **a.** Des titres au porteur.

☐ **b.** Des titres nominatifs.

☐ **c.** Des titres vifs.

13 Quel est l'organisme qui garantit la bonne fin des opérations et qui est également la contrepartie unique des opérateurs de marché ?

☐ **a.** La chambre de compensation.

☐ **b.** L'apporteur de liquidités sur Euroclear.

☐ **c.** SWIFT.

SOLUTION

1a - **2a** - **3a** - **4a** - **5a** - **6c** - **7a** - **8b** - **9a** - **10a** - **11a** - **12b** - **13a**.

Partie 7

LES PRODUITS D'ASSURANCE

51 Les produits d'assurance

Les produits d'assurance peuvent être regroupés en deux grandes familles :

- les assurances de personnes ;
- les assurances de dommages.

Il est également possible de classer les assurances selon qu'elles sont gérées en répartition ou en capitalisation comme le montre le tableau ci-dessous.

Mode de gestion	Risque assuré	Branche d'assurance
Répartition (IARD)	▶ Assurances de choses ▶ Assurance de responsabilité (Responsabilité civile) ▶ Accident maladie	Assurances de dommages (protection des biens)
Capitalisation	Assurance-vie – Assurance-décès	Assurance de personnes (protection des personnes)

L'assurance est avant tout une activité qui consiste à garantir des risques. Un risque est un événement dommageable contre lequel l'assuré cherche à se protéger (vol, accident, incendie...). Il faut également que le risque contre lequel on souhaite se protéger soit assurable, c'est-à-dire qu'il soit futur, aléatoire, ne dépendant pas de la volonté de l'assuré et enfin licite.

Enfin, le métier de l'assureur consiste à mutualiser des risques. Pour que cette mutualisation puisse être gérable, il est indispensable que l'assureur respecte des règles de gestion des risques. Il devra veiller à ce que son portefeuille soit homogène (risques de même nature), respecte la règle de la dispersion (tous les risques ne doivent pas se réaliser en même temps) et enfin procéder à la division du risque. Un risque trop important peut être co-assuré ou encore réassuré (l'assurance de l'assurance).

1 Les assurances IARD

A L'assurance habitation (MRH)

Caractéristiques	Assurance multirisque habitation
Souscription (tarification, conditions)	L'assuré renseigne la proposition qui permettra la rédaction du contrat : la tarification dépendra de la taille du logement, de son affectation (résidence principale ou secondaire, de sa situation géographique, de l'existence ou non de moyens de prévention, de la valeur du capital mobilier à assurer), des options choisies (avec ou sans franchise, valeur à neuf ou pas...). L'assureur fournira la police d'assurance qui matérialise l'engagement contractuel des parties.

›››

›››

Caractéristiques	Assurance multirisque habitation
Risques assurés et nature des garanties	**Responsabilité civile :** responsabilité engagée dès lors qu'un dommage est occasionné à un tiers du fait de l'assuré, des biens dont il a la garde ou des personnes sous sa responsabilité (enfant, salarié à domicile…). Cette responsabilité peut être contractuelle (locataire envers le propriétaire (loi Quilliot de 1982) ou propriétaire envers le locataire) ou délictuelle. **Dommages aux biens :** il s'agit des dommages causés aux biens mobiliers et immobiliers. Les dommages peuvent être matériels ou immatériels (frais de relogement, perte des loyers…) et doivent avoir été causés par les évènements suivants : le vol, l'incendie, un dégât des eaux, le bris de glaces, les catastrophes naturelles et autres évènements climatiques. **Garantie Protection juridique** (défense recours) : l'assureur mettra à la disposition de l'assuré les moyens pour se défendre devant les juridictions concernées ainsi que les moyens pour obtenir réparation d'un préjudice subit.
Obligation de l'assuré pendant le contrat	▸ Signaler toute modification dans la nature du risque. ▸ S'acquitter de la prime.
Obligation de l'assureur	Indemniser l'assuré en cas de sinistre selon la règle du principe indemnitaire (art. 121.1 du Code des assurances). En vertu de ce principe, l'assuré doit être remis dans la situation qui était la sienne avant le sinistre : l'assurance ne permet pas l'enrichissement. Si l'assuré est en situation de sous assurance (valeur assurée < valeur réelle), l'assureur appliquera la règle proportionnelle de capitaux ; l'indemnité sera donc réduite. En cas de sur-assurance (valeur assurée > valeur réelle), aucune indemnité ne sera versée en cas de fraude, sinon les indemnités sont plafonnées à la valeur réelle.
Procédure à suivre en cas de sinistre	▸ Déclarer le sinistre dans les délais prévus (2 jours ouvrés en cas de vol, 5 jours dans les autres cas, 10 jours après parution d'un décret de catastrophe naturelle). ▸ L'assureur ordonne une expertise. ▸ L'assureur indemnise l'assuré du montant du préjudice. Pour un même sinistre, les indemnisations peuvent varier selon que le contrat prévoit une indemnisation : – en valeur d'usage = valeur d'achat (au prix actuel de marché) moins la vétusté ; – en valeur à neuf = valeur d'achat au prix de marché actuel mais avec une vétusté plafonnée à 5 % ; – en valeur rééquipement à neuf = valeur d'achat au prix actuel du marché.

En pratique

Lors de la souscription d'un contrat auto ou MRH, l'assureur doit fournir un Document d'Information sur le Produit d'Assurance (DIPA) qui reprend les principales garanties et exclusions du contrat. Ce document normalisé doit faciliter la comparaison des contrats pour le futur assuré.

EXEMPLE

Mode d'indemnisation	Prix du bien à l'achat il y a 3 ans	Prix du marché actuel	Vétusté (on retient un coefficient de 30 % (10 % par an))	Valeur remboursée par l'assureur
Indemnisation en valeur d'usage	800	500	500 × 30 % = 150 €	500 – 150 = 350 €
Indemnisation en valeur à neuf	800	500	500 (30 % – 25 %) = 25 €	500 – 25 € = 475 €
Indemnisation en valeur rééquipement à neuf	800	500	0	500 €

B L'assurance automobile

L'assurance automobile est une assurance obligatoire.

Caractéristiques	Assurance-automobile
Souscription (tarification, conditions)	**Critères propres au véhicule :** chaque véhicule appartient à un groupe (lettre) et une classe (chiffre) déterminés en fonction de la puissance du véhicule. La tarification dépend également de l'usage du véhicule. **Critères propres au conducteur :** profession, âge, ancienneté du permis, antécédents (sinistres sur les trois dernières années). **Critères de garanties :** le choix des garanties, l'existence ou non de franchise (part du coût d'un sinistre restant à la charge de l'assuré) et le coefficient de réduction majoration (CRM). Le coefficient de départ est de 1 (paiement de 100 % de la prime). Ce coefficient diminue de 5 % par an : 13 années sans sinistre sont nécessaires pour atteindre le bonus maximum soit 50 %. Un sinistre responsable entraîne une majoration du coefficient de 1,25 (responsabilité totale) ou 1, 125 (responsabilité partagée). Le coefficient maximum est de 3,50.
Risques assurés et nature des garanties	**Garantie de base :** la responsabilité civile (obligatoire depuis 1958). La loi Badinter du 5 juillet 1985 vient renforcer la protection des victimes d'accident de la circulation. ▸ Protection juridique (défense et recours). ▸ Vol et incendies. ▸ Bris de glaces. ▸ Dommages tous accidents. ▸ Assistance (dépannage, mise à disposition d'un véhicule…). ▸ Option valeur à neuf. ▸ Protection du conducteur.
Obligation de l'assuré pendant le contrat	▸ Signaler toute modification dans la nature du risque. ▸ S'acquitter de la prime.
Obligation de l'assureur	Indemniser l'assuré en cas de réalisation du risque conformément aux dispositions du contrat.
Procédure à suivre en cas de sinistre	Déclarer le sinistre à l'assurance dans un délai de 5 jours (accident), 2 jours pour un vol. En cas d'accident de la circulation (sans dommage corporel), la déclaration du sinistre consiste à compléter un constat amiable.

La loi Hamon votée le 13 février 2014 modifie les conditions de résiliation des contrats MRH et auto. En effet, au-delà de la première année, le contrat pourra être résilié à n'importe quel moment.

REMARQUE

En application d'une décision de la Cour de justice de l'Union européenne du 2 mars 2011 supprimant la différenciation par le sexe de l'assuré(e) des tarifs d'assurance, les hommes et les femmes paient depuis le 21 décembre 2012 leur assurance auto au même prix. Cette décision s'applique également aux assurances de personnes (assurance-décès...).

2 Les autres assurances de personne

Les banques ont tendance à renforcer leur offre de produits d'assurance en mettant l'accent sur les assurances de personnes comme l'assurance obsèques, la garantie des accidents de la vie, l'assurance dépendance. Ces assurances relèvent toutes du domaine de la prévoyance. Deux objectifs sont poursuivis :

- **un objectif de financement** (dépendance, obsèques, santé) ;
- **un objectif de protection** de la famille et de la personne.

Assurances	Nature du risque couvert	Garanties proposées
Accident de la vie	Couverture des conséquences d'un accident survenant dans le cadre de la vie privée. La couverture peut concerner une seule personne ou l'ensemble de la cellule familiale.	Indemnisation du préjudice économique (**perte** de revenu suite à une incapacité d'exercer une activité professionnelle), du préjudice esthétique, **des frais liés à l'aménagement** d'un logement ou d'un véhicule pour cause d'invalidité. Certains contrats proposent également **un** capital pour le financement des obsèques.
Assurance santé	Couverture du risque maladie.	Les prestations versées viennent en complément des sommes perçues des régimes de base des assurés sociaux (médecine de ville, soins hospitaliers, soins dentaires...).
Assurance obsèques	Couverture du risque décès.	Les garanties reposent sur l'assistance à la famille et sur le versement d'un capital à un bénéficiaire pour le paiement des obsèques de l'assuré.
Assurance dépendance	Couverture du risque dépendance partielle ou totale. La dépendance : ne plus pouvoir réaliser 3 gestes de la vie courante : s'habiller, se laver, se préparer un repas.	Selon le degré de dépendance, l'assureur verse une rente permettant de financer la présence d'une aide ménagère, d'un garde malade pour assister la personne dépendante dans l'exécution du geste de la vie courante ou le réaménagement de tout ou partie du domicile.

ZOOM SUR L'ASSURANCE « GARANTIE ACCIDENTS DE LA VIE »

En France, chaque année, plus de 11 millions d'accidents de la vie courante au domicile ou dans la rue (se couper avec une scie, tomber d'une échelle… lors de travaux de bricolage ou de jardinage) sont recensés. 20 000 personnes en décèdent chaque année. 80 % de ces accidents n'ont pas de responsable, ce qui entraîne une faible voire une absence d'indemnisation. Il est à noter que le contrat multi-risques habitation ne couvre pas ces dommages sans tiers responsable. Les conséquences peuvent être dramatiques pour la famille. Les assureurs et les banquiers font prendre conscience à leurs clients depuis une dizaine d'années de la nécessité de prémunir la famille contre les risques de la vie courante. Le produit « garantie des accidents de la vie » (GAV) indemnise ce type de dommages.

3 Le calcul d'une prime d'assurance-décès

La prime perçue par l'assureur dépend du montant du capital souhaité et de la probabilité de décès entre deux âges de l'assuré. Les calculs suivants ont été réalisés grâce aux nouvelles tables de mortalité (TGH95) utilisées depuis le 1er janvier 2007.

EXEMPLE 1

Un homme né en 1963 a donc 44 ans en 2007. La table de mortalité indique que sur 100 000 hommes de la génération de 1963 et encore en vie en 1995, 99 320 seront vivants à l'âge de 44 ans. Ils ne sont plus que 99 227 vivants à 45 ans. Ainsi la probabilité de décès entre 44 et 45 ans est de : 93 / 99 320 = 0,0936 %.
Si l'assuré souhaite un capital de 100 000 € il devra verser une prime de :
100 000 × 0,0936 % = 93,60 €.

EXEMPLE 2

Un homme né en 1952 est donc âgé de 55 ans en 2007. La probabilité de décès entre 55 et 56 ans pour un homme de cette génération, est de 500 / 98 038 = 0,512%.
La prime sera alors de : 100 000 × 0,512 % = 512 €.
Comme la probabilité de décès est 5 fois plus forte, la prime versée pour obtenir les mêmes garanties (le versement d'un capital de 100 000 €) est 5 fois plus élevée.

ZOOM SUR LES CONTRATS D'OBSÈQUES

Les funérailles font partie des dettes prioritaires lors du règlement de la succession. L'entreprise de pompes funèbres pourra donc se faire rembourser les frais d'obsèques auprès du notaire, en opérant une ponction sur la succession. Cependant, en pratique, l'entreprise préfère être réglée rapidement. Le contrat obsèques est de plus en plus commercialisé par les banques. Or, tous les contrats n'offrent pas les mêmes prestations.

La motivation de souscription à un tel contrat repose sur la volonté de décharger ses proches de l'organisation matérielle. Bien souvent, les personnes pensent régler l'organisation et le paiement des obsèques par avance. Or, dans la pratique, le prix des prestations funéraires est libre. Certains contrats sont des assurances vie déguisées dans lesquelles une société bénéficiaire est désignée. Mais le capital prévu peut ne pas suffire (l'inflation tarifaire annuelle étant supérieure au rendement de l'épargne). Il faut donc veiller à proposer aux clients de l'agence des contrats de règlement de prestations d'obsèques à l'avance, où la société de pompes funèbres et l'assureur s'engagent à la réalisation des funérailles, sans qu'aucun surcoût ne soit demandé aux héritiers.

52 La vente de produits d'assurance

En commercialisant des produits d'assurance, le banquier doit tenir compte du fait que l'activité d'assurance repose sur la qualité du service après-vente en cas de sinistre. Cette approche est différente de celle des métiers de la banque traditionnelle. Il convient qu'il n'y ait pas d'interférence entre ces deux types d'activité. Ainsi, il est regrettable qu'un contentieux né de l'activité assurance se répercute sur l'activité bancaire.

En matière d'assurance IARD, l'assureur se situe dans le cœur même de son métier. Cette spécialisation est la clé d'entrée de l'assureur pour installer la confiance, asseoir la future relation commerciale, répondre à toutes les attentes du client même les plus techniques. Mais cette spécialisation peut constituer un handicap face à une clientèle qui souhaite de plus en plus trouver plusieurs compétences au même endroit.

Face à la concurrence des assureurs, le banquier devra trouver « la clé d'entrée » pour travailler avec son client bancarisé sur des solutions d'assurance.

1 Lever les freins des clients qui refusent la banque-assurance

La clé d'entrée du banquier dans le domaine des assurances

La globalité du conseil constitue cette clé d'entrée. Le banquier est un professionnel du patrimoine. Il aide le client à se constituer son patrimoine (crédit auto, crédit immobilier, virements programmés sur produits épargne…) puis à le valoriser. Le banquier est donc bien un spécialiste de l'approche patrimoniale. Il est donc normal à ce titre d'aider le client à protéger ce patrimoine grâce aux contrats d'assurance sur les biens.

A L'écoute des clients

L'écoute active est primordiale. Les clients s'expriment sur :

- leur **situation personnelle** (composition de la famille, âges respectifs, activité professionnelle, loisirs) ;
- leur **situation patrimoniale** et plus précisément des informations sur le bien immobilier à assurer (localisation, surface totale habitable, répartition de cette surface en nombre de pièces, annexes, superficie du terrain, en propriété ou en location, résidence principale, estimation du mobilier) ;
- leurs **attentes envers l'assureur** (critères de choix d'un assureur, type de garanties souhaitées, assistance).

B Le plan de l'argumentation commerciale après avoir sélectionné le contrat adapté à la situation du client

- **La valorisation du client :** c'est le patrimoine du client qui est au cœur de l'entretien.
- **La prise en considération des attentes du foyer :** reformulation des éléments découverts sur la situation.

- **La présentation de l'activité assurance du réseau bancaire** à travers quelques chiffres pertinents (nombre de contrats gérés...).
- **La gestion du contrat après la signature du client** est évoquée (interlocuteur en cas de sinistre...).
- L'**énumération des garanties** en terminant par la plus importante pour le client.
- Des **exemples de sinistres récents de clients** qui ont été indemnisés pour appuyer le discours du conseiller.
- Le **montant de la prime annuelle** est donné.
- Un **dernier argument** est **enchaîné** rapidement après la présentation du prix (nombre de jours pour le règlement suite à un sinistre...).
- La **signature du contrat** est proposée.

2 La vente d'un contrat assurance multirisques habitation (MRH)

A Les opportunités de vente

L'offre assurance MRH cible une large clientèle bancarisée. Certains réseaux proposent ce type d'assurance en partenariat avec une compagnie d'assurance n'appartenant pas au groupe bancaire. En général, l'assureur partenaire est reconnu pour la qualité de ses produits, pour ses prix compétitifs et son service après-vente performant. Ces atouts permettent de lever des freins à la souscription de produits d'assurance dans une banque.

Vendre une assurance MRH est opportune lors de la mise en place d'un prêt immobilier, pendant la période de renouvellement des contrats d'assurance (septembre-octobre/décembre-janvier). La majorité des contrats arrive à échéance le 1er janvier et le 1er avril. Il apparaît donc que la période la plus propice pour établir des devis à la clientèle se situe entre septembre et mars.

B L'accroche commerciale pour proposer un devis

- **Lors de la mise en place d'un dossier de prêt immobilier :** « *Pour un changement d'habitation, vous pouvez changer d'assureur sans préavis. Je vous propose d'établir un devis pour avoir l'occasion de comparer le rapport qualité / prix de votre assurance actuelle.* »
- **Pendant la période de renouvellement des contrats d'assurance :** « *Je vous propose d'étudier nos assurances habitation qui sont compétitives sur le marché. Cela ne vous engage à rien. Cela prendra une dizaine de minutes. Vous serez libre ensuite de comparer notre offre à votre contrat actuel.* »

3 La vente d'un contrat assurance-décès invalidité (ADI)

A Les opportunités de vente

Comme le contrat ADI garantit le versement d'un capital à l'assuré en cas d'invalidité ou à des bénéficiaires désignés en cas de décès, le conseiller pourra proposer ce contrat lors de la connaissance d'un événement familial tel qu'un mariage, une naissance, un divorce, le décès d'un proche. Le client sera plus sensible aux conséquences financières d'un décès ou d'une perte d'autonomie.

Lors d'opérations de crédit immobilier, le client est amené à souscrire un contrat d'assurance-décès invalidité pour assurer le prêt. Le client ne s'imagine pas voir ses proches dépossédés du bien alors même qu'il n'a pas commencé à rembourser le crédit immobilier.

B L'accroche commerciale pour proposer un devis

- **Lors d'un événement familial :** « *Vous êtes décédé hier. Vos proches doivent continuer à assumer les charges de la famille. Sont-ils en mesure de le faire ? Avez-vous déjà envisagé de telles conséquences financières ?* »
- **Lors d'un prêt immobilier :** « *Si vous êtes victime d'un accident ou d'une maladie qui vous rend invalide, vos proches pourront-ils conserver votre bien immobilier ? Avez-vous déjà songé à souscrire un contrat de prévoyance.* »

Les avantages du contrat sont à présenter en insistant sur la simplicité d'adhésion, l'étendue des garanties, le versement des capitaux (capital ou rente éducation).

4 La vente d'un contrat d'assurance dépendance

A Les opportunités de vente

Comme ce contrat permet à l'assuré de se prémunir en cas de dépendance, il est aisé pour le conseiller de le proposer à un client évoquant la dépendance d'un proche. Néanmoins, il faut garder à l'esprit que le devoir de conseil du banquier amène ce dernier à établir régulièrement à son client un bilan épargne au même titre qu'un bilan prévoyance. C'est à ces moments-là que l'argumentation sur le contrat dépendance est avancée. Le client sera encore plus réceptif à ce discours à l'approche de la retraite.

B L'accroche commerciale pour proposer un devis

- **En cas de dépendance d'un proche :** « *Vous mesurez la lourdeur des démarches et du poids financier d'une dépendance. Vous avez pu vous en rendre compte... Pour répondre aux besoins de la dépendance, je vous propose...* »
- **Lors d'un bilan épargne ou prévoyance :** « *Avez-vous une idée du nombre de français en situation de dépendance après 75 ans ? Ce phénomène va s'accentuer avec l'augmentation de l'espérance de vie. La dépendance peut donc toucher tout le monde. Dans la clientèle de l'agence, nous nous apercevons que les clients n'ayant pas anticipé ce problème connaissent des charges financières importantes et malheureusement ne peuvent pas toujours y faire face. Pour répondre à ce besoin, le contrat...* »
- **À l'approche de la retraite :** « *À la retraite, vos revenus vont diminuer et le risque d'une perte d'autonomie augmenter. Or, la dépendance entraîne des charges financières lourdes qui ne peuvent pas être couvertes par la retraite. Le contrat...* »

5 Quelques astuces pour mieux vendre

Voir fiche 9 « *Un zoom sur la négociation bancaire* ».

A La prise de conscience d'un manque

Sur une feuille de papier, le conseiller réalise un schéma qui montre la constitution du portefeuille produits bancaires et financiers du client. Les produits sont répartis en trois familles : épargne (disponible, à long terme)/assurance et prévoyance/crédit (consommation, immobilier, permanent…). L'objectif de ce schéma est de faire prendre conscience au client d'un éventuel déséquilibre de son portefeuille et de le faire adhérer aux propositions commerciales à venir (souscription d'un contrat d'assurance-décès pour protéger les siens…).

B La prise de conscience de la nécessité d'un produit de prévoyance

Toujours avec une feuille de papier tournée vers le client « *Monsieur* (nom du client), *aujourd'hui, vous avez une assurance pour votre maison et pour votre voiture. Si je vous demande de me donner sous forme de tiercé les éléments de votre environnement que vous cherchez à protéger en priorité entre votre voiture, votre maison et votre famille… que me répondez-vous ?* ». Il y a fort à parier que la famille sera citée en priorité. Or, aucune loi n'oblige le particulier à assurer sa famille (hormis la responsabilité civile à contracter). Le conseiller note toujours sur la feuille le tiercé et indique à l'aide de flèches les contrats détenus pour protéger ces éléments. Dans la plupart des cas, il sera aisé pour le conseiller de montrer un manque de protection de la famille.

C La conquête d'un client fidèle à son assureur

Le conseiller propose à son client un produit d'assurance dommage. Le client refuse de parler de ses produits d'assurance détenus par son assureur de famille. Il invoque sa fidélité à son assureur et ne veut pas mélanger la banque et l'assurance. Le conseiller doit alors faire valoir son devoir d'information et de conseil. « *Vous m'avez confié une partie de votre patrimoine. Je vous ai aidé à vous constituer à travers les emprunts bancaires ce patrimoine (maison, voiture…). Et je me dois de vous informer sur sa protection. Pouvez-vous m'apporter votre police d'assurance multirisques habitation et auto pour que je puisse vous établir une proposition d'assurance ? À la lecture de celle-ci, c'est vous qui prendrez la décision.* »

D L'acceptation par le client du montant de la cotisation

Le conseiller divise le montant de la cotisation annuelle par 12 pour annoncer un montant mensuel « *pour … € par mois, vous bénéficiez d'une assistance juridique à domicile* ». Pour faire accepter plus facilement le montant de la cotisation, le conseiller peut évoquer un achat de produit courant pour l'équivalent de cette somme « *pour le prix d'une baguette…* ».

E La mémorisation de points d'argumentation sur des produits d'assurance

Lors de l'argumentation face au client, le conseiller prend appui sur des éléments clés du produit à commercialiser, éléments mémorisables en suivant cet outil :

Type d'assurance	Moyen mnémotechnique
Assurance décès	▸ Protection ▸ Indemnisation ▸ Sécurité
Complémentaire santé	▸ Budget santé ▸ Garanties ▸ Remboursement
Assurance dépendance	▸ Perte d'autonomie ▸ Assistance ▸ À la charge des proches
Garantie accidents de la vie	▸ Séquelles ▸ Protection ▸ Accidents domestiques
Protection juridique	▸ Avocat dans la poche ▸ Informations pratiques ▸ Litige à régler

APPLICATIONS

1 ÉNONCÉ

Vous êtes conseiller financier. Une campagne prévoyance est organisée dans votre réseau. Vous décidez d'appeler les clients de votre portefeuille non-détenteurs de produits de prévoyance.

Vous réfutez les objections de ces derniers.

Proposition d'un contrat dépendance

« Je suis en bonne santé. Je n'ai besoin de rien. »

« J'ai déjà une mutuelle qui me couvre bien. »

« Je ne veux pas verser sur ce genre de contrat. C'est à fonds perdus. Je préfère verser sur mon contrat d'assurance-vie ».

Proposition d'un contrat assurance-décès

« S'il ne m'arrive rien, j'aurais payé pour rien ! »

SOLUTION

Objection	Réponse à l'objection
« Je suis en bonne santé. Je n'ai besoin de rien. »	*« La dépendance est un sujet qui peut toucher tout le monde. Vous savez qu'après 75 ans, un français sur six est en situation de dépendance. Quel serait l'impact financier pour vous si demain vous étiez dans cette situation ? »*

›››

Objection	Réponse à l'objection
« J'ai déjà une mutuelle qui me couvre bien. »	*« Votre mutuelle complète les remboursements de la sécurité sociale pour les soins médicaux et les médicaments, mais elle ne prend pas en charge le coût d'une dépendance à travers l'aménagement de votre domicile, la présence d'une aide ménagère. »*
« Je ne veux pas verser sur ce genre de contrat. C'est à fonds perdus. Je préfère verser sur mon contrat d'assurance-vie ».	*« Pour vous constituer un capital suffisant, il faut faire sur votre contrat d'assurance-vie des versements élevés, plus élevés que sur un contrat dépendance. De plus, si la dépendance intervient tôt, le capital constitué ne sera pas suffisant pour financer les charges liées à la dépendance. »*
« S'il ne m'arrive rien, j'aurais payé pour rien ! »	*« Vous tenez le même raisonnement sur l'assurance de votre voiture ou de votre logement ? C'est une sécurité pour vous de vous dire que vos proches sont protégés si vous disparaissez. »*

ENTRAÎNEMENT À LA CERTIFICATION AMF

1 La Directive MIF2 a renforcé l'encadrement du trading algorithmique. Les PSI réalisant du trading algorithmique doivent notamment :

☐ **a.** notifier les autorités compétentes, tester les algorithmes qu'elles utilisent et leurs ordres doivent être marqués pour être identifiés par les autorités.

☐ **b.** intervenir uniquement sur les marchés actions les plus liquides après avoir reçu une autorisation des marchés sur lesquels ils interviennent.

☐ **c.** payer une taxe spécifique pour avoir le droit d'utiliser leur algorithme au-delà d'un seuil déterminé pour chaque valeur en fonction de sa liquidité.

2 En France, le délai de règlement-livraison d'un ordre de Bourse est de :

☐ **a.** J+5.

☐ **b.** J+3.

☐ **c.** J+2.

3 Que peut être un actif numérique ?

☐ **a.** Un titre dématérialisé.

☐ **b.** Un titre négocié sur un SMN.

☐ **c.** Un jeton émis lors d'ICO.

4 Le règlement EMIR porte principalement sur quel type d'activité ?

☐ **a.** La gestion des FIA.

☐ **b.** Les marchés dérivés de gré à gré.

☐ **c.** Les Règlements-livraisons.

5 Parmi ces acteurs, lequel est un diffuseur de données financières relatives aux titres cotés ?

☐ **a.** Euronext.

☐ **b.** La Commission européenne.

☐ **c.** L'Autorité de contrôle prudentiel et de résolution (ACPR).

6 Qui calcule l'indice CAC 40 ?

☐ **a.** La société de diffusion de données « Bloomberg ».
☐ **b.** Les services statistiques de l'AMF.
☐ **c.** L'entreprise de marché Euronext Paris.

7 Un mandat de gestion doit :

☐ **a.** indiquer la stratégie d'investissement sans présenter obligatoirement la répartition recherchée par classe d'actifs.
☐ **b.** mentionner la répartition recherchée par classe d'actifs et l'existence d'un plancher ou d'un plafond pour certaines catégories d'actifs (le minimum ou le maximum investi).
☐ **c.** uniquement indiquer la répartition recherchée par classe d'actifs.

8 Comment est exprimée la notation d'un émetteur par une agence de notation ?

☐ **a.** Par une échelle en lettres de A à D.
☐ **b.** Par une échelle en chiffres de 1 à 20.
☐ **c.** Par une échelle en taux de 0 à 100 %.

SOLUTION

1a - 2c - 3c - 4b - 5a - 6c - 7b - 8a

Partie 8

LA RELATION BANCAIRE EN MUTATION

53 La gestion d'un client mécontent

Le contexte actuel favorise le mécontentement des clients envers le banquier. La gestion d'un client mécontent est toujours une situation complexe à traiter. Ce mécontentement peut se traduire par des insultes, des injures, des menaces voire des agressions comportemenales. Ces agressions peuvent être sanctionnées pénalement. Il n'existe pas de procédure miracle pour traiter efficacement l'insatisfaction de ce client. Un client mécontent n'est pas forcément un client énervé. Il faut voir à travers cette attitude un besoin de reconnaissance et un besoin d'attirer l'attention.

Les sources de mécontentement possibles d'un client :

- la situation financière du client (compte débiteur, problème de trésorerie...) ;
- la communication d'un mauvais résultat sur un produit souscrit dans le réseau (baisse d'un taux de rendement...) ;
- une facturation de services perçue comme abusive (agios...) ;
- un souci personnel qui empêche le client d'être enthousiaste ;
- une nouvelle donne économique, fiscale ou juridique imposée aux banques amoindrissant les avantages d'un produit (exemple : fiscalité sur les PEL, baisse du taux du livret A...) ;
- une erreur de la banque ;
- un malentendu entre le conseiller et son client ;
- une annonce dans les médias...

Dans toutes les situations, le client doit sentir qu'il y a une solution à son problème. Alors comment ne pas céder au chantage du client qui peut vouloir échapper aux frais bancaires (source de PNB pour la banque) et continuer à garder en portefeuille ce client qui va devenir attentif aux offres de la concurrence ?

Notons que la convention de compte peut être dénoncée sans délai de préavis en cas de menaces ou injures à l'encontre d'un collaborateur de la banque.

1 Les éléments à prendre en compte pour mieux comprendre le client et le raisonner

- L'élément déclencheur de son mécontentement.
- Le comportement habituel du client (agressif, exigeant, vindicatif...).
- La vie personnelle du client (problème familial...).
- La situation financière du client (montant des avoirs dans le réseau qui le place dans la clientèle haut de gamme ou non, compte débiteur régulièrement).

Une mauvaise gestion d'un client mécontent peut entraîner la hausse du taux d'attrition de l'agence.

$$\text{Taux d'attrition} = \left(\frac{\text{nombre de clients perdus en fin de période étudiée}}{\text{nombre de clients total au début de la période étudiée}}\right) \times 100$$

Ce taux évalue la proportion de clients perdus par l'agence d'une période à l'autre.

Les sources de mécontentement possibles d'un client = les différentes causes d'attrition de la clientèle.

2 La réception du client mécontent à l'accueil

Le client insatisfait a tendance à le faire savoir quand il entre dans l'agence.

A Attitudes à ne pas adopter face au client :

- Clamer « *ce n'est pas grave… n 'en faites pas une histoire !* »
- Culpabiliser le client : « *c'est de votre faute…* »
- Fuir : « *je n'y suis pour rien… je n'y peux rien !* »
- Être condescendant : « *je vous l'ai déjà expliqué… vous n'avez toujours pas compris !* »

Ces attitudes pourraient engendrer une violence physique.

B Attitudes à adopter

Comprendre et cerner la cause du mécontentement… Aucun collaborateur de l'agence ne doit se déculpabiliser. Si un collègue en particulier est visé par le client mécontent, il ne faut pas abonder dans ce sens. Le travail d'équipe doit être préservé. Le chargé d'accueil doit tout faire pour canaliser le client afin d'éviter qu'un mauvais climat ne se répande à l'accueil de l'agence. L'effet boule de neige peut être rapide dans une telle situation. L'insatisfaction du client doit être traitée le plus rapidement possible. Un questionnement (avec un ton au-dessous de celui du client) suffira bien souvent à déceler le cœur du problème et ainsi le résoudre. Le vouvoiement est à conserver même si le client a adopté le tutoiement envers le personnel de la banque. Si les efforts de gestion de ce client restent vains, un changement d'interlocuteur peut s'avérer fructueux. Un collègue voire le directeur peut être appelé en renfort. Le client pourra alors être isolé dans un bureau afin qu'il puisse expliquer clairement ses idées sans être entendu des autres clients. 337

Si l'insatisfaction du client provient d'une erreur de la banque, cette dernière doit la réparer (geste commercial selon le préjudice subi). « Prendre soin » alors de ce client pendant une certaine période paraît incontournable.

3 L'entretien en face à face avec un client mécontent

En face à face, la façon de gérer un client mécontent est différente. Le conseiller est maître de son temps pour traiter le problème ; il ne subit pas le flux de la clientèle à l'accueil. Faire asseoir le client dès le début de l'entretien apaise ce dernier. Une personne assise fait moins de gestes « dangereux » qu'une personne debout. Une « barrière » telle qu'un bureau entre le conseiller et le client évite une proximité physique potentiellement risquée. Le mot « problème » est à bannir. Un terme moins dramatisant tel que « souci » est préférable. L'écoute active (*cf.* fiche 11 « *L'entretien en face à face* ») est primordiale et va permettre au conseiller de pratiquer l'empathie (*cf.* fiche 9 « *Un zoom sur la négociation bancaire* ») avec ce client. Le client doit s'exprimer alors librement. Toutes les objections et paroles doivent être analysées et traitées. La solution apportée au problème (si c'est la source du mécontentement) devra satisfaire le client et être acceptée par ce dernier. Le client ne doit pas imposer sa solution ; c'est aux deux parties de définir un accord. Quoiqu'il en soit, un client arrivant mécontent à l'agence a tendance à vouloir repartir « gagnant ». Le conseiller doit donc privilégier la négociation « gagnant-gagnant » (*cf.* fiche 9 « *Un zoom sur la négociation bancaire* »). Le client devra accepter le protocole de résolution du problème. Des détails, des dates lui sont soumis.

4 L'entretien par téléphone en agence en ligne avec un client mécontent

L'agence en ligne reçoit tous les jours de nombreux appels de clients. Le télé-assistant est le premier interlocuteur à entendre le client insatisfait se plaindre alors qu'il ne l'a jamais vu physiquement. Le télé-assistant ne doit pas prendre ce mécontentement contre lui. Le client a tendance au téléphone à s'accaparer la parole et le télé-assistant peut avoir du mal à intervenir. Le client peut se sentir incompris voire traité comme un « numéro ».

Si l'objet de l'appel n'est pas exactement perçu, le questionnement aura pour objectif d'obtenir des réponses plus précises. La réclamation pourra alors être gérée lors de cet appel ou transférée à un autre interlocuteur (conseiller gestionnaire du compte du client...).

Si le traitement de la réclamation ne nécessite pas de faire intervenir le gestionnaire du compte, tous les éléments liés à l'insatisfaction sont saisis. Les coordonnées téléphoniques du client sont reprises afin de pouvoir le rappeler dès que le télé-assistant aura obtenu des informations complémentaires à lui communiquer.

Si la réclamation du client doit être traitée par le gestionnaire du compte, il faut lui expliquer calmement et clairement que sa demande n'est pas en mesure d'être traitée sur le champ. Si à la lecture de l'agenda du conseiller, il s'avère que ce dernier est disponible, le télé-assistant signalera au client qu'il va être mis en relation avec son conseiller pour que la réclamation soit gérée directement. Le client aura l'impression d'avoir été entendu et se calmera.

Dans le cas où le conseiller ne peut pas prendre l'appel du client, il est convenu avec ce dernier qu'il rappellera son client dès que possible. Un mail doit alors être rédigé par le télé-assistant au conseiller avec toutes les informations relevées lors de la qualification de l'appel. Il serait désagréable pour le client d'être obligé de répéter ses propos. Il aurait alors le sentiment de n'avoir pas été écouté. Il est pertinent de livrer au client le contenu du mail afin d'être en accord.

Quid des clients récalcitrants ?

Lorsqu'un client mécontent va trop loin (menaces verbales, incorrections, impolitesse...), le télé-assistant se doit de recadrer le client voire de l'avertir qu'il va mettre un terme à la communication. Le rappel de l'enregistrement des conversations peut être effectué. Bien souvent, le directeur de l'agence gestionnaire du compte est averti par l'agence en ligne du comportement de ce client. Le directeur aura alors le loisir de contacter le client par écrit ou par oral et de lui rappeler les règles de courtoisie envers le personnel de la banque.

APPLICATIONS

1 ÉNONCÉ

Face à un client mécontent, développez les moments-clés à bien négocier.

SOLUTION

- **La prise de contact :** sourire, rester calme et agréable, ne pas alimenter l'agressivité du client en répondant spontanément, cerner rapidement la situation et trouver la cause du mécontentement.
- **L'explication du problème par le client :** pratiquer l'écoute active avec des gestes d'empathie (hochement de tête), prendre des notes, ne pas interrompre le client. Ce dernier doit livrer entièrement son ressenti et se sentir compris.
- **La prise de parole du conseiller lors de la présentation du protocole à suivre :** apaiser le climat. Le conseiller doit rester maître de l'entretien. Le client doit ressentir une certaine fermeté de la part du conseiller et ne pas déceler une éventuelle crainte voire une peur à son égard. Le conseiller multiplie les phrases «*je vous ai entendu*», «*j'entends bien*», «*je m'occupe personnellement de votre dossier*».
- **Le traitement des objections :** cette phase se fait dans le calme pour apaiser le client qui vient de «déballer» sa situation. Le client se sent écouté, compris.
- **La prise de congé :** le client doit se sentir rassuré et mis en confiance. Son sentiment d'appartenance au réseau bancaire doit être ancré. Son dossier va être traité. Le conseiller s'assure qu'il a bien répondu à toutes les interrogations du client. La relation doit pouvoir repartir sur de bonnes bases !

2 ÉNONCÉ

La gestion du mécontentement d'un client peut-elle être source d'opportunités commerciales ?

SOLUTION

La gestion d'un client mécontent doit être le plus souvent possible source d'opportunités commerciales. Par exemple, un client appelle sa banque car il est mécontent des frais de tenue de compte prélevés chaque mois. Dans un premier temps, le conseiller ou télé-assistant lui explique à quoi correspondent ces frais. Dans un second temps, il va pratiquer le rebond commercial en argumentant sur la pertinence d'un compte packagé (compte lié avec services) qui offre une franchise de frais de tenue de compte…

3 ENTRAÎNEMENT À LA CERTIFICATION AMF

1 Sur quel marché peut-on acheter et vendre des titres déjà créés ?

☐ **a.** Le marché primaire.

☐ **b.** Le marché secondaire.

☐ **c.** Le marché tertiaire.

2 Lors d'une OPA (Offre Publique d'Achat), l'initiateur propose aux actionnaires d'échanger leurs titres contre :

☐ **a.** des options d'achat.
☐ **b.** des liquidités.
☐ **c.** des titres de la société initiatrice.

3 En quoi consiste un « split » ?

☐ **a.** Au rachat de ses titres par un émetteur.
☐ **b.** À diminuer la valeur nominale d'une action en la divisant en plusieurs titres.
☐ **c.** À augmenter le capital d'une société à titre onéreux.

4 Dans le compte de résultat, lequel parmi les éléments suivants fait partie des produits :

☐ **a.** Les frais de personnel.
☐ **b.** Le chiffre d'affaires.
☐ **c.** Le capital social.

5 Les dettes d'une entreprise s'enregistrent :

☐ **a.** à l'actif du bilan.
☐ **b.** au passif du bilan.
☐ **c.** dans le compte de résultat.

6 Les dividendes perçus par un contribuable sont imposables au titre de l'IR :

☐ **a.** à un prélèvement forfaitaire libératoire au taux de 21 %.
☐ **b.** à un prélèvement forfaitaire de 12,8 % ou, sur option globale, au barème progressif de l'impôt sur le revenu.
☐ **c.** à un prélèvement forfaitaire libératoire au taux de 24 %.

7 Quel est le nombre de parts à prendre en compte pour le calcul du quotient familial d'un couple marié ayant 3 enfants mineurs à charge ?

☐ **a.** 3,5 parts.
☐ **b.** 4 parts.
☐ **c.** 5 parts.

8 Les gains nets réalisés dans le cadre d'un PEA sont :

☐ **a.** en cas de retrait ou de rachat entre 2 et 5 ans : imposés à 19 % (+ prélèvements sociaux), lorsque le montant des cessions réalisées au cours de l'année considérée dépasse un certain seuil.
☐ **b.** en cas de rachat ou de retrait après 5 ans : totalement exonérés d'impôt sur le revenu et de prélèvements sociaux, quel que soit le montant des cessions réalisées au cours de l'année considérée.
☐ **c.** en cas de rachat ou de retrait après 5 ans : totalement exonérés d'impôt sur le revenu mais soumis aux prélèvements sociaux, quel que soit le montant des cessions réalisées au cours de l'année considérée.

9 Sur quoi porte l'IFI ?

☐ **a.** Sur le patrimoine immobilier des propriétaires personnes physiques.
☐ **b.** Sur le patrimoine immobilier des propriétaires entreprises.
☐ **c.** Sur le patrimoine immobilier professionnel des propriétaires personnes physiques.

SOLUTION

1**b** - 2**b** - 3**b** - 4**b** - 5**b** - 6**b** - 7**b** - 8**c** - 9**a**.

54 Le visage de la banque de demain : les innovations numériques à travers la banque 3.0

Les banques sont aujourd'hui à la croisée des chemins et vivent des mutations technologiques sans précédent qui les conduisent à totalement repenser leur modèle économique. Les nouvelles technologies, à travers la digitalisation, bouleversent la relation client ainsi que la réalisation de certaines tâches (des robots sont aujourd'hui capables de traiter des demandes simples par mail en automatisant la réponse au client).

Les enjeux	▸ Secteur bancaire en mutation. ▸ Activité multicanale. ▸ Incitation de la clientèle à s'insérer dans cette logique multicanale. ▸ Innovation pour conquérir des clients dont les attentes changent. ▸ Réinvention de la banque traditionnelle face à la concurrence des néobanques.
Les attentes du client	▸ L'accessibilité de la banque. ▸ La simplicité. ▸ La sécurité. ▸ Le gain de temps. ▸ Des opérations bancaires connectées (9 Français sur 10 réalisent des opérations en ligne).
La banque 3.0	▸ Le concept : « la banque dans la poche », échanges entre les banques et leurs clients au moyen d'un mobile. ▸ La réponse aux attentes de la clientèle jeune. La génération Y préfère échanger des messages (par chat ou réseau social) plutôt que de téléphoner. ▸ La banque se dématérialise : développement des services sur téléphone portable : ouvrir un compte depuis un smartphone en prenant en photo ses justificatifs, souscrire un crédit immobilier grâce à une tablette numérique. ▸ Stocker les documents personnels numérisés dans un coffre-fort électronique. ▸ Généraliser la signature électronique. La date du contrat, l'identité des signataires, l'objet du contrat, sont stockés dans un dossier de preuve avec valeur juridique. ▸ Multiplier les écrans digitaux à l'accueil de l'agence. Le client s'identifie grâce à son smartphone. Des brochures interactives, des publicités personnalisées s'affichent sur les écrans.

›››

La banque 3.0	▸ Développer le paiement sans contact en équipant les commerçants de bornes sans contact permettant un règlement rapide inférieur à 50 €. La carte bancaire sera remplacée à terme par le smartphone équipé de technologie NFC (« *Near Field Communication* ») avec carte SIM adaptée. ▸ Activer un paiement vocalement en proposant le paiement sur Internet par mobile par reconnaissance vocale. Le code de vérification à 3 chiffres au dos de la carte (CCV) change à chaque opération de paiement. ▸ Développer les métiers liés à la banque digitale. ▸ Mettre en place un système français inspiré de Paypal. La société générale, la Banque Postale, BNP Paribas, le Crédit Mutuel Arkéa, Hello Bank et le Crédit Agricole se sont unis pour proposer une solution de paiement sécurisée sur Internet : PayLib. Le client peut payer un achat en ligne depuis son smartphone, ordinateur ou tablette sans saisir les données de sa carte bancaire. Un mot de passe est utilisé par le client. ▸ Géolocaliser la clientèle. Le fait de localiser géographiquement son client permet à la banque d'entrer en relation plus facilement avec lui en étant averti de son passage à l'agence. Le temps d'attente du client peut alors être réduit. L'accueil sera encore plus personnalisé. Une proposition commerciale adaptée peut lui être envoyée lors de son passage près de la banque.

Zoom sur la néobanque, l'open banking et la blockchain

Le terme « néobanque » englobe banques mobiles, banques digitales et fintechs (contraction de « finance » et « technologies »). Les fintechs sont des entreprises innovantes visant à fournir des services financiers en s'appuyant sur les nouvelles technologies.

Arrivée sur le marché bancaire dans les années 2010, la néobanque créait un nouveau modèle économique basé sur la gratuité d'utilisation. Elle lançait une offre spécifique non proposée jusqu'alors par les autres acteurs bancaires : gestion des comptes sans condition de revenus, sans frais de tenue de compte, sans cotisation de carte bancaire (offre standard), paiements et retraits gratuits à l'étranger par carte en devises (liste des services non exhaustive). Le parcours digital client était facilité grâce aux compétences technologiques des fondateurs. La néobanque est originellement un opérateur bancaire indépendant des banques traditionnelles, un établissement de paiement 100 % digital. Toutes les opérations courantes sont dématérialisées et pilotables depuis un smartphone. Comme la néobanque est un établissement de paiement et non une banque, elle ne pouvait proposer une autorisation de découvert, des comptes d'épargne, de crédit, d'assurance contrairement à une banque en ligne. Des solutions de crédit à la consommation pouvaient être souscrites via des partenariats bancaires. Mais depuis que des groupes bancaires ont lancé une offre néobanque, ces services sont alors présents et sont adossés à un réseau d'agences bancaires (dépôt de chèque possible...). L'offre des néobanques évolue au fil du temps et a tendance à se rapprocher de celle des banques en ligne : gamme de cartes bancaires avec offre premium payante, possibilité d'investir en actions...

A Lydia, N26, Revolut, Orange Bank, Helios...

Le marché des néobanques attire divers segments de clients autonomes connectés (jeunes, interdits bancaires, étrangers, entrepreneurs indépendants, voyageurs à l'étranger, associations...). Chaque néobanque se positionne sur un ou plusieurs marchés. Des néobanques se distinguent par leur projet écoresponsable en affichant une volonté de financer la transition écologique.

La garantie des 100 000 € ne s'applique pas pour les néobanques contrairement aux banques en ligne. Lorsque la néobanque dispose d'un agrément bancaire étranger, la garantie du pays d'origine prévaut alors.

B L'open banking

Pendant des décennies, toutes les informations détenues par les banques étaient sécurisées et cloisonnées. Depuis la directive européenne sur les services de paiement (DSP2) entrée en vigueur en janvier 2018, les institutions bancaires doivent désormais ouvrir leur système d'information et partager leurs données collectées sur leurs clients avec d'autres sociétés telles que des start-up issues de la fintech. L'open banking est régi par le RGPD (règlement général sur la protection des données). Le terme « open banking » peut être traduit par « système bancaire ouvert ». Face à ce partage forcé de leurs données, les banques sont ainsi incitées à innover en développant de nouveaux services bancaires financiers.

C La blockchain (chaîne de blocs)

C'est une technologie qui permet d'échanger des monnaies virtuelles ou autre valeur de manière sécurisée et transparente sans aucun organisme de contrôle.

Index

D

E

F

Q

R

S

T

U

V

W

Z

84883 - (I) - OSB 80° - 313 - LUM - BTT

DUPLIPRINT
733, rue Saint-Léonard, 53100 MAYENNE
N°2978301L
Dépôt légal : janvier 2023

Imprimé en France